〔鼻母音〕

an, am, en, em	[ã]	アン	F**ran**ce [フランス]
			*en*semble [アンサンブル]
in, im, ain, ein,	[ɛ̃]	アン	p*ain* [パン]
aim, eim, yn, ym			*sym*phonie [サンフォニー]
un, um	[œ̃]	アン	*un* [アン]
			parf*um* [パルファン]
on, om	[ɔ̃]	オン	b*on*jour [ボンジュール]
			M*on*t-Blanc [モン ブラン]
ien	[jɛ̃]	イヤン	(très) b*ien* [トレ ビィヤン]

〔注意すべき子音字〕

c, ç	[s]	ス	mer*ci* [メルスィ]
			gar*ç*on [ギャルソン]
c	[k]	カ	*c*afé [キャフェ]
g	[ʒ]	ジュ	bei*g*e [ベージュ]
g	[g]	グ	escar*g*ot [エスカルゴ]
s	[s]	ス	*s*abotage [サボタージュ]
母音字+**s**+母音字	[z]	ズ	ré*s*istance [レズィスタンス]
ch	[ʃ]	シュ	*ch*ef [シェフ]
	[k]	ク	te*ch*nique [テクニック]
ph	[f]	フ	*ph*oto [フォト]
qu	[k]	ク	*qu*estion [ケスティオン]
th	[t]	テ	es*th*étique [エステティク]
gn	[ɲ]	ニュ	co*gn*ac [コニャック]

◇3つの読まない！注意◇

(1) 語末の〈 e 〉は読みません． Marie Claire [マリークレール]
(2) 〈 h 〉は読みません． hôtel [オテル]
(3) 語末の子音字の多くは読みません． Paris [パリ]

ケータイ《万能》フランス語文法

実践講義ノート

Boussole essentielle pour apprendre le français

母語の文法を習ったとき，すでに知っている知識を固い枠にはめこみ，整理する術を教えられただけだと思いました．英文法も，結局は目先の入学試験に受かるための便法を講じたにすぎないように感じます．人と人との関係をつなぐ「ことば」とは何なのか？　フランス語の文法（たとえば，生物に適応される男女という分け方を無生物にまで拡げる在り方）を通じて，はじめて，その意味を真剣に問いかけている自分がいることに気づきました．

　　　　　　　　　2010年度ゼミの卒業生のレポートから

> **引　用** 『忘れられる過去』より
>
> 知識とは，知ることではない．知るために何をしたらいいかイメージできることだと思う．(荒川洋治)

> **引　用** 『中年閑居して...』より
>
> 外山滋比古によれば「体系だった知識」をそっくりそのまま教授するなどという方法（よく言われる理想論だが）は，学習の段階では到底無理なことだと言う．ではどうするか，いわく「最初は少しずつに分けて，着実に新しいことを覚えてゆくのがよい」という当たり前に逢着．

文法は不死への入口，言葉のけがれを治す妙薬，あらゆる知識を照らす光，どんな知識にも文法は輝いている．

　　　　　　（BHARTRI HARI　　7世紀のインドの詩人・文法家）

はじめに

フランス語の必須文法を，いつでも，どこでも利用できるように簡明にマトメる．ただし，真摯な学習者のやる気をそぐようないたずらな簡略化はせず，少々難解な事項でも積極的にとりあげる．入門レベルから中級レベルまでをこぼれなく展望でき，今後の学習の進行をも見通せる全方位に気を配った一冊を書きおろす．

この目標を形にした『ケータイ〈万能〉フランス語文法』が世に出てから，まるまる10年が過ぎました．その間，拙著は多くの読者を得て，フランス語文法書のトップセラーを続けることができました．本当に，心より，ありがたいかぎりです．

私事ながら，この本を上梓してすぐ，**これを読み手の目線から見直し，説明の不備や不足を補い，新たな着眼あれこれを手もとのノートに書き記す**日々がはじまりました．自分で書いた文法書を他人が書いた書物として客観視したらどうなるか，そんな実験です．**実際の授業で話したことや学生の質問なども書き記した『発展講義ノート』**と題した冊子は，歳月の流れとともに，2冊3冊と増えていきました……

*

この10年間に，自分で「あ，これは大事だ」，「これはおもしろい」，「これはおぼえておこう」と思ったことがすべて書きつけてあるわたしの広辞苑は，べつにいえばわたしの脳味噌みたいなもの（中略）いずれにしても，書物は書物としてだけではなく，ノートとしても使うことができるわけで，そこにも書物というもののすばらしさがあるように思われるのです．（井上ひさし『本の枕草子』より）

*

僭越ながら，この井上作『広辞苑』を自著に置き換え，ほぼ同じ年月をかけてできあがったのが本書です．このノートに，ぜひ「**あなたの必須事項**」も書き加えていっていただきたいと願っています．

国際化と叫ばれながらも，大学や短大などでフランス語を学習する機会はどんどん減りつつあります．また海外へと目を向ける若者の数が急速に減っているとも聞きます．経済のひずみが後ろむきの姿勢を育てているとしたら，なんとも悲しい限りです．そんな現状に抗して，**本書が転ばぬ先の"必冊"**となり，フランス語好きを一人でも増やす援軍となれるならば心からの幸いであります．

久松健一

目次

はじめに

◆ 00 ◆　発音入門 …………………………………………………… 2

◆ 01 ◆　アルファベ ………………………………………………… 6
〔1〕アルファベ 26 文字　〔2〕アルファベに関する注意事項

◆ 02 ◆　綴り字記号 ………………………………………………… 10
〔1〕アクサン（記号）　〔2〕セディーユ　〔3〕トレマ
〔4〕アポストロフ　〔5〕トレ・デュニオン

◆ 03 ◆　母音図表 …………………………………………………… 14
〔1〕母音図表　〔2〕母音図表の読み

◆ 04 ◆　文字を読むルール ………………………………………… 18
〔1〕語末の子音字の多くは発音しない
〔2〕語の終わりの e を［エ］とは読まない
〔3〕H は発音されない，h をないものと考える
〔4〕連続した母音字（複母音字）の大半は1音で読む

◆ 05 ◆　文字と音 ① ………………………………………………… 22
◇ 単母音字の発音

◆ 06 ◆　文字と音 ② ………………………………………………… 26
〔1〕複母音字の発音　〔2〕半母音の発音

◆ 07 ◆　文字と音 ③ ………………………………………………… 30
〔1〕鼻母音　〔2〕半母音（半子音）

◆ 08 ◆　文字と音 ④ ………………………………………………… 34
◇ 注意すべき子音字の読み

- ◆ 09 ◆　連音・母音字省略 38
  - 〔1〕リエゾン（連音）　〔2〕アンシェヌマン（連読）
  - 〔3〕エリズィヨン（母音字省略）
- ◆ 10 ◆　アクセント・イントネーション 42
  - 〔1〕強勢アクセント　〔2〕イントネーション
- ◇ 補遺A ◇　誰もがつまずく読みの克服法 46
  - 〔1〕**R r** の音　〔2〕**le** と **les** の読み
  - 〔3〕英語読みを脱却できていますか
- ◇ 補遺B ◇　音節・句読記号 50
  - 〔1〕音節の切り方　〔2〕句読記号
- ◇ 補遺C ◇　カナ発音表記について 54
- ◆ 11 ◆　入門基礎会話文 58
  - 〔1〕挨拶　〔2〕自己紹介　〔3〕基本表現
- ◆ 12 ◆　主語人称代名詞 62
  - ◇ 主語人称代名詞のポイント　〈 Marge 欄外 〉
- ◆ 13 ◆　名詞の性 ① 66
  - 〔1〕名詞の男・女の別
  - 〔2〕名詞の男女を単語の「語末」で見わける簡易的な目安
- ◆ 14 ◆　名詞の性 ② 70
  - 〔1〕男性形＋〈 e 〉→ 女性形　〔2〕原則から外れた女性形
- ◆ 15 ◆　名詞の複数形 74
  - 〔1〕単数形＋ s
  - 〔2〕原則から外れた複数形の例　〔3〕複合名詞の複数形
- ◆ 16 ◆　冠詞 78
  - 〔1〕不定冠詞　〔2〕定冠詞　〔3〕部分冠詞
  - 〔4〕3つの冠詞の対比例

◆ 17 ◆　国名・職業 82
　〔1〕国名の例　〔2〕職業の例

◆ 18 ◆　形容詞 ① 86
　〔1〕形容詞の一致の原則
　〔2〕原則から外れた形容詞の女性形の例
　〔3〕原則から外れた形容詞の複数形の例

◆ 19 ◆　形容詞 ② 90
　〔1〕形容詞の置き位置
　〔2〕男性形単数第2形を持つ形容詞　〔3〕形容詞の働き

◆ 20 ◆　動詞活用の考え方 94
　〔1〕不定法　語幹・語尾
　〔2〕直説法現在の動詞活用の4パターン　〈 Marge 欄外 〉

◆ 21 ◆　動詞 être / avoir 98
　〔1〕être の活用（直説法現在）
　〔2〕avoir の活用（直説法現在）
　〔3〕être を用いる文章の例　〔4〕avoir を用いる文章の例

◆ 22 ◆　第1群規則動詞 102
　◇第1群規則動詞直説法現在の活用

◆ 23 ◆　第2群規則動詞 106
　〔1〕活用（直説法現在）〔2〕用例　〈 Marge 欄外 〉

◆ 24 ◆　提示の表現 110
　〔1〕voici / voilà　〔2〕c'est / ce sont

◆ 25 ◆　指示形容詞・所有形容詞 114
　〔1〕指示形容詞　〔2〕所有形容詞

◆ 26 ◆　否定文 118
　〔1〕原則　主語＋ ne (n') ＋動詞＋ pas　〔2〕否定の冠詞 de

- ◆ **27** ◆ 疑問文 122
  - 〔1〕疑問文の3つの形　〔2〕否定疑問文　〔3〕付加疑問文
- ◆ **28** ◆ aller / venir 126
  - 〔1〕直説法現在の活用　〔2〕用例　〔3〕近接未来
  - 〔4〕近接過去
- ◆ **29** ◆ 前置詞と冠詞の縮約 130
  - 〔1〕前置詞 **à, de** と定冠詞の縮約
  - 〔2〕冠詞の縮約と部分冠詞・不定冠詞
  - 〔3〕国名・都市名と前置詞
- ◆ **30** ◆ faire / prendre 134
  - 〔1〕直説法現在の活用　〔2〕**faire** の用例
  - 〔3〕**prendre** の用例　〔4〕**prendre** と同型活用の動詞
- ◇ **補遺D** ◇ 冠詞の補足説明 138
  - 〔1〕不定冠詞の用法　〔2〕**de** ＋形容詞複数形＋名詞複数形
  - 〔3〕定冠詞の用法　〔4〕部分冠詞の用法
- ◇ **補遺E** ◇ 総称・冠詞の省略 142
  - 〔1〕総称を表す冠詞　〔2〕冠詞を省略する例
- ◇ **補遺F** ◇ 第1群規則動詞の変則的活用 146
  - 〔1〕直説法現在で **nous** の活用が変則的になる例
  - 〔2〕直説法現在で **nous, vous** の語幹と **je, tu, il(s)** の語幹が異なる例
- ◇ **補遺G** ◇ 文の要素と文型 150
  - 〔1〕文の要素　〔2〕文型
- ◇ **補遺H** ◇ 直説法現在の射程 154
- ◆ **31** ◆ 疑問副詞 158
  - 〔1〕疑問副詞　〔2〕用例

- ◆ 32 ◆　疑問形容詞 162
  - 〔1〕疑問形容詞　〔2〕用例
- ◆ 33 ◆　数詞 ① 166
  - 〔1〕基数 1〜20　〔2〕基数 21〜69
  - 〔3〕基数 70〜100
- ◆ 34 ◆　数詞 ② 170
  - 〔1〕基数 101〜10.000.000　〔2〕序数
- ◆ 35 ◆　曜日・月・季節 174
  - 〔1〕曜日・月・四季
  - 〔2〕曜日・月・季節に関する注意事項
- ◆ 36 ◆　基本前置詞 178
  - 〔1〕前置詞 **à** と **de** の基本的な用法
  - 〔2〕その他の基本的前置詞の例
- ◆ 37 ◆　疑問代名詞 ① 182
  - ◇ 疑問代名詞
- ◆ 38 ◆　非人称表現 ① 186
  - 〔1〕天候・気候を表す表現　〔2〕時間を表す表現
- ◆ 39 ◆　非人称表現 ② 190
  - ◇ その他の非人称表現の例
- ◆ 40 ◆　不定代名詞 194
  - 〔1〕不特定の人を指す **on**　〔2〕特定の人を指す **on**
  - 〔3〕**tout**
- ◆ 41 ◆　補語人称代名詞 ① 198
  - 〔1〕補語人称代名詞　〔2〕直接目的補語・間接目的補語
  - 〔3〕補語人称代名詞の置き位置 ①

◆ 42 ◆ 補語人称代名詞 ② 202
〔1〕補語人称代名詞の置き位置 ②
〔2〕人称代名詞の強勢形

◆ 43 ◆ 比較 206
〔1〕比較級　〔2〕最上級

◆ 44 ◆ 指示代名詞 210
〔1〕性・数に関係のない指示代名詞
〔2〕性・数変化する指示代名詞

◆ 45 ◆ 数量副詞 214
〔1〕大まかな数・量を表す　〔2〕比較を表す
数量単位を表す名詞の例

◆ 46 ◆ vouloir / pouvoir / devoir / savoir 218
〔1〕活用（直説法現在）〔2〕用例

◆ 47 ◆ 代名動詞 222
〔1〕代名動詞の活用（直説法現在）〔2〕種類・用法

◆ 48 ◆ 命令法 226
〔1〕命令文（現在）の作り方　〔2〕否定命令文
〔3〕命令文の補語人称代名詞の置き位置

◆ 49 ◆ 副詞 230
〔1〕副詞の働きと置き位置　〔2〕副詞の意味上の種類

◆ 50 ◆ 重要動詞 234
◇ 頻度の高いその他の重要動詞

◇ 補遺 I ◇ 数詞に関する補足 238
〔1〕発音上の注意　〔2〕基数詞の用法
〔3〕注意すべき序数詞の用法　〔4〕その他の数詞

◇ 補遺 J ◇　疑問詞・特殊な比較級・最上級 242
　〔1〕疑問詞（疑問副詞・形容詞・代名詞）について
　〔2〕比較級・最上級の特殊な形

◆ 51 ◆　法と時制 246
　〔1〕法　〔2〕時制

◆ 52 ◆　複合過去 ① 250
　〔1〕複合過去の活用　〔2〕否定文・疑問文の語順

◆ 53 ◆　複合過去 ② 254
　〔1〕複合過去の主要な用法　〔2〕過去分詞の作り方

◆ 54 ◆　複合過去 ③（代名動詞） 258
　〔1〕活用　〔2〕直接目的補語との性数一致

◆ 55 ◆　関係代名詞 ① 262
　〔1〕関係代名詞の形 ① **qui, que**　〔2〕用例

◆ 56 ◆　関係代名詞 ② 266
　〔1〕関係代名詞の形 ② **où, dont**
　〔2〕関係代名詞が前置詞に先立たれる場合

◆ 57 ◆　疑問代名詞 ②／関係代名詞 ③ 270
　〔1〕疑問代名詞　〔2〕関係代名詞　前置詞＋**lequel**

◆ 58 ◆　強調構文 274

◆ 59 ◆　直説法半過去 278
　〔1〕活用　〔2〕用法

◆ 60 ◆　複合過去と半過去 282

◆ 61 ◆　直説法大過去 286
　〔1〕活用　〔2〕用法

◆ 62 ◆　直説法単純未来 290
　〔1〕活用　〔2〕用法

- ◆ 63 ◆ 直説法前未来 294
  〔1〕活用　〔2〕用法
- ◆ 64 ◆ 受動態 298
  〔1〕能動態から受動態へ　〔2〕動作主が明示されない場合
  〔3〕受動態についての補足
- ◆ 65 ◆ 現在分詞 302
  〔1〕現在分詞の作り方　〔2〕用法
- ◆ 66 ◆ ジェロンディフ／過去分詞構文 306
  〔1〕用法　〔2〕現在分詞との比較
  〔3〕過去分詞による分詞構文
- ◆ 67 ◆ 条件法現在 310
  〔1〕活用　〔2〕用法
- ◆ 68 ◆ 条件法過去 314
  〔1〕活用　〔2〕用法
- ◆ 69 ◆ 中性代名詞 318
  〔1〕en　〔2〕y　〔3〕le
- ◆ 70 ◆ 不定形容詞／不定代名詞 322
  〔1〕不定形容詞　〔2〕不定代名詞
- ◆ 71 ◆ 所有代名詞 326
  〔1〕形　〔2〕用法
- ◆ 72 ◆ 接続法現在 330
  〔1〕活用　〔2〕用法
- ◆ 73 ◆ 接続法過去 334
  〔1〕活用　〔2〕用法　〔3〕接続法半過去・接続法大過去
- ◆ 74 ◆ 不定法 338
  ◇ 名詞的に使われる例

◆ 75 ◆　話法 ……………………………………………………………… 342
　〔1〕話法の転換パターン　〔2〕伝達文別の話法転換の例
◆ 76 ◆　前置詞 …………………………………………………………… 346
　〔1〕à と de　〔2〕dans と en
◆ 77 ◆　単純過去／前過去／複複合過去 …………………………… 350
　〔1〕活用　〔2〕用法　〔3〕直説法前過去
　〔4〕直説法複複合過去
◆ 78 ◆　自由間接話法／前置詞句 …………………………………… 354
　〔1〕自由間接話法　〔2〕前置詞句の例
　〔3〕接続詞句と前置詞句
◆ 79 ◆　多様な否定表現 ………………………………………………… 358
◆ 80 ◆　感覚・使役動詞／比較表現補足 ………………………… 362
　〔1〕感覚・使役動詞　〔2〕比較表現補足
◆ 81 ◆　過去分詞の性・数一致のまとめ／虚辞の ne …………… 366
　〔1〕過去分詞の性・数一致　〔2〕虚辞の ne
◆ 82 ◆　同格／倒置・挿入節／対立・譲歩節 …………………… 370
　〔1〕同格　〔2〕倒置・挿入　〔3〕対立・譲歩節
◇ 補遺K ◇　接尾辞（語形成要素） ……………………………… 374
　〔1〕〈動詞語幹＋接尾辞 → 名詞〉の例
　〔2〕〈動詞語幹（名詞）＋接尾辞 → 形容詞〉の例
◇ 補遺L ◇　文の種類 ……………………………………………… 378
　〔1〕単文と複文　〔2〕複文を構成する節の種類
　〔3〕文の意味上の種類
◇ 補遺M ◇　間投詞 ………………………………………………… 382

Q & A 44（+α）　さらに細かな文法はお好き？ ………………… 384

索引	433
ａｂｃ順：フランス語索引	434
50音順：日本語索引	443
品詞・文構成別　仏検対応レベルの表	450
動詞活用表	巻末

xiii

Boussole essentielle pour apprendre le français

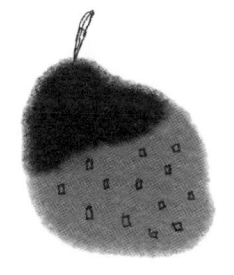

◆ 00 ◆ 発音入門

　フランス語は英語と同じ 26 文字のアルファベット（フェニキア文字がその源(みなもと)）を用いて表記され，16 の母音（口腔母音「通常の母音のこと」と鼻母音「息を鼻に抜いて発音される母音」）と，3 つの半母音と 17 の子音で「音」を構成しています……

　こう書きだすと，途端に眉をひそめる方たちがおいでになるかもしれません．生きた言葉をまるで血の通わない物質のように扱い，興ざめの文法用語が足を引っ張って，楽しいはずの新しい言語への誘(いざな)いが一気に味気ないものになってしまう．そんな強い嫌悪感を表す方がおいでだと思われるからです．

　しかし文法 grammaire ［グラメール］とは，その語源を遡ると

l'art de lire et d'écrire　読み，書くためのコツ

効率的に語学を習得するための先人たちの知恵の集積のことです．たしかに，使われる用語は難解だと感じられますし，ややもすると筆者は「文法のための文法」を説きたい誘惑に駆られがちです．文法の細々した説明は飛ばして，心地よいフランス語の音に触れながら，自由に会話を楽しみたいとお望みの方も大勢いらっしゃるに違いありません．

　しかしながら，言語学者アルベール・ドーザ Albert Dauzat (1877–1955) が『フランス語の精髄』の巻頭付近で記しているように，

Bien parler, c'est d'abord bien prononcer.
上手に話す，それにはまず上手に発音をすることだ．

ここに語学学習の出発点があります．そして，きちんとした発音を身につけるには文法的な解説が数々のヒントを提供してくれます．以下，10 課（＋補遺 A〜C）まで，フランス語の発音の基礎を確認していきますが，本書で最初に発音を扱う意図は，上記のドーザの言

名言名句・諺　＊ページをめくると訳と解説があります．

「諺を覚えるのもいい方法です．ぼく自身も日本の諺をたくさん覚えました．おもしろい発想だなと思ったり，感動したりすると覚えられます」（ピーター・フランクル著『ピーター流外国語習得術』）
1. Impossible n'est pas français.

00 発音入門

---- 引　用　知らない言葉で"会話する"裏技 ----

自分の知らない言葉が飛び交う場にどうしても参加しなくてはならなくなったら，さて，あなたはどう対処しますか？　そんな緊急時の極意を棋士・羽生善治さんがアドヴァイスしてくれています．「話をしている人の目を見ていれば良いのです．そうすれば会話に参加していることになります」（『大局観―自分と闘って負けない心』）．よちよち歩きのレベルの外国語でもこれは同じことです．

---- 基礎チェック　この語はどう発音するのですか？

読みが不明の語句に遭遇して，「この単語はどう発音しますか？」と質問したければ（地名や人名ではそういうケースがあります），Quelle est la prononciation de ce mot ? あるいは Comment ça se prononce ? といった言いまわしを使います．ただし，フランス語で例外的な発音は多くはありませんからご安心を．

ちなみに，英語の *one* [wʌn] や *bury* [beri] といった単語のつづり字と発音の乖離は，あえて言うなら"わたくし，田中と書いて「タグチ」と読みます"と自己紹介するぐらいの無茶といえるのではありません？

　＊ざっくり言えば，現代英語の発音と文字の距離感は，発音が大母音推移とよばれる大規模な音変化を受けた一方で，つづり字は，初期近代英語期そのままに固定化されたことに由来するものです．

葉に照準をあわせたいからです．

　フランス語には，文字を読み発音するための簡単なルールがあります．（☞ p.⑱）フランス語にはじめて触れた方は，それをしっかり覚えていただきたいと思います．また補遺を使って，「中学 → 高校 →（予備校）→ 大学」と多くの方たちが学ばれてきた英語発音の呪縛（？）を解いていただければと思います．（☞ p.㊽）

　フランス語にはローマ字と同じように発音すればよい語がたくさんあります．具体的には，

papa [パパ] パパ　　**ami** [アミ] 友だち　　**midi** [ミディ] 正午

などなど．また，ou と母音が重なった場合には [オゥ] ではなく [uゥ] と1音で読むという読みのルール（☞ p.㉖）を覚えれば（英語の場合，bought [bɔːt ボート]，rough [rʌf ラフ]，could [kəd クドゥ，kud クッドゥ] などと，ou の発音が多様に変化しますね），たとえば，

amour [アムール amuːr] 恋　　**boutique** [ブティック butik] 店
gourmet [グルメ gurmɛ] グルメ，食通

といった単語を読むのにさほど苦労はいらないはずです．

　こうしたルールを知らずに，試行錯誤を繰り返す方法（母語習得法）でも，やがては読みを間違えなくなるかもしれません．ただ，それにはかなりの時間を費やさなくてはなりませんし，周囲の環境が結果を大きく左右します．外国語としてフランス語を学ぶ人たちが，費やす時間を短縮し，環境の差を乗り越えて，一気に，効率的に発音を覚えこむ方法，それが「音と文字との関係」を説明した以下のレッスンです．それに，フランス語では英語のように単語のアクセント（強勢）で悩むことはありませんし，文章の流れ（抑揚，イントネーション）にもルールがあります．（☞ p.㊷）そうした約束を着実に学んで，「上手な発音」を自分のものにしてください．

名言名句・諺

♠余の辞書に不可能という文字はない（←「不可能」はフランス語"フランス的"ではない）．実際にナポレオンが書いた手紙から．〈Le mot *impossible* n'existe pas dans mon vocabulaire.〉とするのは俗説のようだ．

00 発音入門

基礎チェック　逆さ読み厳禁！

自分の名前を逆さまに読む要領で（例：ヒサマツ→ツマサヒ），本書のカナ読みだけを見ていると，たとえば，amour［アムール］を逆さ読みして［ルームア］という音が出るかに感じられるかもしれません．しかし，まさかそんなわけはない．カナ読みは便宜上の話で，あくまで amour は［a-mu:r］（逆さ読みは不可）であって，逐一，母音を添えた［a-mu:-ru］という3拍の読みではありません．国語学者の金田一先生が指摘しているように，「たとえば，dog を『ド』と言ってから『グ』を発音しているのではないから，逆さに言って『グッド』とはなり得ない」わけです．

過去に来日した実存主義哲学者 Sartre の知られたエピソードが，ゆがんだ発音に警鐘を鳴らしてくれます．彼は壇上にいて，司会者から"サルトル"さんです！　どうぞ！」と名前がコールされ，マイクの前へと促されたとき，まさか自分が指名されたと思わず，坐ったまま動かなかったという逸話があるのです．そのわけは，日本語表記だと"Sarutoru サ・ル・ト・ル"となる彼の名が，実際には［sartr］という読みで，母音は1つだけ．なのに，日本語には母音が4つ．この音節（拍数）の違いのせいで（まして〈r音〉と〈l音〉の区別も消失した読みですからなおのこと），さしもの頭脳でも，自分の名前が呼ばれているとは気づかなかったのです．いってみれば，"○..."と紹介されるものと思っていたのに，"○○○○"と音が聞こえたわけですから，対応のしようがなかったというわけです．

◆ 01 ◆ アルファベ

　フランス語のアルファベ（字母）（フランス語では**多くの単語の語末の子音字が読まれません**．そのため，アルファベットではなく「アルファベ」と称されます）は，英語と同じ 26 文字を用います．ただし，アルファベの読み方は英語のそれと同じではありません．同じように読む字母もありますが，まったく読みの違う字母が大半です．

〔1〕アルファベ 26 文字 alphabet

A a [ɑ] ア	**B b** [be] ベ	**C c** [se] セ	**D d** [de] デ		
E e [ə] ゥ	**F f** [ɛf] エフ	**G g** [ʒe] ジェ	**H h** [aʃ] アシュ		
I i [i] イ	**J j** [ʒi] ジィ	**K k** [kɑ] カ	**L l** [ɛl] エル	**M m** [ɛm] エム	**N n** [ɛn] エヌ
O o [o] オ	**P p** [pe] ペ	**Q q** [ky] キュ	**R r** [ɛːr] エール	**S s** [ɛs] エス	**T t** [te] テ
U u [y] ュ	**V v** [ve] ヴェ	**W w** [dubləve] ドゥブルヴェ	**X x** [iks] イクス		
Y y [igrɛk] イグレック	**Z z** [zɛd] ゼッドゥ				

＊点線内は母音字（y はときとして子音字），それ以外は子音字です．
（☞ p. ❾）

名言名句・諺

2. Noblesse oblige.

01　アルファベ

ひとり言　最大の言語学者

→ ＊文字をつづるもととなる字

アルファベ（ギリシア語の字母を表すのに最初の２文字アルファー・ベーターで代表させたことに由来）は，単なる音の代用品ではありません．耳で聞き取る音（＝聴覚）を，目で見て理解できる手段（＝視覚）へと置き換えるという大きな発想の転換の表れです．とすると……漢字，カナを含めて，文字を発明した人がもっとも偉大で，かつ有能な最大の言語学者と言えるのではないでしょうか．

はみだし　「ヴ」の表記

v音の表記「ヴ」，これは1860年（万延元年）に『華英通話』のなかで福沢諭吉がつくり出したものと言われています．しかし，哲学者・森有正が，翻訳者として知られる朝吹登水子女史に直接語った話ですと，「ヴ」の表記は初代文部大臣・森有礼が始祖だということです．この真偽のほどは不明ですが，ともあれ，たかが「ヴ」されど「ヴ」，あなどれない過去があるようです．

基礎チェック　アルファベ筆記体（大文字のGSTが難かしい）

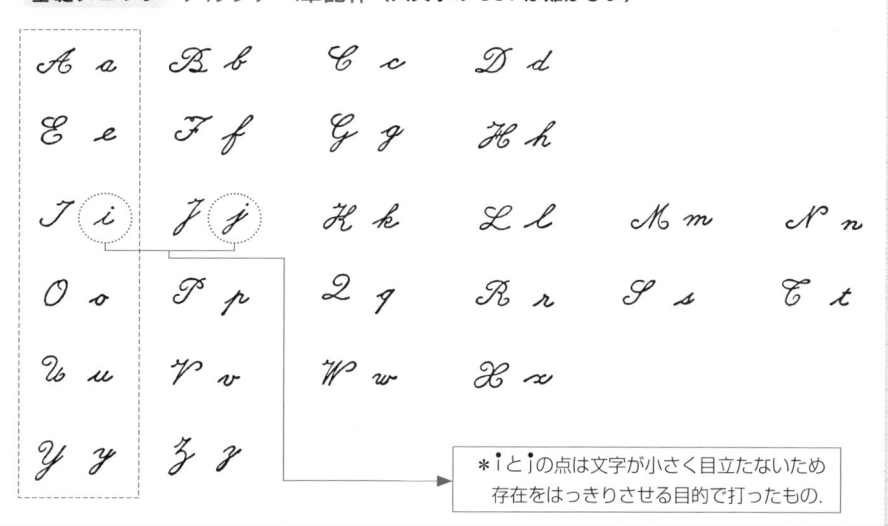

A a　*B b*　*C c*　*D d*
E e　*F f*　*G g*　*H h*
I i　*J j*　*K k*　*L l*　*M m*　*N n*
O o　*P p*　*Q q*　*R r*　*S s*　*T t*
U u　*V v*　*W w*　*X x*
Y y　*Z z*

＊iとjの点は文字が小さく目立たないため存在をはっきりさせる目的で打ったもの．

sept

〔2〕アルファベに関する注意事項

◆ 左記のカナ表記はアルファベの名称で，**具体的な単語内でその文字が表す音ではありません**（下記の表を参照ください）．

◆◆ Ww［ドゥブルヴェ］は double v「2重のv」の意味，Y y［イグレック］は i grec「ギリシア語の i」のことです．後者はときにギリシア語の影響を受けて母音字（発音するときに〈i〉と同じ）と扱われ，ときにフランス語として子音字と考えられる字母です．

◆◆◆ K と W は本来のフランス語にはなく，外来語を表すのに用いられます．例：**wagon**［ヴァゴン］「貨車」（英語から借用）

◆◆◆◆ "o と e" がぶつかると合字〈œ〉o e composés［オ・ウ・コンポゼ］で綴られます．例：**sœurs**［スール］「姉妹」

◆◆◆◆◆ G g [ʒe] と J j [ʒi] は，英語の G g [dʒiː]［ジー］, J j [dʒei]［ジェイ］と逆に聞こえますので注意してください．また，**B b と V v, E e や I i** の字母の読みを間違わないように．なお，R r の発音は入門レベルの方には難関です．（☞ p.㊻）

◆◆◆◆◆◆ **H h** は具体的な単語内で**発音されません**．例：hôtel［オテル］「ホテル」．ただし，フランス人でも笑うときには ha! ha!［ハハ］と h の音が自然に声に出ます．（☞ p.㋙）

単語内で具体的に読まれる音価の目安は下記の通りです．

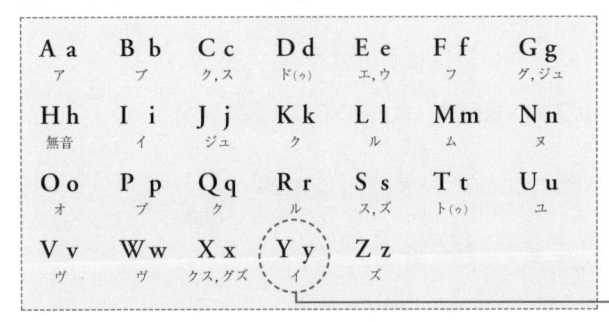

A a	B b	C c	D d	E e	F f	G g
ア	ブ	ク,ス	ド(ゥ)	エ,ウ	フ	グ,ジュ
H h	I i	J j	K k	L l	M m	N n
無音	イ	ジュ	ク	ル	ム	ヌ
O o	P p	Q q	R r	S s	T t	U u
オ	プ	ク	ル	ス,ズ	ト(ゥ)	ユ
V v	W w	X x	Y y	Z z		
ヴ	ヴ	クス,グズ	イ	ズ		

＊主要なフランス語の文字と読みの対照一覧を「表見返し」に載せましたので適時参照ください．

名言名句・諺

♣**武士は食わねど高楊枝**．直訳は「貴さが余儀なくさせる」．高い地位にある者はその身分に相応しいふるまいをすべし．たとえば，学生なら真摯に学問に対してはじめてそれに相応しい．

01 アルファベ

基礎チェック 通じないことば

たとえば，[r] を [l] に，[v] を [b] に，[th] を [s] にするなど，私たちの耳で聞けば似たように聞こえる音（ただし，実際はまったく違う音）をひとつにまとめ，それをカナ表記する日本語の「"音韻"のお約束」=「トリック」を知らないと初級者はひどい目にあう．現地でまったく通じないことばを覚える羽目になるからだ．ちなみに，劇作家 Racine［ラシーヌ］の名を「中国」la Chine［ラシーヌ］と聞き違えたフランス人教授が日本人留学生に，「la Chine を研究するためなら，わざわざフランスくんだりまで留学する必要なかったろうに」と言ったそうだ．なお，日本人の多くは Chine を［ʃin］ではなく［sin］と発音しています．

基礎チェック phonics

この「音と文字との規則性に着目した読みの学習法」（英米の学校でもっとも基本的な英語学習術でもある）は，英語教室等で phonics「フォニックス」と呼ばれているもの．たとえば，"c + a + t = ク + ェア + トゥッ → cat（キャット）猫" と読ませる方式である．ただし，実際にはこの方法では読めない語が多々あるのが英語である．ちなみに "o + n + e = オ + ン + エ → one（ワン？）1" となってしまい，読みがどこかに行方不明となってしまう．その点，フランス語では例外が少ないので，phonics はつづり字の学習（訓練）にそれなりの意味をもつように思う．

質問 母音字 y

どうして y の文字が母音字とされるのでしょうか？

答 y が母音字に含まれるのは，y の発音が原則として i と同じ［イ］の音であるからです．

neuf 9

◆ 02 ◆ 綴り字記号

アルファベに以下の綴り字記号を付して用いられる語があります．

〔1〕アクサン（記号）accent

母音字 a e i o u の上に，下記の3種類の記号（アクサンと呼ばれます）が付く語があります．

> ´ accent aigu [アクサンテギュ] é
> ` accent grave [アクサン グラーヴ] à è ù
> ^ accent circonflexe [アクサン スィルコンフレックス] â ê î ô û

＊アクサン記号は英単語のアクセント（強勢）を表す記号ではありません．（☞ p.㊷）なお，上記のうち î を î と書かないよう注意！

アクサンは〈e〉の上について，〈é〉[e 閉じたエ]，〈è, ê〉[開いたエ]と音を変えたり（〈e〉以外の母音字にアクサンが付いても発音は変わりません），その他の母音字の上について意味を変える働きをしたり，あるいは〈s〉の綴りが〈^〉の後ろに存在していたなごりを示す記号です．しかし，アクサンが付いた文字を含む語はそのままひとつの単語として覚えていけば，自然に習得できます．

例：**élève** [エレーヴ] 生徒
　　la [ラ] 冠 それ　→　**là** [ラ] 副 そこに
　　ou [ウ] 接 あるいは　→　**où** [ウ] 疑 どこ

なお，このアクサン記号は大文字に付く場合には省略することができます（大半のテキストでは省略されています）．

例：**à la gare** [ア ラ ガール] 駅で　→　**À la gare**
　　　　　　　　　　　　　　　　　　→　**A la gare**

名言名句・諺

3. Dites-moi qui vous fréquentez, je vous dirai qui vous êtes.

02 綴り字記号

── ひとり言 アクサン記号の消える日！

情報をやり取りする言語として，フランス語が英語に劣る点があるとしたら，そのひとつが accent 記号の存在だろう．windows ではアクサン記号が打ちにくいし，それは文字化けの元凶で，事実，メールではアクサン記号なしでのやり取りが多い（あくまで私的な印象ながら，近頃ではアクサンなしの通信の方が分量は多い）．文法的な知識があれば，それでも充分に意味は通じる．ひょっとすると，ヒトラーが使用を禁じたドイツ語の Fraktur（髭文字，亀の子文字などと呼ばれる書体）のように，いずれアクサン記号のついた文字の消える日が来るかもしれない．
とはいえ，以下のようなメールはちっともありがたくない．
《sltcv ? m jvb j'tapLDkej'pe》
翻訳すれば，Salut, ça va ? Moi, je vais bien. Je t'appelle dès que je peux. となり，たしかに，文字化けは避けられますが，こんな省略なんてちっとも美しくない！

── 発展・応用 アクサン記号についての補足

たとえば「出来事」を意味する événement は，èvènement ともつづられスペリングが確定していません．またアクサン・スィルコンフレックスは新つづり（1990年にアカデミーフランセーズで承認された綴り字の訂正案）では書いても書かなくともよいとされているものがあります（例：il connaît は il connait も許容範囲）．☞ p.237

── はみだし アクサン記号の元を作ったのは印刷業者

発音を示すために最小限はつけられていたものの，アクサン記号は，正式に言えば古フランス語にはありませんでした．これがフランス語に浸透，定着したのは複数の印刷業者の所業で1630－32年にかけてのことであるようです．ちなみに，アカデミー・フランセーズが（ˆ）の存在を正式に認めたのが1694年，ほかのアクサンやセディーユを公認したのは18世紀になってからのことです．

onze

＊アクサン スィルコンフレックスの付いた母音字の後ろにはかつて〈s〉が存在していた語が多くあります．
例：forêt (→ forest) 森 （英語 *forest*）

〔2〕セディーユ cédille

子音字 c の下に〈 ̧ 〉の記号を付けて，a o u の前に置かれた c を [s ス] の音に変える記号として使われます．

例：**ca** [ka カ] の読みが **ça** [sa サ] となります．
この記号は大文字でも Ç と書かれ，セディーユを省略しません．

〔3〕トレマ tréma

母音字 e i u の上に〈 ¨ 〉の記号が付く語 ë ï ü があります（ただし，ü はフランス語本来の単語には使われません）．トレマと呼ばれる記号で，2つの母音字が並んでいる語（1音で発音）を各々の母音字を独立した音で読む符号（分音符）です．

例：**ai** [ɛ エ] の読みが **aï** [aj アイ] となります．

〔4〕アポストロフ apostrophe

省略記号〈'〉（英語のアポストロフィ）のこと．
フランス語ではエリズィヨン élision (☞ p.㊵) という現象のなかで母音字 a, e, i を省略する記号として使われます．

〔5〕トレ・デュニオン trait d'union

語と語を結び合わせる記号〈-〉（連結符，英語のハイフン）．たとえば，「虹」**l'arc-en-ciel** [ラルカンスィエル] などに用いられます．なお，厳密には誤用なのですが，tiret [ティレ] (☞ p.㊷) という語をトレ・デュニオンの意味で用いる人は少なくありません．

名言名句・諺

♥あなたが誰とつきあっているか言ってくれたら，あなたがどんな人か言い当ててみせよう．セルバンテスの『ドン・キホーテ』のなかに登場する言葉として知られる．

―― **基礎チェック** 筆記体と〈'〉

筆記体で書く際，アポストロフの入る箇所は切り離して書く．英語のようにくっつけては書かない．ちなみに C'est なら，
(×) *C'est* ではなく，きちんと間をあけた (○) *C' est* を用います．

◆ 03 ◆ 母音図表

　どんな言語でも，初めてその言語に触れる人にとって発音がたやすいものはありません．しかし，日本語と同様に，フランス語も「肺に吸いこんだ空気を声帯を通じて口から外へと吐きだす」という生理的で，自然な流れで読まれる点では，困難な発音ではないはずです（息を吸いながら音をだしたり，舌をペチャペチャいわせて発音しなくてはならない単語を含む言語もあります）．

　フランス語を発音する上で，まず見ておきたいのは下記の「母音図表」（別称「母音の梯形」）です．

〔1〕母音図表 schéma des voyelles

　音は舌の位置と唇の形を知れば正確な音・通じる音に近づきます．フランス語で使われる母音について，呼気の通路（口腔母音 [ ] と鼻母音 〈 〉）と，舌と唇の位置を一覧にした図表です．

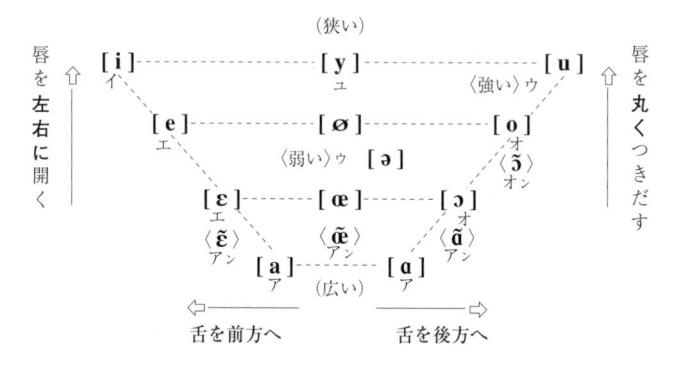

```
                        (狭い)
唇                [ i ]────────[ y ]────────[ u ]         唇
を         ⇑       イ             ュ       〈強い〉ウ      ⇑  を
左                                                        丸
右                [ e ]────────[ ø ]────────[ o ]          く
に                 エ         〈弱い〉ウ       オ           つ
開                           [ ə ]           〈ɔ̃〉         き
く                                                  オン    だ
                  [ ɛ ]────────[ œ ]────────[ ɔ ]          す
                   エ                         オ
                  〈ɛ̃〉          〈œ̃〉         〈ɑ̃〉
                   アン   [ a ]  アン   [ ɑ ]  アン
                          ア   (広い)  ア
                   ⇐─────────────────────────⇒
                     舌を前方へ         舌を後方へ
```

＊母音＝「アイウエオ」を当然の順番だと考えますが，外国の人に「母音は？」とたずねると「イエアオウ」（あるいは，ランボーの詩『母音』のように「アエイウオ」）の順で発音する人が少なくありません．舌と唇の動きを考えた場合に，理にかなった順では？

名言名句・諺

4. Qui suis-je ?

03 母音図表

----- **ひとり言　推薦書**

少々値段は高いものの，世界の言語に関心のある方にお勧めなのが，『CD-ROM 版 世界ことばの旅』(研究社出版株式会社：本体価格7000円)．英仏独などの主要言語はもちろん，人工語のエスペラント，日本のアイヌ語など地球上の都合80の音声・言語カタログとなっている．とくに舌を使った「チャ」という音や，喉にためた空気を放出するために「ポコン」と音が響くコサ語(南アフリカなどで使われている)はとても珍しい．これに比べたら，フランス語の発音がいかに平易なことか．それがひと耳で実感でき，なんだか不満や不平が消え，謙虚な気持ちにさえなれる不思議な一冊．言語に関する楽しいエッセイで知られる黒田龍之助さんも推奨の1冊であります．

----- **はみだし　aiueo という配列**

左記の母音図表も，世界に認められた母音のそれも，順番に並べていくと ieaou となるのに，日本では aiueo の配列です．さて，この違いやいかに？
それは，話が平安時代にまでさかのぼります．日本語の「あいうえお」の配列順は，インドの古典語であるサンスクリット(梵語)が原点．梵語を表すために作られたデーヴァナーガリー文字なるものが，aiueo の順に並んでいた．この文字が仏教にともなって日本に伝来，それに基づいて我が国の母音の配列順が僧侶たちの手で aiueo の順に決められたという過去があるのであります．

〔2〕母音図表の読み（カナ読みと対照）

1 唇を平らにして，口の前方で発音する音

- [i] 日本語の「イ」よりも唇の両端を左右に引っ張る．
- [e] 「エ」に近いが口の開きが狭い．閉じたエと称する．
- [ɛ] 「エ」に近いが口の開きは広い．開いたエと称する．
- [a] 唇をやや平らにして横に引っ張った「ア」の音．

2 唇を円くして口の奥で発音する音

- [u] 「ウ」に近いが唇をもっと前方に突き出す．
- [o] 「オ」に近いが口の開きが狭い．閉じたオと称する．
- [ɔ] 「オ」に近いが口の開きが広い．開いたオと称する．
- [ɑ] 「ア」よりも唇を丸めて奥で発音．ただし，1 の [a] の音にとって代わられつつある．

3 唇を心持ち円くして口の前で発音する音

- [y] 唇を [u] にして [i] を発音．カナ書きすると「ュ」．
- [ø] 唇を [o] にして [e] を発音．カナ書きすると「ゥ」．
- [œ] 唇を [ɔ] にして [ɛ] を発音．カナ書きすると「ゥ」．
- [ə] 唇を丸めて弱く，軽く「ゥ」を発音する．

4 鼻母音（鼻から息の一部を抜いて発音する音）

- [ɛ̃] 「エン」より「アン」に近く聞こえる，明るい感じの音．
- [ɑ̃] 舌を引き口の奥で発音．「アン」「オン」の中間的な音．
- [œ̃] 実際には「アン」と「エン」の中間音で［ウン］に近い．
- [ɔ̃] 「オン」に近い（息を鼻に抜きながら [o] を発音）．

☛ Q & A p.386

＊フランス語は文字と音とがおおむね1対1に対応しており，例外は多くありません．その意味で，英語と違います．英語では a の文字を [ア] と発音するとは限りません．animal [アニマル]，apple [アップル] などは，[ア]（に近い音）と発音されますが，able [エイブル]，all [オール] といった具合に（a＝[エイ], [オー]）変化します．この点，フランス語では綴り字と発音とが例外なしに対応する文字がほとんどです．

名言名句・諺

◆私は誰なのか（私は誰を追いかけているのか）？　アンドレ・ブルトンの『ナジャ』の冒頭．suis-je は être でも，suivre でも活用は同じ．「自分は誰か」と問いながら，「その誰か」を追いかけるというメビウスの帯．

03　母音図表

基礎チェック　[e] と [ɛ] ／ [ø] と [œ]

[e]（閉じたエ：é）は「イ」に近い「エ」（私たちが日常使う「エ」に近い），[ɛ]（開いたエ：è, ê）は「ア」に近い「エ」．[e] より口の開きが大きい． ☞ p.387
○を串刺しにした発音記号 [ø] と [œ] はどちらも「エ」と言おうと思って「オ」と口にする感覚の音．ただ，初級レベルではあまり細かな差異にとらわれないほうがいいですね．

基礎チェック　4つの鼻母音

下記の文章には [ɛ̃] [ɑ̃] [œ̃] [ɔ̃] の4つの鼻母音が全て入っています（現在，[œ̃] は [ɛ̃] という音に移りつつありますが，[œ̃] を使っている地域もあります）．

　例　シャンベルタンはおいしいワインです．

　　Un chambertin est un bon vin.
　　[œ̃]　　[ɑ̃]　　[ɛ̃]　　　[œ̃][ɔ̃]　[ɛ̃]

なお，欧州語のなかで鼻母音をひとつの母音として認めている言葉はポルトガル語とポーランド語ぐらいです．言いかえれば，フランス語の発音の特徴がこの鼻母音にあります．なお，試みに鼻をつまんで「アン」「オン」と発音してみてください．鼻母音はその音に近いイメージのものです．音を鼻で止め，響かせる感覚（ただし，口を閉じないで，開いたままで読む）．わかっていただけますか？

◆ 04 ◆ 文字を読むルール

　綴り字の読み方を具体的に見ていく前に，個々のフランス語（単語）を読む上で大切な基本的約束をチェックしておきましょう．

〔1〕語末の子音字の多くは発音しない

　フランスの首都 Paris は英語では［パリス］と読まれますが，フランス語では日本語と同じく［パリ］と読まれます（ただし日仏で［リ］の読みは違います）．フランス語では語末に置かれた子音字の大半が読まれないのです．

　日本語になったフランス語で，具体例を見ていきますと，

escargo*t*	［エスカルゴ］	（料理）エスカルゴ
gran*d* pri*x*	［グラン　プリ］	大賞，グランプリ
balle*t*	［バレ］	バレエ（団，音楽）

といった具合です．ただし，英語の *Be careful!* の *careful* に含まれる子音字〈c, r, f, l〉は**語末で読まれる例が多々あります**ので注意してください．

ave*c*	［アヴェック］	一緒に

　＊日本語では「男女のペア＝アベック」の意味で使われている単語ですが，フランス語では前置詞です．

écla*ir*	［エクレール］	（菓子）エクレア
che*f*	［シェフ］	シェフ，（組織の）長
bécham*el*	［ベシャメル］	（料理）ベシャメル（ソース）

〔2〕語の終わりの e を［エ］とは読まない

　この約束をしっかり覚えてください．たとえば，「サラダ」はフランス語では salade と綴って［サラッドゥ］と読まれます．発音記号は [salad] で，語末の de は発音記号 [d] と表記されているように e の音は無音です．

名言名句・諺

5. Au commencement était la Parole.

04 文字を読むルール

プラス情報　こんな単語もフランス語(1)　☞ p.33

さらに café au lait, croissant は言うまでもなく coup d'état といった語，あるいはロック・バンドの l'arc-en-ciel「虹」(←"空中のアーチ"を意味する語) などがフランス語から日本語になったことはおそらく多くの方がご存知でしょう．では，綱引きのかけ声「オー・エス」はどうか．これは hisser「(やっとの思いで)持ち上げる，引き上げる」を意味する動詞から派生したフランス語 Oh! hisse! に由来します．全天候用のトラック（人工の土）を指す「アン・ツー・カー」も en-tout-cas (← en cas de besoin)「必要ならいつでも，どんな場合でも」(「いずれにせよ，ともかく」を意味する前置詞句 en tout cas もある) から生まれました．なお，散髪用の器具「バリカン」もフランス語の会社名がもと．製作所 Barriquand et Marre 商会の名から来ています（フランス語では tondeuse と呼ばれる）．1883年（明治16年）にフランス公使が日本にその用具を持ち帰って以降バリカンと呼ばれたとされます．なお，この一語の語源を求めて言語学者・金田一京助が悪戦苦闘した話は，ことばの源を突きとめる難しさを伝える伝説として有名であります．

引　用　『フランス語への招待』

田辺保著の『フランス語への招待』にはこんな記述があります．「スペイン人やイタリア人はすべての〈e〉を平気で「エ」と発音してどんどんフランス人と話していますが，それでけっこう通じているようです」．発音されない音を読んでも大丈夫という指摘は初学者にはたのもしいかぎり．ただ，母語がフランス語と親戚関係にある人たちのことで，私たちがそうした発音をして「けっこう通じる」かどうか定かではない．

＊ただし，無音を意識して [サラッド] とカナ表記しますとかえって誤解が生じます．本書では [ドゥ][トゥ] などについては「無音」でもカナ表記の限界をふまえ，[ゥ] の音を書きそえています．別例を見ておきましょう．
例：à la mode [ア ラ モードゥ]　流行の
　　omelette　[オムレットゥ]　　オムレツ

〔3〕H は発音されない，h をないものと考える

「ホテル」はフランス語では hôtel と綴られますが，読みは [オテル] です．h〔ハ行〕を読みません．たとえば，バイクや自動車で知られる日本のメーカー HONDA は，フランス人が発音すると [オンダ] となります．ただし，語頭の〈h〉は文法的には「**無音の**〈h〉」と「**有音（気音）の**〈h〉」とにわけられます（どちらも発音はされません）．後者は h を前にくる語との間の連結を遮断する子音とみなすケースです．両者の違いは，リエゾン・アンシェヌマン・エリズィヨンといった文法ルールのなかで違いがでてきます．(☞ p.38) ただし，初級レベルでは「有音の h」で始まる単語はそう多くはありませんので，当面，この違いに神経質になる必要はないでしょう．なお，辞書には †h, 'h といったマークを付して「有音の h」であることが明示されています．(☞ Q & A p.386)

〔4〕連続した母音字（複母音字）の大半は 1 音で読む

とくに初級レベルの学習者がとまどうフランス語の読みです．細かくは p.14 で確認しますが，とりあえず，こんな例を頭に入れておいてください．

château　　[シャトー]　　　城　◆ eau は [オ(ー)] と読む．
café au lait　[キャフェ　オ　レ]　カフェオレ

◆ au の綴りで [オ]，ai の綴りで [エ] とそれぞれ 1 音で読まれます．[アウ][アイ] と母音を重ねては読みません．フランス語の母音に緩んだ音がなく，母音を読む際に筋肉を緊張させて発音することによるものです．

名言名句・諺

♠初めに言葉があった．『聖書』（ヨハネ）にある．かつて，la Parole（神の言葉）は le Verbe とも訳されていた．

04　文字を読むルール

基礎チェック　カナ表記について補足

この10年で初級・入門の参考書のカナ発音表記において，この小さな［ゥ］を添えるあり方がかなり定着したように感じます．それは，子音だけを発音することが実際には困難であるためです．かつて，戦前の参考書には殆ど軌を一にしてこう書かれていました．

《Une voyelle peut se prononcer seule ; une consonne ne peut se prononcer qu'avec le secours d'une voyelle.》，

つまり「子音は母音の助けがないと発音できない」と．また，子音 consonne はラテン語の con-sonare「共に響く」に由来する語です．さて子音だけを抽出して，あなたは発音できますか？　ね，無理ですよね！

はみだし　通訳・「いやらしいホテル」

L'Afrique n'érige plus des autels aux dieux.「アフリカはもはや神々に祭壇を設けやしない」という文（国連でアフリカの代表が古くからの部族の習慣やしきたりから決別するという意図で述べたセリフ）が，autels → hôtels, aux dieux → odieux と解され，「アフリカはもはやいやらしいホテルを建てやしない」と通訳されたことがある．これ実話です！

◆ 05 ◆ 文字と音 ①

◇ **単母音字の発音** lettres-voyelles simples

a, à	[a] ア	唇をやや平らにして横に引く [ア]
â	[ɑ] ア	唇を丸くして口を上下に開く [ア]

- **a**　p*a*p*a*　　　　[パパ]　　　　　　パパ
- **à**　*à* la mode　[ア ラ モードゥ]　流行（評判）の
- **â**　g*â*teau　　　[ガトー]　　　　　菓子

i, î, y	[i] イ	日本語の [イ] より唇の両端を引っ張る鋭い音

- **i**　c*i*néma　[スィネマ]　映画　◆ [シネマ] ではなく [スィ]
- **î**　d*î*ner　　[ディネ]　　夕食　◆ [ディナー] と読まない
- **y**　st*y*le　 　[スティル]　スタイル　◆ [スタイル] ではない

u, û [y] ュ	[ゥ] の口の構えで，[イ] の発音（カナ書きでは [ユ] と書かれますが日本語の [ユ] とは別音．長くのばしても音色が変化しません）

＊文字の y（イグレック [i][イ] と読む）と発音記号 [y][ユ] を混同しないように注意してください．

- **u**　men*u*　[ムニュ]　　定食（コース料理）　◆ 献立表ではない
- **û**　s*û*r　　 [スュール]　確かな

e [ə] [e] [ɛ]　ゥ, エ あるいは 無音	

＊厳密に見ていくと，① 語末の e は無音，② 音節（☞ p.㊿）の終わりなら「軽いゥ [ə]」，③ 音節中で発音される子音の前では「開いたエ [ɛ]」，④ 発音されない語末の子音字の前では「閉じたエ [e]」と分類されます．しか

名言名句・諺

6. Le vent se lève ! ... il faut tenter de vivre !

05 文字と音 ①

プラス情報 フランス語になった日本語 (1) ☞ p.37

アラカルト，ガトー，シネマなど左ページに載っている単語の多くは「日本語になったフランス語」．逆に，フランス語になった日本語のいくつかを導入の歴史順にここに列記しておきたい．

Japon, Nippon「日本」といった語が導入されたのが，18世紀．それよりも前にフランス語になった日本語は，obi「帯」や bonze「(仏教の) 坊主 [ボンズ]」，saké「酒」(最初は saqué とつづられていた) など．japonisme「ジャポニスム (日本趣味)」の語が誕生した19世紀半ばには，daïmio, daimyo, daimyô「大名」(単複同形) や yen「円」あるいは geisha「芸者」(ピエール・ロティの『お菊さん』では guécha とつづられている) といった語が移入された．20世紀には，食べ物 sashimi, sushi, tempura, yakitori やスポーツ judo, kendo, sumo が続々とフランス語になった．上記の単語のうち，obi (ときに男性名詞としても扱われる)，geisha を除いて男性名詞である．なお，最新の日本語発信の単語は manga, bento や anime, otaku あたりだろうか？

し, いささか乱暴ですが, 無音と [ə] を [ゥ], [e] [ɛ] を [エ] と2つにわけて考えると理解しやすいと思います.

ところで, 左記の menu「定食」はどうして英語のように [メニュー] と読まれないのでしょう？ 以下の例をご覧ください.

de [ドゥ] → des [デ]　　le [ル] → les [レ]

すでに触れたように, 通常, 語末の子音字は読まれませんでした. この点を念頭に置き e の発音に着目すると下記の約束があるのです. (☞ p.⑬)

〈**e**〉の後ろに子音字が付いていない（開音節）→ [ゥ]
〈**e**〉の後ろに子音字が付いている　（閉音節）→ [エ]

文法的には, 発音上母音(字)で終わる音節を「開音節」, 子音(字)で終わる音節を「閉音節」と称します.

つまり, menu を上記の読みのルールを決める音節 (☞ p.㊿) に切ると me-nu となり, me が [me メ] ではなく [m(ə) ム] と読まれる理屈なのです.

			開音節
p**e**tit	[プティ]	小さい	◆ 音節では ***pe*-tit**
av**e**c	[アヴェック]	一緒に	◆ 音節では **a-*vec***
			閉音節

é	[e] エ	[エ] より唇を引く [イ] に近い音
è, ê	[ɛ] エ	口をやや開き加減で [エ] を発音

n**é**glig**é**	[ネグリジェ]	（婦人用）ネグリジェ
amp**è**re	[アンペール]	（電気）アンペア
pr**ê**t-à-porter	[プレタポルテ]	既製服

o, ô	[o] オ	口を丸く突き出して [オ] を発音
o	[ɔ] オ	口を上下にやや大きめにして発音

p**o**rn**o**	[ポルノ]	ポルノ（映画）
bient**ô**t	[ビィャントー]	まもなく

＊ただし, 日本語との違いを知ることは大切ですが, 上記〈e〉の読みを除いて, [ア][エ][オ] の2つの音の別にそれほど神経質になる必要はありません. 日本語の「ア」「エ」「オ」より, はっきりと発音すれば通じますから.

名言名句・諺

♣**風立ちぬ いざ生きめやも**（堀辰雄訳）. ヴァレリーの『海辺の墓地』からの引用, 堀辰雄の『風立ちぬ』のタイトルになっている. 今を強く生きようとする詩人の決意を表すもの.

05　文字と音 ①

プラス情報　faux amis「偽りの友」

この menu は「コース料理，定食」の意味．ただし，日本では「料理を選ぶ際の料金表＝メニュー」と結びつくために混線しやすい．仏語で carte が「メニュー」の意味，「ワインリスト」は carte des vins と呼ばれる．

ところで，英語とつづりが似ているために，仏語の意味を取り違えてしまうことがある．たとえば，フランス語の名詞 travail や動詞 travailler を「旅行」「旅をする」(フランス語では voyage, voyager) と和訳するミスにはよくぶつかる．英語の *travel* にスペリングが似ているためだが，これ，かならずしも筋違いな誤りとは言えない．仏英 travail, *travel* ともに「(拷問用) 責め具」を意味する語が語源で，フランスは大陸であるため「仕事，勉強」が「拷問」とイメージが結ばれ，一方，海で四方を囲まれたイギリスでは「旅」が「艱難辛苦」につながったことによるからだ．鑑真和上が日本に渡るためにいつしか両目の視力を失った話は，いにしえの船旅の過酷さを物語る．

ほかに，juste, jusqu'à を英語の *just* からの類推で発音してみたり，形容詞の important, intelligent をまるまる英語読みしたり，あるいは「大学」université を仏英チャンポンの奇妙な読みにしたり，「にせの友」に誘惑された残念なケースには何度も出会っています．また，仏英で意味は同じでありながら，つづり字を混同しやすい faux amis を以下，いくつかあげておきましょう．くれぐれも間違いのありませんように．

	フランス語	英語
住所	adresse *f.*	*address*
快適な，心地よい	confortable	*comfortable*
練習（問題）	exercices *m.pl.*	*exercise*
結婚	mariage *m.*	*marriage*
音楽家	musicien(ne)	*musician*
音楽	musique *f.*	*music*
パスポート	passeport *m.*	*passport*
9月	septembre *m.*	*September*

なお，フランス人がよく耳にする「偽りの友」の代表は，仏語の actuellement を英語の *actually* の意味・用法で用いるミスだそうです．ちなみに手もとの『英仏辞典』には，*Be careful not to translate actually by actuellement.* と注意喚起がなされ，『仏仏辞典』には L'anglais 《actually》 ne signifie pas 《actuellement》 en français, mais 《effectivement》. と書かれています．

vingt-cinq　25

◆ 06 ◆ 文字と音 ②

2つ以上の母音字の重なりを複母音字と呼びます．複母音字はそれぞれの母音を独立して読む（二重母音）発音ではなく，フランス語ではその多くが1音で発音されます．(☞ p.⑳)

〔1〕複母音字の発音 lettres-voyelles composées

ai, aî, ei [e] [ɛ] エ ［アイ］［エイ］とは読まない

- **ai** café au l*ai*t ［キャフェ オ レ］ カフェオレ
- **aî** m*aî*tre ［メートゥル］ 主人
- **ei** b*ei*ge ［ベージュ］ （色）ベージュ

 *ただし，i にトレマ（☞ p.12）が付き ï となるとそれぞれの母音が読まれます．例：n*aï*f ［ナイフ］ ナイーブ，素朴な

au, eau [o] オ ［アウ］［エアウ］とは読まない

- **au** café *au* lait ［キャフェ オ レ］ カフェオレ
- **eau** B*eau*jolais ［ボジョレー］ （ワイン）ボジョレー

eu, œu [œ] [ø] ゥ 唇を丸めて軽く［ゥ］と読む

- **eu** m*eu*nière ［ムニエール］ （料理）ムニエル
- **œu** s*œu*r ［スゥール］ 姉（あるいは妹）

ou, où, oû [u] ゥ 唇をつぼめ，前に強く突き出して［ゥ］と読む

- **ou** g*ou*rmet ［グルメ］ グルメ，食通

名言名句・諺

7. C'est le point de vue qui FAIT la chose.

06　文字と音 ②

はみだし 「ウ」の読み

この音は思いっきり口をつぼませ，唇を前につきだして「ゥゥ」と強く発音．この音のせいで，横から見るとフランス人同士の会話はたがいに口を尖らせ，さながら嘴（くちばし）で突っつきあっているかに見えます．ノーベル文学賞作家・大江健三郎は「まるで肛門のように」と喩えた由緒ただしい「ウ」であります（ただし，肛門ははたしてそう簡単に突き出せるものか？　第一，その動きを大江氏は見たのか……いや，好奇心旺盛な彼のことだから見たかもしれない）．したがって，たとえば haute couture は，カナ書きすると「オート クチュール」より「ク ゥ チュール」に近い感じ．

はみだし "食通" あれこれ

gourmet は「食通」を意味するやや固い語．bec fin あるいは fine bouche で「口の肥えた人＝食通」というくだけた言い方もあります．また「食欲旺盛な人，食いしん坊」は，ご存知のように gourmand と呼ばれますが，この単語には「食通」という暗黙の前提があります．ひたすら「がつがつ食う人」は goinfre と別称され，グルマンとは少々範疇が違います．また，「美食・食道楽」gastronomie から派生する「美食家」gastronome という語は，料理の作り方も心得た「食通」を意味する語です．

où	*où*	[ウ]	どこ
oû	g*oû*t	[グー]	味, 好み

oi, oî [wa] ゥワ　　[オイ] と読まない

oi	cr*oi*ssant	[クロワッサン]	クロワッサン
oî	b*oî*te	[ボワットゥ]	箱

＊oignon「タマネギ」は [オニョン] と発音されます.

ay, oy [εj] [ej] エィ, [waj] ゥワイ

＊母音字にはさまれた y は y=ii と考えて読みます.

ay=**ai**+**i**	ess*ay*er	[エセィエ]	試みる
oy=**oi**+**i**	r*oy*al	[ロワィヤル]	王の

〔2〕半母音の発音 semi-voyelles

上記以外に注意が必要なものに [i] [u] [y] を子音のように（独立した母音ではなく，前・後の母音と一体化した音のように）発音する [j] [w] [ɥ] があります．母音の機能を失った音，半母音，あるいは半子音と呼ばれます．ただし，この音は自然に発音できます．

＊英語の *yes* [jes] の y は半母音に相当します.

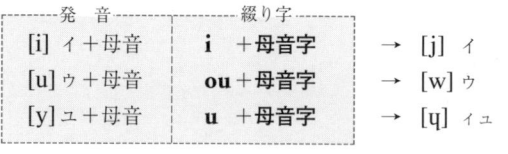

発　音	綴り字		
[i] ィ+母音	**i** +母音字	→	[j] ィ
[u] ゥ+母音	**ou**+母音字	→	[w] ゥ
[y] ュ+母音	**u** +母音字	→	[ɥ] ィュ

i +**a**	p*ia*no	[ピィャノ] ピアノ
ou+**i**	*oui*	[ウィ]〔返事〕はい
u +**i**	n*ui*t	[ニュイ] 夜

名言名句・諺

♥事物を「作る」のは視点だ．スイスの言語哲学者ソシュールの言葉．「視点による切り取りが「事物をつくり出す」という実体論批判．認識の構図の逆転の発想である．

06 文字と音 ②

基礎チェック 半母音補足（学生との対話）

学生 あの〜，気づいたのですが，ou と書けば［ウ］，i は［イ］なのですから，フランス語の「はい」Oui は［ウイ］となるはずですが，実際には Oui［ゥイ］という感覚で聞こえてきます．どうしてでしょうか？

先生 半母音のためです．たとえば，piano ですが，フランス語を聞けば［ピアノ］というよりは左ページのカナ書きのように［ピャノ］に近い音に聞こえるはずです．この p ｜i + a｜という重なり（oui の ｜ou + i｜も同じ），つまり連続する母音を〈ぴ pi・あ a〉とばらばらに切らずに，一息で読めば〈ぴゃ pja〉となり，片方の母音（この例なら「ぴ p［i］」）が弱まるからです．

　これは **i, u, ou + 母音字** のときに生じます．発音記号ならこうなります．
　　　　　イ［i］→ ィ［j］／ ユ［y］→ ィュ［ɥ］／ ウ［u］→ ゥ［w］

学生 日本語で求人・転職情報誌で知られる「とらばーゆ」（travail［トラヴァーィュ］「仕事・勉強」）の -ail も同じでしょうか．

先生 そうです．「とらゔぁいる」とは読みません．il のつづりは，単独であれば［イル］と読みますが，**母音字 + il(l)** の場合には「ィュ」［j］と読みます．これはうしろの母音が弱まる例です ☞ p.32．

soleil	ソレィュ	太陽
famille	ファミーィュ	家族
œil	ウーィュ	（片方の）目

ただし，-ill が［イル］と読まれる語がいくつかありますから注意が必要です．

mille	ミル	（数字）1000
ville	ヴィル	町，都市
village	ヴィラージュ	村

◆ 07 ◆ 文字と音 ③

〔1〕**鼻母音（母音字＋m, n）** voyelles nasales

　鼻母音は，鼻に息の一部を抜いて発音される音で〈˜〉の記号で表されます．女性が「いゃーん」と［ン］の音を鼻に抜く（甘えた？）調子で発音される音に類した音です．（☞ p.⑯）

| **am, an, em, en**　　[ã]　アン |

fr*am*boise	［フランボワーズ］	（果実）木いちご
Fr*an*ce	［フラーンス］	フランス
*en*core	［アンコール］	ふたたび，もう一度

＊encore は日本語では芝居やコンサートなどで「アンコール＝もう1度」の掛け声として使われていますね．

| **im, in, ym, yn**　　[ɛ̃]　アン |

| Lan*vin* | ［ランヴァン］ | （ブランド）ランバン |
| s*ym*bole | ［サンボール］ | 象徴　◆［シンボル］とは読まない |

| **om, on**　　[ɔ̃]　オン |

| *om*bre | ［オンブル］ | 影 |
| c*on*sommé | ［コンソメ］ | （料理）コンソメスープ |

| **um, un**　　[œ̃]　アン |

| parf*um* | ［パルファン］ | 香水 |
| *un* | ［アン］（数字）1　◆［アンドゥトロワ］で 1・2・3 |

＊上記の［œ̃］の発音は現在では［ɛ̃］の発音と区別して発音されていません．特に，パリ地区ではこの区別がほぼ完全に失われています．

名言名句・諺

8. Le rêve est une seconde vie.

07 文字と音 ③

―― **ひとり言** 鼻母音が苦手なら……

(1) いわゆる標準語やパリ風の発音をお望みならば，鼻母音はきれいに発音されないとまずいです．でも，同じフランスでも南に行くと，鼻母音はほとんど響かず，英語と同じように n が読まれます（とくに en はそのまま [エン] に近い音で発音される）．また，語末の e [ゥ] がやや強く読まれます．ということは，私たち日本人には発音しやすいなじみやすい音と相なるわけですね．ということで，もし鼻母音が苦手なら，南仏発音がお勧めかもしれません！ ☞ p.17

(2) 本書の原形たる『ケータイ〈万能〉フランス語文法』の購入者からの評価で，この「女性が（甘えた？）調子で云々」という説明が嫌だというモノがあります．ご不快，申し訳ない限りですが，この説明そのものは古典的なもので，鼻母音に似た音は日本語にもあるという事実を伝える手段でもあるのです．でも，たしかに不快かもしれません．

―― **質　問** ランって，どこ？

フランス人の先生に，出身をたずねたら L 音の鼻母音で [ラン] ですと言われました？これって，どこですか？

答　Lens は L 音で鼻母音で発音される知られた土地ですが，「ランス」と最後の〈s〉が読まれます．[アン] と鼻母音で発音するつづりには an, am, en, em のほかに aon がありますので，その地は Laon だと思います．先生に地図をもっていって指さしてもらうといいですね．Paris の北東方向，ベルギーに向ってフランス地図を目で追えば見つかるはずです．

この aon の鼻母音は，発音注意の代表的なもの（o が読まれないため）．別例に faon [ファン]「（生後半年以内の）子鹿」，paon [パン]「クジャク」（pan と同音），taon [タン]「虻（アブ）」（tant, temps と同音）などがあります．読みにくいつづりですが，一度開くと，案外覚えてしまいます．

trente et un　31

aim, ain, eim, ein [ɛ̃] アン

Sain**t Laurent** [サン ローラン] （ブランド）サンローラン
pein**ture** [パンテュール] 絵

鼻母音の [ン] は，発音する際に下あごを動かさないのがポイントです．

＊m, n が mm, nn と重ねられる単語は通常鼻母音にはなりません．
　例：po**mm**e [ポム] リンゴ
　　　a**nn**ée [アネ] （暦の）年

〔2〕半母音（半子音）semi-voyelles, semi-consonnes

また，母音字＋i＋l (ll) の読みにも注意が必要です．文法的には，半母音（あるいは半子音）と呼ばれる音になります．(☞ p.㉘)

子音字＋ill(e) [iːj] イーユ

famill**e** [ファミーユ] 家族

＊[ィル] ではなく多くは [j] イュと読まれます．ただし [il] ィル, [i] イの読みもあります．
　例：v**ill**e [ヴィル] 都市　　gent**il** [ジャンティ] 親切な

ail, aille	[aj] [ɑj]	アイユ
eil, eille	[ɛj]	エイユ
euil, euille, œil, ueil	[œj]	ウイユ

travail [トラヴァイユ] 仕事，勉強
soleil [ソレイユ] 太陽
feuille [フーイユ] 葉，ページ，紙片

名言名句・諺

◆「夢」は第2の人生である．とすれば，人は昼夜ふたつの暮らしをしていることになります．ネルヴァルの『オーレリア』からの引用．

07 文字と音 ③

発展・補注　同音異義語 (1)

[ɑ̃][ɛ̃] をどちらも [アン] とカナ読み表記してしまいますと，たとえば，[サン] と読まれる以下のような複数の語の区別がつきません．ただし，うまく [sɑ̃][sɛ̃] の違いがわかっても（ちなみに，その微妙な差異については ☞ p.386 をご覧ください），文脈がなければ音での区別はできません．

ceint [sɛ̃]　（動詞）ceindre の過去分詞
cent　[sɑ̃]　（数詞）100
sain　[sɛ̃]　（形容詞）健康な
saint [sɛ̃]　（形容詞）聖なる
sein　[sɛ̃]　（男性名詞）女性の胸
sang　[sɑ̃]　（男性名詞）血
sans　[sɑ̃]　（前置詞）〜なしに

プラス情報　こんな単語もフランス語 (2) ☞ p.19

フランス語の固有名詞が，日本語になった例もあります．たとえば，アメリカ独立戦争の際にアメリカを応援したフランスの Bourbon 王家の名にちなんで「バーボン（ウイスキー）」は命名されました（「バーボン」のつづりは bourbon）．台風の気圧を表すときにお目見えする，ヘクトパスカル hPa という単位（ミリバールにとってかわられた）は，哲学者 B. Pascal に由来（hecto- は「100の，100倍の」を意味する接頭辞．キロパスカル kPa という単位もある）．無痛分娩の呼吸法として知られるラマーズ法は，フランスの産科医 F. Lamaze から．また，めまいや耳鳴りがする内耳の疾患であるメニエール病の由来は，耳鼻科医 P. Ménière からです．ついでに，レオタード léotard（フランス語では「バレエの練習着」を指す）もフランス人の曲芸師 J. Léotard がはじめて着用したことから来ているそうです．

☞ p.29

◆ 08 ◆ 文字と音 ④

子音の読みは英語と似ているものもあります．ここでは**子音字の読みのなかでとくに注意が必要なもの**を扱います．

◇ **注意すべき子音字の読み** lettres-consonnes

---

c　e, i, y の前で [s]

c　a, o, u の前で [k]

po**lice** [ポリース] 警察

café [キャフェ] コーヒー

＊通常のカナ発音では [カフェ] と書かれることが多いのですが，パリ地区では [キャ] に近く発音されます．本書はこの音を意識して [キャ] の表記を用いました．なお，本書では辞書にある [ː] 長音(音引)記号の有無とは関係なく，アクセント（☞ p.42）の所在を意識して必要に応じて [ー] を書き添えています．

---

g　a, o, u の前で [g]

g　e, i, y の前で [ʒ]

gomme [ゴム] 消しゴム

oran**ge** [オラーンジュ] オレンジ

---

gu　i, e の前で [g]

guide [ギッドゥ] ガイド，案内人
ba**gue**tte [バゲットゥ]（パン）バゲット

---

s　母音字にはさまれた場合は [z]，それ以外は [s]

mimo**s**a [ミモザ]（植物）ミモザ
salon [サロン] 客間

名言名句・諺

9. Il est plus nécessaire d'étudier les hommes que les livres.

08 文字と音 ④

発展・補注　同音異義語 (2)

フランス語では単語の語末の子音字が読まれないことから，同音異義語となる例が多々あります．日本語であればそれを漢字で書き分けるわけです．母語でもそうなのですから，視覚なら区別がついても，耳で同音異義語を区別するのはなかなか難儀です．たとえば，[ku:r クール] と聞こえてきても，前後の脈絡がなければ，形容詞「短い」court なのか「（川や水の）流れ」や「講義」を意味する男性名詞の cours か，それとも「中庭」を指す女性名詞の cour なのか，はたまた動詞「走る」を活用した cours か court なのか区別がつきません．[メール] と聞こえても maire「市長」か mer「海」か mère「母」かわからないし，[ヴァン] が「ワイン」vin だと思ったら「20」vingt で，「空しい」vain も同じ音で，あれれ……となりかねません．もちろん，単独で話のなかに不意に登場するわけではないのですが，この区別にはそれなりの文法力が必要です．

| **ch** 多くが [ʃ] シャ・シ… | ◆日本語よりずっと強い音 |

*Ch*anel [シャネル]（ブランド）シャネル
*ch*ampagne [シャンパーニュ] シャンパン
＊ただし，ギリシア語からの借用語は [k]. 例：é*ch*o [エコ] こだま

| **gn** [ɲ] ニャ・ニュ… | **ph** [f] ファ・フィ… |

co*gn*ac [コニャック]（酒）コニャック
*ph*iloso*ph*ie [フィロゾフィ] 哲学

| **qu** [k] | ◆[クウ] とは読みません |

*qu*estion [ケスティオン] 質問
*Qu*artier Latin [キャルティエ　ラタン] パリの学生街

| **rh** [r]　**th** [t] | ◆r [r], t [t] 1個と同じ発音 |

*rh*um [ロム]（酒）ラム
es*th*étique [エステティク] 美学，美的な

| **ti**+母音字 [s] [t] | ◆[ティ][スィ] の2つの読み |

ques*ti*on [ケスティオン] 質問　　na*ti*on [ナスィオン] 国家

なお，同じ子音字を並べた語〈cc, dd, pp〉などは例外はあるものの，原則として1つの子音 [k] [d] [p] などとして読みます．

a*cc*ord [アコール] 一致　　a*pp*eler [アプレ] 呼ぶ

また〈ss〉は濁った音，つまった音では読みません．

de*ss*ert [デセール] デザート

名言名句・諺

♠**書物より人間を研究するほうが大事だ**．ラ・ロシュフーコーの『箴言』より．この着眼がモラリストたちの真髄とされる．なお，「書物は，価値そのものではなく価値の代替物であるという点で，貨幣に似ている」は寺山修司の言葉．

08 文字と音 ④

───**プラス情報** フランス語になった日本語 (2) ☞ p.23

moxa というフランス語は日本語に由来する語ですが，なんでしょう？ そう，「もぐさ」です．そこから「(もぐさを用いた) お灸」の意味になり，「もぐさを用いた治療法」(= moxabustion, moxibustion) も指します．では surimi は？ 欧米の人が大好きな新参者の食べ物ですが，おわかりでしょうか？ 魚の「すり身」そのものではないのです．〈succédané de crabe ou de langouste〉と手もとの辞書にあります．つまり「蟹，海老のまがい物（となっているすり身）」=「カニかまぼこ」のことです．ちなみにフランスで出される簡易的なサラダにはときどきこの surimi が入っています．

◆ 09 ◆ 連音・母音字省略

　フランス語は流れるような心地よい音として私たちの耳に届きます．それは，下記に記す「母音の連続を避けるフランス語の文法規則」が大きな要因になっています．

〔1〕リエゾン（連音）liaison

　独立した単語を読む場合には発音されない語末の子音字が，母音字または無音の h（☞ p.⑳）ではじまる語に先立つ場合に，その語の語頭と結びついて発音される現象を言います．簡単に言えば，母音と母音がぶつかるときに子音を間に差しはさむ読み方です．たとえば，

　　petit [p(ə)ti プティ]「小さな」　**ami** [ami アミ]「友人」

この2語をつなげるとき，各々の語を単純につないで読みますと [p(ə)tiami] となり [i] [a] の母音が衝突してしまいます．これを避け，なだらかな流れにするためにリエゾンをします．

　　petit‿ami [p(ə)titami プティタミ] 恋人
　　＊ ‿ はリエゾンを意味する印です．

たとえば，以下のようなケースでリエゾンが起こります．

(1) リエゾンを常にする例
・限定辞（冠詞など）＋名詞　**les‿arbres** [レザルブル] 木々
・主語人称代名詞＋動詞　**vous‿aimez** [ヴゼメ] あなたは愛する
・形容詞＋名詞　**un bon‿élève** [アン ボンネレーヴ] 良い生徒

ただし，以下のケースではリエゾンはしません．

(2) リエゾンをしない例（☞ Q & A p.㊱）
・有音（気音）の h　**les'héros** [レ エロ] ヒーローたち
・接続詞 et（英語の *and* に相当する語）の後
　　Et'après? [エ アプレ] で，それから？
・名詞主語と動詞　**Paris'est ...** [パリ エ] パリは〜です

名言名句・諺

10. L'amitié double l'homme.

09　連音・母音字省略

基礎チェック　liaison は「濃厚なスープ」

もともとリエゾンは，フランス語で「結びつける，関係づける」を意味する lier という動詞から生まれた語．動詞 lier は，料理用語では「（ソースなどに）とろみをつける」という意味になります．つまり，言ってみれば，文中の離ればなれの語と語を濃厚なスープでひとまとめにして，互いに手をつなぎあった状態にするのがリエゾン．つまり，単語と単語のすき間を開けて書かれる petit と ami を petitami としてしまう，そんな音の磁力のようなものです．

☞ p.391

リエゾンをすると音が変わるケースがあります．

(3) 音が変わる例
- **s, x**＋母音字（または無音の **h**）＝[z]
  les‿amis [lezami レザミ] その友人たち
- **d**＋母音字（または無音の **h**）＝[t]
  un grand‿arbre [grɑ̃tarbr アングランタルブル] 大木
- **f**＋母音字（または無音の **h**）＝[v]
  neuf‿heures [nœvœːr ヌヴール] 9時
  neuf‿ans [nœvɑ̃ ヌヴァン] 9歳

  *-f が [v] となるリエゾンは上記の2例のみ（19歳 dix-neuf ans 等を含む）．なお，現在ではリエゾンが行われなくなる傾向にあります．

〔2〕**アンシェヌマン（連読）** enchaînement

通常発音される語末の子音が，後続する語の語頭の母音と結びついて1音節を作る（発音をなめらかにする）現象．

  petite⌢amie [p(ə)titami プティタミ] 恋人
  il⌢y⌢a [ilja イリア] 〜がある　英語の *there is (are)*

  *⌢はアンシェヌマンの印．上記の2例の単独の読み [p(ə)tit] [ami], [il] [i] [a] を単純につなぎあわせると [プティトゥアミ] [イルイア]（アンシェヌマンをしない読み）となり，実際に発音される音とは違うものになってしまいます．

〔3〕**エリズィヨン（母音字省略）** élision

la の〈a〉や le, ce, de, ne, je, me, te, se, que などの〈e〉あるいは si の〈i〉といった1音節の単語の後に母音字（または無音の h）が来るときに，母音字を省略してアポストロフ〈'〉にする現象（ただし，si は il, ils が後に続くときのみ）．（☞ Q & A p.388）

  × **le amour**　→　○ **l'amour**　[ラムール]　愛
  × **ce est**　→　○ **c'est**　[セ]　それは〜である
  × **je ai**　→　○ **j'ai**　[ジェ]　私は〜を持つ

名言名句・諺

♣友情は人間を2倍にする．バルザックの書簡小説から．なお，ヴォルテールはかく語る．「私はお前の言うことには反対だ．しかし，お前がそれを言う権利を，私は，命にかけて守る」．

09 連音・母音字省略

質　問　elle はどうして élision しないの？

elle のつづりは短いし，使用頻度も高い語なのに，どうして ce や le や que と同じようにエリズィヨンしないのか不思議なのですが．

答　elle est と書くべきところを ell'est と勝手に文字を省略して書いている答案にぶつかると，正直，がっかりします．でも，一方で，ce であれば c'est となることを考えれば講義のなかで説明不足があったと反省もします．elle と ce を発音記号で比べると，〔εl〕と〔s(ə)〕です．je は〔ʒ(ə)〕，le は〔l(ə)〕．お分かりでしょうか，elle の語尾の e は無音なのですが，エリズィヨンするほかの語の e は無音ではありません．カナ読みでいささか力技の説明をするなら，elle［エル×］に対して，ほかは ce［ス（ゥ）］, je［ジュ（ゥ）］, le［ル（ゥ）］となっているわけです．無音の e は，"母音字省略＝エリズィヨン"の対象外．ですから，elle はうしろの語と母音字省略を行ないません．

quarante et un

◆ 10 ◆　アクセント・イントネーション

〔1〕強勢アクセント

　ここで扱うアクセント（強勢）は，綴り字記号のアクサン（☞ p.⑩）ではありません．読みの強勢のことです．ただし，アクセントは，強弱（ストレス）と高低（ピッチ）にわかれていて，フランス語のアクセントはストレスよりも，ピッチの要素を多分に含んだものです．

　　　＊ピッチとは，たとえば，日本語の「雨（あめ）」と「飴（あめ）」の違いに相当します．

　ところで，英語では強勢のアクセントは単語によってさまざまな音節にくることがあります．たとえば，動詞の incréase [インクリース]「増える」，名詞の íncrease [インクリース]「増加」ではアクセントの位置が違いますし，その違いで品詞を区別することができます．しかし，フランス語のアクセントの位置は，通常，一定です．すなわち，

> 単語・語群で，発音される音節の最後にアクセントを置く

のです（音節の説明は p.50 を参照してください）．

　例：**intelli*gent*** [アン・テ・リ・ジャン] 知的な

　　　＊英語ですと intélligent [インテリヂェントゥ] です．つまり，フランス語は○○○●，英語は●○○○（●がアクセントのある音節のマーク）と違いがあり，フランス語は最後の音節に●が置かれるわけです．

　　*éco*le [エコール] 学校

　　　＊この単語は語末が発音されない e で終わりますので，語のアクセントは，綴り字上のひとつ手前の音節になります．つまり，発音されない e の綴りで終わる単語は，その直前にある母音にアクセントがあるわけです．

　　ce bateau *blanc* [ス　バトー　ブラン] あの白い船

　　　＊le bateau [ル・バ・トー]「その船」ならば，○○●がアクセントの位置になりますが，上記のように形容詞がつきますと音節の最後にアクセントがきて○○○●となります．

名言名句・諺

11. C'était à cause du soleil.

10 アクセント・イントネーション

ひとり言　プラスの作用

母語を利用したり，英語を利用したりする外国語学習法に異を唱える方がいます．しかしながら，母語などによる「負の転移」（かつて「干渉」と呼ばれていた言語間で起こるマイナス）よりも「正の転移」のほうが大きいことは間違いないはずです．なぜなら，ひとつ目の言語（母語）を学びながら身につけた「言語能力」をもとに英語を学び，さらに第二，第三の外国語を学ぶという順がいわば必然の順路だからです．「赤いリンゴ」を *a red apple* とならって違和感がないのは「形容詞の働き」が日英で同じだからです．*apple a red* と並べる言語があるなら大いにとまどいましょうが．

はみだし　アクセントの位置

フランス語は「発音される音節の最後にアクセントを置く」と言っても，これは，かならずつねにそうなるわけではありません．たとえば，政治家が講演するようなケースではこの法則が意識的に守られているように感じますが，ときに語頭の音節にアクセントが置かれたり，ラジオやテレビ放送では，語末の音節にアクセントがなかったり，話者と聞き手との距離感の差も含め，けっして絶対ではありません．

〔2〕イントネーション

文章のアクセントも左記と同じ原則で展開しますが，文章の場合には各単語単位ではなく，語群（意味・表現のかたまり）で考える必要があります．たとえば，「明晰ならざるものフランス語にあらず」という有名な一句を例に考えてみます．

Ce qui n'est pas clair n'est pas français.
ス キ ネ パ クレール ネ パ フランセ

この文は，Ce qui n'est pas clair（提示部：この文では主部）/ n'est pas français（説明部：この文では述部）の2つの語群にわかれ，強勢アクセントは，それぞれの最後の音節をつくる母音，すなわち clair [klɛːr] と，français [frɑ̃sɛ] に置かれます（厳密には *fran*-çais ●○ と，文末に置かれた語のアクセント音節は1つ手前に繰りあがります）．

しかし，文章を読む場合に，上記のアクセントもさることながら，抑揚（イントネーション intonation［アントナスィオン］）がもっと大切です．すなわち，提示部は上昇調で，説明部は下降調で読まれます．そして，説明部は提示部よりも少し低い調子ではじまり，出だしより低い調子で終わります．

この説明を図示しますと，下記のような山形になります．

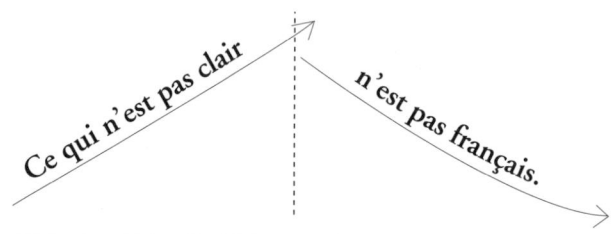

Ce qui n'est pas clair　　*n'est pas français.*

外国の人が話す日本語を聞いて，妙だなと感じるのは，個々の単語のアクセントよりも文章全体の抑揚がおかしいケースが大半です．ということは，アクセントもさることながら，イントネーションがいかに大切かということです．

名言名句・諺

♥ **あれは太陽のせいだ**．『異邦人』の主人公ムルソーは，激しく太陽が照りつけるなかでアラブ人を殺害する．その動機を法廷でたずねられたとき，彼は「あれは太陽のせいだ」と口にした．

10　アクセント・イントネーション

── はみだし　フランス語の明晰さ

A. de Rivarol の「フランス語の普遍性について」De l'Universalité de la langue française に記されたこの言葉はこう続きます.〈; ce qui n'est pas clair est encore anglais, italien, grec ou latin.〉「明晰でないものは, いまだ英語かイタリア語かギリシア語, あるいはラテン語の段階である」と.

リヴァロールは主語・動詞・目的語といった語順が秩序だって正確にならび, それが思考の過程と一致していることから（言い換えれば, 統語論に支えられた論理性に着目して）「フランス語は明晰である」と断じているようです. ちなみに, 隣国の英語やイタリア語が登場しながら, ドイツ語について言及がないのは, ベルリン・アカデミー主催の懸賞論文であったからでしょう. まさか, ドイツ語は不明瞭だとは書けません. 言うまでもないですが, ここに書かれた中華思想に言語学的な根拠などありません. ただ, 1784年に記された「お言葉」をいまだに金科玉条として信奉している教師がいないではないのでご注意を. そういう人は, Ce qui n'est pas clair est japonais. といった無茶な例文を力強く黒板に板書したり......します.

── 基礎チェック　リズムグループ

フランス語を読む際に, それなりの長さの文章（平叙文）を大きく2つに分けて, 最初のかたまりを上昇気味に読み, 次のかたまりを徐々に下降気味に発音すようにすると, 全体がフランス語の抑揚に近くなります. すでにきちんとリズムのできている方は問題ないでしょうが,「読みが下手だ！」と落ちこんでいる方は, 意識的に2つのリズムグループにわけて読む方法が効果的です. ただし, 大きな意味のかたまりを作るのであって, 勝手に真ん中で半分に割るわけではありません！

quarante-cinq

◇ 補遺 A ◇　誰もがつまずく読みの克服法

　書かれた説明をいくら読んでも「音」を理解するには限界があります．諺をもじれば「百見は一聞にしかず」．その意味で，フランス人が発音する音をしっかり聴いて（直接でも，ラジオ・テレビでも，テープでも），それを真似るのが近道です．

　しかし，近道とはいっても，漫然と聴くのでは発音になじめません．また，口の開け方，舌の位置が詳しく書かれたイラスト（解剖図に似ている？）を見ても，なかなか発音に直結しづらいものです．そこで，こんな方法はいかがでしょうか．誰もが一度はつまずく読みの難所克服法について具体策を記しますので，**発音が苦手な方はチャレンジしてください．**

〔1〕 R r の音

　この音（喉音）を音声学的に説明しますと「舌の付け根を上顎や口蓋垂（喉ひこ）に当て，その隙間から出される摩擦音」（パリの r の読み方），？？？となります．とにかく，最初のうちは，私たちには発音するのが難しい音です．そこで，下記のような非科学的な方法でのアプローチはいかがでしょうか．

> 「うがい」をしましょう．ただし，口に含んだ水を徐々に減らしていくイメージの「空のうがい」をするのです．すると喉から「ガッ・ゴッ・グッ」という痰を切るときのような音がしませんか．その音がフランス語 R r の音です．

　汚い表現ですが，このイメージが最もわかりやすいのではないかと思っています．そして，上記のイメージを残したまま，Mexique［メクスィック］「メキシコ」を 3～4 回発音し，それにすぐ続けて，Merci［メルスィ］「ありがとう」と発音してみてください．R r の音が自然にでていませんか？

名言名句・諺

12. On ne naît pas femme : on le devient.

補遺A　誰もがつまずく読みの克服法

発展・補注　R vs L

(1) Rr音はフランス語の子音のなかで頻度が1位の音．第2位がLl音だそうです．となれば，この区別がつかないことには「通じない！」フランス語となるのは必定．ちなみに，Rr音は舌の先を下の歯の後につけたまま発音するのが要領で，文法学者・朝倉季雄によれば，かつては医者が喉を見るときに使う abaisse-langue（舌を押さえるへら）を使って発音矯正をしていたという話です．ちなみに，十数年前に発音を正す目的で（？）女子学生の口に指をつっこんだ教授もいたようですが，いまではもちろん禁じ手！

(2) 遠藤周作著『あわれな留学生』に「切符を買う時から面倒である．ルーアンのRの発音が日本人のぼくにはLとなる．RであろうがLであろうが，こちらにはどうでもよいのに，『ルーアン』．『なに？』駅員は首をかしげる．『ルーアン，ルーアン，ルーアン』．周りの人々がクスクス笑う」というエピソードが紹介されている．ただ，こんなこともあるそうです．カタカナで書けば同じく「ルーアン」Louhans となるフランス東部にある町に向っていた日本人の女子学生たちが，なぜか方向違いの Rouen（フランスの北西部にある）に到着．Rouenの駅長さんから Louhans で二人の到着を待っていた教師宅に深夜，電話が入ったそうです．「なぜかお宅の学生さんが Rouen に着ていますが……」（これ本書の校閲をお願いした先生から直々にお聞きした話）．また，『おしゃべりフランス語』という本のなかで，レストランで「友人の仏文学者は，玉ねぎ（oignon オニオン）と注文したら腎臓（rognon ロニオン）が来てしまったそうです」と，ボーボワールやサガンの翻訳で知られる朝吹女史が伝えています．ちなみに，rognons de veau「仔牛の腎臓」は1頭につき2つという希少性もあって，フランスでは高価な臓物料理（abats アバと総称される）であります．

基礎チェック　〈r〉の音がでない!!

どうしても，煮ても焼いても Rr の音が出せないなら，以下の方法で対応ください．

(1) 促音で対応：Merci ［メッスィ］　Pardon ［パッドン］　*「ッ」に力をいれる感じで発音．
(2) 〈g〉（ガ行）で対応：［メグスィ］［パグドン］　*力を入れた［gu］を何度か繰り返し，舌の緊張感を解く感覚で読むと［r］に近い音が出る．

なお，r音について「聞こえにくいが特徴的な音なので，まちがった音を出すくらいなら抜かすほうがよい」と説いている参考書もあります！　ちなみに，はじめて Paris をフランス人が発音するのを聞くと「パヒ」と聞こえると言います．フランス語にはh音はないのですが……ね．

〔2〕le と les の読み

　初級者が単語の読みでとまどうのは p.22 で解説した〈e〉の読みです．とくに，〈le [ル] / les [レ]〉〈ce [ス] / ces [セ]〉〈de [ドゥ] / des [デ]〉などの読みを混同する人が大勢いますし，これが自信喪失につながりかねません．この読みを体得するには，こんな方法が効果的です．まず，① を左から右へ読んでみてください．

① le　ce　me　te　tes　mes　des　de　cet　les　que

　上記の読みができたら，② の読みに挑戦してください．

② le　les　ce　ces　le père　les pères　ce lit　ces lits

どうです，できましたか？

　これはあくまで一例なのですが，上記 ① ② を見て，途中でつかえずにすんなり読めるようになれば，フランス語を読むための基礎の基礎ができているはずです．

　　＊ちなみにカナ読みは ① [ル　ス　ム　トゥ　テ　メ　デ　ドゥ　セ　レ　ク]
　　　② [ル　レ　ス　セ　ル ペール　レ ペール　ス リ　セ リ] となります．

〔3〕英語読みを脱却できていますか

　発音に関して入門レベルの人たちが克服しなくてはならない壁は，英語発音とフランス語発音を混同しないことです．実際，フランス語の 4 割弱が英単語へ流れこんでおり，抽象名詞を中心に多くの単語が仏英で綴り字が似ています．単語習得には効率的なこの類似も，発音の点では悩みの種です．これを解決するには，基礎的な発音練習の反復と文章を声を出して読む練習に勝るものはありません．さて，以下の単語を読んでみてください．主に，授業中に使われる単語ばかりなのですが……

　　(1) leçon　　　　　(2) classe
　　(3) texte　　　　　(4) exercices
　　(5) grammaire　　(6) syntaxe

英語からの類推で，単語の意味はおわかりになるだろうと思いますが，さて，さて，英語発音の呪縛は解けていますか？

　　＊(1) ルソン　　(2) クラース　　(3) テクストゥ　　(4) エグゼルスィス　　(5) グラメール
　　　(6) サンタックス

名言名句・諺

◆人は女に生まれない，女になる．ボーヴォワール『第二の性』，「女はこうしてつくられる」の冒頭．女性は生理的，生物的なものではなく，文化・社会が生み出す産物であるとの着眼．かつて，一世を風靡した言葉だ．

補遺A　誰もがつまずく読みの克服法

---- **基礎チェック**　周波数（パスバンド）

言葉が発音されている際の周波数（正確には"パスバンド"と呼ばれるもので，ある言語を話すときに優先的に使われる周波数のこと．ただし，科学的にナンセンスだと主張する人もいます）は，言語によって違います．ことに日本語と英語では，それが大きく異なります．子音の登場回数が多い英語は，2000ヘルツ以上の周波数の音声に言葉の意味が集まっているのに対して，日本語は1500ヘルツ以下の周波数の音声に言葉の意味が集中しているためです．実際，日本語が母語でありながら，後天的に欧米で英語を身につけた人たちは，英語を話すときに自分の息の強弱をコントロールし，かつ，声のピッチ（高低）も意識的に調整していると聞きます．でも，フランス語の場合，日本語のパスバンドに近いため，日本語の声（＝パスバンド）を無理なくそのまま使えるのです．お気づきでしたか？　それだけに，極端なカナ発音や英語式発音はもったいない限りです．

◇ 補遺 B ◇　音節・句読記号

〔1〕音節の切り方 syllabe

　音節は，1つの母音か，その母音を核にその前後に1つまたは2つ以上の子音がついたまとまりを原則とします．日本語の五十音は音節を表す単位（文字）になっています．

　　　「あ」「ア」　　[a]　　　1母音
　　　「か」「カ」　　[ka]　　子音＋母音
　　　「し」「シ」　　[shi]　　子音字＋子音字＋母音

　フランス語の音節には，(a) 単語を読む上での音節，つまり音声学上の音節と，(b) 文字を綴るため（正字法）の音節（音綴とも呼ばれます．たとえば，ある単語を行末で途中で切り，次行に送りたいケースで〈-〉「トレ・デュニオン（☞ p.⑫）」を入れて改行するような場合）とがあります．ここで，扱うのは (a) の「音節」です．

　音節の切り方は規則的ですから，通常，辞典には記載されていません．ただし，かなり煩雑な規則です．そこで，本書では「音節」を考える上でのポイントを簡略にマトメてみます．

　(1)　原則として「**子音字＋母音字**（単母音字または複母音字）」で1音節を作ります（◆「半母音を表す母音字」，「母音字に続く無音のe」，「語末の〈e〉」は独立の音節を構成しません）．

　　　animal　→　**a-ni-mal**　[ア・ニ・マル] [a-ni-mal] 動物
　　　maison　→　**mai-son**　[メ・ゾン] [mɛ-zɔ̃] 家
　　　　＊ma-i-son [マ・イ・ソン] とは読みませんし，切りません．複母音字 ai [ɛ] を1つの母音と考えるからです．（☞ p.㉖）
　◆ madame　→　**ma-dame**　[マ・ダム] [ma-dam] （敬称）マダム

　(2)　2つの子音字が続く箇所では原則としてその前で切ります（◆ 複子音字 **ch, ph, rh, th, gn** は1字として扱い，その間で切りません）．**l, r** の前の子音字は「**子音字＋l, r**」と考えます（◆◆ **l, r**

名言名句・諺

13. L'essentiel est invisible pour les yeux.

補遺B　音節・句読記号

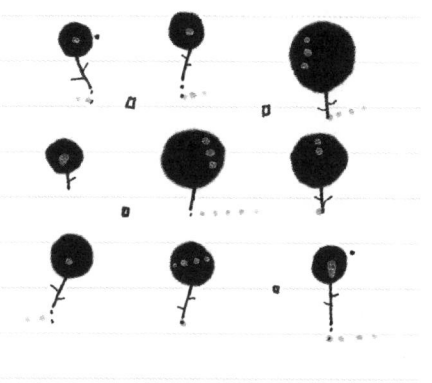

の前にくる子音字が **l, r, n** のときにはその間で切ります）．

  important → **im-por-tant** ［アン・ポル・タン］重要な
 ◆ téléphone → **té-lé-phone** ［テ・レ・フォヌ］電話
  secret → **se-cret** ［ス・クレ］秘密
 ◆◆intelligent → **in-tel-li-gent**［アン・テ・リ・ジャン］知的な

(3) 3つの子音字が続くときは，最後の子音字を後の音節に入れます．複子音字および **l, r** に先立つ子音字の取り扱いは (2) と同じです．

  obstacle → **obs-tacle** ［オプス・タクル］障害物
  comprimé → **com-pri-mé** ［コン・プリ・メ］（薬の）錠剤

〔注意〕(a) 音声学上の音節と (b) 正字法の音節が一致しない例もあります．
  (a) **ma-dame** [ma-dam]（2音節） (b) **ma-da-me**（3音綴）

〔2〕句読記号 signe de ponctuation

フランス語を書く際には次のような句読記号を使います．

- **.** **point** ［ポワン］文章の区切りを示す．
- **,** **virgule** ［ヴィルギュル］句や節の区切りを示す．
- **;** **point-virgule** ［ポワン・ヴィルギュル］並置された節の間で．
- **:** **deux points** ［ドゥ・ポワン］説明や列挙の前で用いる．
- **?** **point d'interrogation** ［ポワン・ダンテロガスィヨン］疑問符．
- **!** **point d'exclamation** ［ポワン・デクスクラマスィヨン］感嘆符．
- **…** **points de suspension** ［ポワン・ドゥ・スュスパンスィヨン］文の中断や省略を表す．
- **—** **tiret** ［ティレ］補足説明や会話の話者の交換を示す．
- **« »** **guillemets** ［ギュメ］引用符．
- **( )** **parenthèses** ［パランテーズ］挿入符．

 ＊上記は，たとえば，フランス語の聞き取り試験 dictée ［ディクテ］の際に必須の用語です．

名言名句・諺

♠肝心なことは目では見えないんだ．『星の王子さま』から．「目ではなく」，「心で」avec le cœur で物事を見るようにと狐は教えてくれる．

補遺B 音節・句読記号

はみだし ponctuation で文意が変わる！

「カネオクレタノム」はいわゆる「ぎなた読み」の代表．「金送れ，頼む」と読むか「金をくれた，飲む」と解するかという判じで，句読点の位置で文意が変わりますね．そんな ponctuation について，知られた例をひとつご紹介．

(1) L'élève impoli m'a dit :《Ce professeur est bête.》
(2) 《— L'élève impoli — m'a dit ce professeur — est bête.》

(1)と(2)では，主客が転倒し「馬鹿者」が教師から，生徒へと転じることになります．

発展・補注 〈:〉と〈;〉の相違

両者の相違を知っていますか？ もちろん，日本語の点〈，〉，丸〈。〉と同じで個人の嗜好があります．でも，大まかに言って，deux points は「前にある文や語句の原因・結果を説明する符合として，あるいは同格・列挙のために用いられる符合」で point〈.〉に近く，point-virgule は「文章を区切りながらも前の文や語句とつながっている感覚の符合」で virgule〈,〉に近い性格を持っています．

例 **Cette machine ne fonctionne pas du tout : elle est en panne.**
この機械はまったく動きません．故障しています．
Cette machine est en panne ; cependant elle fonctionne encore un peu.
この機械は故障していますが，それでもまだ少しは動いています．

基礎チェック 句読記号を見やすい一覧で！

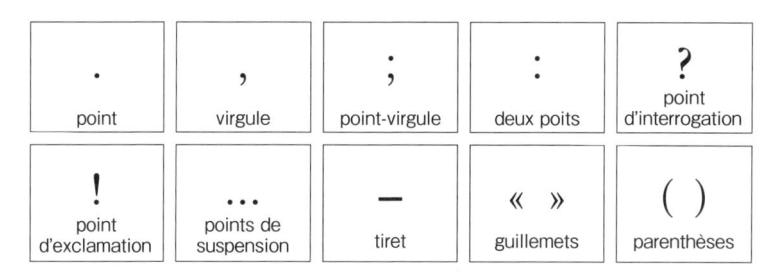

.	,	;	:	?
point	virgule	point-virgule	deux poits	point d'interrogation

!	…	—	《 》	( )
point d'exclamation	points de suspension	tiret	guillemets	parenthèses

◇ 補遺 C ◇　カナ発音表記について

　現在市販されている仏和辞典の多くはカナによる発音が記載されています（英語でも徐々にこの傾向が広がりつつあるようです）．
　本来，音標文字＝発音記号という便利な指針があるのですが，入門レベルの人たちがこの表記になじむには時間がかかります．そこで，フランス語の音を日本語に置き換える限界を承知しつつ，カナ発音を付しているわけです（本書の考えも同じです）．しかし，当然のことながら，五十音でフランス語の読みを表記することは，おのずと限界がともないます．
　たとえば，日本語の ラリルレロ とはまったく違う R r の音をどう表記するか，息を鼻にぬいて発音する鼻母音をどう扱うか，リエゾン・アンシェヌマンが行われた場合の表記はどうするのか，あるいは音引を示すべきかそうでないのかなどなど，問題は山積みです．
　音引(長音)とは「ー」と「のばす音」のことです．たとえば，日本語の「おばさん　オバサン」と「お婆さん　オバーサン」の違い，「美容院　ビヨウイン」と「病院　ビョーイン」の違いがこれに相当します．ところが，フランス語には原則的に音引が意味を分ける機能がありません（ただし，p.⑰ を参照ください）．たとえば，Paul という人名を「ポル」と読んでも，「ポール」と読んでも同じなのです（裏をかえせば，フランス人で，「おばさん」「お婆さん」の区別が理解できる人は稀なのです）．
　そして，この音引を仏和辞典に採用しているものと，採用していないものとがあります．後者はいわば音声学的なルールに従った規範的な発音表記を重視する辞書，前者は慣用，あるいは実際の発音に則したあり方（あるいは実態調査の結果）に重点を置いたあり方と言えます（本書は実際に発信することを意識し，限界を知りつつ，前者の考えに立っています）．（☞ p.⑳, p.㉞）
　ところで，こうしたフランス語の特性を知っていてカナ発音を利用すれば問題は少ないのですが，それを知らずにいると，この音引

名言名句・諺

14. L'homme est un chêne.

補遺C　カナ発音表記について

質　問　音引

音引についてお聞きします．たとえば，「薔薇」rose を［ロズ］とカナがふられた参考書と，［ローズ］と読みのふられた辞書を持っているのですが，この差はどうして生じるのでしょうか？

答　そもそもカナ発音表記には問題があります．できれば発音記号になじんでください．ただ，後者を強要するのではいっきに語学への関心を失いかねません．記号になじむのは大変ですし，無味乾燥な部分もあり，退屈ですから．
その点を踏まえて申し上げますが，フランス語は原則，音引（長音）で語句を分けません．左記のように，Paul「ポル」「ポール」どちらでも同じ，意味に違いはないのです．ただ，アクセントを持つ最後の音節が子音で終わる際，その音節の母音は長めの発音になります．とくに「ル」や「ジュ」「ズ」「ヴ」の前です．

例　**Bonjour**［ボンジュ―ル］おはよう，こんにちは
　　　orange［オラン―ジュ］オレンジ
　　　rose［ロ―ズ］バラ
　　　rive［リ―ヴ］（川などの）岸，岸辺

上記を意識的に採用するかしないかという差が，カナ読みの表記の違いを生んでいます．

の有無（あるいは表記の違いそのもの）が，同じ単語をまったく別な読みが行われる語であるかのように読者が錯覚する危険があります．たとえば，男性の敬称である monsieur [məsjø]（日本語式なら「ムッシュー」となる単語）を例に手元の仏和辞典を引いてみますと，

　　［ムスィウ］　　『現代フランス語辞典』（白水社）
　　　　　　　　　『パスポート　初級仏和辞典』（白水社）
　　［ムッシュー］『クラウン仏和辞典』（三省堂）
　　［ムスィユー］『プチ・ロワイヤル仏和辞典』（旺文社）

といった表記の違いがあり，また語学書や旅行会話集には上記以外に，［ムッスィユー］［ムスィウー］［ムッスィゥ］あるいは［ムシュー］といった表記が見つかります．

　本書を利用している皆さんには，こうした表記の限界を視野に入れつつ，カナ発音を活用していただきたいと思います．なお，本書の monsieur の読みは p.58 の例文を見てください（最も実際の音に近づけたつもりの表記なのですが……）．

　なお，語末の「無音」の e については，多くの辞書や語学書がその音をカナ表記していません．しかし，本書ではカナ表記の限界を視野に入れたうえで，必要に応じて小さな［ゥ］を書き加えました．音にならない音なのですが，この表記がないとカナを読むだけでは誤解が生じそうな単語には，無音という文法範囲を越えてあえて［ゥ］のカナ表記を付しました．（☞ p.⑱, p.⑩⑫）

　あまりフランス語をご存じない方たちにカナ表記を実際に読んでもらい，それをフランス人に聞いてもらって，少しでも実際の音に近いと思われる表記を選んだつもりです（bateau-mouche, dimanche 等の che ［シ］の表記など）．

　ともあれ，あくまで，学習の便宜のために記されているカナ読みです．その点をくれぐれもお忘れなく．

名言名句・諺

♣人間は一本の樫である．下敷きとしてあるパスカルの un roseau pensant「考える葦」=「弱気もの」が「丈夫な樫の木」に変えられている．ロートレアモンの言葉から．

補遺C　カナ発音表記について

―― **はみだし　脳とカナ読み**

脳の専門家，養老孟司さんは『私の外国語修得法』のなかに「日本人の外国語下手」とは「音声言語が優先される言葉の世界で，日本語が典型的な視覚言語であることを言い換えたにすぎない」と指摘しています．また「われわれ日本人の脳は，漢字を読む部分とカナを読む部分が違ってしまった」とも書かれています．カナはカナとして読みは1種類，それに対して漢字は「木」を「キ」「ボク」「モク」と音訓を混ぜて読み分ける．「こんな視覚言語は世界中どこにもない」そうです．さらには，失語症（字が読めなくなる病気）を例に，外国人ならカナ読みが壊れる1種類の失語症の症状が，日本人であると「カナが読めない患者」と「漢字が読めない患者」とに別れ，2種類のタイプがいるのだそうです．
外国語学習に際して，カナ読みに激しく目くじらを立てる人がいます．それは音を大切にする考えで，もちろんわからないではありません．正論でしょう．でも，一方でこうした日本語の特性（脳の特質）を知っていることも，あだなおろそかにはできない後天的語学学習のポイントなのではないでしょうか．

◆ 11 ◆ 入門基礎会話文

　初めてフランス語を学ぶ際に「挨拶」「自己紹介の表現」，あるいは「基本表現」等々を事前に確認してから本課に入るという展開が多いようです．以下，そうした基本表現に慣れることを目標に典型的な文例をいくつかチェックしておくことにします．

〔1〕挨拶 [5]

Bonjour, monsieur. 　　　おはようございます（こんにちは）．
　ボンジュール　ムッスィゥ

＊太陽が昇っている時間，朝から夕方まで使う挨拶．
monsieur は男性に，madame [マダム] は既婚の女性（年配の女性）に，mademoiselle [マドムワゼル] は未婚女性に使う敬称．(☞ p. 76)

Bonsoir, madame. 　　　こんばんは（さようなら）．
　ボンソワール　マダム

＊太陽が沈んでから使う挨拶．別れ際の挨拶にもなります．

Au revoir ! 　　　さようなら．
　オ　ルヴォワール

＊親しい間柄では Salut ! [サリュー] の一言で出会いと別れの挨拶を兼用できます．

Comment allez-vous ? 　　　ご機嫌いかがですか．(☞ p. 126)
　コマンタレ　ヴ

＊Ça va ? [サ ヴァ]「元気？」という表現もあります．

Très bien, merci. 　　　とても元気です，ありがとう．
　トレ ビィヤン　メルスィ

A demain ! 　　　また，明日（会いましょう）．
　ア　ドゥマン

◆〈A＋時間の要素〉で別れの挨拶を作ります．
　▷ **A tout à l'heure !**　　[ア　トゥタルール]　　後ほど．
　▷ **A bientôt !**　　　　　[ア　ビィヤントー]　　また近いうちに．
　▷ **A lundi !**　　　　　　[ア　ランディ]　　　　また月曜日に．

名言名句・諺

15. On se lasse de tout.

11　入門基礎会話文

> **引　用　大事な呪文**
> 挨拶や呼びかけは人と人とがことばを交す場面を成立させる大切な糸口であり，大事な呪文である．（柳田國男）

基礎チェック　Bonjour と敬称

「おはよう」「こんにちは」は通常，Bonjour！　だけでよいのですが，相手が自分より年長であれば，monsieur, madame と敬称を添える方がいいかもしれません．Bonjour monsieur Yamada！　といったように名前までプラスした挨拶は，商売をしている人が客に声をかけるようなケースで使われます．なお，相手が医者であれば Bonjour docteur !，弁護士であれば Bonjour maître ! などと挨拶することもあります．　☞ p.144

基礎チェック　Comment allez-vous ? の読み

Comment allez-vous ?　のリエゾンですが，例外的だということが意外に知られていないようです．疑問詞の comment, combien, quand は強勢をとる語（いわば独立した語）で，通常，母音ではじまる「動詞」がうしろに続いてもリエゾンされないからです．

　例　**Combien | avez-vous d'argent ?**　いくらお金を持っていますか？

発展・補注　別れの挨拶

Au revoir !, Salut ! のほかに，親しい人への「さようなら」には，Ciao ! (Tchao ! ともつづられる) [チャオ] という言い方もされます．永別は Adieu !（→ "À + Dieu"「神に」が直訳．ちなみに，小説家・遠藤周作はこれを「あの世で」と訳しています）．Adieu l'amour ! なら「恋よさらば！」という感じ．なお，「人にさようならを言う」という表現には〈dire au revoir à + 人〉が用いられます．

Bonne journée! よい1日を(お過ごしください).
ボヌ　ジュルネ

◆〈**Bon(ne)**＋名詞!〉で「よい〜してください」の意味.
  ▷ **Bonne soirée!**　［ボヌ　ソワレ］　　　　よい宵(夜)を.
  ▷ **Bon voyage!**　［ボン　ヴォワヤージュ］　よい旅を.
  ▷ **Bon courage!**　［ボン　クラージュ］　　頑張って. しっかり.

〔2〕自己紹介 ⑤

Je m'appelle Miki Suzuki.　氏名：鈴木ミキと言います.
ジュ　マペール
　　　　　　　　　　　　　　　　　　　　　　　　　（☞ p. 222）
＊名前をたずねる表現は **Comment vous appelez-vous?** ［コマン　ヴザプレ　ヴ］
と言います.

Je suis japonais(e).　　国籍：私は日本人です.
ジュ スュイ ジャポネ(ネーズ)
　　　　　　　　　　　　　　　　　　（☞ p. 70, p. 82）
＊**japonais** は男性形「日本人(男子)」. **japonaise** は女性形「日本人(女子)」.

Je suis étudiant(e).　　職業：学生です.（☞ p. 84）
ジュ スュイ エテュディアン(トゥ)

J'ai vingt ans.　　　　　年齢：20歳です.（☞ p. 100）
ジェ　ヴァンタン
＊**Quel âge avez-vous?** ［ケラージ アヴェ ヴ］が年齢を問う疑問文.

〔3〕基本表現 ⑤

Voilà la boutique Chanel.　あそこがシャネルの店です.
ヴォワラ　ラ　ブティック　シャネル
　　　　　　　　　　　　　　　　　　　　　　　　　（☞ p. 110）
＊〈**voici** ［ヴォワスィ］＋名詞〉　ここに〜がある
　〈**voilà** ［ヴォワラ］＋名詞〉　　あそこに〜がある
＊＊〈**voilà**〉は単独で「お金や物を手渡すとき」にも用います.

Il y a un chat sur le canapé.　ソファの上に猫がいます.
イリア　アン　シャ　シュール ル　カナペ
　　　　　　　　　　　　　　　　　　　　　　　　　（☞ p. 192）
＊〈**il y a**〉「〜がある」は英語の *there is / there are* に相当します. 上記は
There is a cat on the sofa. に対応する文章.

名言名句・諺

♥ 人はすべてに飽きる.「畳と女房は新しい方がいい」(Tout nouveau, tout beau. → 「新しきものすべて美し」) にも通じる諺. はやりモノの好きな現代人は, 飽きるのも早い.

11　入門基礎会話文

はみだし　Merde !

Bonne chance !「幸運を祈ります！」のニュアンスで，Merde !「くそっ（食らえ）！」っと人に声をかけることがあります．試験を受ける人たちが互いに「幸運を！」と祈るケースです．ストレス発散？なのでしょうかね．

発展・補注　il y a の構文

〈il y a + 定冠詞 + 名詞〉のパターンは不可です．il y a は，はじめて対象を話題にする際の表現なので，「不定冠詞」「部分冠詞」「数詞」ならオーケーですが「定冠詞」は用いません．しかし，たとえば「（家が火事になってるわけではない→）慌てることはない」は Il n'y a pas le feu à la maison !（le feu は概念としての火事のこと．個別の「火事」は un incendie を用います）あるいは「湖」という単語を用いて Il n'y a pas le feu au lac !　と定冠詞が使われます．しかり，「例外のナイ規則はナイ」ということです．なお，フランス人でも冠詞を間違えずに使えるようになるのに時間はかかるようで，5～6歳の子どもたちはちょこちょこ冠詞のミスをやらかします．

◆ 12 ◆ 主語人称代名詞

　話者「私・私たち」を1人称，相手＝聞き手「あなた・あなたたち」を2人称，それ以外の人・物は3人称と呼ばれます．その各人称を主語の形「～は，～が」で使う際，フランス語では下記のように表します．⑤

人称	～は・～が（訳例）	フランス語	英語
1人称	私(僕)は(が)	**je** [ジュ]	I
2人称	君(あなた)は	**tu** [テュ]	you
3人称	彼(それ)は	**il** [イル]	he, it
	彼女(それ)は	**elle** [エル]	she, it
1人称	私たちは	**nous** [ヌ]	we
2人称	あなた(あなたたち)は	**vous** [ヴ]	you
3人称	彼ら(それら)は	**ils** [イル]	they
	彼女ら(それら)は	**elles** [エル]	they

　＊動詞の主語として用いますので，「主語人称代名詞＋動詞（活用形）」の展開になります．
　＊＊フランス語は原則として「語末の子音字を発音しない」ので，単独で発音すると3人称単数 il / elle・3人称複数 ils / elles の読みがまったく同じです．両者の区別は，後続の動詞活用の違いではっきりします．

　上記の主語人称代名詞の一覧のなかで，つまずきやすいポイントは次ページ（p. 64）の諸点です．フランス語を学びはじめたばかりという方たちはご注意ください（なかでも，(2) が理解できていない人たちが少なからずみかけられます．**tu は単数，vous は複数という分類は誤りです**）．

名言名句・諺

16. Les femmes préfèrent les émotions à la raison.

12　主語人称代名詞

基礎チェック　je の発音

1人称単数の主語 je ですが，日本人の多くが発音する「ジュ」の音は実際に使われている音に比べて強すぎます．「ジュ」と「シュ」の中間のような音か，むしろ「シ (ュ)」に近い雰囲気で発音されています．先入観を捨てて，耳をすませてフランス人の発音を聞いてみてください．〔d〕の音が入った「ヂュ」ではありません．なお，篠沢秀夫先生は「パリにいる何千という日本人のうち，なんと多くの人がフランス語で『わたしは…』je … というときに間違った発音をしていることでしょう！」と古い参考書の「はしがき」に書いていました．詳細は『美しい日本語の響き』という篠沢先生の最新の本に載っています．

付記　そもそもは…

英語でも古くは *thou*（2人称単数）と *you*（複数）の区別があったように，元来は単数が tu，複数が vous であったが……

付記　常に主語として用い，動詞は3人称単数形をとる on　☞ p.194

不定代名詞 on は使い手のある語ですが，和訳する際に直訳を避けましょう．
▷ **En France, on préfère le vin à la bière.**
　　フランスではビールよりワインが好まれます．
- on は「人々＝フランス人」を指しますが，「人々は好む」と訳さずに受動的な訳をつけます．
▷ **Alors, on y va ?**
　　さあ，行きましょうか？
- on は nous の意味ですがここでも「私たち」という訳をつけないのがポイントです．

On dirait que …：（まるで）〜のようだ．
▷ **On dirait qu'il va pleuvoir.**
　　雨になりそうな気配だ．

ただし，現在では若者を中心に on の代用として tu が使われるようになってきています．言葉はまさに生き物ですね．

◇ **主語人称代名詞のポイント** pronom personnel

(1) **je** は後ろに母音・無音の h で始まる動詞がくると，**j'** とエリズィヨン（☞ p. ㊵）します．なお，英語の *I* とは違い，文頭以外では je と小文字で書きます．

(2) 2人称単数主語 **tu** は家族や友人など**親しい間柄で用い**，**vous** は初対面の相手や目上の人など**親密度の低い関係で使われます**．なお，vous は複数の意味でも用いますが（英語の *you* と同じ），tu は常に単数でしか用いません．

(3) 3人称単数主語 **il / elle**，ならびに 3人称複数主語 **ils / elles** はそれぞれ「**それは・それらは**」**の意味で物に対しても用いられます**．なお，複数の女性（名詞）のなかに男性（名詞）が1人（1つ）の場合でも，主語には ils が使われます．

(4) 英語の *it* に相当する事物だけを示す代名詞がないため，**il** を非人称主語としても用います．④ (☞ pp. ⑱⑥–⑲②)

〈**Marge 欄外**〉

　人称の考え方は私たちにとって必ずしも左の表のように単純にはいきません．たとえば，子供を叱っている父親が「いいかい，お父さんはお前のことを思ってそう言っているんだよ」と話したとしたら，「お父さん＝話者（私）＝1人称」になります．あるいは，「ねえ，そこの彼女，ちょっと時間ない？」と声をかけられれば，「彼女＝聞き手（あなた）＝2人称」です．フランス語では3人称としか考えない表現を，日本語では1人称や2人称として使うケースがあります．言語文化の違いですね．

　なお，日本語ではもともと主語は明示されませんでした．日本語の「わたし，わたくし」（1人称）が一般に定着したのは明治維新後の小学校教育のため．主語・目的語・述語といった文法的区分もいわば明治の言語革命の落とし子なのです．

名言名句・諺

◆**女は理性より感動を好む**．スタンダールの『恋愛論』より．ちなみに「虚構をもたない女なんて，退屈な家政婦にしかなれないでしょう」（寺山修司）が小生のお気に入り．化粧することを「虚構」としゃれた寺山節．

12 主語人称代名詞

> **引　用**　日本語の人称の世界
>
> 日本人は自分を相手から定義している．相手の正体がわからないと自分というものの位置づけが決まらない．／欧州では自分が決まって相手が決まる．仮に世界中に一人も人間がいなくても「I」がまず先にある．「おれ」がまず決まる．（片岡義男）

◆ 13 ◆ 名詞の性 ①

〔1〕名詞の男・女の別 sexe, genre ⑤

　フランス語の名詞には，男女の別があります．

　自然の性 sexe [セクス] を持つ名詞の男・女の別であれば容易に覚えられるはずです．père [ペール]「父親」，fils [フィス]「息子」，frère [フレール]「兄（あるいは弟）」（この単語を「兄弟」と訳すのは複数形 frères のとき．通例，フランス語の単数では「兄・弟」の別を明示しません）は男性名詞 (*n.m.*)，mère [メール]「母親」，fille [フィーユ]「娘」，sœur [スール]「姉（あるいは妹）」は女性名詞 (*n.f.*) です．

　ところが，本来「性」を持たない名詞にも男・女の別（文法上の性 genre [ジャーンル] と呼ばれます）があり，これを覚えるには骨が折れます．たとえば，Japon [ジャポン]「日本」，vélo [ヴェロ]「自転車」，collier [コリエ]「ネックレス」，appétit [アペティ]「食欲」は男性名詞で，France [フランス]「フランス」，voiture [ヴォワテュール]「自動車」，cravate [クラヴァットゥ]「ネクタイ」，beauté [ボテ]「美しさ」は女性名詞です．これを一覧にしますと，下記のように分類できます．

		男性名詞 *n.m.*		女性名詞 *n.f.*	
A	自然の性を持つ語	**père** **fils** **frère**	父親 息子 兄・弟	**mère** **fille** **sœur**	母親 娘 姉・妹
B	自然の性を持たない語	**Japon** **vélo** **collier** **appétit**	日本 自転車 ネックレス 食欲	**France** **voiture** **cravate** **beauté**	フランス 自動車 ネクタイ 美しさ
		月　曜日　四季		果実　科学　五大州	

名言名句・諺

17. Etre ou ne pas être, voilà la question.

13　名詞の性 ①

> **引用　名詞の性別について**
>
> ヨーロッパの言語では万物の性別が文法的にきわめて重要なのだが，ではなぜ万物が性的に区別されるようになったのかをうまく説明できた人はいない．まず生物を分類してから次のその分類法を男性または女性のようだと思われる物体や力などに応用したことから言語における性別という概念が生じたのではないかと考えられる．（池内紀）

はみだし　日本語にはどうして名詞の性別がないのか？

なんで名詞に男女の別なんてあるの？　フランス語を学習してそうお考えの方がいたら，逆に「なぜ日本語の名詞に性がないの」と問われたら，さて，どう応じますか．欧州語は人間の持つ性の別を自然に当てはめ，やがてそれをどんどんと拡げて行きました（ちなみに，インド・ヨーロッパ語族のなかで名詞の性別にもっとも重きを置いていないのが「英語」と言えます）．

一方，日本では人間より自然に優位があります．汎神論の風土ですから．ここに着目して，先の問いに，ポルトガル人のモラエスは「人間の没個性（非人称性）」のためと考えました．日本人は，いわば自然を前におのれをとるに足らないものと見なしていたために，名詞に性がないというのです．

フランスの庭園と日本の庭，城（シャトー）と神社・仏閣，この差が名詞の性の存在につながると書けば敷衍し過ぎでしょうか？

前ページの A はさておいて，B の性の別は勝手な分類です（原インド・ヨーロッパ諸語の神話概念が源とされます）．男性が主に締める「ネクタイ」が女性名詞で，主に女性が身につける「ネックレス」は男性名詞．自転車と自動車は同じ乗り物でありながら男女が違い，国名や「食欲，美しさ」といった抽象名詞にまで男女の別があるのがフランス語なのです．この名詞の性の別を覚えるのは一苦労です．しかも，多くの参考書や教科書には，名詞の男・女の別は「暗記するしかない」と冷たい書き方がされているだけです．しかし，すべての名詞を包括する絶対のルールはありませんが，男・女の別を見わける「目安」はあります．

〔2〕名詞の男女を単語の「語末」で見わける簡易的な目安

男性名詞 *n.m.*	女性名詞 *n.f.*
① 子音字で終わる名詞の 95％ ② 下記の綴りで終わる名詞のほぼ 100％ 　**-age　-al** 　**-er　-ien　-in** 　**-ment**	① 〈-e〉の綴り字で終わる名詞の 70％以上 ② 下記の綴りで終わる名詞の 92〜100％ 　**-ée　-ie　-ière** 　**-ion　-aison** 　**-te**

たとえば，国名の場合〈-e〉と綴られる国は女性名詞とみなされ，それ以外の綴り字で終わる国が男性名詞です．例外は Mexique［メクスィック］「メキシコ」（スペイン語の Mexico の綴りが優先されて，フランス語では〈e〉の綴りで終わるものの男性名詞とされる）や Cambodge［カンボジュ］「カンボジア」など数カ国のみ．その意味で，上記の表は男女の別に悩んだ際に有効な判断の目安になるはずです．ただ，名詞の男・女の別は，冠詞や所有形容詞などをつけて自然に口になじませていけばおのずと身につきますのでご安心を．

名言名句・諺

♠生きるべきか死ぬべきか，それが問題だ．『ハムレット』のあまりにも知られた言葉．*To be or not to be : that is the question.* の仏語訳．

13　名詞の性 ①

はみだし　ネクタイのこと

cravate「ネクタイ」の由来は面白い．元来，クロアチア人 Croate を指す語．17世紀前半（30年戦争の頃）にフランスの傭兵であったクロアチア人騎兵が「首に巻いていた布」から来ている．現在は，英語でも *necktie* ではなく *cravat* としている売場を見かける．なお，une chemise「（男性用）シャツ」と un chemisier「（女性用）ブラウス」の男・女の別はフランス人でも奇妙に感じるらしい……とか．

質　問　都市名の男女は？

都市名にも男女の別がありますか？

答　フランス語の冠詞がついている一部の都市を除いて（例：le Caire「（エジプトの）カイロ」，la Havane「（キューバの首都）ハバナ」など），大半は男性と分類されますが，これ意外に盲点です（注：なかには"une ville の連想から女性名詞とみなす傾向がある"と記した語学書もあります）．たとえば，Paris を辞書で引けば「男性」とあります．ですから Paris est beau.「パリは美しい」と形容詞は男性形単数になります（ただし，これは Paris をもっていわば国を代表させるケースで，街としての Paris は ville につられて女性とするとの見解を示す言語学者もいます）．しかし，他の多くの都市に「固有名詞」というラベルはあっても，性の別は明示されていません．ですから，性がはっきりする文を避けて，たとえば，X est une grande ville.「x は大都会だ」といったように，じかに男女の別を明記しなくてすむ表現にすることが多いようです．Paris でも，Paris est une belle ville. とする方が一般的な言い方です．ただし，国の名前と同じく，⟨e⟩ のつづりで終わる都市は「女性」と見なされることもあり，たとえば「荘厳なローマ」la majestueuse Rome とか，「トゥルーズは大きい」Toulouse est grande. などと表現されることがあります．Venise「ベネチア」は男性の扱いも女性の扱いもするようです．結果，辞書が「固有名詞」のラベルで逃げるのも無理からぬことかもしれません．

◆ 14 ◆ 名詞の性 ②

たとえば，étudiant [エテュディアン] という単語は「（男子）学生」の意味ですが，このままの形では「女子学生」の意味にはなりません．語末に **e** をつけて étudiante [エテュディアントゥ] と綴り，発音を変える必要があります．英語と対照した例で見てみましょう．[5]

> *He is a student.*   Il est étudiant.
> 　彼は学生です．   イレ　　エテュディアン
> *She is a student.*   Elle est étudiante.
> 　彼女は学生です．   エレ　　エテュディアントゥ

＊上記の英仏の例文で，英語にある不定冠詞 a がフランス語にないことについては p.84 を参照ください．

つまり，自然の性（男女両方の性）を持つ単語は下記の原則で男性形を女性形にできるのです．

〔1〕 男性形＋〈e〉→ 女性形 [5]

> **Japonais → Japonaise**   **ami → amie**
> 　日本人男性　日本人女性   男友だち　女友だち

そして，e をつけると単語の発音が変わる（つまり男性形と女性形で読みが変化する）点に注意してください．

男性形で読まれなかった語末の子音字が読まれる．

> **Japonais → Japonaise**   **ami → amie**
> 　ジャポネ　　ジャポネーズ   アミ　　　アミ

＊Japonais [ʒapɔnɛ] の〈s〉は発音されませんが，〈e〉がつくと Japonaise [ʒapɔnɛːz] と〈s〉が読まれます．ただし，母音で終わっている単語の場合（上記の ami [ami] のような例）では，〈e〉がついても発音は変わりません（ただし，男女の別を明示する意味で〈amie〉の語尾の母音を心持ち音引きして読むフランス人もいます）．（☞ p. ㉘）

名言名句・諺

18. La vérité est dans le vin.

14　名詞の性 ②

―― **発展・補注**　学生と冠詞

属詞（英語の補語に相当）となる名詞が「職業・身分・地位／国籍（ただし，国籍は形容詞とみなすという考えが広まっています）」などを表すケースは，通常，無冠詞です．でも，英語と同じく Je suis un étudiant [une étudiante]. と不定冠詞を添えて表現するケースがないわけではありません．たとえば，大学のキャンパス内にいて「私は（この大学に所属する）ひとりの学生です」と言いたい場合がそれにあたります．アテネ・フランセの先生が書かれた初級用の教科書に，かつて，冠詞がついた用例が最初の課に載っていたこともありました．

あるいは Je suis l'étudiant [l'étudiante] qui ... という定冠詞の展開も考えられます．なお，形容詞によって属詞が限定されていたら不定冠詞は必要になりますのでご注意ください．

例　ピエールはよくできる学生です．**Pierre est un bon étudiant.**
　　私は留学生です．**Je suis un étudiant étranger.**
　　　　　　　　　Je suis une étudiante étrangère.

しかし，すべての単語が左記の原則通りとはいきません．

〔2〕原則から外れた女性形の例 5 4

(1) 男性形+〈e〉の前に子音を重ねたり，あるいはアクサン記号をつけて女性形をつくる例．

chat 雄猫 （シャ） → **chatte** 雌猫 （シャットゥ）

étranger 外国人（男性）（エトランジェ） → **étrangère** 外国人（女性）（エトランジェール）

(2) 女性名詞語尾 (-trice, -esse, -euse) にする例．

acteur 俳優（男性）（アクトゥール） → **actrice** 女優（アクトゥリス）

prince 王子（プランス） → **princesse** 王女（プランセス）

vendeur 店員（男性）（ヴァンドゥール） → **vendeuse** 店員（女性）（ヴァンドゥーズ）

(3) 性の違いによっても形の変わらない名詞（男女同形）．

(un) enfant 子ども（男）（アンファン） → **(une) enfant** 子ども（女）（アンファン）

＊違いを明示するために，たとえば（ ）内の冠詞を用います．

(4) 父 **père**［ペール］や母 **mère**［メール］のように男性形と女性形で形態の異なる語もたくさんあります．

homme 男（オム） → **femme** 女（ファム）　　**fils** 息子（フィス） → **fille** 娘（フィーユ）

époux 夫（エプー） → **épouse** 妻（エプーズ）　　**oncle** おじ（オンクル） → **tante** おば（タントゥ）

(5) 男性名詞と女性名詞とで意味の異なる語もあります．

tour［トゥール］（男性名詞）順番　　（女性名詞）塔，タワー

＊**professeur**［プロフェスール］「教授」や **médecin**［メドゥサン］「医師」など男性が主に従事していた職業の女性形を明示するために **femme**［ファム］「女性」を用いる語もあります． 3 例：femme médecin 女医

名言名句・諺

♣ **酔うと本性が現れる**．ラテン語の In vino veritas. が元．オランダの学者エラスムスの言葉．「真理はワインのなかにある」が直訳．

14 名詞の性 ②

—— **はみだし** ♀猫の存在

「猫」（一般）は chat で，「子猫」は chaton を用い，「メス猫」chatte はあまり用いられません．俗語で「（女性の）性器」を意味するタブー語になるからです．ちなみに，形容詞の chat は「猫なで声の」あるいは「（女性が）甘えた」という意味になります．同じ chat のつづり字を [tʃat] と発音すれば「チャット」（ネット上でのリアルタイムのメッセージのやりとり）のこと．「犬」も一般には♂ chien，♀ chienne を区別せずに，前者を用いるケースが大半です．後者は「尻軽女，浮気女」の意味を持っていますから．「馬」も cheval（♂）に比べて jument（♀）はそれほど見かけません．逆に主として女性形（♀）を用いる動物には chèvre「山羊」や dinde「七面鳥」がいます．

—— **質　問** ハツカネズミの♂♀は？

動物で雄雌がわかれている語（例：un chien, une chienne）はいいですが，たとえば「ハツカネズミ」souris のように女性名詞と決まっている単語の場合，雄雌の別をどう表現するのですか？

答 不定冠詞を添えて une souris は言えますが（×）un souris は言えません．そこで男女の別が文法的に一方に決まっている生物は，冠詞ではなく「オスの」「メスの」という形容詞で区別をつけます．つまり♂は une souris mâle，♀は une souris femelle，男性名詞と決まっている「蝶」の雌雄であれば，un papillon mâle, un papillon femelle とします．蛇足ですが，souris は現在ではパソコンの「マウス」の意味で日常の頻度が高い語ですね．ちなみに「マウスでクリックする」は cliquer avec la souris と表現します．

☞ p.85

◆ 15 ◆ 名詞の複数形

名詞の複数形 pluriel は英語と同様に原則的には以下の形.

〔1〕 単数形 (singulier)＋s

ただし，この〈s〉は後続の語とリエゾンする場合を除いて**発音されません**．つまり，名詞を単独で読むと単数・複数の別を耳で判断できないのです．

単数		複数	
étudiant _{エテュディアン}	→	étudiants _{エテュディアン}	学生（男子）
Française _{フランセーズ}	→	Françaises _{フランセーズ}	フランス人（女性）
Japonais _{ジャポネ}	→	Japonais _{ジャポネ}	日本人（男性）

＊Japonais は単数が〈-s〉の綴りで終わっていますのでそのままの形で複数形です．〈-ss〉とは綴りません．他に語末が〈-x, -z〉の下記のような語も単複同形になります．
例：voix [ヴォワ] 声　nez [ネ] 鼻　gaz [ガズ] ガス

しかし，英語でも複数形の作り方にいろいろと例外があったように，フランス語もすべての名詞が上記のように語末に〈s〉をつけて複数にするわけではありません．

〔2〕原則から外れた複数形の例

(1) **-eau, -au, -eu** で終わる名詞の複数は，大半が〈単数形＋**x**（x は発音されません）〉．

　　bateau → bateaux 船　　cheveu → cheveux 髪
　　_{バトー　　バトー}　　　　　　_{シュヴー　　シュヴー}

(2) 語末が **-al** [アル] で終わる名詞のほとんどが **-aux** [オ].

　　animal → animaux 動物　　cheval → chevaux 馬
　　_{アニマル　　アニモ}　　　　　　_{シュヴァル　　シュヴォ}

名言名句・諺

19. Rien de nouveau sous le soleil.

15　名詞の複数形

質問　仏英の単数・複数で違いのある例

仏語で「髪」は cheveux と複数形を使いますが，英語では *hair* が通常でわざわざ複数形は使いませんね．一般に，⟨s⟩で複数をつくるという考え方など仏英は似ていますが，単複についての違いのある語はほかにもありますか．

答　たしかに「髪」は，les cheveux と hair，仏英で語の単複が違います．たとえば，「髪を切ってもらう」と言いたいとき仏語はそれを複数でとらえ se faire couper les cheveux とし，英語では *have one's hair cut* と単数です．ほかに「商売・仕事」を意味する les affaires と *business*（例：「出張」voyage d'affaires, *business trip*），あるいは「情報・ニュース」を指す des renseignements と *information*（*a piece of information*）（例：「案内所」bureau des renseignements, *information bureau*）などがあげられます．逆に，英語では複数，仏語では単数となる語を探れば，衣服に関する語がそうです．英語の *pants* は un slip ですし，*trousers* も un pantalon と単数になります．なお，ジーンズ *jeans* は，英語では複数，フランス語では「1本のジーズ」を表すのに un jean (un blue-jean)，des jeans (des blue-jeans) という単・複ふたつの形があります．

発展・補注　-eu, -al で終わる語でも ⟨s⟩で複数にする語

un pneu → des pneus「タイヤ」／le bal → les bals「舞踏会」などは例外です．

質問　複数の⟨x⟩とは？

どうして⟨x⟩が複数のマークなのでしょうか？　⟨s⟩で統一すればいいように思いますが．

答　外国語として習得する側からすれば，複数はすべて⟨s⟩のつづりで終われば簡便です．でもそれはあくまでこちらの都合で，そうもいきません．フランス語の複数の⟨x⟩は，書くときに複数の⟨s⟩を⟨×⟩の印で書いたことに由来するようです．たとえば，馬 cheval の複数を記号を使い cheval ×（あるいは chevau ×）とした．この⟨×⟩印がいつの間にか⟨x⟩となり，chevaux という形で定着したようです．　☞ p.77

(3) その他の複数形（特殊形）
  (a) 語末が **-ail** [ァィュ] を **-aux** [オ] として複数形をつくる単語があります．
     travail → **travaux** 仕事，勉強；工事
     トラヴァィュ　　トラヴォ
  (b) 語末が **-ou** を **-oux**（x は発音されない）として複数形を作る単語がいくつかあります．
     chou → **choux** キャベツ　　　**bijou** → **bijoux** 宝石
     シュー　　シュー　　　　　　　　　　ビジュー　　ビジュー
  (c) 単数と複数で語形の異なる名詞
     monsieur → **messieurs** 男性敬称　**œil** → **yeux** 目
     ムッスィウ　　　メスィユ　　　　　　　　ウィユ　　イユー
     ＊女性の敬称 madame [マダム] → mesdames [メダム], mademoiselle [マドムワゼル] → mesdemoiselles [メドムワゼル]

なお，名詞複数の原則通りに語末に〈s〉をつけて，単数と複数で発音が違うつぎのような単語には注意してください．

     œuf → **œufs** 卵　　　　　　**bœuf** → **bœufs** 牛
     ウフ　　ウー　　　　　　　　　　　　ブフ　　ブー

〔3〕複合名詞の複数形 ③

2つ以上の要素が結びついて1語を形づくっている複合名詞の複数形の基本的な複数形の考え方は，以下の通りです．
(1) 名詞＋名詞は両方を複数に．
   bateau-mouche [バトームッシュ] → **bateaux-mouches**
                                                    パリ遊覧船
(2) 形容詞＋名詞も (1) と同じく両方を複数に．
   grand-mère [グランメール] → **grands-mères** 祖母
(3) 動詞＋名詞の場合には
  (a) 名詞のみを複数にする語
     porte-clef [ポルトゥクレ] → **porte-clefs** キーホルダー
  (b) 不変化の語
     gratte-ciel [グラットゥスィエル] → **gratte-ciel** 摩天楼

名言名句・諺

♥日の下に新しきことなし．ソロモンの手になるとされている旧約聖書の『伝道の書』から．英訳は，*There is no new thing under the sun.* となる．

15 名詞の複数形

発展・補注　特殊な複数形

下記のそれぞれ7語が〈-ail → -aux〉,〈-ou → -oux〉として複数形を作る特別な単語．フランスではこの7語を子供のときに暗記させられます．

* bail, corail, émail, soupirail, travail, vantail, vitrail
* bijou, caillou, chou, genou, hibou, joujou, pou

後者は今世紀初頭にアカデミー・フランセーズが統一すべしとして決定したもの．なお,〈-ou → -oux〉となった理由について，そもそもは語末に s を添えていたが, us を筆記体で書くと *us* となり，これがやがて14世紀には *x* とつづる書記のあり方となって定着したためだと，言語学者アルベール・ドーザは説明しています．

発展・補注　単複でつづりは同じだが発音の異なる「骨」

単数 os [ɔs　オス] → 複数 os [o　オー]「骨」
un os [アノス]　　→　des os [デゾー]　←リエゾンに注意！

はみだし　「祖母」はなぜ grand[e]-mère とつづられないのか？

古仏語で grand は男女同形でした．その時代に作られた「祖母」grand-mère という語ですから,〈grand-〉のママなのです．なお, grand-mère の複数形は, grand(s)-mères とつづるケースもあります．ただし,「祖父」の複数形は,"形容詞と名詞"の両方を複数にした grands-pères しか用いられません．

なお「にんにく」ail も複数形が面白い語．現在はふつう ails とされますが，古形ではありますが aulx とつづられ [o] と読まれる形あるからです．

◆ 16 ◆ 冠　詞

　名詞の標識語（性・数などの別を示す指標）である冠詞には，不定冠詞・定冠詞・部分冠詞の3種があります．

〔1〕不定冠詞 article indéfini [5]

　数えられる名詞に付いて不特定のもの「ある1つの〔単数〕（単数の un, une は数詞「1」と同じ）」「いくつかの，若干数の〔複数〕」を示します．英語の *a, an* に相当する語ですが，複数があります．フランス語の複数形語尾 s が読まれないため複数の不定冠詞があるのです．(☞ Q & A p.390)

男性単数	女性単数	男女複数
un [アン]	**une** [ユヌ]	**des** [デ]

un livre　　　（1冊の）本　　　des livres　　（数冊の）本
アン リーヴル　　　　　　　　　　　デ　リーヴル

une maison　（1軒の）家　　　des maisons　（数軒の）家
ユヌ　メゾン　　　　　　　　　　　デ　メゾン

〔2〕定冠詞 article défini [5]

　特定化された語，既知のものを指して「その（あの）（例の）」といった意味を持ちます．英語の *the* に相当する語です．総称（全体）「～というもの（数えられる名詞では複数，数えられない名詞では単数）」の意味でも使われます．

男性単数	女性単数	男女複数
le (l') [ル]	**la (l')** [ラ]	**les** [レ]

le livre　　　（その）本　　　les livres　　（それらの）本
ル　リーヴル　　　　　　　　　　　レ　リーヴル

la maison　（その）家　　　les maisons　（それらの）家
ラ　メゾン　　　　　　　　　　　レ　メゾン

名言名句・諺

20. Le temps passe vite.

16 冠詞

基礎チェック　冠詞の存在

辞書には冠詞なしの名詞がならんでいますが，それは抽象的・観念的な概念にとどまったもので具体性がありません．名詞を個別具体的な血の通った存在とするには，それなりの冠詞をそえなくてはなりません．そもそも，フランス語や英語を母語にしている人に聞きますと"「冠詞」と名づけ，それが名詞につく「冠（かんむり）」とする着想"が妙だそうです．名詞に冠詞をつけるのではなく，冠詞に名詞をつける理屈となるからです．

たとえば，livre「本」ですが，冠詞なしの語は，辞書中に存在してはいても，実際には存在しない．つまり，"un livre（ある本／一冊の本）とか des livres（何冊かの本）"あるいは "le livre（その本）とか les livres（それらの本／本というもの）"の別はある．でも，むき出しの livre というものはどこにもない．結果，冠詞（名詞の標識語と呼ばれるもの）がないと，名詞単独では生きた語として使えないわけです．

ひとり言　"名詞 + 冠詞" という語順

ある教室で，不定冠詞を名詞の後方につけて〈livre un〉と表現した学生がいたそうです．それを聞いて，普段おとなしい先生は激怒，「まったく，ふざけないで！　今日は気分が悪いわ！」．そう言い放って教室を出ていった．えらい剣幕だったという．だが，ふと思った．当該の学生だが，本当にふざけて答えたのだろうか．ひょっとして，「1冊の本」un livre のスイッチを切り替えて「本1冊」livre un と考え，冠詞（この例は数詞とも言える）の位置を逆さにしたのではないか．ひょっとすると先生は，「冠詞」のなんたるかを教えるチャンスをみすみす逃したのかもしれない．

基礎チェック　定冠詞は「これだ！」の意味

たとえば，Vous avez l'heure ?　は「何時ですか？」（= Quelle heure est-il ? / Vous avez l'heure, s'il vous plaît.）という意味ですが，この定冠詞のついた l'heure という語は「誰でもが共通に認識できる時間（時計で示される，現在の時刻）」のこと．つまり，定冠詞は皆が「これだ！」と共通に認識できる対象を指します．

一方，Vous avez du temps ?　は「何時ですか」とたずねる言い方ではありません．「暇ですか（時間がありますか）？」（= Vous êtes libre(s)?）という意味．この文には部分冠詞が使われています．

*le, la は母音字（あるいは無音の h）の前では l' になります．
例：× le arbre → ○ l'arbre [ラルブル]（その）木
　　× la école → ○ l'école [レコール]（その）学校

〔3〕部分冠詞 article partitif [5]

数えられない名詞（物質名詞・集合名詞）に用いられ，「いくらかの量（若干量）の」の意味を表します．不定冠詞が数を表す（名詞を数的にとらえる）のに対して，部分冠詞は量を表します（名詞を均質なかたまりととらえる）．

男性	女性
du [デュ] **(de l')**	**de la** [ドゥ ラ] **(de l')**

du pain パン　　　　　**de la chance** 幸運
デュ　パン　　　　　　　　ドゥ　ラ　シャーンス
de l'argent お金　　　**de l'eau** 水
ドゥ　ラルジャン　　　　　ドゥ　ロ

*母音字（無音の h）の前では de l' になります．

〔4〕3つの冠詞の対比例 [4]

(1) **Un café, s'il vous plaît.**　　コーヒーを1杯ください．
　　アン　キャフェ　スィル　ヴ　プレ　　　　　→ 不定冠詞（数詞）
(2) **J'aime le café.**　　　　　　私はコーヒーが好きです．
　　ジェーム　ル　キャフェ　　　　　　　　　　→ 定冠詞
(3) **Voilà du café.**　　　　　　はい，コーヒー．
　　ヴォワラ　デュ　キャフェ　　　　　　　　　→ 部分冠詞

(1) は「カップ1杯のコーヒー une tasse de café」のこと（英語の *One coffee, please.* に相当する数詞の表現なのですが，数えられない名詞でもカップ1杯という常識的な単位で数えることがあります）．(2) は「コーヒーというもの（コーヒーならなんでも）」（総称）の意味です．(3) はサーバーやカップに入っている「ある分量のコーヒー」を指す例です．（☞ pp. 138 – 144）

名言名句・諺

◆**光陰矢のごとし**．楽しいときにも，いずれは終わるときがくる．たとえば思い出を共有する相手との「別れ」のシーンで登場する一言．La marée n'attend personne.「潮は誰も待たない」という言い方もある．

16 冠詞

発展・補注　部分冠詞について

部分冠詞（いわば，数えられない名詞につく不定冠詞と言える）は〈de + 定冠詞（総称）〉の形から派生したもの．具体的には以下のように解釈できます．

> 〈une partie de + le vin〉→ du vin
> （あるいは）une certaine quantité de + le vin
> 　〜の部分（総称）ワインというもの　　（目の前にある）ワインの一部
> 　　J'aime **le vin**.　　　　　　　　　Je bois **du vin**.
> 〈une partie de + la musique〉→ de la musique
> 　〜の部分（総称）音楽というもの　　（聞こえている）音楽の一部
> 　　Elle aime **la musique**？　　　　　Elle écoute **de la musique**？

（余白）部分冠詞について上記のような説明が日本に紹介された嚆矢は，おそらく昭和26年「フランス語教室」（4月号）の中平解氏の記事．この説明に「〜というものの一部」がどうして「若干量の〜となるのか」，その点に説明がないのは初心者には不親切だ，と鷲尾猛氏が2ヶ月後に「フランス語研究」のなかで噛みついている．戦後の混乱期にもかかわらず，文法解説をめぐる熱い議論が展開された．そうした歴史が現在のフランス語学習の世界を遠く支えてくれているのです．

はみだし　「はい，どうぞ」

たとえば食料品店やスーパーなどの販売員が「はい，どうぞコーヒーです」と客に手渡すときには，Un paquet de café. という言い方を用いています．

quatre-vingt-un

◆ 17 ◆ 国名・職業

教科書によっては巻末でマトメて扱っている場合もありますが，国籍・職業など一気に扱ったほうが理解しやすい語彙をここでチェックしておくことにします．

〔1〕国名の例 nations [5]

国　名		形容詞／名詞　〜の，〜語の(**小文字**)／〜人(**大文字**)	
la France	フランス	**français(e)**	[フランセ(セーズ)]
le Japon	日本	**japonais(e)**	[ジャポネ(ネーズ)]
l'Angleterre	イギリス	**anglais(e)**	[アングレ(レーズ)]
l'Italie	イタリア	**italien(ne)**	[イタリヤン(ヤンヌ)]
l'Espagne	スペイン	**espagnol(e)**	[エスパニョル]
la Chine	中国	**chinois(e)**	[シノワ(ワーズ)]
le Canada	カナダ	**canadien(ne)**	[カナディヤン(ヤンヌ)]
les Etats-Unis	米国	**américain(ne)**	[アメリカン(ケンヌ)]

＊la France「フランス」/ français(e)「形 フランスの，フランス語の」，le français「名 フランス語」，un Français「フランス人男性」，une Française「フランス人女性」．なお，すでに名詞の項目で触れたように），〈-e〉の綴り字で終わる国は女性名詞，〈-子音字〉の綴りの国は男性名詞になります．(☞ p. 68)

なお「私は〜人です」は，たとえば Je suis Japonais. と Je suis japonais.［ジュ スュィ ジャポネ］(大文字と小文字）の2つの表記がありますが，属詞（この文章では「日本人」が属詞 (☞ p. 150) に相当）の形容詞的性格を考慮して，現在では小文字で書かれるケースが大半です．(☞ p. 60, p. 100, p. 122)

名言名句・諺

21. La patience est amère, mais le fruit en est doux.

17 国名・職業

基礎チェック　国名と前置詞

- 「フランス（日本）にいる」　　　être en France（au Japon）
- 「フランス（日本）へ行く」　　　aller en France（au Japon）
- 「フランス（日本）から来る」　　venir de France（du Japon）
- 「フランス（日本）へ出発する」　partir pour la France（pour le Japon）
- 「フランス（日本）を離れる」　　quitter la France（le Japon）

＊なお，母音字で始まる男性名詞の国（地域）では en を用いて冠詞は省く．また，慣用的に前置詞 dans を用いる下記のような地域がある．

例　**Il est en Alaska.**　彼はアラスカにいる．
　　Il part demain dans le Midi.　明日，彼は南フランスに向う．

質問　不思議の国？

「キューバに（へ）行く」と表現する際に aller à Cuba となるそうですが，何故？

答　通常〈aller au ＋ 男性名詞の国〉，〈aller en ＋ 女性名詞の国（あるいは母音で始まる男性の国）〉で「〜に行く」と表現します．ところが，キューバは〈à Cuba〉「キューバに（へ）」と表現します．あわせて〈e〉のつづりで終わっていない国ですが「女性名詞」です．これは文法的な扱いとして，キューバを la République de Cuba「キューバ共和国」としてではなく，「島」une île とみなしているためでしょう．女性の定冠詞をもった規模の大きな島には en，小さな島には à la，そして定冠詞を持たない島（無冠詞で用いる島）には à を使うという文法ルールのためです．

例　**Il est mort en Corse.**　彼はコルシカで亡くなった．
　　Je voudrais aller à la Martinique [en Martinique].
　　マルティニーク島に行きたい．
　　Elle est née à Madagascar.　彼女はマダガスカルで生まれた．

はみだし　スイス人女性は何と言うか？

左記の一覧のように「日本人」（男性 − 女性）Japonais-Japonaise，「フランス人」（男性 − 女性）Français-Française となりますが，では「スイス人」は？　実は，これ意外な盲点．文法上は，スイス人男性は Suisse で，女性は Suissesse とされますが，後者を使うことは稀．Suissesse には皮肉な含意があるからで，「スイス人女性」を指すには，une femme suisse とか une dame suisse という表現を使うようにと語法辞典に書かれています．実際には，une Suisse と冠詞で性を表現する言い方も多いようです．

---

quatre-vingt-trois

〔2〕職業の例 professions [5]

初級用のテキストに登場する代表的な職業の例を下記の一覧でごらんください．

職業名	（　）内は女性形を示します．
大学生	**étudiant(e)** [エテュディアン(アントゥ)]
生徒	**élève** [エレーヴ]
リセの生徒	**lycéen(ne)** [リセアン(エンヌ)]*
教師（教授）	**professeur** [プロフェスール]
看護師	**infirmier(ère)** [アンフィルミエ(エール)]
ジャーナリスト	**journaliste** [ジューナリストゥ]
（国家）公務員	**fonctionnaire** [フォンクスィヨネール]
弁護士	**avocat(e)** [アヴォカ(カットゥ)]
サラリーマン	**employé(e)** [アンプロワィエ]
パイロット	**pilote** [ピロットゥ]
スチュワーデス	**hôtesse de l'air** [オテス ドゥ レール]

＊lycéen(ne) は日本の中学から高等学校に相当する（15歳から18歳までの生徒）を指します．なお厳密には，大学生，生徒，(リセの)生徒は「職業」profession には入りません．

フランス語で職業を表現する場合に，属詞の位置で用いられた場合，通常，冠詞はつけません．この点，英語とは相違します．

例：*I am a student.*

　　Je suis étudiant(e). [ジュ スュイ エテュディアン(アントゥ)]
　　　　　　　　　　　　　　　　　　　　　　　私は学生です．

＊ただし，「あの人(彼)はフランス人です」C'est un Français. [セタン フランセ] には属詞の前に不定冠詞が必要です．(☞ Q & A p.400)

名言名句・諺

♠忍耐は苦いが，その実は甘い．18世紀の思想家，ジャン＝ジャック・ルソーの言葉．黄熱病の研究で知られる野口英世の座右の銘として知られる．ちなみに「忍耐は喜びの鍵」はアラビアの諺．

17 国名・職業

発展・補注 "〜の先生" という言い方

「フランス語の先生（教授）」は〈professeur de + 学科〉のパターンで un professeur de français と表現する．（×）un professeur du français としません．
また，「京都大学の先生」は下記の形が通例．

> 例　彼は京都大学の先生です．**Il est professeur à l'université de Kyoto.**
> ＊これを（×）professeur de l'université de Kyoto としない．

ただし〈C' est ...〉を使えば，以下のようになります．

> 例　彼は京都大学の先生です．**C'est un professeur de l'université de Kyoto.**
> ＊下記のような単位に区切ってみると理屈が見えやすいはずです．

Il est professeur / à l'université de Kyoto.
C'est / un professeur de l'université de Kyoto.

質問　女医さん

「医者」médecin という単語には女性形がないようですが．......

答　médecin は「男女同形」です．professeur と同じ（ただし，口語では，une professeur としたり，〈e〉を添えて professeure とするケースが増えています）．ただ「女医」と明示するには femme médecin を用います（あるいは，ma médecin としたりする）．"médecin +〈e〉" という形は，médecine「医学（la science médicale）」と混同される恐れがあるので避けられます．なお，呼びかけとして「お医者さん」，あるいは肩書きとしての「医師」「博士」には男女共に docteur が使われます（「女医」femme docteur，あるいは la docteur という表現も可能ですが，辞書にある doctoresse は死語です）．

はみだし　(1) 肩書き　(2) 性差別?!

(1) employé(e) という語は「（管理職 cadre ではない）平社員」というニュアンスを含みます．肩書きについての言及を避けたいならば，たとえば travailler dans un bureau「会社で働いている」，travailler dans la banque「銀行に勤めている」，travailler pour [chez] Renault「ルノーに勤務している」といった言い方を使います．
　　＊辞書に載っている travailler chez Renault とするより，〈pour + 会社〉の方がひろく一般に用いられる（chez だと「家族・同族経営あるいは，下請け」という感覚）．
(2) 「（飛行機の）客室乗務員」は personnel navigant commercial （PNC と略記，あるいは préposé(e) de vol などと呼ばれる．ただ，男性の「スチュワード」steward と「スチュワーデス」hôtesse de l'air の別を性差別ととらえる意識はほとんどないようだ．なお，hôtesse は「女主人」ではなく「案内嬢」を指す語．hôtesse d'accueil なら「受付嬢・接待係（コンパニオン）」のこと．

quatre-vingt-cinq

◆ 18 ◆ 形容詞 ①

　形容詞（ここでとりあげるのは品質形容詞 adjectif qualificatif と呼ばれるもので，指示形容詞や不定形容詞などの限定形容詞 adjectif déterminatif は別途，見出しをたてました）は，**修飾する名詞や代名詞の性・数に応じて形が変化します．つまり，男性・女性形の別があり**（形容詞の女性形は必ず〈e〉で終わる），**単数・複数の別がある**のです．これを形容詞の性・数一致と呼びます．

〔1〕形容詞の一致の原則 adjectif ⑤

　たとえば，grand［グラン］「大きい」（辞書の見出し語になっている形で，男性単数）という形容詞を例に男・女の別，単・複の別，ならびに発音の異同を見てみましょう．

	単数形		複数形	
男性	**grand**	［グラン］	**grands**	［グラン］
女性	**grande**	［グラーンドゥ］	**grandes**	［グラーンドゥ］

男女両方の性を持つ名詞（☞ p.⑳）と同じ展開です．

原則	**男性形＋e → 女性形**	**単数形＋s → 複数形**

　＊男性複数は語末に〈s〉を，女性複数には〈es〉を付けます．ただし，語末の〈s〉は発音されません．

しかし，名詞の女性形・複数形と同じく例外があります．

〔2〕原則から外れた形容詞の女性形の例 ⑤ ④ ③

(1) 語末が〈-e〉で終わっている語は形を変えない．

　　facile → facile　易しい　　rouge → rouge　赤い
　　ファスィル　ファスィル　　　ルージュ　ルージュ

(2) 語末が〈-er〉→〈-ère〉

　　　　　　　　　　　　　　　léger → légère　軽い
　　　　　　　　　　　　　　　レジェ　レジェール

名言名句・諺

22. Le temps qui fortifie les amitiés, affaiblit l'amour.

18 形容詞 ①

質問 このスーツケースは "重い"

「このスーツケースは重い」という仏作文を Cette valise pèse lourde. と書いたところ，lourd と直されました．形容詞は主語の性数一致して女性形単数になるんじゃないですか．ちなみに，Cette valise est lourde. は正しい文章ですよね．

答 lourd には形容詞と副詞がありますので注意してください．日本語の「重い」という訳につられると混乱します．ご指摘のように Cette valise est lourde. は形容詞ですから lourde と女性形単数になります．しかし，peser「(自動詞)〜の重さがある，重い」を用いて，この日本語をフランス語にするなら，Cette valise pèse lourd. と副詞の lourd を使う必要があります (peser beaucoup「ひどく重い」などとも言えます)．
このように形容詞と副詞を混線しやすい例として，他に「値段が高い」coûter cher，「よい(嫌な)香りがする」sentir bon [mauvais] (あるいは「きつい臭いがする」sentir fort)，「若々しい服装をする」s'habiller jeune，「軽い食事をとる」manger léger などがあげられます．なお，形容詞は自由に副詞になるわけではなく，こうした例は，多くが1音節の古くからの形容詞に限定されることから，「形容詞の副詞化」という観点からとらえることもできます．

⟨-el⟩ → ⟨-elle⟩　　　réel → réelle 現実の
　　　　　　　　　　　レエル　レエル

⟨-et⟩ → ⟨-ète⟩　　　complet → complète 満杯の
　　　　　　　　　　　コンプレ　　コンプレットゥ

＊ただし，<-et> → <-ette> となる語もあります．
　例：net [ネットゥ] → nette [ネットゥ] 明瞭な

⟨-eux⟩ → ⟨-euse⟩　　heureux → heureuse 幸せな
　　　　　　　　　　　ウルー　　　ウルーズ

⟨-on⟩ → ⟨-onne⟩　　bon → bonne 良い
　　　　　　　　　　　ボン　ボヌ

⟨-ien⟩ → ⟨-ienne⟩　 ancien → ancienne 古い
　　　　　　　　　　　アンスィヤン　アンスィエンヌ

＊⟨-as⟩→⟨-asse⟩, ⟨-os⟩→⟨-osse⟩, ⟨-gu⟩→⟨-guë⟩, ⟨-f⟩→⟨-ve⟩
　等の展開で女性形をつくる語もあります．
　例：bas → basse 低い　　gros → grosse 太った
　　　バ　　バース　　　　　グロ　　グロス

(3) さらに変則的な女性形の例

　　beau → belle 美しい　　　long → longue 長い
　　ボー　　ベル　　　　　　　ロン　　ロング

　　blanc → blanche 白い　　frais → fraîche 新鮮な
　　ブラン　　ブランシュ　　　フレ　　フレッシュ

〔3〕原則からはずれた形容詞の複数形の例

◆ 名詞の複数形の例外（☞ p.74）に準じます．なお，女性形は左記の原則通り，語末に⟨s⟩をつけて複数形にします．

(1) 語末が⟨-s⟩⟨-x⟩で終わっている語はそのまま．

　　gras → gras 脂っぽい　　heureux → heureux 幸せな
　　グラ　　グラ　　　　　　ウルー　　　ウルー

(2) ⟨-al⟩ → ⟨-aux⟩, ⟨-eau⟩ → ⟨-eaux⟩

　　amical → amicaux 親切な　beau → beaux 美しい
　　アミカル　アミコ　　　　　　ボ　　　ボ

＊⟨-al⟩でも，banal [バナル]「平凡な」, fatal [ファタル]「宿命的な」など⟨s⟩をつけて複数形になる語もあります．

名言名句・諺

♣時は友情を強め，愛情を弱める．ラ・ブリュイエール『人さまざま』．なるほど，愛情は多くの場合，時の浸食を受ける．ただし，友情が時の経過とともに深化，強化されるものかは……？

18 形容詞 ①

発展・補注 盲点になりやすい熟語の例

□ **avoir beau + inf.**（どんなに）～しても無駄である
J'ai beau parler, ma mère ne m'écoute jamais.
話しても無駄です，母はけっして私の話を聞いてくれない．
＊ s'efforcer en vain de + inf. とほぼ同意．この成句はプラスのイメージを持つ beau が反語・皮肉のニュアンスを帯びたもの（beau "立派に"ことを行なっているものの→「それは無駄だ en vain」という反転）．通常，うしろにどうして「無駄であるのか」その理由を添えて用いる．

□ **être long(ue) à + inf.** ～するのに時間がかかる（のろい）
Ma sœur est longue à s'habiller. 妹（姉）は服を着るのがのろい．

□ **être bon(ne) à + inf.** ～するのに適した（できる）
Ce champignon n'est pas bon à manger. このキノコは食べられない．
＊この例は「このキノコはおいしくない」の意味ではありません．Ce champignon n'est pas bon. なら「おいしくない」の意味になりますが，ここは「～適した（できる）」という成句を否定した言い方です．

発展・補注 男女ふたつの名詞に形容詞1語がかかるとき

男性名詞と女性名詞とが混ざっている語に1語の形容詞がかかるケースでは，形容詞は男性複数形にします．

例 un vélo et une voiture allemand**s**　ドイツ製の自転車と乗用車

ひとり言 banaux!!

見つけました！　フランス人の小説家でも，banals ではなく banaux と文法無視でつづっている人がいます．Michel Houellebecq 氏です．

◆ 19 ◆ 形容詞 ②

フランス語の形容詞（品質形容詞）の置き位置は〈名詞＋形容詞〉が原則です．

〔1〕形容詞の置き位置 adjectif

(1) 名詞の後に置かれるのが原則です．⑤

> 限定辞（冠詞など）＋名詞＋形容詞

例：**un café noir** [アン キャフェ ノワール] ブラック・コーヒー
男性単数

les montres japonaises [レ モントゥル ジャポネーズ]
女性複数　　　　　　　　　　　　　　　日本製の腕時計

(2) 日常よく使われる綴りの短い形容詞（主観的で評価的な内容を表す形容詞が主）は名詞の前に置きます．⑤

petit [プティ] 小さい　　　　**grand** [グラン] 大きい
bon [ボン] 良い　　　　　　**mauvais** [モヴェ] 悪い
jeune [ジュヌ] 若い　　　　**vieux** [ヴィュ] 年老いた
beau [ボ] 美しい　　　　　**joli** [ジョリ] きれいな　など

例：**un *bon* médecin** [アン ボン メドゥサン] 優秀な医師
une *jolie* fille [ユヌ ジョリ フィーユ] かわいい娘

なお，感情的・主観的に強調された形容詞が名詞の前に置かれることがあります（形容詞を強く読みます）．④③

例：**un *horrible* spectacle** [アン ノリーブル スペクタークル]
恐ろしい光景

(3) 名詞の前に置くか，後ろに置くかで意味が変わることもあります．④（不定冠詞 des の変形については（☞ p.138））

例：**un homme *grand*** [アン ノム グラン] 背の高い人
un *grand* homme [アン グラントム] 偉人

名言名句・諺

23. Un enterrement sans fleurs, c'est triste.

19 形容詞②

質問　un jeune homme の複数形

un jeune homme「若者，青年」の複数は，des jeunes hommes としないのですか？

答
un jeune homme は「18〜25歳ぐらいの未婚男性」を指す語ですが，それを複数にした「若者たち，青年たち」は des jeunes gens と言います．homme は使いません．ちなみに un homme jeune は「若々しい男性，実年齢より若く見える男→「壮年」l'âge mûr に達していない男性」を指します．

（追記・はみだし）homme を手元の『仏和辞典』で引きますと l'âge d'homme「成人」という例の載っているものがあります．でも，これは使わないようです（adulte, majeur(e) が一般的）．じゃ，「女の人は何て言うの！」とフランス人女性に言いかえされました．また，日本でよく言う「中年」に相当する語をフランス人は容易にイメージできないそうで，un homme [une femme] d'âge moyen「中年の人」という文字通りの翻訳ではピンと来ないそうです．

発展・補注　名詞の前後，置かれる位置で意味の変わる形容詞の例

「名詞 + 形容詞」なら，名詞の意味内容のなかのひとつの質に照準を当てて表現する感覚で，「形容詞 + 名詞」の語順ならば，形容詞が名詞に解けて，特異な意味（比喩的・感情的ニュアンスを帯びる）を形作る感覚と言えそうです．

⟨grand⟩　un homme grand = un homme de haute taille　＊「背の高い人」（ある人物の「背の高さ」に照準を定める）→物量的な大きさ，肉体的な特徴付け．
　　　　un grand homme = célèbre, important dans l'histoire / un homme de génie ＊「偉人」（「偉大な」+「人物」→偉人）→人間の格付け．したがって，「大企業」は une grande entreprise（→外身というより，企業のランクなので）．

⟨ancien⟩　un hôtel ancien　 = vieux
　　　　un ancien hôtel　 = aujourd'hui, ce n'est plus un hôtel.

⟨brave⟩　un homme brave　 = courageux
　　　　un brave homme　 = gentil et serviable

⟨certain⟩　une envie certaine = on ne peut pas en douter / évidente
　　　　une certaine envie　 = plus ou moins grande

⟨seul⟩　un enfant seul　 = un enfant qui n'est pas accompagné
　　　　un seul enfant　 = un enfant unique

⟨pauvre⟩　une femme pauvre = une femme qui n'est pas riche
　　　　une pauvre femme = une femme malheureuse ou pitoyable

〔2〕男性形単数第2形を持つ形容詞 ⑤④③

下記の表に記した5つの形容詞は，**母音（あるいは無音の h）ではじまる男性単数名詞の前に置かれたとき，男性形第2形**（下記の括弧内）**を用います**．なお，女性形は男性第2形の語末の子音字を重ねて〈e〉をそえた形になります．

	男性単数（第2形）	女性単数
美しい	beau (bel) ボー ベル	belle ベル
新しい	nouveau (nouvel) ヌヴォ ヌヴェル	nouvelle ヌヴェル
年老いた	vieux (vieil) ヴィユ ヴィエイユ	vieille ヴィエイユ
愚かな	fou (fol) フー フォル	folle フォル
柔らかい	mou (mol) ムー モル	molle モル

例：**un bel hôtel** 美しいホテル　　**le nouvel an** 新年
　　アン　ベロテル　　　　　　　　ル　ヌヴェラン

＊fol, mol の形を用いる表現は現在ではほとんど使われません．
＊＊男性形複数では第2形はなくなり，beaux, nouveaux, vieux, fous, mous の形を用います．（☞ Q & A p.396）

〔3〕形容詞の働き ⑤

(1) 上記にあげた例（名詞の直前または直後に置かれる形容詞）は，名詞を限定する働きをもち（修飾語），**付加形容詞 épithète** と呼ばれます（英語の限定用法に相当する形容詞）．

(2) 動詞を介して結ばれる形容詞は**属詞**（☞ p.150）（英語の補語に相当）として働き，主語の性・数に一致します．

例：**Elles sont grandes.** 彼女たちは背が高い．
　　エル　ソン　グラーンドゥ

名言名句・諺

♥**お花のない埋葬は悲しいものです**．フランスの花屋の宣伝文が出典．なんだか気が利いていて，ユーモラス．「なみだは人間の作るいちばん小さな海です」（寺山修司）も捨てがたい余韻だが，ややクサイか？

── 発展・補注 "男性形第2形 et 形容詞" のパターンの語順

たとえば「美しく魅力的な男性」と言いたいときに，un bel homme「美男子」の語順を優先すれば un bel et charmant homme と2語をまとめて前からかけます．あるいは第2形をとらずに，un homme beau et charmant とうしろからまとめて修飾する形にします．ただし，第2形にならない語（たとえば garçon「少年」）であれば，前者の un beau et charmant garçon という語順が通例です．意外にややこしい．

◆ 20 ◆ 動詞活用の考え方

〔1〕不定法　語幹・語尾 [5]

　動詞は原形（仏語では infinitif［アンフィニティフ］〔不定詞・不定法あるいは不定形〕と呼ばれます）を活用して用います．不定法は〈語幹＋語尾〉から成り立っていて，下記のように考えます．

不定法		意味	語幹	語尾
parler	［パルレ］	話す	parl	＋ *er*
finir	［フィニール］	終える	fin	＋ *ir*
prendre	［プランドゥル］	取る	prend	＋ *re*
savoir	［サヴォワール］	知る	sav	＋ *oir*

　「活用」とは，主語の人称，現在・未来などの時制，あるいはいろいろなニュアンスを伝える法に応じて，動詞の綴り字・発音が変化する現象を指します（法，時制については（☞ p.246））．たとえば，英語の be 動詞が〈*am, are, is / was, were*〉etc. と形を変えるのと同じことです．以下，主要な動詞については別途説明していきますが，最も活用が多様に展開する現在形は，主語に応じて下記の4つの語尾パターンによる活用が原則的な形となります（正式には「直説法現在形」（☞ p.154）と呼ばれます）．

〔2〕直説法現在の動詞活用の4パターン conjugaison [5][4]

	je (j')	tu	il / elle	nous	vous	ils / elles
	発音しない			[5] オン	[e] エ	発音しない
①	–e	–es	–e	–ons	–ez	–ent
②	–s	–s	–t	–ons	–ez	–ent
③	–s	–s	–	–ons	–ez	–ent
④	–x	–x	–t	–ons	–ez	–ent

名言名句・諺

24. L'Enfer, c'est les Autres.

20 動詞活用の考え方

はみだし　古い数字で恐縮ですが……

1971年の統計ですが，-er 動詞（第１群規則動詞）は一部のつづりの不規則がある語を含めて計7294語，-ir（第２群規則動詞）は計382語，そして第３群不規則動詞（-er, -ir, -oir, -re）は計281語あるとのこと（*cf.* Grand Larousse encyclopédique, Dictionnaire de la langue française du Petit Robert）．また，フランス国立国語研究所が刊行した《le français fondamental（premier degré : もっとも基礎的な約1500語を収録）》の統計では，上記とは分類に相違はあるものの，-er 動詞（第１群規則動詞）が194，-ir 動詞が29（第２群規則動詞10，その他が19），-re が42，-oir が13載っています．

基礎チェック　-ent の読み

動詞活用の３人称複数，〈ils / elles -ent〉の -ent は発音されないというルール（屈折上の変化でのお約束）は，初級者が定着するのに苦労する約束であるようです（＊）．他の品詞の -ent であれば（たとえば，「本当に」を意味する vraiment ［ヴレマン］，「建物」bâtiment ［バティマン］，「満足な」を意味する content ［コンタン］），-ent を［アン］と読むわけですから．

　＊むろん，主語と動詞が倒置されたケース，たとえば donnent-ils は ［ドンヌティル］と t は次の母音とリエゾンするために読まれます．

＊左記の表の〈−〉は動詞の語幹を意味しています．なお，nous, vous, ils / elles の活用語尾がすべて共通である点に注目してください．

左の表に該当しない特殊な活用語尾をもつ動詞は下記の5つ．
- ②　**être**　［エートゥル］（〜である）：英語の *be* 動詞に相当
- ①　**avoir**　［アヴォワール］（持つ）：*have* 動詞に相当
- ③1　**faire**　［フェール］（する）　：*make, do, play* などに相当
- ⑯　**aller**　［アレ］（行く）　　　：*go* に相当
- ㉜　**dire**　［ディール］（言う）　：*say* に相当

＊□番号は本書巻末の動詞活用表の該当番号です．

その他の時制（過去形，未来形など）については共通の活用パターンがありますのでこの先，1つ1つ確認していくことにしましょう．

〈 **Marge 欄外** 〉

日本語の動詞活用に比べて，フランス語のそれは複雑だと言われます．たしかに，「話す」という動詞を例にとれば，

「私は話す」　　　→　〈**je parle**〉　　　　［ジュ　パルル］
「私たちは話す」　→　〈**nous parlons**〉　　［ヌ　パルロン］
「あなたは話す」　→　〈**vous parlez**〉　　　［ヴ　パルレ］

となって，フランス語の綴りと発音の変化にとまどうことがあるかもしれません．（☞ p.102）

しかし，「私が話す」と書いたり，「僕が話している」と言ったり（フランス語では現在進行形「〜している」も現在形で表します（☞ p.154）），「私が話します」（です・ます調）としたりする変化はフランス語にはありません．また，辞書形（終止形）のままの会話はあり得ません．「あなたは話すか？」「はい，私は話す」．こんな会話が展開する場所は，日本のどこにあるでしょうか．というわけで，動詞活用の難易を軽々に語ることはできそうにありません．

名言名句・諺

◆ **地獄，それは「他人」のことだ．** サルトルの『出口なし』の台詞．1944年，パリ解放の数ヶ月前に初演．「地獄とは，もはや愛さないことだ」L'Enfer, c'est de ne plus aimer. はベルナノスの言葉．

20　動詞活用の考え方

ひとり言　いくらなんでも！

『外国語をどう学んだか』のなかに「動詞の活用を身につけたことが，その後のフランス語の上達に大いに貢献した」とあります．これは当然ですね．地道に活用を覚えなければ，フランス語の王道は歩めません．でも，やり過ぎはまずいですね．大正時代に刊行された『佛語・変化動詞便覧』（佛語研究会）という本の序文には，「誠に初学の教え子に向つて『座る』と云ふ動詞の有ゆる変化を記憶せよと命じたならば，彼は恐らく翌日から其姿を見せぬであらう」と記されています．動詞の変化の多様さに，みな怖じ気づくというわけです．

しかしながら，こんな信じられない，恐ろしい証言もあります．「ある日，朝から晩までやりつづけてついには動詞変化表一冊をすこしも間違えずに全部暗記できるまでになった（当時の一高の寮では『フランス語の動詞変化は一日で覚えるものだ』という伝承があり，わたしはそれをまじめに受けとめたのだ）」．『ラマン』の翻訳で知られる清水徹先生の過去回想．もちろん，直説法現在から単純過去，接続法半過去まですべて．今なら，5分で教室から誰もいなくなりますね．

◆ 21 ◆ 動詞 être / avoir

英語の *be* 動詞，*have* 動詞に相当する下記の２つの動詞は今後フランス語を学習する上で，最も重要な語です．

be 動詞に相当するフランス語の動詞は être [エートゥル]「〜がある，〜がいる」です．現在形（正式には直説法現在（☞ p.154））の活用は主語の人称に応じて下記のように展開します．

〔１〕être の活用（直説法現在）⑤

je suis	[ジュ スュイ]	nous sommes	[ヌ ソム]
tu es	[テュ エ]	vous êtes	[ヴゼットゥ]
il est	[イレ]	ils sont	[イル ソン]
elle est	[エレ]	elles sont	[エル ソン]

英語の *have* 動詞に相当するフランス語の動詞は avoir [アヴォワール]「〜を持つ」です．その現在形の活用は主語の人称に応じて次のように展開します．

〔２〕avoir の活用（直説法現在）⑤

j'ai	[ジェ]	nous avons	[ヌザヴォン]
tu as	[テュ ア]	vous avez	[ヴザヴェ]
il a	[イラ]	ils ont	[イルゾン]
elle a	[エラ]	elles ont	[エルゾン]

＊リエゾン ‿，アンシェヌマン ⌢ のマークは，文章を書く際につける必要はありません．なお，３人称 il / elle, ils / elles の活用は同形ですので，今後は必要のないかぎり elle, elles の活用は省略します．

名言名句・諺

25. Les affaires font les hommes ou instruisent les hommes.

21 動詞 être / avoir

基礎チェック "直説法現在"の守備範囲

文法で言う「(直説法) 現在」とは "いま，この瞬間を切りとる時制" のことではありません．過去・現在・未来すべてに起こる事象にまたがって用いられる時制です．たとえば，Elle est à Paris. は「(その時間的な幅はともかく，過去もいまも未来も) 彼女はパリにいる」のであり，J'aime le sport. は「(過去もいまも未来も) 私はスポーツが好きです」と考えないと成立しない表現です．その意味で現在形は，とりわけて時を意識しない表現ということが言えます．語学学習の際に，この当たり前が意外なほど意識されていません．

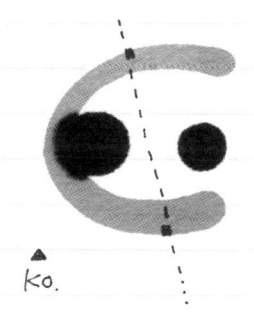

多くの教科書に記載されている典型的な例文を使って，この 2 つの動詞の基本的な用法を見てみましょう．

〔3〕être を用いる文章の例 [5]

Je suis japonais(e).
ジュ スュイ ジャポネ(ネーズ)
私は日本人です．
◆ 国籍（☞ p. 82）

Il est pilote.
イレ ピロットゥ
彼はパイロットです．
◆ 職業

Elles sont dans le jardin.
エル ソン ダン ル ジャルダン
彼女たちは庭にいます．
◆ 状況補語（☞ p. 150）を導く

Il est grand.
イレ グラン
彼は背が高い．
◆ 形容詞（属詞）を導く

〔4〕avoir を用いる文章の例 [5]

J'ai un dictionnaire.
ジェ アン ディクスィヨネール
私は辞書を持っています．
◆ 所有

J'ai dix-neuf ans.
ジェ ディズヌヴァン
私は 19 歳です．
◆ 年齢

〔注意〕年齢を表現する際に，英語では *be* 動詞を使いますが，フランス語では avoir を用います．

J'ai froid.
ジェ フロワ
私は寒い．
◆ avoir ＋無冠詞名詞で成句を作る

Vous avez l'heure ?
ヴザヴェ ルール
何時ですか？
◆ 時間

＊英語の略式表現 *Have you the time ?* に相当する文です．

なお，この 2 つの動詞は，過去形（正式には直説法複合過去（☞ p. 250））を作ったり，英語の過去完了や未来完了に相当する時制を作ったり，あるいは受動態（☞ p. 298）を作るときに使われますので，フランス語にはなくてはならない最重要動詞です．

名言名句・諺

♠ 仕事が人を作る，あるいは人に知を与える．ドイツ語には Wem Gott gibt den Amt, der gibt auch Verstand.「神は仕事を与える人には精神をも与える」という言葉がある．しかし，働きすぎは……

21 動詞 être / avoir

発展・補注 "いる" という動詞あれこれ

être を使う「いる」は〈主語 (S) ＋動詞 (V)〉の1文型で使われて「特定の人や動物が存在する＝"いる"」の意味に使われます。これに対して，il y a は「不特定の人や動物」が対象．exister「存在する」は，場所を示す言葉を添えずに「いる」を意味する語で，se trouver は場所を示す指標をともなって「～にいる」を表現する語です．「住む，居住する」という意味での「いる」には habiter, demeurer を用い，「在宅する」には être chez soi が使われます．「(そこに) いる」のは rester で，「滞在する」なら séjourner が通例です．なお，その場に「居合わせる」という意味であれば，être, se trouver が使われます．

発展・補注 "持つ" という動詞あれこれ

avoir は「(手に) 持つ，所有する」の意味で最もひろく使われる語．tenir も「(手に) 持つ」の意味，porter は「(手で運んで) 持つ」という意味の動詞．「所有する」を意味する語には posséder もあります．「(心に) 抱く」というニュアンスでは avoir のほかに，concevoir, éprouver という語が使われます．また，「持続・維持する」＝「持つ」には se conserver あるいは garder といった動詞が使われ，「負担する」＝「持つ」なら payer や prendre qch en charge という言まわしが用いられます．

◆ 22 ◆ 第1群規則動詞

フランス語の動詞には，次の別があります．
(1) **第1群規則動詞**：不定法・不定詞（動詞の原形）の語尾が〈 **-er** 〉と綴られる動詞のほぼすべて．
(2) **第2群規則動詞**：語尾が〈 **-ir** 〉と綴られる動詞の多く．
(3) **第3群不規則動詞**：〈 **-ir** 〉〈 **-oir** 〉〈 **-re** 〉の語尾で終わる動詞．なお être, avoir は助動詞としても使われるため，基本不規則動詞という別称でくくられます．

フランス語の動詞の約90％が，第1群規則動詞（語尾の形から-er［ウーエール］動詞とも呼ばれます）です．

◇ **第1群規則動詞直説法現在の活用** présent de l'indicatif [5]

語尾の -er を人称に則して，下記のように活用します．

──────〈 **-er 動詞** 〉──────

je -e	［ジュ…ゥ］	nous -ons	［ヌ…オン］
tu -es	［テュ…ゥ］	vous -ez	［ヴ…エ］
il -e	［イル…ゥ］	ils -ent	［イル…ゥ］

＊上記 ［…ゥ］とカナ読みを記しましたが，厳密には je, tu, il, elle それに ils, elles の活用語尾は「無音」です（綴り字は違っても同じ読みです）．しかし，すでに e の読みで触れたように（☞ p. ⑲）実際に発音した場合に「無音」とはいっても微かに ［ゥ］の音が発音されます．たとえば，regarder ［ルギャルデ］「見る」を活用して，je regarde ［rəgard］「私は見る」とした場合，それを多くの辞書に記されているように ［ルギャルド］とカナ書きすると無音であることを示そうとして，かえって ［do］の音で終わっているような印象を与えてしまい，実際に発音される音とのアンバランスが生じるためです．本書では，文法的に無音と呼ばれても，自然に添えるように読まれてしまう ［ゥ］の音をあえて必要に応じてカナ表記しました．

名言名句・諺

26. Le mariage est une loterie.

22　第1群規則動詞

基礎チェック　規則動詞でない -er の動詞

「ほぼすべて」と説明しましたが，第1群規則動詞として分類されない〈-er〉語尾の動詞は，aller「行く」と envoyer「送る」（英語の *send* に相当）ならびに envoyer の同型動詞，renvoyer「送り返す」(*send back*) などだけです。

基礎チェック　新語導入術

新しい動詞がフランス語に導入される際，-er（第1群規則動詞）として導入されます。古いところでは tatami → tatamiser，現在では，fax → faxer, surf → surfer (surfer sur Internet「ネットサーフィンをする」) といった具合。
（追記）『佛語動詞時法考』（関根秀雄著・1950年）にこんな記述が見つかります。例にあげられた動詞の古さと最後の一言の何とも言えないアンバランスが……。いわく，「新たに造り成される動詞は，常にこの型（-er 動詞を指す）を襲用する。丁度我が四段活用型ないしは漢語から動詞を作る場合のさ行変格型にあたる。cinématographier［映画にする］，radiographier［x線写真にとる］，phagocyter［食菌作用をする］等の新動詞を見ればわかる。ゆゑにこの群（第1群を指す）の活用型は，所謂 conjugaison vivante［活ける活用型］である」。

発展・補注　-er 動詞を英語と比べてみると……

英仏の単語の類似例はかなりの高率になります。「英語は，フランスからイギリスに渡った征服者の言語（＝フランス語）を元にして生じた」とされ，ざっと7500語を数えると言われます。したがって，〈-er〉動詞の〈r〉を省くと英語の動詞と同じになる語も多々あり，同時に名詞，形容詞，副詞がほぼ同じつづり。発音さえ混乱しなければ，間違いなくフランス語学習にとって英語力は有意義に働くはずです。いくつか例をあげてみましょう。

フランス語	英語
admirer	*admire* 感嘆する，感心する

　＊名詞 admiration（admiration）　形容詞 admirable（admirable）
comparer　　　　　　　　　　*compare* 比較する
　＊名詞 comparaison（comparison）　形容詞 comparatif（comparative）
continuer　　　　　　　　　　*continue* 続ける，継続する
　＊名詞 continuation（continuation）　副詞 continuellement（continually）
encourager　　　　　　　　　*encourage* 元気づける
　＊名詞 encouragement（encouragement）　形容詞 encourageant（encouraging）

cent trois

chanter [シャンテ]「歌う」〈chant〔語幹〕＋er〔語尾〕〉を具体例にして見てみましょう．

chanter

je chante [ジュ シャントゥ]	nous chantons [ヌ シャントン]
tu chantes [テュ シャントゥ]	vous chantez [ヴ シャンテ]
il chante [イル シャントゥ]	ils chantent [イル シャントゥ]

また，habiter [アビテ]「住む」の場合（語頭が「母音」または「無音の h」ではじまる動詞の例）には，je が j' となり（エリズィヨン（☞ p.㊵）），il habite がアンシェヌマン（☞ p.㊵）をして，下記の右列がすべてリエゾン（☞ p.㊳）される点に注意が必要です．

habiter

j'habite [ジャビットゥ]	nous habitons [ヌザビトン]
tu habites [テュ アビットゥ]	vous habitez [ヴザビテ]
il habite [イラビットゥ]	ils habitent [イルザビットゥ]

なお，日常的によく使われる動詞で，会話などでの使用頻度が上位 25 位以内に入る第 1 群規則動詞は下記のとおりです（ちなみに頻度ベスト 1・2 は être / avoir（☞ p.㊽））．

parler	[パルレ]	話す	aimer	[エメ]	愛する
penser	[パンセ]	考える	arriver	[アリヴェ]	到着する
passer	[パセ]	過ごす	donner	[ドネ]	与える
trouver	[トルヴェ]	思う	rester	[レステ]	とどまる
travailler	[トラヴァイエ]	働く，勉強する			

例：**Il parle très vite.**　　彼はとても早口で話す．
　　イル　パルル　トレ ヴィットゥ

　　J'aime le sport.　　私はスポーツが好きです．
　　ジェーム　ル　スポール

　　Je pense, donc je suis.　　我思う故に我あり．
　　ジュ　パンス　ドンク ジュ スュイ
　　　　　　　　　　　　　　　＊デカルトの名言

名言名句・諺

♣結婚は宝くじだ．ブロワの『常套句の注釈』は，この先こう続く．「離婚して，それが幸いにも更新のきく宝くじであることを知る」Depuis le divorce nous savons que c'est une loterie, heureusement, renouvelable. と．

22 第1群規則動詞

はみだし　愛してる！

フランス語での花を使った恋占い．一枚ずつマーガレットの花びらをちぎりながら，次の順番で意中の相手との恋の深度を占います．

> Je t'aime.「愛してる」
> → un peu「少し」→ beaucoup「たくさん」→ passionnément「情熱的に」
> → à la folie「熱烈に」→ pas du tout「まったく（ゼロ）」

ただし，もしフランス語を操る相手から Je t'aime beaucoup. と言われたなら，これは「とても君を愛しています」という熱い恋の告白ではない !!「恋人としてではなく，このまま，お友だち同士のままでいましょうね」という意味．それと，同性を指して「（友人として）あの人が気に入っています」のつもりで，うっかり Je l'aime. と口ばしると怪訝な顔をされます（自身の苦い体験！）．特殊な情愛を指すつもりならこの表現でよいわけですが，通常は Je l'aime bien. と副詞を添えないと「（友人として）あの人のことを気に入っています」の意味になりません．ご注意を！☞ p.395

質問　発音が同じならつづりを統一したらいいのに……

左ページの説明のように，第1群規則動詞・直説法現在の（単数すべて）je, tu, il と（3人称複数）ils の動詞の発音が同じなのに，それぞれつづりが違うのはなぜですか？なんだか，合理的でないように思うのですが．

答　フランス語の成り立ちに由来するものです．動詞の語尾変化で，法も時制も人称も単数・複数の別も示していたラテン語にとって代わって（たとえば，ラテン語〈Cogito ergo sum〉の cogito 1語は je pense 2語に相当．語尾の -o によって「私」の行為と判別できる），現在のフランス語では，主語の人称や性・数の違いは動詞の前に置かれる人称代名詞にその機能を譲りました．つまり，かいつまんで言えば，それまで有効であった語尾の差（発音の差）が主語の発達で退化したのが原因です．

◆ 23 ◆ 第2群規則動詞

第1群規則動詞（-er 動詞）についで数が多く，規則的な活用をする動詞を第2群規則動詞（-ir 動詞）と呼びます（フランス語の全動詞の約7.5%を占めるものです）．

〔1〕活用（直説法現在） 5

その活用を，finir ［フィニール］「終える，終わる」を例に見ていきましょう．

---- finir ----
je finis ［ジュ フィニ］	nous finissons ［ヌ フィニッソン］
tu finis ［テュ フィニ］	vous finissez ［ヴ フィニッセ］
il finit ［イル フィニ］	ils finissent ［イル フィニッス］

語尾は
	je	-is	[i]		nous	-issons	[isɔ̃]
	tu	-is	[i]		vous	-issez	[ise]
	il	-it	[i]		ils	-issent	[is]

となり，複数の人称活用で -ss- の綴り字が用いられます．また，単数の人称活用は語尾の綴り字が違っていてもすべて同じ発音です（**単数の人称活用がすべて同じ発音をするというのは**，être, avoir, faire, aller を除いて**他の動詞にも共通のルールです**）．

第2群規則動詞は，他に代表的なものとして 4

choisir ［ショワズィール］ 選ぶ　　**bâtir** ［バティール］ 建てる
réussir ［レュスィール］ 成功する　　**obéir** ［オベィール］ 従う

などがあり，品質形容詞から作られた下記のような動詞 3

grand 「大きい」 → **grandir** ［グランディール］ 大きくなる
rouge 「赤い」 → **rougir** ［ルージール］ 赤くなる

も第2群規則動詞に入ります．

例：**Nous finissons ce travail pour midi.**
　　ヌ　フィニッソン　ス　トラヴァイュ　プール　ミディ
　　　　　　　わたしたちはこの仕事をお昼（12時）には終えます．

名言名句・諺

27. Il vécut, écrivit, aima.

23 第2群規則動詞

基礎チェック　第2群規則動詞の活用の考え方

下記の一覧をご覧ください．第2群規則動詞（直説法現在）の活用を説明するのに，以下のふたつのアプローチが存在します．教科書によって違いますが，要は覚えられればいいのです．

finir

je fin**is**	nous fin**issons**
tu fin**is**	vous fin**issez**
il fin**it**	ils fin**issent**

(1) -ir を除いた語幹に，それぞれの人称にしたがって，-is, -is, -it, -issons, -issez, -issent と語尾を添え活用させる．上記の太字の箇所．

(2) 単数の語幹は fini-（finir の語尾の r を省いた形），複数の語幹は finiss-（"fini〈単数の語幹〉+ ss"）．それに活用語尾，-s, -s-, -t, -ons, -ez-, ent を添える．上記の網掛けの部分．

発展・補注　「終える」「終わる」

finir はもっとも普通に使われる「終える」「終わる」．terminer は意識的に「終りにする」「終わらせる」という含意を持ち（se terminer なら「（期限・末端に至り）終わる」という意味），achever は「（完成して）終える」（「（完成して）終わる」s'achever）の意味で用いられます．

発展・補注　第2群規則動詞の展開

形容詞あるいは名詞に，〈-ir〉をプラスすると「～になる」「～にする」という意味を持つ第2群規則動詞ができあがります．接頭辞のつくものもありますが，別例をあげておきましょう．

例

riche	「裕福な」	→ enrichir	「裕福にする」
sale	「汚い，汚れた」	→ salir	「汚す」
fleur	「花」	→ **fleurir**	「（木や花が）開花する」
terre	「陸地」	→ **atterrir**	「着陸する」

〔2〕用例 ５４

Elle choisit un cadeau de mariage.
エル　ショワズィ　アン　カドー　ドゥ　マリアージュ

彼女は結婚祝いを選んでいる．

＊choisir の活用を初級者は間違えやすいので注意．語幹〈chois〉＋語尾〈ir〉なのに，つい，je chois, tu chois… と語尾を落として活用しがちです．je choisis, tu choisis… と正しく活用してください．

なお，上記の finir は英語の *finish* に相当する語であることは類推できると思いますが，これはフランス語から英語に移入された動詞です．言い換えれば，英語の -ish の綴り字で終わる多くの動詞がフランス語の第 2 群規則動詞から派生していることになります．３２

例： *abolish*　→　**abolir**　　［アボリール］　廃止する
　　 demolish　→　**démolir**　　［デモリール］　取り壊す
　　 punish　→　**punir**　　　［ピュニール］　罰する

〈**Marge 欄外**〉

　第 2 群規則動詞について触れていない初級文法教科書はありません．しかし，フランス語で実際に使われる単語の頻度順を調べてみますと，第 2 群規則動詞の頻度がかなり低いことに気づきます．ちなみに，動詞の日常的な実用頻度順では
　　48位 **finir**　　121位 **réussir**　　142位 **bâtir** …
といった順番になります．最もよく使われる動詞 être の頻度に比べると，finir でさえ約 1/1680 の確率で登場してくるにすぎません．フランス語の動詞活用（とくに直説法現在）は煩瑣ですが，よりによって不規則な活用をする動詞の方が規則動詞よりも頻度が高いという皮肉な結果になるのです．

　蛇足ながら，その煩雑さを視覚的に解消する試みとして，拙著『CD付（暗記本位）仏検対応・フランス語動詞活用表』（駿河台出版社）を書き下ろしています．

名言名句・諺

♥彼は生きた，書いた，愛した．11人の女性を愛したとされるスタンダールの墓碑銘．実際のモンマルトルの墓には文字を配置する都合で語順を変更し Scrisse, Amo, Visse.「書いた，愛した，生きた」（イタリア語）とある．

23　第2群規則動詞

発展・補注　"第2群規則動詞"・頻度順一覧

◆仏検5・4・3級対応◆
過去の試験問題に登場した実績のある"第2群規則動詞"の頻度順一覧

　　1. finir　　「終わる・終える」　　　2. choisir　　「選ぶ」
　　3. remplir　「満たす，記入する」　　4. réfléchir　「熟考する」
　　5. réussir　「成功する，合格する」＊　6. obéir　　「従う」
　　7. établir　「確立する，据える」　　　8. agir　　「行動する」＊＊

＊自動詞 réussir à un examen として「(試験に) 合格する」は，ほとんど誤用と呼べる表現です．今は他動詞が通例．また，「合格する」という訳よりも「試験にうまくいく，上出来である」という感覚で用いられます．

＊＊ il s'agit de 「〜が問題だ」．

◆ 24 ◆ 提示の表現

すでに ◆11◆ で入門レベルの基本会話をいくつかみましたが，ここで提示の表現を2つチェックしておくことにします．1つは補足・再確認，1つは新たにとりあげる表現です．

〔1〕 voici / voilà ⑤

この2つの語は文法的にみてみますと，主語と動詞を兼ねる特殊な単語です．品詞は副詞扱いなのですが，特別に提示詞 présentatif とも呼ばれます．通常は遠近の差を表す表現として，下記のように多くの初級用テキストが扱っています．

ここに〜がある（いる）	**Voici**＋名詞
あそこに〜がある（いる）	**Voilà**＋名詞

人にも物にも使うことができ，直訳を付して例を示せばこんな具合です．

Voici ma fille. こちらが私の娘です．
ヴォワスィ マ フィーユ　　　　＊ma（☞ p.116）

Voilà des garçons. あそこに少年たちがいる．
ヴォワラ デ ギャルソン

しかし，日常語では**遠近に係わりなく，後者 voilà の頻度が高く，voilà は単独でも用いられます**．たとえば，お金や品物を相手に差しだすとき，あるいは相手の言ったことに対して納得・理解を示すとき，肯定の「そのとおり」といった返事をするとき，または「以上です」と話の結びの一言として，Voilà は単独でも使うことができるのです．典型的な例をあげれば，こんな会話に登場します．

▶ **Passeport, s'il vous plaît.** パスポートを見せてください．
　 パスポール　スィル　ヴ　プレ

▷ **Voilà.** はい，どうぞ．
　 ヴォワラ

＊voici, voilà には疑問・否定形はありません．

名言名句・諺

[**28. JE est un autre ...**

発展・補注　voici, voilà

voir の命令法（古法 voi）と「遠近」を意味する ci, là との合成語．ただし，どの品詞にも分類しがたい．遠近の対立がなく，ひとつのモノを示す際には voilà の頻度が高い．朝倉秀雄氏の名著『フランス文法事典』（白水社）によれば，日常会話で voici : voilà ＝ 1 : 11.6 という使用頻度の差があるらしい．

〔2〕c'est... / ce sont... 5

「それは・これは・あれは（それらは）〜です」という提示の表現として使われるのが下記の言いまわしです.

| それは〜です | **C'est** [セ]＋単数名詞 |
| それ（ら）は〜です | **Ce sont** [ス ソン]＋複数名詞 |

＊日常語では〈C'est＋複数名詞〉の形もよく使われます．

C'est un ordinateur. それはコンピュータです．
セタンノルディナトゥール

Ce sont des dictionnaires. それ（ら）は辞書です．
ス ソン デ ディクスィヨネール

そして，上記の表現を引き出す疑問文も大切な表現です．(☞ p.184)

Qu'est-ce que c'est ? それ（ら）は何ですか？
ケ ス ク セ

しかし，「それは〜です」はいささか限定的な訳で，〈c'est...〉のもつ広がりを説明するには不十分です．なぜならこの表現は後ろに形容詞等を引き連れて多様な表現を作るからです．その意味から，単に提示のための指標と考え，後ろに名詞や形容詞等を置くことができるという柔軟性を知っておく必要があります．たとえば，下記のような表現で，会話には頻繁に登場します．

C'est vrai ? （それは）本当ですか？
セ ヴレ → 形 vrai「本当の」

C'est magnifique ! （それは）すばらしい．
セ マニフィック → 形 magnifique「見事な」

C'est ça. （それは）その通りです．〔返事〕
セ サ → 指示代 ça「話題＝それ」

名言名句・諺

◆「私」は一個の他者なのだ．ランボーの手紙から．第1人称主語の〈JE〉が客観化され，動詞 être が3人称の単数で受けられている．しかも不定冠詞のついた un autre とある不思議．ただし，学生の仏作文なら一発でアウト！

24 提示の表現

基礎チェック　C' est の応用展開

「時は金なり」という諺，Le temps, c'est de l'argent.（→時間，それはお金です）がそうであるように，c'est は"文頭あるいは文末に遊離して置かれた語句"を受けることができます．これを応用して，c'est が会話に出てきた内容（語句）を受けると判断できる流れであれば〈C'est ＋［疑問詞］？〉という簡便な表現が可能になります．

たとえば「誕生日」anniversaire が話題になっていれば，C'est quand ? だけで「（それは）誕生日はいつ？（＝ C'est quand ton anniversaire ?）」の意味になります．C'est où ?「（それって）どこ？」，C'est pourquoi ?「（それって）どうして？」などなど，話題になっている語や文脈を受ける展開で疑問文が簡単に作れます．

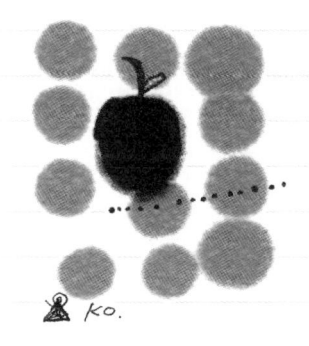

◆ 25 ◆ 指示形容詞・所有形容詞

　冠詞とともに名詞の標識語（限定辞 déterminant）となる語に，日本語の「この」「その」「あの」にあたる指示形容詞があります．形容詞ですので，名詞の性・数によって形が変わります．

〔1〕指示形容詞　adjectif démonstratif ⑤

男性単数形	女性単数形	男女複数
ce (cet)	**cette**	**ces**
ス　セットゥ	セットゥ	セ

ce livre　　　［ス　リーヴル］　　　この本
cet oiseau　　［セットワゾ］　　　　この鳥

＊cet は母音（あるいは無音の h）の男性名詞単数の前で用いられ，母音の衝突を避けます．

cette femme　　［セットゥ　ファム］　　この女性
ces voitures　　［セ　ヴォワテュール］　これらの車

＊前課で触れた指示代名詞の ce「それは（これは，あれは）～です」と混同しないように．指示代名詞の場合，母音の前で省略されます．

例：C'est un dictionnaire.　　それは辞書です．
　　セタン　ディクスィヨネール

　なお，指示形容詞はこのままでは「この」「あの」の遠近を区別しません．その必要がある場合には，名詞の後に -ci, -là をつけて区別します．④

cet homme-ci　この男性　　**cet homme-là**　あの男性
　セットム　スィ　　　　　　　　セットム　ラ

＊この -ci, -là は voici, voilà の遠近を表す提示の表現の語末に呼応しています．（☞ p.110）

名言名句・諺

29. Nous cherchons à être heureux, mais nous ne pouvons souffrir le bonheur de nos voisins.

25 指示形容詞・所有形容詞

質　問　J'ai une des ces grippes !

指示形容詞を用いた上記の文章はどういう意味でしょうか？

答　〈un [une] de ces + 複数名詞〉の形は，たとえば，un de ces étudiants のように「これらの学生のうちのひとり」という意味で使えます．しかしながら，まったく同じ形が「感嘆」で，「すごい，ひどい」というニュアンスを表す口語表現になります．よって，質問の文章は「ひどい風邪をひいたよ！」という意味です．
少し細かく分析すれば，この例は「これらの風邪のひとつ」と特定化した「これら」を意味するのではありません．ことばを補足してニュアンスを伝えるなら，「自分の例に見られるように"風邪というもの"はみな厄介でそのひとつを」という含意．すなわち，具体的な事例を「風邪」全体にひろげて一般化する用法から来ています．

基礎チェック　時間的な遠近の意味

-ci, -là は「場所・空間」の遠近を意味するだけでなく，「時間」の遠い近いを区別する指標でもある点に注意したい．

例　ここ数日とても忙しい．
　　On est très occupé ces jours-ci.
　　あの頃はとても忙しかった．
　　On était très occupé en ce temps-là.

基礎チェック　指示形容詞＋時間を表わす語句

時間を表わす語句とともに用いて「今の，今日の」という意味でも使われます．

　　ce matin　　　今朝　　　ce soir　　今晩
　　cette semaine　今週　　　cet hiver　この冬

cent quinze　115

〔2〕所有形容詞 adjectif possessif [5]

　冠詞・指示形容詞とともに名詞の標識語となるのが，所有形容詞「〜の」（英語の所有格に相当）です．名詞の性・数に応じて，つぎのように形が変わります．

	男性形単数	女性形単数	男女複数
my	mon [モン]	ma [マ] (mon)	mes [メ]
your	ton [トン]	ta [タ] (ton)	tes [テ]
his / her	son [ソン]	sa [サ] (son)	ses [セ]
our	notre [ノートゥル]	notre [ノートゥル]	nos [ノ]
your	votre [ヴォートゥル]	votre [ヴォートゥル]	vos [ヴォ]
their	leur [ルール]	leur [ルール]	leurs [ルール]

＊母音（あるいは無音のh（☞ p.⑳））ではじまる女性名詞単数の前では，男性形単数と同じ所有形容詞を用います．
　　例：× ma amie → ○ mon amie　[モナミ]　私の女友だち
　　　　× ta école → ○ ton école　[トネコール]　君の学校

＊＊英語の *his / her* の別はありません．〈*his father / her father*〉= son père [ソン ペール] と表現します．père「父親」が男性名詞であるため で，所有者「彼・彼女」の別で形を決めるのではなく，名詞の性・数で所有形容詞を決定するためです．

C'est son père.　　　　（この人は）彼（彼女）の父です．
　セ　ソン　ペール

＊提示の表現である〈c'est...〉の形は，物だけでなく，人を指すこともできます．（☞ Q & A p.⑭⓪⓪）

Voilà mes enfants.　　　（あれは）私の子供たちです．
　ヴォワラ　メザンファン

Sa mère parle français.　彼（女）の母はフランス語を話します．
　サ　メール　パルル　フランセ

＊通常「〜語を話す」には上記のように，〈parler＋言語〉の形を用います．ただ，形容詞や補語をともなうケースでは〈parler＋le〔あるいは un〕言語〉と冠詞が必要になることがあります．[3]

名言名句・諺

♠自分たちは幸福になりたがるのに，隣人の幸福は我慢ならない．シャトーブリアンの言葉．テレビタレントが正月に賽銭を投げ入れ，こう祈っていた．「自分と自分の親戚だけが幸せでいられますように」．ん！真理を突いている．

25 指示形容詞・所有形容詞

発展・補注 "私の友人のひとり" という言い方

英語で（×）*a my friend* と言えないように，（×）un mon ami や（×）mon un ami といった冠詞と所有形容詞をふたつ重ねて名詞を添える表現はありません．「私の友人のひとり」（英語の *a friend of mine* に相当する仏語）は，un de mes amis, une de mes amies あるいは〈à + 人称代名詞（強勢形）〉を添えた un ami à moi, une amie à moi となります．なお，ma maison à moi という不思議な言いまわしもあります．これは「私」を強調したもので ma propre maison「私自身の家」と同意です．

質問 「彼の」「彼女の」を区別したいときは？

「彼の」か「彼女の」かをどうしても区別したいケースはどうするのですか？

答 3人称の所有形容詞がいきなり登場することはないので，文脈から「彼の」「彼女の」が不明になるケースは普通ないはずです．ただ，区別を要するという場合には，上記の〈à + 人称代名詞（強勢形）〉を添えて「これは彼の車です」C'est sa voiture à lui., 「彼女の車です」C'est sa voiture à elle. と区別することは可能です．所有者について念を押して「他でもない彼の車」という意味でも用います．

基礎チェック parler le français vs parler français

この違いを，母語としてその言葉を話すか否かの差とする参考書があります．つまり前者は外国語として「フランス語を話す」ケース，後者は母語として「フランス語を話す」場合と説明するのです．しかし，それは office de la langue française の決定，いわゆるお役所の判断のようです（朝倉季雄『フランス文法メモ』参照）．現在では，母語との関係を意識せず一般に後者が用いられます．また副詞が間に入れば，Elle parle couramment le français.「彼女はすらすらフランス語を話します」というように定冠詞が使われると説明されている語学書があります．しかし，これも冠詞なしが通常であるようです．ただ，形容詞が添えられ不定冠詞が使われる用例（「彼は正しいフランス語を話す」Il parle un français correct.）がありますのでご注意を．

◆ 26 ◆ 否定文

否定文 phrase négative は，一般に，動詞を 2 つの否定の標識 **ne (n') ... pas**（厳密には副詞）ではさんで使います．5

〔1〕原則　　主語＋**ne (n')**＋動詞＋**pas**

＊母音（あるいは無音の h）ではじまる動詞の前は n' とエリズィヨン（☞ p. ㊵）をします．なお，日常語では〈ne (n')〉を省くことがあります．

たとえば，下記の文を否定文にしてみましょう．

（肯定文）**Je suis étudiant(e).**　　私は学生です．
　　　　　ジュ スュイ エテュディアン（トゥ）

（否定文）**Je ne suis pas étudiant(e).**　私は学生ではない．
　　　　　ジュ ヌ スュイ パ エテュディアン（トゥ）

この **pas** を下記のように置き換えると，否定のニュアンスを変えることができます．4

ne ... jamais	[ヌ ジャメ]	けっして〜ない
ne ... plus	[ヌ プリュ]	もはや〜ない
ne ... guère	[ヌ ゲール]	ほとんど〜ない
ne ... que	[ヌ ク]	〜でしかない（限定・制限）

Il n'est jamais satisfait.　　彼はけっして満足していない．
イル ネ ジャメ サティスフェ

Elle n'est plus riche.　　彼女はもう金持ちではない．
エル ネ プリュ リシュ

Je n'ai qu'un frère.　　私は兄（弟）一人しかいない．
ジュ ネ カン フレール

＊ne ... que は肯定文の一種．"que 以下だけを〜する"が原義．副詞 seulement [スルマン] を使って書き換えられます．（☞ p. ㉟㊾）3

名言名句・諺

30. Plus que seule au monde / Exilée
　　Plus qu'exilée / Morte
　　Plus que morte / Oubliée

26 否定文

発展・補注 ne のない否定文

フランス語は元来，ne が否定表現で，古い表現では pas のない例がいくつもみつかります（＊）．しかし，現在の会話では pas のみによる否定が少なくありません．

例 **Je sais pas.** 知りません．（→ **Je ne sais pas.**）
C'est pas ma faute. 私のせいではありません．（→ **Ce n'est pas ma faute.**）

ne ... jamais, ne ... plus もこれに準ずます．

例 **Elle est plus malade.** 彼女はもう病気ではありません．
（→ **Elle n'est plus malade.**）（＊＊）

＊この pas は，そもそも，弱体化した ne を支えるために極少量を示す名詞を添えた古典フランス語の習慣から生じたものです．たとえば「1歩も前に進まない」Je n'avance d'un pas．という展開（この pas は名詞の「1歩」）から，13世紀から15世紀の間に pas は本来の意味を失った否定の記号となり，フランス語は明晰であれとする宮廷詩人マレルブの意向もあって，ne ... pas として定着したようです．
＊＊上記の例で主語が名詞主語（固有名詞）であれば，その主語を代名詞で受けてから ne を省く形にします．

Marie, elle est plus malade. マリーはもう病気ではありません．

もし，Marie est plus malade. とすると「直訳：マリーはさらに病気です」を意味する比較ととられかねず，否定文かどうかが判然としなくなるためです．ただし，前者の plus は［プリュ］，後者なら［プリュス］と発音され区別はされます．

ひとり言 日本語の否定はわかりにくい？

打ち消しの「〜ない」が文の最後にくるせいで，日本語はわかりにくい，まわりくどい．最後まで聞かないと，肯定か否定かわからない．そこが外国人の不評をかう．そんな言われ方をします．でも，そうでしょうか？
たしかに日本人はもってまわった表現を使います．白・黒をなかなか口にしません．でも，のっけに否定がくる文章は，即，聞いている相手の反発を買います．「なにを！」と喧嘩にもなりやすい．第一，先に結論ありきの話の理由づけなんて，前提に納得していない人たちからしたらまったく余計な蛇の足ですもの．

〔２〕否定の冠詞 de ⑤ ④

> 不定冠詞・部分冠詞のついた直接目的補語 ☞ p. ⑮⓪ (「～を」と多くは訳す) が否定文になると冠詞は **de** に変わります．

*この変化は，直接目的補語の名詞が実在性を喪失するためだと考えられます．

J'ai des sœurs. → Je n'ai pas *de* sœurs.
ジェ デ スール　　　ジュ ネ パ ドゥ スール
　　　　　　　　　　姉妹はいません．
　　　　　　　　　　*不定冠詞 des が de に変わります．

Il y a du vin dans la bouteille.
イリア デュ ヴァン ダン ラ ブテーイユ
→ Il n'y a plus *de* vin dans la bouteille.
　 イル ニア プリュ ドゥ ヴァン ダン ラ ブテーイユ
　 ボトルにもうワインはありません．
　 *部分冠詞 du が de に変わります．

しかし，冠詞が定冠詞の場合，あるいは直接目的補語ではない場合（たとえば，動詞が être のとき）には冠詞は変化しません．

J'aime le café. → Je n'aime pas le café.
ジェーム ル キャフェ　　ジュ ネーム パ ル キャフェ
　　　　　　　　　　　私はコーヒーが好きではない．
*冠詞が定冠詞ですので否定文でもそのままです．

C'est un livre. → Ce n'est pas un livre.
セタン リーヴル　　　ス ネ パザン リーブル
　　　　　　　　　　それは本ではありません．
*un livre が属詞ですので否定文でもそのままです．

ただし，下記は「ひとつも（一人も）～ない」と否定を強調するときには，直接目的補語の前の不定冠詞であっても de に変えないことがあります．不定冠詞というより数詞として働いていると考えるためです．③

Je n'ai pas un ami.　私には男友だちなんて，一人もいません．
ジュ ネ パ アナミ
*Je n'ai pas un seul ami. とするとより明瞭です．

名言名句・諺

♣この世でひとりぼっちの女より哀れなのは / 遠ざけられた女 / 遠ざけられた女より哀れなのは / 死んだ女 / 死んだ女よりも哀れなのは / 忘れさられた女．　女流画家マリー＝ローランサンの詩から．

26 否定文

発展・補注　"A ではなく B である"の相関句と冠詞の関係

否定文の後に，mais 添えて，"A ではなく B である"とする文章があります（英語の not A but B に相当）．

例　**Ce n'est pas ma faute, mais la vôtre.**
　私のせい（落ち度）ではなく，あなたのせいです．

なお，この構文の A，B の位置に不定冠詞や部分冠詞の添えられた直接目的補語が置かれた場合に，冠詞は de に変形されません．

例　**Je n'ai pas bu de la bière, mais du vin.**
　私が飲んだのはビールではなく，ワインです．

発展・補注　Pas ... とはじまる文章

☐ Pas de + 名詞：「～（は）なし」という成句を作る．

例　**Pas de chance !**　ついてない！（←チャンスなし！）
＊類義の表現に，Pas de bol !，Quelle malchance ! という言い方がある．

☐ Pas un(une) + 名詞：「ひとつ（ひとり）の～もない」という表現．

例　**Pas une voiture dans le parking.**　駐車場には車が 1 台もない．
＊このケースは，左ページの説明のように不定冠詞が seul(e) のニュアンスで働いている．つまり，不定冠詞ではなく数詞と考えられる．

発展・補注　sans「～なしに」のケース

前置詞 sans のうしろの冠詞の変形は盲点になりやすい．

例　**Il est sorti en faisant du bruit.**

下線部の「音をたてて」の箇所を「"音をたてずに"外出した」とすると次のようになります．

Il est sorti sans faire de bruit.

◆ 27 ◆ 疑問文

〔1〕疑問文の3つの形 interrogation

フランス語の疑問文は3形あります。⑤

> 1 平叙文をそのまま文尾をあげて（尻あがりで）読む．
> 2 文頭に Est-ce que (qu') をつける．
> 3 主語と動詞を倒置する（トレ・デュニオンでつなぐ）．

1 が会話で最もよく使われる方法，3 は主に書き言葉で使われる疑問文です．

1 **Vous êtes français ?** あなたはフランス人ですか？
　　ヴゼットゥ　フランセ
▷ **Oui, je suis français.** はい，フランス人です．
　　ウィ　ジュ　スュイ　フランセ
▷ **Non, je ne suis pas français.**
　　ノン　ジュ　ヌ　スュイ　パ　フランセ
　　　　　　　　　　　　　　　いいえ，フランス人ではありません．

＊フランス語の「はい」は Oui [ウィ]，「いいえ」は Non [ノン] を用います．返事をする際に Oui, je suis.（英語の *Yes, I am.* に相当する省略形）は用いません．Oui とだけ簡単に答えるか，上記のように文章で答えます．

2 **Est-ce que vous êtes anglais ?** あなたはイギリス人ですか？
　　エ　ス　ク　ヴゼットゥ　アングレ
▷ **Oui.** はい（そうです）．
　　ウィ
3 **Etes-vous française ?** あなたはフランス人ですか？
　　エットゥ　ヴ　フランセーズ
▷ **Non, je suis anglaise.** いいえ，イギリス人です．
　　ノン　ジュ　スュイ　アングレーズ

ただし，3 のケースで，主語が名詞のとき（主語人称代名詞でない場合）には次頁のように代名詞で受けかえて倒置形を作る点にご注意ください．④

名言名句・諺

31. Nous mourons tous les jours.

27 疑問文

基礎チェック　文章の上昇調・下降調

平叙文（肯定文・否定文）は文末を下げて（下降調）読まれます．一方，ここにあげた3つの疑問文は，以下，どれも尻上がり（上昇調）です．ただし，疑問詞を用いた疑問文は，下降調のケースと上昇調の場合があります（大半は下降調で発音されます）．これは話者の気持ちのあらわれを反映したもので，「命令」口調だったり「疑い」や「感嘆」などの感情が込められていたりで，調子が変わります．

基礎チェック　est-ce que という形

est-ce que の疑問文は，そもそも〈C'est ～ que〉の強調構文の主語と動詞を倒置してできた形（英語の〈It is ～ that ...〉の疑問の形状である *is it that* に相当する）．したがって「これから質問しますよ！」と相手に注意をうながす明確な指標になります．その意味から，会話の流れから判断して，相手の反応 Oui, Non が容易に予測できるケースでは est-ce que による質問の頻度が減ります．言い換えれば，相手の反応がにわかに予測できないケースであれば，イントネーションでの疑問文より，est-ce que による疑問文が用いられるケースが多いことになります．また，相手の表情が見えない電話での会話ですとこのパターンが増えます．

Paul est-il français ?
ポール エティル フランセ

ポールはフランス人ですか？

Marie aime-t-elle le café ?
マリー エームテル ル キャノエ

マリーはコーヒーが好きですか？

* Paul=il, Marie=elle と考えて、「名詞主語 S＋動詞 V–代名詞（S を置き換えた代名詞）…?」の語順で並べます．なお、動詞の語尾が母音で終わっている場合（上記の aime のケース）には母音衝突を避けるために -t- を間に置いてから il, elle の主語を書き加えます．

〔2〕**否定疑問文** interrogation négative 🔈

否定疑問文も同じ要領で作ることができます．

1 **Tu n'as pas d'enfants ?**
　テュ ナ パ ダンファン

お子さんはいないの？

2 **Est-ce que tu n'as pas d'enfants ?**
　エ ス ク テュ ナ パ ダンファン

同上（頻度は低い）

3 **N'as-tu pas d'enfants ?**
　ナ テュ パ ダンファン

同上

否定疑問文に対する肯定には Si [スィ]（日本語では「いいえ」に相当します）、否定には Non [ノン]（「はい」に相当）を用います．この返答を実際の会話では混同してしまいがちですので注意！

▷ **Si, j'ai des enfants.**
　スィ ジェ デザンファン

いいえ、います．
*「Si＋肯定」の内容を導く．

▷ **Non, je n'ai pas d'enfants.**
　ノン ジュ ネ パ ダンファン

ええ、いません．
*「Non＋否定」の内容を導く．

〔3〕**付加疑問文** 🔈

付加疑問文（相手の答えが予測できる問い「～ですね?」）の形は文末に …, n'est-ce pas ? [ネスパ]（あるいは …, non ? [ノン]）を添えます．

Tu as des enfants, n'est-ce pas ?
テュ ア デザンファン ネ ス パ

君には子どもがいるよね？

▷ **Oui, j'ai deux enfants.**
　ウィ ジェ ドゥザンファン

ええ、2人います．

名言名句・諺

♥ われわれは日々に死ぬ． mourir の直説法現在の例文はそう多くはない．「人は生まれた瞬間から死に向っている」と言ったのは哲人・セネカであります．

27 疑問文

質問　主語と動詞の倒置

疑問文で主語と動詞を倒置するのはどうしてですか？

答

英語でも，*Are you a student ?* にしろ *Do you have a pen ?*（←文頭の *do* は，*You do have a pen.* と動詞を強調する助動詞を倒置したもの）にしろ，主語と動詞がひっくり返っています．もちろん，フランス語もSとVを倒置すれば疑問文が作れます．これは〈主語（S）＋ 動詞（V）〉の語順で展開する通常の文（平叙文）からすれば，バランスを欠いた形になります．不安定で，未完結なものです．その安定感を失ったかっこうが，そのまま相手に投げかけられます．これが疑問文です．バランスを欠いた形を投げかけられた相手は，これを安定的な文の形状に戻す操作をして，「返事」を投げ理屈になります．こうして対話が成立します．疑問文が，文尾のイントネーションをあげて発音されるのも，疑問文の不安定感をかもしだす作用から，いわば必然のリズムというわけです．

基礎チェック　たかが Oui, されど Oui

日本人神父さんのフランスでのエピソード．ある日，木に登っていて「(そこから) おまえ，落ちないか？　Tu ne tombes pas ?」と下から聞かれて，「だいじょうぶです」のつもりで Oui ! と答えたら（正しくは，「Non + 落ちやしません」．あるいは Ça va ! [サヴァ]「平気です」といった返事が簡便），フランス人があわてて木によじ登ってきて，無理矢理，下に引きづり降ろされた経験があるそうです．Oui は本来正しくない応答なのですが，Si, je tombe.（いや，落ちます）の誤用と解したからです．
この Si, Non の混交と似たミスに「私も（同じ）」という応答があります．たとえば，喫茶店で，友だちが「私はコーヒーね」「あっ，私も」と応じたければ Moi aussi. [モワ オッスィ] と言います．でも，相手が否定文を口にしたとき「でも，ケーキはいらない」「私も（いらない）」と追随するなら，Moi non plus. [モワ ノンプリュ] と応じなくてはなりません．これを混同すると，肯定なのか否定なのかわからなくなり，フランス語を母語とする相手は怪訝な顔をいたします．

cent vingt-cinq　125

◆ 28 ◆ aller / venir

英語の *go, come* に相当するのが aller [アレ], venir [ヴニール] です．語尾が〈-er, -ir〉で終わっていますが，第 3 群不規則動詞（☞ p.102）です．まず，直説法現在の活用を見てみましょう．

〔1〕直説法現在の活用

aller

je vais	[ジュ ヴェ]	nous allons	[ヌザロン]
tu vas	[テュ ヴァ]	vous allez	[ヴザレ]
il va	[イル ヴァ]	ils vont	[イル ヴォン]

venir

je viens	[ジュ ヴィヤン]	nous venons	[ヌ ヴノン]
tu viens	[テュ ヴィヤン]	vous venez	[ヴ ヴネ]
il vient	[イル ヴィヤン]	ils viennent	[イル ヴィエンヌ]

〔2〕用例

それぞれ，英語の *go*「行く」，*come*「来る」に直接呼応する例をあげますと，こんな例があげられます．

Je vais à l'école.　　私は学校に行く（通う）．
ジュ ヴェ ア レコール

　＊英語では *go to school*「学校（授業）に行く」ですが，仏語では aller à l'école と定冠詞 l' が必要です．

Je viens de Dijon.　　私はディジョンの出身です．
ジュ ヴィヤン ドゥ ディジョン

しかし，aller, venir はもっと幅広く用いられます．p.58 で見たように aller は挨拶で使われます（健康状態が「～である」の意味）．

▶ **Comment allez-vous ?**　　お元気ですか？
　コマンタレ　　ヴ

▷ **Je vais très bien.**　　とても元気です．
　ジュ ヴェ トレ ビィヤン

名言名句・諺

[32. C'est la mer à boire.]

28 aller / venir

はみだし j'vas, j'allons

カナダで日常使われているフランス語は，文法がちょっと違います．hôpital, hôtel という男性名詞が女性名詞として使われるという例はよく聞きますが，たとえば aller の不思議な活用にも à la canadienne「カナダ風」が見てとれます．je vais を tu の活用とクロスさせて j'vas としたり，あるいは nous の活用形に添えて j'allons としたりする例です．動詞活用をいい加減に覚えた学生の答案のような形状で混乱してしまいます．

発展・補注 動詞の強調 aller

英語で *do*, *does*, *did* の助動詞で「動詞」を強調するように，フランス語では"aller + inf."の形で動詞を強めることができます． ☞ p.229

例 **On te rend cet argent.**
このお金は返します．
→**On va te rendre cet argent.**
このお金はきちんと返します．

〔3〕近接未来 futur proche ④

「(これから)～するところです，～しようとしている」(近接未来)，あるいは意志，予定などの意味で．

> **aller**（現在形の活用）＋不定法

＊不定法 infinitif とは動詞の原形のこと（辞書に載っている形）．

Le train va arriver dans un instant. 列車がもうすぐ来ます．
ル　トラン　ヴァ　アリヴェ　　　ダンザンナンスタン

ただし，まったく同じ形で，「～しに行く（目的）」の意味にもなりますので，ご注意ください．

Je vais chercher Paul à la gare.
ジュ　ヴェ　シェルシェ　ポール　ア　ラ　ガール
　　　　　　　　　　　私は駅にポールを迎えに行きます．

＊「近接未来」と「～しに行く」の違いは p.408 を参照ください．

〔4〕近接過去 passé récent ④

「～したばかりである」(近接過去)には以下の形（juste「ちょうど」で強調されることもあります）．

> **venir**（現在形の活用）＋**de (d')**＋不定法

Il vient (juste) d'arriver à Paris.
イル　ヴィヤン　ジュストゥ　ダリヴェ　ア　パリ
　　　　　　　　　　　彼は（ちょうど）パリに着いたばかりです．

＊近接過去の時制が半過去（☞ p.278）になることがあります．また，移動を表わす自動詞は現在形で近い過去を表わすことがあります．（☞ p.156）

ただし，〈**venir**＋不定法〉の形ですと「～しに来る（目的）」の意味になりますので，注意してください．

Tu viens déjeuner chez moi ? 家にお昼を食べに来ませんか？
テュ　ヴィヤン　デジュネ　シェ　モワ

名言名句・諺

◆海を飲むようなものだ．イソップが出典．「とても困難なこと，不可能な仕事」の意味．

28 aller / venir

発展・補注 近接未来・近接過去の意味

近接未来も近接過去も，直説法の「現在形」または「半過去形」でしか使われません．あわせてそのネーミングに惑わされないように注意してください．

(1) 近接未来の「近い」は，時計時間としての長短ではなく，心理的にみて，なされる行動が「現在の連続性」のなかでとらえられ，この先，当然「その事態が実現するものと予測している」ことを指す時制です．たとえば，1年後の話でも，近接未来が用いられる理屈です．

　　例　**On va se marier dans un an.**　1年後に結婚します．

なお，事態の生起・完了を意味する動詞，arriver, commencer, continuer, mourir, partir などは，単純未来よりも近接未来で用いられるケースが大半です．

(2) 近接過去は「いま行為を終えている」という現在の状況を説明するもので，それがいつ起きたのかという発生の時点は問題にしないため，次のように時を添える形は用いません．ご注意ください．（×）Il vient d'arriver à Haneda hier soir.「彼は昨晩羽田に着いたばかりだ」とは言えない．

発展・補注　2人称の〈aller + inf.〉

〈aller + inf.〉は2人称の否定で使われれば「禁止」のニュアンス．つまり，単純未来の2人称の用法と同じです．

　　例　**Vous n'allez pas croire cela !**
　　　　そんなことを信じてはいけません．

◆ 29 ◆ 前置詞と冠詞の縮約

　前置詞 à「〜へ，〜に」，de「〜の，〜から」に続いて，定冠詞 le, les をともなう名詞が来ると「冠詞の縮約」が起こります．たとえば，カフェオレ café au lait ［キャフェ オ レ］に使われている〈au〉の形がそれです．

〔１〕前置詞 à, de と定冠詞の縮約 contraction [5]

| à+le → **au** ［オ］ | de+le → **du** ［デュ］ |
| à+les → **aux** ［オ］ | de+les → **des** ［デ］ |

　上記の組み合わせになる場合に形が変わるのです．

Il habite au Japon.　　　彼は日本に住んでいる．
イラビットゥ　オ　ジャポン

　この文章は英語の *He lives in Japan.* に相当する文ですが，フランス語には国名にも男女の別がありました．そして，日本は男性名詞です．そこで，「日本に」と表現する際に，もし冠詞の縮約という現象がなければ，à le Japon となりますね（「日本」は唯一無二の名詞ですから定冠詞を使います）．しかし，上記の表にあるように「前置詞 à+定冠詞 le」は〈au〉となるのがルールです．また，

Vous venez du Canada ?　　　カナダのご出身ですか？
ヴ　ヴネ　デュ　カナダ

も，英語では *Do you come from Canada ?* となる文例ですが，（×）de le Canada →（○）du Canada と冠詞が縮約されます．

　しかし，たとえば以下のような場合に縮約は起こりません．

à la mode　　　流行している
ア　ラ　モードゥ　　　→ 定冠詞が女性形です．

rentrer de l'école.　　　学校から戻る
ラントゥレ　ドゥ　レコール　　　→ de l' は縮約しません．

名言名句・諺

33. C'est la sauce qui fait le poisson.

29 前置詞と冠詞の縮約

基礎チェック　縮約って，欧州語のお約束？

もっとも頻度の高い２つ前置詞 de と à，それに頻度の高い定冠詞との縮約 contraction という現象は，フランス語に限られる面倒な文法ルールではありません．ドイツ語にも，イタリア語にも，スペイン語にもあります．ちなみに，ポルトガル語では不定冠詞でも縮約が起こります．なお，本や絵画のタイトル，地名などでも縮約がおこなわれます．ご注意ください．

> **例** **l'auteur du《Petit Prince》**
> 『星の王子さま』の著者
> **Il est allé au Havre.**
> 彼はル・アーヴルに行った．

また，古語の影響なのですがフランス語には前置詞 en と定冠詞 les の縮約という例もあります．docteur ès lettres「文学博士」や licencié ès sciences「理学士」に使われる前置詞の ès です．

基礎チェック　de A à B

時間・場所・数量を表して「A から B へ，A から B まで」の意味で使われる幅のひろい言い方．次のような，冠詞の縮約に注意してください．

> **例** **M. Yamada sera absent du 25 juillet au 31 août.**
> 山田さんは７月25日から８月31日まで休みになります．
> 　　　　　　　　= **depuis le 25 juillet jusqu'au 31 août**
> **例** **Il travaille du matin au soir.**
> 彼は朝から晩まで働いている．

ただし，以下のようなケースは冠詞が使われません．この点にもご注意を．

> **例** **De Tokyo à Sapporo, il y a 800 kilomètres.**
> 東京から札幌までは，800キロある．
> **Ça doit coûter de trois à cinq euros le kilo.**
> それは１キロあたり３〜５ユーロするはずだ．

〔2〕冠詞の縮約と部分冠詞・不定冠詞 ④

すでにお気づきの方もおいでかもしれませんが，左記〈du, des〉は部分冠詞や不定冠詞の複数形とまったく同じ形です．これを混同しないでください．下記の2つの du を見てください．

du café　　　　　　　　　コーヒー
デュ　キャフェ　　　　　　　→「量」を表す部分冠詞

le plat *du* jour　　　　　　お勧め料理（その日の料理）
ル　プラ　デュ　ジュール　　　→ de+le jour の縮約

たとえば，Je prends [ジュ プラン]「私は〜を飲む（食べる）」(☞ p.136) に上記の例をあてはめれば，こんな例文が作れます．

Je prends du café.　　　　　コーヒーを飲む．
Je prends le plat du jour.　　お勧め料理を食べる．

〔3〕国名・都市名と前置詞 ⑤④

国名・都市名を用いて「〜に，〜で，〜へ」と表現するケースで使われる前置詞をマトメて見ておきますと，以下のようなパターン化が可能です．

女性名詞の国名(単数)・母音ではじまる男性の国名	**en**	[アン]
男性名詞の国名(単数)	**au**	[オ]
国名が複数形のもの	**aux**	[オ]
都市名	**à**	[ア]（無冠詞で）

Elle habite en France, à Lyon.
エラビットゥ　アン　フランス　ア　リョン
　　　　　　　　　　　彼女はフランスのリヨンに住んでいる．

Vous allez en Iraq ?
ヴザレ　アンニラック
　　　　　　　イラクに行きますか？
＊au ではなく音の関係で en を用います．

Il est au Japon.
イレ　ト　ジャポン
　　　　　　彼は日本にいる．

Tu vas aux Etats-Unis ?
テュ　ヴァ　オゼタズュニ
　　　　　　　　　　君はアメリカに行くの？
＊[ozetazyni] となる読みに注意．

名言名句・諺

♠魚を作るはソースなり．フランスでは魚料理の善し悪しはソースによると考える．La sauce fait manger le poisson.「ソースが魚を食べさせる」とも言う．素材の鮮度を問題にする私たちとは着眼点が大きく違う．

29 前置詞と冠詞の縮約

―― **発展・補注**　「パリに住む」あれこれ

都市名を使い，たとえば「パリに住む（住んでいる）」と言いたいとき，habiter は自動詞でも他動詞でも用いられます．前置詞を添えても添えなくても，habiter à Paris も habiter Paris も両方可（「パリ市内」Paris intra-muros の意味なら，habiter dans Paris も可　☞ p.349　）．パリ中心でなく「周辺に住む」という含意で habiter sur Paris という言い方を用いる人も一部いるようですが，これは正しいフランス語ではありません．ただし，国名を用いて「フランスに住む（住んでいる）」なら自動詞 habiter en France のみが可能．

また「番地」の場合も，自動詞・他動詞両方可．たとえば，「モンマルトル通り15番地に住んでいる」なら habiter au 15, rue Montmartre あるいは habiter 15, rue Montmartre（注：前置詞の de で通りと番地をつなぐ表記なら，habiter au [numéro] 15 de la rue Montmartre）と言う．ただし，「〜通り」「〜広場」（例：rue, avenue, boulevard, route）だけを住所として提示する際には，固有名詞の扱いで，冠詞や前置詞は必要ない（別例：On l'a rencontré avenue des Champs-Elysées.「シャンゼリゼ大通りで彼に会った」）．これは混乱しやすい．

◆ 30 ◆ faire / prendre

　-er, -ir で終わる規則動詞以外の動詞は不規則動詞です．そのなかにいくつか大切な動詞がありますが，たとえば，「～をする」「行う」「作る」の意味を持つ faire ［フェール］，「とる」「食べる（飲む）」「乗る」の意味を持つ prendre ［プランードル］は頻度の高い重要動詞です（faire は日常頻度が 3 位，prendre は 11 位の動詞です）．

〔1〕直説法現在の活用 ⑤
　直説法現在の活用は下記のようになります．

faire			prendre		
je	fais	ジュ フェ	je	prends	ジュ プラン
tu	fais	テュ フェ	tu	prends	テュ プラン
il	fait	イル フェ	il	prend	イル プラン
nous	faisons	ヌ フゾン	nous	prenons	ヌ プルノン
vous	faites	ヴ フェットゥ	vous	prenez	ヴ プルネ
ils	font	イル フォン	ils	prennent	イル プレンヌ

　＊nous faisons ［ヌ フゾン］の発音は例外的に fai- と綴って［フ］の音，［フェ］とは読みません．
　以下基本的な用法を見ていきましょう．

〔2〕faire の用例
　(1) する，行うの意味で ⑤

　　　Qu'est-ce que vous faites (dans la vie)?
　　　ケ ス ク ヴ フェットゥ ダン ラ ヴィ
　　　　　　　　　　　　　　　ご職業は何ですか？

　　　Qu'est-ce que vous faites ce soir?
　　　ケ ス ク ヴ フェットゥ ス ソワール
　　　　　　　　　　　　　　　今晩何をしますか？

名言名句・諺

34. Paris n'a pas été fait en un jour.

30 faire / prendre

発展・補注 ai を [ɛ] ではなく [ə] と読む語

nous faisons（ならびに半過去の je faisais, tu faisais ...）の [ə] の読みは，faire の派生語で，〈fais + 母音〉とつづられた際に生じる例外的な読みです．faisabilité「（経済的・技術的）実行可能生」とか，faisable「なし得る」，faiseur(se)「(de を) 作る人，愛好家」，あるいは，動詞 satisfaire から派生した形容詞 satisfaisant(e)「満足した」なども同じです．そうそう，faire の派生語ではありませんが，faisan(e) も〈fai〉の箇所を「フ」と読みます．話し言葉では「ペテン師」の意味で使われたりしますが，元来は鳥の名前，日本の国鳥のことです．

基礎チェック faire・prendre の展開図

faire は「**作る**」「**行なう**」の2系列を軸に意味がひろがります．

- **作る**：faire un gâteau「ケーキを作る」→ faire du café「コーヒーを入れる」→ faire une maison「家を建てる」→ faire des enfants「子供をもうける」→ faire du bruit「音をたてる」
- **行なう**：faire la cuisine「料理をする」→ faire des courses「買い物をする」→ faire du tennis「テニスをする」→ faire du piano「ピアノを弾く」→ faire du français「フランス語を学ぶ」

prendre は「(手に) **取る**」を中心に多様な意味へと転じます．
「取る」saisir →「手に入れる」obtenir →「とらえる」arrêter →「(乗物の選択) 乗る」monter ／「(飲食物の選択) 食べる，飲む」manger, boire →「奪う」arracher

---

発展・補注 faire ＋数量表現（測定）：～である

体重や身長を faire で表現できる．

例 体重は60キロです．

Je fais 60kg. = Je pèse 60kg.

身長は170センチです．

Je fais 1m70. = Je mesure 1m70.

＊人が主語のときには avoir は用いない．ただし，「この湖は深さが20メートルだ」と表現するなら，Ce lac a 20 mètres de profondeur. と avoir を用います．

(2) 非人称構文で ④

Il fait beau aujourd'hui.　今日は晴れです．
イル フェ ボ オージョルデュイ

(3) 〈**faire**＋不定法〉「〜させる」（使役）③②

Je fais venir mon fils chez moi.　息子を自宅に来させます．
ジュ フェ ヴニール モン フィス シェ モワ

＊(1) の具体的な解説は p.184 で，(2) は p.186 で，(3) については p.362 でそれぞれ別途解説をしています．

〔3〕 prendre の用例

(1) 乗り物に「乗る」の意味で ⑤④

Il prend l'avion pour aller à Paris.
イル プラン ラヴィオン プール アレ ア パリ
　　　　　　　　　　　　　　　　　　彼はパリ行きの飛行機に乗る．

(2) 「食べる」「飲む」の意味で ⑤④

Je prends le petit déjeuner.　朝食をとります．
ジュ プラン ル プティ デジュネ

Vous prenez de la bière ?　ビールを飲みますか？
ヴ プルネ ドゥ ラ ビエール

＊「食べる」⑨ manger ［マンジェ］（☞ p.⑭⑥），「飲む」㊶ boire ［ボワール］といういう動詞もあります．（□の番号は巻末の活用表番号）

(3) 「(風呂などに)入る，浴びる」の意味で ④

Il ne prend pas de douche.　彼はシャワーをあびません．
イル ヌ プラン パ ドゥ ドゥーシュ

〔4〕 prendre と同型活用の動詞 ④

なお，prendre と同じ活用をする動詞として，apprendre ［アプラーンドル］「学ぶ，教える」，comprendre ［コンプラーンドル］「理解する」（日常頻度 30 位）など，prendre に接頭辞がついた単語がいくつかあります．

J'apprends le français.　フランス語を学んでいます．
ジャプラン ル フランセ

Je ne comprends pas.　（おっしゃることが）わかりません．
ジュ ヌ コンプラン パ

＊この文は相手の話・質問が不明のときに使います．Je ne sais pas. ［ジュ ヌ セ パ］は「(答えを) 知りません」の意味で用います．

名言名句・諺

♣パリは１日にしてならず．そもそもはローマなのですが，フランス式はこうなる．大事業は短日月で果たせるものではないという意味．

30 faire / prendre

―― **発展・補注** prendre の同型動詞

動詞 prendre を軸に，同型の動詞は以下のように展開・増殖させられます．

	接頭辞		prendre		名詞
a	「方向性」	←	**ap**prendre	:「学ぶ」「教える」 →	apprentisage
con	「一緒に」	←	**com**prendre	:「理解する」 →	compréhension
entre	「半ば」	←	**entre**prendre	:「企てる」 →	entreprise
mé	「悪く」	←	se **mé**prendre	:「間違える」 →	méprise
sur	「上」	←	**sur**prendre	:「驚かす」 →	surprise

◇ 補遺 D ◇　冠詞の補足説明

すでに，◆ 16 ◆で3種類の冠詞の形と基本的な用法を見ましたが，細かい用法には触れていません．ここで再確認しながら，3つの冠詞の用法を少し細かくチェックしておきましょう．

〔1〕**不定冠詞の用法** article indéfini ⑤

数えられる名詞に用いて，初めて聞き手に名詞を提示するとき，「任意の1つ」，あるいは「いくつか」の意味を表し，「ある～」「いくつかの～」となります．たとえば，こんな会話で．

▶ **Tu as une voiture ?**　　　君は車を持ってる？
　テュ　ア　ユヌ　ヴォワテュール

▷ **Non, je n'ai pas de voiture.**　　いいえ，持っていません．
　ノン　ジュ　ネ　パ　ドゥ　ヴォワテュール

　　＊否定文中での冠詞の変形については p.120 を参照．

ところで，複数名詞の前に形容詞が置かれると，不定冠詞複数 **des** が **de** に変わります．

〔2〕　　　**de＋形容詞複数形＋名詞複数形**　　④

たとえば，Elle a une jolie poupée.［エラ　ユヌ　ジョリ　プペ］「彼女はかわいい人形を持っている」の〈une jolie poupée〉を複数名詞に変えると，不定冠詞が〈de〉，

　　Elle a de jolies poupées.　　彼女はかわいい人形を持っている．
　　　エラ　ドゥ　ジョリ　　プペ

となります．des jolies poupées とはなりません．

　　＊ただし，この約束を軽視しているフランス人もいます．なお，形容詞の意味が名詞に吸収されているような単語の場合（形容詞と名詞の結合度が高い「合成語」の場合）には，des をそのまま使います．③②
　　例：un petit pain → des petits pains　小型のロールパン（プチパン）
　　　　アン　プティ　パン　　　デ　プティ　パン

名言名句・諺

35. Le temps perdu ne se rattrape jamais.

補遺D　冠詞の補足説明

―― **発展・補注**　不定冠詞についての補足

「頭痛がする」avoir la migraine（日常会話では avoir mal à la tête が通常）という表現に，"軽い"頭痛がすると形容詞を添えれば avoir une légère migraine と冠詞が変化します．あるいは，「食欲がある」avoir de l'appétit を強調のために形容詞で修飾すれば，avoir un appétit terrible と同じく不定冠詞になります．これは「頭痛（定冠詞：総称）」や「食欲（部分冠詞：不可算）」が，形容詞を付して"ある種類，ある部分"を表す表現になれば"不定冠詞：初出・可算"という概念に変わるからです．

―― **発展・補注**　des を de への制約

不定冠詞複数の des を de に変形するという文法的なしばりは，左ページにも書きましたが，日常表現 la langue courante ではゆるくなりつつあるように感じます．たとえば，「試験で良い成績をとる」avoir des bonnes notes à l'examen など，合成語として認知されているケース（des petits pains 以外なら，たとえば des jeunes gens, des grands magasins）でなくても，冠詞を変形せずにそのままにする傾向が強まっているように思えるからです．いずれは，この"des を de へ"という約束が過去の文法となる時代が到来するかもしれません．

〔3〕定冠詞の用法 article défini

英語の *the* と同じく既に話題にのぼった名詞，あるいはそれとわかる「例の〜」「あの〜」の意味で使われる冠詞です．ほかに下記の用法が基本的な使い方です．

(1) 限定されている名詞に ⑤

Voilà un vélo.
ヴォワラ アン ヴェロ
あそこに自転車があります．

C'est le vélo de Paul.
セ ル ヴェロ ドゥ ポール
ポールの自転車です．

＊de Paul「ポールの」と名詞が限定されているため，自転車に定冠詞を用います．（☞ Q & A p.392）

(2) 唯一のものを表す名詞に ④

Le soleil se lève à l'est.
ル ソレイユ ス レーヴ ア レストゥ
太陽は東から昇る．
◆代名動詞（☞ p.222）

(3) 総称「〜というもの（全体）」の意味で ④③（☞ p.142）

Marie aime les fleurs.
マリー アーム レ フルール
マリーは花が好きです．

〔4〕部分冠詞の用法 article partitif ⑤

不定冠詞が名詞の「数」を問題にするのに対して，部分冠詞は数えられない名詞に用いて，全体量の一部「いくらかの（若干量の）〜」という「量」を意味します．

Du vin rouge, s'il vous plaît.
デュ ヴァン ルージュ スィル ヴ プレ
赤ワインをください．

また，抽象名詞の前で程度を表します（これも抽象的な概念を「量」としてとらえた表現です）．

Elle a de la patience.
エラ ドゥ ラ パスィアーンス
彼女は忍耐力がある．

＊部分冠詞は「総称」を表す定冠詞の前に「部分」を表す前置詞 de が付いてできあがった冠詞です．

la patience（忍耐というもの）→ de＋la patience（忍耐というものの一部）

名言名句・諺

♥失われた時はけっして取り戻せない．M. プルーストの小説のタイトルとして知られているが，この諺に言う「失われた時」とは「無為・無駄に過ごした時間」のことです．

補遺D　冠詞の補足説明

―― **発展・補注**　固有名詞（人名）と冠詞

たとえば「一家（家族）」を表すのに，les Thibault「チボー家の人々（les + 単数の姓）」，あるいは les Goncourt「ゴンクール兄弟」というように定冠詞を用いることはよく知られていますが，以下のようなケースでも人名に冠詞（不定冠詞や部分冠詞）が添えられます．

例　あいつは21世紀のドン・ファンだ．
C'est un Don Juan du XXIe siècle.（= un homme comme Don Juan）
＊「（いわば）ドン・ファンみたいな人」という意味．

ゴッホの絵を買う
acheter un Van Gogh（= un tableau de Van Gogh）

モーツアルトを演奏する
jouer du Mozart（= de la musique de Mozart）
＊固有名詞に部分冠詞を付けて「～の作品（の一部）」を表現するときには，つねに du を用いる．固有名詞が女性でも男性形が使われる．

―― **発展・補注**　分量が多いことを示す部分冠詞

通常不可算名詞に付けて「いくらかの（若干量の）」を意味する部分冠詞ですが，「かなりの」「相当の」という意味（文法的には「誇張的用法」とも呼ばれる）で用いられる次のような例があります．

例　**Dans la rue, il y a du monde.**
通りは，すごい人出だ．
Tu as de la chance !
君はなんてついてるんだ！

＊du monde の部分冠詞は beaucoup de monde の意味で使われています．de la chance の例は，"若干量の"幸運をもつ"と解するのではなく「"かなりの"幸運」と考えます．

◇ 補遺 E ◇　総称・冠詞の省略

〔1〕総称を表す冠詞

総称（全体）générique「～というもの」を表す場合，数えられる名詞には定冠詞複数形を，数えられない名詞には定冠詞単数を用いるというのが通常です．④

Les voitures sont très pratiques.　車はとても便利なものだ．
レ ヴォテュール ソン トレ プラティック

Le vin rouge est bon pour la santé.　赤ワインは健康によい．
ル ヴァン ルージュ エ ボン プール ラ サンテ

しかし，下記の例文のように，もし他のものとの対比を意識したり，単語の抽象度が増せば，数えられる名詞でも定冠詞単数を用いますし（概念として考えられたとき），逆に，物質・抽象名詞であっても多様な種類が想定される場合には定冠詞複数が用いられるケースもあります（具体物ととらえる視点）．③　(☞ Q&A p.394)

La femme est un être énigmatique pour l'homme.
ラ ファム エタンネートゥル エニグマティック プール ロム
　　　　　　　　　　　　　　　　　男にとって女というものは謎の存在だ．

また，好き嫌いを表わすときに，形状を意識して，全体を食べるか部分を食べるかによって単複をわけて考える語もあります．③②

J'aime les tomates.　トマトが好きです．
ジェーム レ トマットゥ
　　　　　　　　　◆個数を食べるもの

J'adore le melon.　メロンが大好きです．
ジャドール ル ムロン
　　　　　　　　　◆全体の一部を食べるもの

＊ちなみに，ヨーグルト yaourt [ヤウール] は le yaourt, les yaourts 両方可．「米」riz [リ] など粒状の食べ物(豆は除く)では単数を使って総称を表します．

代表的に「～というものはどれ1つとっても（誰でも）」という意味になると，総称でも不定冠詞が使われる場合もあります．③②

名言名句・諺

36. L'amour, c'est Dieu.

補遺E　総称・冠詞の省略

質　問　人はみな死ぬ

総称を表す表現を英語では「人はみな死ぬ」という文でならった記憶がありますが，冠詞の発達したフランス語ではどうなりますか？

答　神が永遠であるのに対して「人は死を免れない」という意味で，英語では，*Man is mortal.*, *All men are mortal.* などと表現しますね（後者は，ちなみに Simone de Beauvoir の小説の英訳タイトルで使われています）．これをフランス語訳すれば，定冠詞と tout の表現を含めて，以下の4通りのパターンが考えられましょう．和訳で微妙な差異が伝わりましょうか．

(1) **L'homme est mortel.**　　人間というものは死ぬものだ．
　＊総称の定冠詞（→ ce qu'on appelle homme）．人を抽象的にとらえている．
(2) **Les hommes sont mortels.**　　人間はすべて死ぬものだ．
　＊同上だが，複数の方が「すべての人間，個々人の集まり」という具体性を帯びる．
(3) **Tout homme est mortel.**　　どんな人間でも死ぬものだ．　☞ p.196
(4) **Tous les hommes sont mortels.**　　あらゆる人間は死ぬものだ．　☞ p.379
　＊ボーヴォワールの小説のタイトルは (4) です．

なお，1人の人間でも，その人が他の人間と本質的に変わるわけではないので，un homme と不定冠詞を用いて総称を表すこと（あえて言えば，訳知り顔で「まあ，人間とはそういうものなのだが」と含みを持たせたいようなケース）も文法的には可能ですが，通常は上記の形になります．

（注）結果，定冠詞も不定冠詞（任意の個体で全体を代表させる）も「総称」として使える理屈なのですが，それは主語の場合です．主語以外のケースには注意がいります．たとえば，「フランスではシャンソンが好まれます」という文を En France, on aime les chansons [la chanson]. と表現するのはよいですが，これを une chanson として「総称」とする考え方は成立しません．ある1曲 une chanson でシャンソン全体を語り，シャンソンが好きとするのは無理があります．

☞ p.395

Un Français aime le vin. フランス人ならワインが好きです．
アン　フランセ　エーム　ル　ヴァン

＊不定冠詞 un のニュアンスが生きていて，「（もしその当該の1人物が）フランス人なら，（当然）他のフランス人と同じく」の含みを持った文章です．

cf. Les Français aiment le vin. ［レ　フランセ　エーム　ル　ヴァン］
　　 Le Français aime le vin. ［ル　フランセ　エーム　ル　ヴァン］

上記は「フランス人というもの（全員）」の意味で使われています．通例は複数が使われ，「フランス人なら皆」という含み．単数は他国の人と対比するような文脈で用いられます．

〔2〕冠詞を省略する例

(1) 国籍，身分，職業などを表す名詞が属詞（英語の補語に相当）として使われたケース．⑤ （☞ p.㊴）

Je suis français(e). 　　私はフランス人です．
ジュ　スュイ　フランセ(セーズ)

(2) 呼びかけ．⑤

Bonjour docteur. 　　（医者に対して）先生，こんにちは
ボンジュール　ドクトゥール

(3) 動詞とともに成句をつくる例．⑤

avoir ｛ **chaud** ［ショ］ 暑い
　　　　froid ［フロワ］ 寒い
　　　　faim ［ファン］ お腹がすいた
　　　　soif ［ソワフ］ 喉が渇いた
　　　　raison ［レゾン］ 正しい ｝

(4) 前置詞を先立てて，他の名詞の性質を限定する形容詞に近い働きをする場合，あるいは副詞句を構成する場合．④

une pièce d'or 金貨　　**avec plaisir** 喜んで
ユヌ　ピエス　ドール　　　　アヴェック　プレズィール

(5) 数量副詞＋**de**＋無冠詞名詞のケース．④③ （☞ p.㉑④）

Il y a peu de touristes cet été. この夏は観光客が少ない．
イリア　プー　ドゥ　トゥーリストゥ　セテテ

名言名句・諺

◆愛は神である．文豪・トルストイの言葉を仏訳したもの．尊いお言葉ではあるものの，たとえば L'amour est un égoïsme à deux. 「愛はふたりのエゴイズムである」（スタール夫人）の方が現実感があるのでは？

補遺E　総称・冠詞の省略

基礎チェック　否定では成り立たたなくなる対義語

chaud の反対語は froid ですが，では，否定文になったらどうでしょうか？単純に chaud ↔ froid と言えましょうか．たとえば，非人称構文 Il ne fait pas chaud. の文意は，Il fait froid.「寒い」の意味ではなく，Il fait frais.「（暑くない）＝涼しい」ということ．Il ne fait pas froid. は Il fait doux.「（寒くない）＝暖かい」ということになりますね．当たり前ですが，否定文は反意語に直結するわけではありません．

質問　辞書に載っていますが……

辞書を見ていたら，話し言葉として Il fait soif. で「喉が渇く，喉が渇いた」という文が載っているのですが，細かな説明がありません．J'ai soif. とどう違うのでしょうか？

答　avoir chaud と非人称の faire chaud，たとえば J'ai chaud. / Il fait chaud. の差異と同じことです．つまり，J'ai soif. は「"私は" 喉が渇いている」という意味ですね．周囲の人たちの渇きは不明です．でも，非人称の il を用いた Il fait soif. は，「（この状況なら皆）喉が渇く（渇いた）」状況を指します．たとえば，「今日はすごく暑いから，（皆だれでも）喉が渇く」Aujourd'hui il fait très chaud et il fait soif. といった展開です．実は…かつて，こう習ったことがありました，しかし「**こんな言い方はナイ！**」そうです．ごくごくくだけた表現とすれば絶対にダメ！とは言えないものの，こうした言いまわしは避けるべきだとフランス人の先生から言われました．
そう言われてみれば，Il fait de la neige. という不思議な非人称の構文が載った辞書を見て，フランス人が驚き，こんな言い方はしないと指摘したら，「いや，高名な先生の例文なので」という理由で削除できなかったと聞いたことがあります．本書はそうした姿勢を改めたいと思います．　☞ p.417

◇ 補遺 F ◇　第 1 群規則動詞の変則的活用

　◆22◆ で第 1 群規則動詞（-er 動詞）の直説法現在の活用形を確認しました．しかし，第 1 群規則動詞のなかには音声上の理由で口調を整えるために，p.102 に記した一覧とは違う語幹をとる動詞があります．

〔1〕直説法現在で nous の活用が変則的になる例　④

〈-cer：[ス] の音を保つ〉　　　　〈-ger：[ジュ] の音を保つ〉
nous -çons：-c- を -ç- に　　　**nous -geons**：-e- を挿入

例：**commencer** [コマンセ] 始める　　**manger** [マンジェ] 食べる

je commence	nous commen**ç**ons	je mange	nous man**ge**ons
ジュ コマンス	ヌ コマンソン	ジュ マンジュ	ヌ マンジョン
tu commences	vous commencez	tu manges	vous mangez
テュ コマンス	ヴ コマンセ	テュ マンジュ	ヴ マンジェ
il commence	ils commencent	il mange	ils mangent
イル コマンス	イル コマンス	イル マンジュ	イル マンジュ

　　Nous commençons tout de suite ce travail.
　　　ヌ　　コマンソン　　トゥトゥスュイットゥ　ス　トラヴァイユ
　　　　　　　　　　　　　私たちはその仕事をすぐに始めます．

　　Nous ne mangeons pas de poisson.
　　　ヌ　ヌ　マンジョン　　パ　ドゥ　ポワッソン
　　　　　　　　　　　私たちは魚は食べません．

　＊他に annoncer [アノンセ]「予告する」, placer [プラッセ]「置く」, prononcer [プロノンセ]「発音する」，あるいは nager [ナジェ]「泳ぐ」, changer [シャンジェ]「変える」, voyager [ヴォワイヤジェ]「旅行をする」等の動詞があります．なお，上記は巻末の動詞活用表 ⑧〜⑨（活用表の pp. 8–9）に該当する動詞です．活用表の右頁，右端にある「同型」の欄を参照ください．

名言名句・諺

37. L'amour est aveugle.

補遺F　第1群規則動詞の変則的活用

基礎チェック　発音とつづり字

nous commen[c]ons とつづると［kɔmɑ̃s-］の音を維持できません．そのために〈ç〉とします．また，nous man[g]ons では，語幹の［mɑ̃ʒ-］を維持できないので，gの後に〈e〉の文字を添え mangeons とするわけです．

発展・補注　commencer à + inf.

〈commencer à + inf.〉「〜しはじめる」は，「事前にわかっていた行為や自然の成り行きにしたがって」という前提で使われることが多い．

　例　**Il a commencé à pleuvoir.**　雨が降りだした．
　　＊ commencer de + inf. という形も使われます．

これに対して〈se mettre à + inf.〉は「唐突な展開，前後の脈絡から予想できなかった行為」を指して使われるケースが多いようです．総じて，こちらを用いるケースの方が多いように感じます

　例　**Tout à coup, elle s'est mise à pleurer.**　突然，彼女は泣きだした．

基礎チェック　「食べる」あれこれ

manger は言うまでもなく，「食う，食事をする」の意味でひろく用いられる語．prendre は「朝食・昼食・夕食・食事をとる」や「おやつをとる」（prendre un goûter）の意味で使われます．動詞の goûter は「味わう，試食する」の意味，bouffer はくだけた会話で「ぱくつく，食う」の意味で用いられます（名詞 la bouffe は「食べ物」のこと）．「がつがつ食べる」なら dévorer, manger à belles dents，逆に「ちびちび食べる，間食する」は grignoter という語が使われます．比喩的な「食べる」=「生活する，暮らす」なら vivre（例：On ne peut pas vivre avec ce salaire.「この給料では食べていけない」），「生計を立てる」は gagner sa vie です．
なお，prendre を用いなくとも使える次のような基本的動詞があります．petit-déjeuner「朝食をとる」，déjeuner「昼食をとる」，dîner「夕食をとる」，souper「夜食をとる」．

〔2〕直説法現在で **nous, vous** の語幹と **je, tu, il(s)** の語幹が異なる例 ④③ （巻末活用表の⑩〜⑮に該当する動詞）

(1) -e+子音字 (n, s, v...)+er：[エ] の音を保つために．
je, tu, il(s) で -è- と綴ります．

(2) -é+子音字+er：「閉じたエ」の音を「開いたエ」の音にするために．
je, tu, il(s) で -è- と綴ります．

(3) -eler, -eter の大半：l, t の子音字を重ねる．
je, tu, il(s) で -ll-, -tt- と綴ります．

　＊ただし，語尾が (3) と同じでも，geler [ジュレ]「凍る」，acheter [アシュテ]「買う」のように (1) の活用形をとる動詞があります（動詞活用表⑩）．

(4) -oyer, -uyer：[ワイ][ユイ] の音を [イ] とするために．
je, tu, il(s) で -y- を -i- と綴ります．

(5) -ayer：2つの動詞活用を持つ．
je, tu, il(s) で -y- をそのままにする活用形と，-i- と綴りを変える2つの活用形を持ちます．

(1) **mener** [ムネ] 導く

je m**è**ne　　　nous menons
ジュ　メーヌ　　　　ヌ　　ムノン

tu m**è**nes　　vous menez
テュ　メーヌ　　　　ヴ　　ムネ

il m**è**ne　　ils m**è**nent
イル　メーヌ　　イル　　メーヌ

(2) **espérer** [エスペレ] 期待する

j'esp**è**re　　nous espérons
ジェスペール　　　　ヌゼペロン

tu esp**è**res　vous espérez
テュ　エスペール　　　ヴゼペレ

il esp**è**re　　ils esp**è**rent
イレスペール　　イルゼスペール

(3) **jeter** [ジュテ] 捨てる

je je**tt**e　　nous jetons
ジュ　ジェットゥ　　ヌ　　ジュトン

tu je**tt**es　　vous jetez
テュ　ジェットゥ　　　ヴ　　ジュテ

il je**tt**e　　ils je**tt**ent
イル　ジェットゥ　　イル　ジェットゥ

(4) **employer** [アンプロワイエ] 雇う

j'emplo**i**e　　nous employons
ジャンプロワ　　　　ヌザンプロワィヨン

tu emplo**i**es　vous employez
テュ　アンプロワ　　　ヴザンプロワィエ

il emplo**i**e　　ils emplo**i**ent
イランプロワ　　　イルザンプロワ

(5) **payer** [ペィエ] 払う：je paye, tu payes... とする活用形と (4) と同じく je paie, tu paies... の活用とがあります．

名言名句・諺

♠**恋は盲目．**「あばたもえくぼ」となる思慮分別の霧散が恋，「恋はくせもの」「恋は思案のほか」もまた色恋の至言なり．なお，『フィガロの結婚』には L'amour n'est que le roman du cœur.「恋は心の物語にすぎない」とある．

補遺 F　第 1 群規則動詞の変則的活用

――― **発展・補注**　活用のルールが面倒な動詞・dépecer

-ecer のつづりで終わる動詞は，"-cer（例：commencer）"と"-é + 子音字 + er（例：mener）"の活用の特性をふたつ兼ね備えた動詞．たとえば dépecer「（土地などを）分割する；（食用の家畜を）解体する」がその例（☞ 動詞活用表 8 と 10）．直説法現在の活用は下記のようになり，アクサンやセディーユが使われて，なんとも忙しい感じですね．もちろん頻度はとても低い動詞で，巻末の動詞活用表にもない語なのですが…….

je	dépèce	nous	dépeçons
tu	dépèces	vous	dépecez
il	dépèce	ils	dépècent

cent quarante-neuf

◇ 補遺 G ◇　文の要素と文型

　文章を構成する諸要素は，動詞に対してどのように機能するかによって次のように分類されます．

〔1〕文の要素　phrase ④
(1) **主語** sujet：動詞の表す行為の主体のことで，名詞・代名詞または名詞相当語がその役割をはたします．日本語では通例，「～は，～が」と訳される語です．
(2) **動詞** verbe：文章（あるいは節）の動作・状態・変化を表す語です．
(3) **直接目的補語** complément d'objet direct：他動詞に前置詞なしで直接意味を与える語（主に，人や物）のことで，日本語では通常，「～を」と訳されます．なお，簡略に直接補語（あるいは直接目的語）と表記しているテキストもあります．
(4) **間接目的補語** complément d'objet indirect：他動詞に，主に前置詞 à（あるいは de）を介して間接的に意味を与える語のこと．日本語では通常「～に」と訳されます．簡略に間接補語（間接目的語）と表記しているテキストもあります．
(5) **属詞** attribut：主語または直接目的補語の属性を表す語（その性質や特性，職業や身分などを説明する語）です．属詞の役目をはたすものには，名詞・代名詞・形容詞・不定法などがあります．
(6) **状況補語** complément circonstanciel：さまざまな付帯状況を表す語のこと．主に副詞，前置詞句など．具体的には，場所・時間・手段・原因・目的などを表します．なお，以下の文型には関係のない，修飾語とみなされます．

〔2〕文型　type de phrase ④③
　フランス語は上記 (1)〜(5) の文の構成要素（さまざまな修飾語＝文の枝葉を省いた形）から，右の 6 つの基本文型に分類して考えることができます．

名言名句・諺

38. Souvent femme varie.

補遺G　文の要素と文型

質問　状況補語を複数重ねるときの順番

たとえば、「今日の午後（cet après-midi）2時ごろ（vers deux heures）成田に（à Narita）着きます」ならどんな順でしょうか？

答
文頭に cet après-midi を持ってきて、
Cet après-midi , on arrivera　à Narita　vers deux heures .
とするか、3つを並べるなら広義から狭義へという順にそって、
On arrivera　à Narita　cet après-midi　vers deux heures .
と並べるのが通常です．ほかに、語数の少ない順にならべる、形が単純なものから複雑な方へ並べるといったルールもあります．

発展・補注　文型と動詞

2文型 を構成する être のような動詞を「繋合（けいごう）動詞」「連結動詞」あるいは copule（連結詞）と呼びます．この文型をつくる動詞の例．
devenir「～になる」　　　　sembler「～のように思われる」
rester 「～のままである」　tomber「（不意に）～になる」

4文型 をつくる動詞の例．
(1) à をとる動詞．
atteindre, obéir, participer, penser, ressembler, répondre, réussir
(2) de をとる動詞．
changer, décider, discuter, juger, profiter, rêver, souffrir
(3) その他の前置詞 をとる動詞．
commencer par, compter sur, correspondre avec, finir par, insister sur

5文型 をつくる動詞の例．授与・伝達・奪取など．
prêter A à B　　「A を B に貸す」　　　emprunter A à B　　「A を B から借りる」
sortir A de B　　「B から A を取りだす」　informer A de B　　「A を B に知らせる」
traduire A en B　「A を B に訳す」　　　échanger A contre B「A を B と交換する」

6文型 をつくる動詞の例．
(1) 判断・評価　　croire, penser, trouver
(2) 発言・任命（命名）　appeler, dire, nommer
(3) 使役・放任　　faire, laisser, rendre

1 文型　S+V

Le soleil brille.　　　　太陽は輝く．
ル　ソレィユ　ブリーユ

＊この動詞は完全自動詞と呼ばれます．英語の第1文型と同じ文型です．

2 文型　S+V+A

Je suis heureux(se).　　私は幸せです．
ジュ　スュイ　ウルー（ルーズ）

＊不完全自動詞（属詞を必要とする動詞のこと）．je＝heureux(se)（主語＝属詞の関係）が成り立ちます．英語で SVC（補語）と考える文型に相当します．

3 文型　S+V+COD

J'aime le jazz.　　　　私はジャズが好きです．
ジェーム　ル　ジャズ

＊統計的に世界の主要な63言語のうち，SVO の文型をとる言語は32％，日本語と同じく SOV となる言語は48％あります．

4 文型　S+V+COI

Il obéit à ses parents.　彼は両親に従う（親のいいつけを守る）．
イロベィ　ア　セ　パラン

＊間接他動詞（自動詞と分類している辞書もある）と呼ばれます．

5 文型　S+V+COD+COI

Je donne une rose à Marie.　私はマリーにバラをあげる．
ジュ　ドンヌ　ユヌ　ローズ　ア　マリー

＊英語では間接目的語の考え方がフランス語と違うために，上記のパターンは3文型とみなされます．

6 文型　S+V+COD+A

Je trouve cette fille très jolie.
ジュ　トゥルーヴ　セットゥ　フィーユ　トレ　ジョリ

　　　　　　　　　私はあの少女をとてもかわいいと思う．

＊cette fille＝jolie（直接目的補語＝属詞）の関係が成り立つ文型．

名言名句・諺

♣**女心と秋の空**．「女性はしばしは心変わりする」が直訳．16世紀のフランソワ1世が残したとされるこの諺は，bien fol est, qui s'y fie.「そんな女を信じる者は愚かなり」という続きがあったようだ．

補遺G　文の要素と文型

発展・補注　助詞の混同

3文型をとる完全他動詞には「人を」「物を」と助詞を添えるのが通例ですが，「に」となるケースがあります．また，英語の授与動詞の構文（4文型）に相当するフランス語の5文型で使われる動詞は，「物を"人に"〜する」と通常は訳されますが，一部「物を"人から"〜する」と訳すケースがあるために混乱しかねません．以下，まとめてみました．

3文型　「人に」の訳になるため注意を要する他動詞の例．
accompagner qn　〜に付き添う，〜と一緒に行く
prier + 神（聖人）〜に祈る／prier qn de + inf.　〜に...するよう頼む
remercier qn　〜に礼を言う
saluer qn　〜に挨拶をする

5文型　「〜から...する」の訳で，間接目的補語が「剝離」と称される例．
acheter A à〔pour〕B　　BからA［BにA］を買う
emprunter A à B　　BからAを借りる
enlever A à B　　BからAを奪う，取りあげる
voler A à B　　BからAを盗む

基礎チェック　第5文型についての注意

英語の4文型，あるいは3文型とフランス語の5文型とを混乱する人がいるので注意！

例　私はポールにバラの花をあげる．

	英語	仏語
	I give Paul a rose.	（×）Je donne Paul une rose.
	I give a rose to Paul.	Je donne une rose à Paul.

英語では「人（に）+ 物（を）」と並べても「物（を）+ 前置詞（に）+ 人」と並べてもいずれも成立しますが，フランス語で前者の語順は成立しません．なお，例文のPaul, a rose を代名詞に置き換えた場合，英仏を対照すると下記のような関係（なお，英語では稀にしか使われない形も説明上，載せています）．

Paul を代名詞に
I give him a rose.
I give a rose to him.
　⟹　**Je lui donne une rose.**

a rose, une rose を代名詞に
（×）*I give Paul it.*
I give it to Paul.
　⟹　**Je la donne à Paul.**

両方を代名詞に
（稀）*I give him it.*
I give it to him.
　⟹　**Je la lui donne.**

＊フランス語は une rose の箇所を中性代名詞で受ける次の形もあるので注意したい．
Je lui en donne une.

◇ 補遺 H ◇　直説法現在の射程

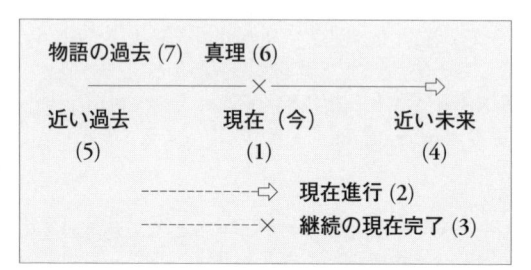

　直説法 mode indicatif（☞ p.246）の現在は，かならずしも現実の時間＝現在を表現するとは限りません．以下の (1) 〜 (7) といった過去から未来までも包含した時制です．

```
    物語の過去 (7)　真理 (6)
    ─────────×─────────⇒
    近い過去        現在（今）      近い未来
      (5)            (1)            (4)
    ------------⇒ 現在進行 (2)
    ------------× 継続の現在完了 (3)
```

(1) 現実の時間に則したそのままの表現ですので特別な説明は不要だと思われます．⑤

　Maintenant, il travaille à Paris.
　マントゥナン　　イル　トラヴァイユ　ア　　パリ
　　　　　　　　　　　　　　　　いま，彼はパリで働いています．

(2) 英語の〈 *be* 動詞（*is, am, are*）＋ *-ing* 〉，＝現在進行形「〜している」という時制も，フランス語は直説法現在を用います．⑤

　Il joue du piano.　　　　彼はピアノを弾いています．
　イル　ジュ　デュ　ピアノ

　＊現在進行形の訳がつけられるのは，ある一定時間行為が継続する動詞です．上記の例を (1) と考えれば「ピアノを弾く」という訳も可能です．なお，継続中の動作であることを明示するには〈être en train de ＋不定法〉を用います．

(3) 英語の現在完了の継続「（ずっと）〜している」（過去にはじまり現在も続いている事柄）を現在形で表します．④③

　J'habite à Kyoto depuis dix ans.
　ジャビットゥ　ア　　　　デュピュイ　ディザン
　　　　　　　　　　　　　　10 年前から京都に住んでいます．

名言名句・諺

39. C'est l'œuf de Colomb.

補遺H　直説法現在の射程

――**発展・補注**　être en train de + inf.

〈être en train de + inf.〉「～している最中である」は，継続中の動作を明示する熟語で，こんな例文で使われます．

　例　ジャンは部屋で読書中です．
　　　Jean est en train de lire dans sa chambre.
　　　= être actuellement occupé(e) à + inf.

＊ train「列車：連なっているもの」のイメージから「事柄の進行状態」「事がはじまっている状態」を指すイディオムです．

ただし，口語での頻度はそれほど高くはないようです．少々，重苦しい言いまわしと感じられるためで，たとえば，Il est en train de s'habiller.「彼は着替え中だ」とするより，簡便に Il s'habille.「服を着ているところです」と表現することの方が多い．なお，このイディオムを知らないと「車内で服を着ている」という訳をつけて「おや？」となりかねません．このミス，意外に多いです！

cent cinquante-cinq　155

＊左記の例文を英語では *I have lived in Kyoto for ten years.* と現在完了で書きます．

(4) 近い未来を表すにはすでに p.128 で見た〈**aller**＋**不定法**〉を使うこともできますが，直説法現在でも表現することが可能です．また，確定的な未来を表わす場合も現在形が使えます．④③

Elle part demain matin. 彼女は明日の朝出発します．
エル　パール　ドゥマン　マタン

(5) 近い過去も直説法現在で表すことがあります（近接過去は p.128 で見た〈**venir de**＋**不定法**〉の形も使うことができます）．③

Elle sort à l'instant. 彼女はたった今出ていった．
エル　ソール　ア　ランスタン

＊sortir, partir「出発する」, arriver「到着する」など移動を表わす自動詞にこの用法が使われます．

また，上記の他に (6) 普遍的な事実（真理や諺，格言など）を表す場合（超時的現在 présent absolu と呼ばれる）⑤，あるいは (7) 過去の事柄（歴史的事象・物語など）を記述する際に，描写に生彩を与え，読み手を引きつけるための時制（歴史的現在 présent historique, あるいは説話的現在 présent narratif, présent de narration などと呼ばれる）② としても使われます．

(6) **La terre tourne.** 地球はまわる．
　　ラ　テール　トゥルヌ

Le temps, c'est de l'argent. 時は金なり．
ル　タン　セ　ドゥ　ラルジャン

(7) 単純過去（☞ p.㉟₀）に代わって用いられる現在形と言い換えることができます．

Le roi quitte la France et entre en Italie.
ル　ロワ　キットゥ　ラ　フランス　エ　アントル　アンニタリィ
　　　　　　　　　　　　　　王はフランスを離れ，イタリアへ入った．

名言名句・諺

♥**それはコロンブスの卵だ．** 彼の偉業に難癖をつけた人の前で実際にやってのけたとされるパフォーマンスから．「最初に思いつくことが肝心」というわけ．類似のひと言に C'est la pomme de Newton.「ニュートンのリンゴだ」がある．

補遺H　直説法現在の射程

―― **発展・補注**　〈A, c'est B〉のパターン

「時は金なり」のように，文頭に単語を遊離し，それを c'est で受けるパターンは諺や名言でいろいろと見かけます．☞ p.389

☐ **L'Enfer, c'est les Autres.**

　地獄，それは「他人」のことだ．

　＊「人とのつきあいがうまく運ばないとそれは地獄のようなものだ」という含意．J.-P.Sartre の『出口なし』（第5景）のセリフから．☞ p.94

☐ **Savoir, c'est pouvoir.**

　知識は力なり．

　＊ F.Bacon の **Ipsa scientia potestas est**（英訳 *Knowledge is power.*）のフランス語訳．

☐ **Voir, c'est croire.**

　百聞は一見にしかず．

　＊英語の *Seeing is believing.* あるいは *To see is to believe.* に相当．☞ p.338

☐ **Vouloir, c'est pouvoir.**

　成せばなる（精神一到何事かならざらん）．

　＊「望むことはできることである」が直訳．

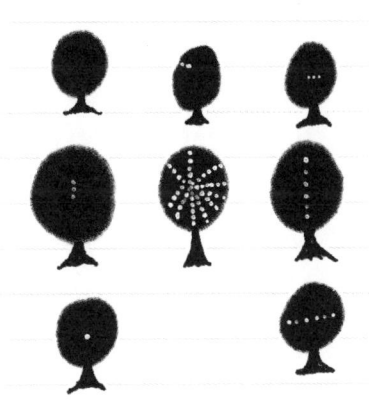

◆ 31 ◆ 疑問副詞

英語の５Ｗ１Ｈに相当する語，つまり疑問詞をフランス語では「疑問副詞」「疑問形容詞」「疑問代名詞」と称します．質問することで相手から得たい情報が副詞で表される語，形容詞で表される語，そして名詞で表される場合をそれぞれ上記のように呼ぶためです．まず，疑問副詞から見ていきます．

〔1〕**疑問副詞** adverbe interrogatif 5 4

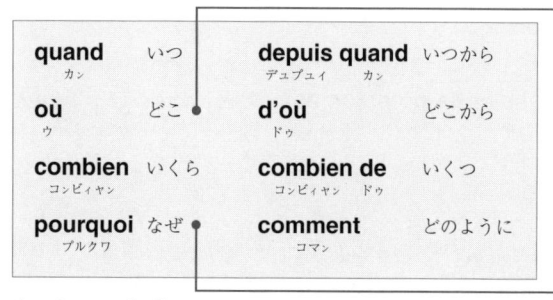

quand カン	いつ	depuis quand デュプュイ カン	いつから
où ウ	どこ	d'où ドゥ	どこから
combien コンビィヤン	いくら	combien de コンビィヤン ドゥ	いくつ
pourquoi プルクワ	なぜ	comment コマン	どのように

＊depuis quand, d'où は前置詞＋疑問副詞の形．いくつと数をたずねるときには，〈**combien de**＋名詞（主に複数）〉の形を用います．なお，疑問副詞は日常会話で単独で（1 語だけで）使われることがあります．

〔2〕**用例** 5 4

疑問副詞は文頭に置かれ，主語と動詞を倒置した形で用いられます．5

Quand partez-vous ? いつ出発しますか？
カン パルテ ヴ

＊ただし，日常語では，以下のように表現するケースが大半です．
 Quand est-ce que vous partez ? [カンテスク ヴ パルテ]
 Vous partez quand ? [ヴ パルテ カン]

名言名句・諺

40. Les cimetières sont pleins de gens irremplaçable s.

31 疑問副詞

基礎チェック どちらにお住まいですか？

フランス人に質問するときに，疑問詞を用いて説明を求める問いかけよりも，Oui, Non で簡便に応じられる問い方のほうが好まれるようです．たとえば，Où habitez-vous ? と問うよりは，パリの街中なら Vous habitez à Paris ? とするほうがよいでしょう．ただし，あらゆる行動に Pourquoi ? と問いかけられたがり，それを「待ってました！」とばかりに Parce que ... と応じたがるのは大半のフランス人の伝統の血であるように感じますが…….

基礎チェック 疑問副詞＋S＋V？

通常，教科書などには書かれていませんが，日常会話では疑問詞を前に出しながらも，後の主語と動詞を倒置しない形もしばしば耳にします．

例 **Quand vous partez ?**
　　　　　　S　　　V　　→このママで倒置しない！

ただし，一番頻度が高いのは左ページにある Vous partez quand ? の形でしょう．tutoyer なら，「君，どこへ行くの？」Tu vas où ? と Où tu vas ? の使用頻度は拮抗していると思います．

発展・補注 pourquoi の疑問文の制約

pourquoi は主語が名詞のときに単純倒置の形を用いません．

例 どうして赤ちゃんは泣いているの？
　Pourquoi le bébé pleure-t-il ?
= **Pourquoi est-ce que le bébé pleure ?**

この2つは可能でも，（×）Pourquoi pleure le bébé ? の形は許容されません．

quand est-ce que は [カンテスク] とリエゾンされます．また，疑問詞を最後に置く疑問文は会話で頻繁に使われる形です．

なお，この例文に登場する動詞 partir [パルティール]「出発する」は不規則動詞で直説法現在の活用は下記の通りです（巻末動詞活用表⑱）．

je pars   [ジュ パール]   nous partons [ヌ パルトン]
tu pars   [テュ パール]   vous partez [ヴ パルテ]
il part   [イル パール]   ils partent [イル パルトゥ]

Depuis quand êtes-vous à Paris?
デュピュイ カン エットゥ ヴ ア パリ

いつからパリにいるのですか？

Où avez-vous mal?
ウ アヴェ ヴ マル

どこが痛みますか？

* **avoir mal à+定冠詞+身体部**

の形で「〜が痛い」の意味になる成句を作ります．上記の質問に対して，たとえば，「頭(胃／歯)が痛い」なら，J'ai mal à la tête (à l'estomac / aux dents). [ジェ マラ ラ テットゥ (ラ レストマ／オ ダン)] という答えになります．

D'où venez-vous?
ドゥ ヴネ ヴ

どちらのご出身ですか？
（どちらからおいでですか？）

Combien coûte ce livre?
コンビィヤン クートゥ ス リーヴル

この本はいくらですか？

Combien de frères avez-vous?
コンビィヤン ドゥ フレール アヴェ ヴ

ご兄弟は何人ですか？

Pourquoi pleure-t-elle?
プルクワ プルルテル

なぜ彼女は泣いているのですか？

Comment faire?
コマン フェール

どうしたらよいのだろう？

*〈Comment faire?〉の不定法〈faire〉は疑問詞とともに活用せずに用いられた「不定法の動詞的用法」です．③（☞ p. 242）

名言名句・諺

◆墓地はかけがえのない人たちでいっぱいだ．フランスの政治家，クレマンソーの言葉．第一次対戦中に首相を務め，フランスの危機を救った人物．言うまでもない，戦争は取り返しのつかない悲劇を生む．

31　疑問副詞

はみだし　"いくら？"という問い

値段を打診する「いくら？」という問いかけに対して，「○円です」という会話は基本中の基本，そう思われるかもしれません．ところが，実際の会話はかならずしもそう単純には運ばないようです．日本の場合ですが，筑波大学（大内茂雄氏）の実地調査によると，「これはいくらですか？」という問いに，そのままダイレクトに値段を答えるケースが実際にはそう多くなく，「これは安いよ」とか「オマケしますよ」などと金銭を直に口にしないパターンが多いのだそうです．さて，フランス語を母語とする国はいかに？

基礎チェック　心臓が痛い?!

avoir mal au cœur を「心臓が痛い（悪い）」とは訳しません．avoir mal au cœur で「（胸が）むかむかする，吐き気がする」（= avoir des nausées）の意味で，J'ai mal au cœur en voiture. なら「私は車酔いする」という意味になります．ご注意ください．

質　問　定冠詞を用いる理由

どうして avoir mal à <u>ma</u> tête でなく，<u>la</u> tête なのでしょうか？

答　所有形容詞は名詞の所有者を示す目的で用いられます．言い換えれば所有者がはっきりしていれば必要ない語というわけです．所有者と身体の関係（つながり）が明白ならば所有形容詞ではなく定冠詞が使われます．よって，「痛い身体」は主語である人物とイコールの部位ですから，〈avoir mal à + 定冠詞 + 身体〉となります．「口を閉じる」fermer la bouche，「肩をそびやかす」hausser les épaules，「あお向けにたおれる」tomber sur le dos など身体にからむ表現の多くが定冠詞になるのはそのためです．

◆ 32 ◆ 疑問形容詞

〔1〕疑問形容詞 adjectif interrogatif

疑問形容詞とは，たとえば，英語の *What time is it?* に使われる *what* に相当する単語で，形容詞「何の，どんな」として働くケースと代名詞「何」として働くケースとがあります．名詞の性・数に応じて下記の4つの形をとりますが，リエゾンが生じるケースを除いて，単独の読みは**すべて同じ** [kɛl ケル] となります．

男性単数	女性単数	男性複数	女性複数
quel	quelle	quels	quelles

＊複数形は母音（または無音の h）の前でリエゾンします．

〔2〕用例

(1) 形容詞として働く場合には下記のパターンをとります．

> Quel(le)(s)＋名詞＋動詞＋主語？

Quel âge avez-vous ?　　　あなたは何歳ですか？
ケラージュ　アヴェ　ヴ

Quelle musique aimez-vous ?　どんな音楽が好きですか？
ケル　ミュズィック　エメ　ヴ

＊âge「年齢」は男性名詞（単数），musique「音楽」は女性名詞（単数）ですので，それぞれ疑問形容詞の綴り字が quel, quelle となる理屈です．

Nous sommes quel jour ?　　何曜日ですか？
ヌ　ソム　ケル　ジュール

＊上記のように疑問形容詞を文尾に置く疑問文は会話で用います．なお，曜日・日付を表現するときには，Nous sommes（あるいは On est [オンネ]〔on については（☞ p. 194）〕）を使います．

名言名句・諺

41. Mais où sont les neiges d'antan ?

32 疑問形容詞

基礎チェック "Quel(le)(s)＋名詞" が主語になるケース

厳密には左記のパターンとちょっとはずれた形もあります．たとえば「どのチームが勝ちましたか？」と聞くときには，Quelle équipe a gagné ? となり，"Quelle équipe（主語）＋ a gagné（動詞）？" という語順ですから．

左記の文は jour「日」の意味であることから，日付をたずねる文と錯覚しがちです．ちなみに，日付をたずねる場合には
　　Quelle date sommes-nous ? [ケル ダットゥ ソム ヌ]
　　Le combien sommes-nous ? [ル コンビィヤン ソム ヌ]
といった言いまわしを用います．(☞ p. 176)

(2) 代名詞として働く場合には下記のパターンになります．

> **Quel(le)(s)＋動詞 (être)＋主語 ?** [4]

Quel est ton poids ? 　　　体重はどの位なの？
[ケル　トン　ポワ]

Quelle est votre adresse ? 　　住所はどちらですか？
[ケル　ヴォートゥル　アドレス]

＊主語 poids「体重」は男性名詞（単数），adresse「住所」は女性名詞（単数）ですので，上記の例文はそれぞれ quel, quelle と主語の性・数に一致した形になります．

(3) 感嘆文にも使われます．[4][3]

Quelles belles fleurs ! 　　　なんて美しい花でしょう！
[ケル　ベル　フルール]

＊英語の *What beautiful flowers (they are)!* に相当する感嘆文です．fleurs が女性名詞（複数）ですので，疑問形容詞が quelles となります．なお，形容詞 belle については p. 92 で確認してください．

Quel monde il y a ! 　　　なんてすごい人出だ！
[ケル　モーンドゥ　イリア]

＊通常，感嘆文では主語と動詞を明示しない形が多いのですが，上記のように S＋V と続くケースもあります．

名言名句・諺

♠されど，去年（こぞ）の雪今はいずこ．中世の詩人ヴィヨンの『遺言詩集』から．過ぎし昔を懐かしむ問いとして知られる．ただしもとの詩では，「去年の雪」とは「消え去った女たち」を指し示すシンボル．

32 疑問形容詞

基礎チェック サイズをたずねる

・ 体重 はどのくらいですか？
- **Quel est votre poids ?** = **Combien pesez-vous ?**
- **Je pèse 65 kilos.** 65キロです．

・ 身長 はどのくらいですか？
- **Quelle est votre taille ?** = **Combien mesurez-vous ?**
- **Je mesure 1m 70**（**un mètre soixante-dix**） 1メートル70です． ☞ p.135

  ＊1mを超えるときには，メートルとセンチメートルを用いて単位を示します．170cmのようにセンチメートルの単位だけでは表現しません．なお，taille は「服のサイズ（大きさ）」の意味でも使われるので，Quelle est votre taille ?（= Quelle taille faites-vous ?）で「あなたの服のサイズは」という疑問文にもなります．Cette jupe n'est pas à ma taille. なら「このスカートはサイズが合わない」の意味．

・ 靴のサイズ は？
- **Quelle est votre pointure ?** = **Quelle pointure chaussez**（**faites**）**-vous ?** = **Vous chaussez du combien ?**
- **Je chausse**（**fais**）**du 41.** 41（約25.5cm）です（→サイズ**41**の靴を履いている）．

  ＊ pointure は帽子や手袋のサイズも指す語です．

質問 文学とは何か？

「文学とは何か？」という文を左記のパターンにはめて，疑問形容詞で仏訳できませんか？

答 質問は（×）Quelle est la littérature ? は可能かという問いかけでしょうが，この形はダメです．Qu'est-ce que la littérature ?（ちなみに J.-P.Sartre のエッセイのタイトルとして知られている）を用います．そのわけは，主語が「文学」という抽象的な観念を指し示す語句で具体的でないからです．もし「文学の役割とは何か？」とするなら，Quelle est la fonction de la littérature ?（= Qu'est-ce que c'est, la fonction de la littérature ?）と表現できます．抽象的な名詞であっても限定され，具体性を帯びるためです． ☞ p.185

◆ 33 ◆ 数詞 ①

〔1〕基数 1〜20 nombres cardinaux [5]

　フランス語の数は，日本語や英語などに比べてかなり複雑な数え方をします．中世のノルマン侵略の影響で，いわば 20 進法的な考え方が現在も残っているためです（古代ローマ時代の記数法の残存も加わっています）．まず，1〜20 までの基数を見ていきます．

1	un [アン] une [ユヌ]	11	onze	[オーンズ]
2	deux [ドゥ]	12	douze	[ドゥーズ]
3	trois [トロワ]	13	treize	[トレーズ]
4	quatre [キャトゥル]	14	quatorze	[キャトーズ]
5	cinq [サンク]	15	quinze	[カーンズ]
6	six [スィス]	16	seize	[セーズ]
7	sept [セットゥ]	17	dix-sept	[ディセットゥ]
8	huit [ユイットゥ]	18	dix-huit	[ディズユイットゥ]
9	neuf [ヌフ]	19	dix-neuf	[ディズヌフ]
10	dix [ディス]	20	vingt	[ヴァン]

＊1 は不定冠詞と同じく，男性名詞を数えるときに un が，女性名詞を数えるときに une が使われます．
＊＊母音ではじまる名詞の前に置かれるとリエゾンがおこなわれます．
　　例：six‿hommes [スィゾム] 6人の男　neuf‿ans [ヌヴァン] 9歳
＊＊＊単独で数詞を発音すると 5〜10 までの数字は語末の子音を読みます．ただし，子音ではじまる名詞の前に置かれたとき，6, 8, 10 は語末の子音字を発音しません．ただし，100 [サン] との混同を避ける意図から 5 は読むことがあります．（☞ Q & A p. 388）
　　例：six personnes [スィ ペルソンヌ] 6人　cinq francs [サン(ク) フラン] 5フラン

〔2〕基数 21〜69 [4]

　21 以降は足し算の発想で展開していきます．ただし，21, 31, 41, 51, 61 のときだけ〈et un〉[エ アン]（+1）となります．他は単純に基数を並べていくだけです（書くときには間にトレ・デュニオンを書き添えます）．

名言名句・諺

42. Tu n'as *rien* vu à Hiroshima. Rien.

33 数詞 ①

発展・補注　その数字，ちょっと待った！　No.1

2 deux は「2, 3の（= deux ou trois）」「少しの」の意味でも使われます．あるいは à deux pas で「（2歩で→）すぐ近く」の意味．

　例　**Attendez deux minutes !**　ちょっと待ってください．
　　　　La banque est à deux pas d'ici.　銀行はこのすぐ近くです．

3 trois は「わずかな」「いくつかの」というニュアンスも持ちます．

　例　**Je reviens dans trois minutes.**　私はすぐに戻ります．

4 quatre は la semaine des quatre jeudis「木曜が4回ある週に」から「（そういうことは）けっして〜ない」という会話表現ができました．

5 cinq を「ちくしょう！　くそっ！」Merde !という「汚い言葉」の代用として，婉曲表現に cinq lettres と置き換えることがあります．

8 huit を用いた「1週間」huit jours（= une semaine），「1週間おいた（1週間後）」en huit という決まり文句がある．

9 neuf は「9歳」neuf ans と「9時」neuf heures のときだけ [nœv] の音になる．

基礎チェック　ローマ数字

書籍の刊行年や時計の文字盤などに今でも使われています．

I	II	III	IV	V	VI	VII	VIII	IX	X	L	C	D	M
1	2	3	4	5	6	7	8	9	10	50	100	500	1000

　＊ V − I = 4　　　　　　＊ X − I = 9

　例　le XXIe siècle　21世紀　　　　　MCMXCIX　1999（年）
　　　　　　　　　　　　　　　　　　　　　　↓　　↓
　　　　　　　　　　　　　　　　　　　　　1000　90
　　　　　　　　　　　　　　　　　　　　　　↓　　↓
　　　　　　　　　　　　　　　　　　　　　900　　9

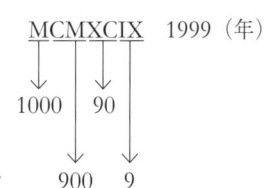

21	vingt et un(une)	[ヴァンテーアン(ユヌ)]
22	vingt-deux	[ヴァントゥドゥ]
23	vingt-trois	[ヴァントットロワ]
30	trente	[トラントゥ]
31	trente et un(une)	[トランテーアン(ユヌ)]
40	quarante	[キャラントゥ]
41	quarante et un(une)	[キャランテーアン(ユヌ)]
50	cinquante	[サンカントゥ]
51	cinquante et un(une)	[サンカンテアン(ユヌ)]
60	soixante	[ソワサントゥ]
61	soixante et un(une)	[ソワサンテーアン(ユヌ)]
65	soixante-cinq	[ソワサントゥサンク]
69	soixante-neuf	[ソワサントゥヌフ]

〔3〕**基数 70～100** ④

ところが，この先の数字は不思議な展開をしていきます．$70=60+10$，$71=60+11$ … $80=4\times20$，$81=4\times20+1$ … $99=4\times20+19$（$10+9$）という形になるのです．

70	soixante-dix	[ソワサントゥディス]
71	soixante et onze	[ソワサンテーオーンズ]
72	soixante-douze	[ソワサントゥドゥーズ]
80	quatre-vingts	[キャトゥルヴァン]
81	quatre-vingt-un(une)	[キャトゥルヴァンアン(ユヌ)]
90	quatre-vingt-dix	[キャトゥルヴァンディス]
91	quatre-vingt-onze	[キャトゥルヴァンオーンズ]
99	quatre-vingt-dix-neuf	[キャトゥルヴァンディズヌフ]
100	cent	[サン]

＊**80** は **quatre-vingts** と語末に〈s〉を書きますが，81～99 は〈s〉を書き添えません．

名言名句・諺

♣きみはヒロシマで"何も"見なかった．何ひとつ．デュラスのシナリオ『ヒロシマ，私の恋人』（日本での公開名『24時間の情事』）の冒頭から．広島のあの日から，私たちは，日々……遠ざかりつつある．

33 数詞 ①

基礎チェック 21の女性形

21 vingt et un の女性形は vingt et une となります（31, 41, 51, 61, 81 も同じ）。

　例　21台の車　**vingt et une voitures**

ただし，名詞の後に添えられた数字であれば男性形です。

　例　本の21頁を開けて！　**Ouvrez votre livre à la page 21（vingt et un）!**

発展・補注　その数字，ちょっと待った！ No.2

22 vingt-deux はその数字そのもの，つまり Vingt-deux！ だけで「危ない，気をつけろ」の意味になります。

　例　**Vinqt-deux, voilà les flics !**
　　　やばい，サツだ！

36 trente-six は「たくさん」（= beaucoup de）を意味することがあります。

　例　**Elle a trente-six raisons de le détester.**
　　　彼女が彼を嫌う理由はたくさんある．

また，「（殴られて）目から火花が出る」の意味で，voir trente-six chandelles という表現も使われます．ところが，tous les 36 du mois だと「ほとんど〜ない（←36日ある月）」という逆の意味にもなります．

　例　**On (ne) le voit que tous les trente-six du mois.**
　　　彼に会うことはめったにありません．

100 cent も「たくさん」の意味で用いられることがある．

　例　**Il y a cent possibilités.**　たくさん可能性がある．
　　　Merci mille fois.　本当にありがとう．
　　　Cent fois non !　絶対いやだ．

107 cent sept も次の表現で「たくさん」を意味する数字になる．cent sept ans「とても長い間」．それにしても，なんでだ？

◆ 34 ◆ 数詞 ②

〔1〕基数 101〜10.000.000

101 以降の数字は下記のように展開します（なお，カナ発音は初出の単語だけに付しました）．

101	cent un
102	cent deux
199	cent quatre-vingt-dix-neuf
200	deux cents
201	deux cent un
300	trois cents
500	cinq cents
900	neuf cents
999	neuf cent quatre-vingt-dix-neuf
1.000	mille [ミル]
1.001	mille un
1.100	mille cent
2.000	deux mille
10.000	dix mille
20.000	vingt mille
100.000	cent mille
1.000.000	un million [アン ミリヨン]
10.000.000	dix millions

＊cent, million では deux cents, dix millions といった具合に複数の〈s〉を書きますが，「201」deux cent un のように端数がつく数詞の場合には〈s〉は不要です．

＊＊mille は元々が複数形に由来する語ですので，deux mille, cent mille という端数のないキリのいい数字でも〈s〉を付けません．

名言名句・諺

43. Qu'as-tu fait de ta jeunesse ?

34 数詞 ②

基礎チェック　西暦（年号）について

(1) 年号では，mille の代わりに mil のつづりも用いられます。

　例　**1956 mil neuf cent cinquante-six**　☞ p.240

(2) 1100（mille cent）〜1900（mille neuf cents）までは2桁ずつに分けて，1100（onze cents）〜1900（dix-neuf cents）と言い表す表現も可能ですが，これはいまでは使われません。古い言まわしです。

基礎チェック　million, milliard は男性名詞

cent, mille は名詞ではないので，（×）un cent，（×）un mille（英語の *one hundred*, *one thousand*）という言い方はしない。一方，million（100万）や milliard（10億）は男性名詞なので冠詞を必要とする。この差は次のような表現の差にもつながる。

　例　その村は200人の住人がいる。**Ce village compte deux cents habitants.**
　　　その町は200万人の住人がいる。**Cette ville compte deux millions d'habitants.**
　　　＊ A de B の展開で，後につづく名詞の前に de を必要とする。

はみだし　フランス人も数のミスをする

フランスで小切手を使うときには，250 euros ではなく，deux cent cinquante euros とすべてフランス式の数字で書かなくてはなりません。その際に，deux cents cinquante と不要な "s" を書きそえるミスをしでかします。もちろん誤記は小切手として使用できませんから書き直すことになります。

cent soixante et onze　171

＊＊＊1000 以降は3桁ごとに新しい単位を使う展開です．

1.000.000.000
　　　　　⇨ mille 　　（1000）
　　　　　⇨ un million　（100万）
　　　　　⇨ un milliard　（10億）［ミリャール］= mille millions

千の位どりには〈,〉virgule［ヴィルギュル］ではなく〈.〉point［ポワン］を用います．〈,〉は小数点以下を表します．ヨーロッパ式の書き方と，日本式の表記が逆ですので注意してください．

〔2〕序数 nombres ordinaux ④　(☞ p. 240)

「〜番目(の)」を表す序数は下記の原則で作ります．

原則　　**基数＋ième**

1er (ère)	premier ［プルミエ］	première ［プルミエール］	
2e	deuxième ［ドゥズィエム］	second(e) ［スゴン(スゴーンドゥ)］	
3e	troisième ［トロワズィエム］		
4e	quatrième ［キャトゥリエム］		
5e	cinquième ［サンキエム］		
6e	sixième ［スィズィエム］		
7e	septième ［セッティエム］		
8e	huitième ［ユイティエム］		
9e	neuvième ［ヌヴィエム］		
10e	dixième ［ディズィエム］		

＊1番目には上記の形（男・女の別があります）を用いますが，21, 31... といった数字の序数には unième［ユニエム］の形を使います．
　例：vingt et unième［ヴァンテユニエム］　21番目(の)
＊＊2番目には second, seconde という別形があります．
＊＊＊語末が e で終わるものは e を落とし，cinq は語末に u を加え，neuf は f を v に変えて序数にします．

名言名句・諺

♥**おまえは青春をどうしてしまったのか？**　つまらない喧嘩原因でランボーに発砲，投獄された詩人ヴェルレーヌが，独房から空を見上げながらこの詩句をつぶたいたという．

34 数詞 ②

質問 序数を使うとき

乗物の1等，2等などはイメージできますが，ほかに序数は日常どんなときに使いますか？

答 たしかに「～番目」という数字だけではどう使うか，意外にわかりにくいものですね．まず頻繁に使われるのは，建物の階を表すときです．たとえば，le premier étage（2階），le deuxième étage（3階）といった具合に使います．ちなみに，「1階」には序数は使わずに le rez-de-chaussée と言います． ☞ pp.240-241
それから，世紀を表す際に序数が使われますし（21世紀 vingt et unième siècle），（特別市の）区を表現する際にも序数が登場します（18区 le dix-huitième arrondissement）．ちなみに区があるのは，Paris, Lyon, Marseille の3都市です．

基礎チェック deuxième vs second(e)

2の序数にはふたつの形があります．数字の連続性を意識して，1番目・2番目・3番目…として使われるケースでは deuxième が使われます．序数を表す形容詞の second(e) は以下のような成句的な言い方が中心．

例 （列車などの）2等　**la seconde classe**
　　　間接的な（に）；中古の（で）　**de seconde main**
　　　再婚する　**se marier en secondes noces**

なお，seconde には序数の女性形ではなく，「秒，ごく短い時間」という意味の女性名詞がありますからご注意を！

例 ちょっと待って，すぐに戻るから．**Une seconde, je reviens.**

はみだし 1.000.000.000.000は何と言うか？

上記の数字をひと目で見抜ける人はどんな方でしょうか？
並んでいる"0"を見て及び腰になりますが，1兆です．フランス語では un billion ですが，un million de millions とも言います．

◆ 35 ◆ 曜日・月・季節

〔1〕曜日・月・四季 5 4

日常会話で不可欠な曜日・月・季節をマトメておくことにします．曜日も月も季節もすべて男性名詞で，語頭は小文字で書かれます．なお，月は英語と綴りの似ている語がありますが語の終わり（9月～12月）が違います．

---- 曜日 jours de la semaine ----

月曜	**lundi**	[ランディ]	金曜	**vendredi**	[ヴァンドゥルディ]
火曜	**mardi**	[マルディ]	土曜	**samedi**	[サムディ]
水曜	**mercredi**	[メルクルディ]	日曜	**dimanche**	[ディマンシ]
木曜	**jeudi**	[ジュディ]			

---- 月 mois ----

1月	**janvier**	[ジャンヴィエ]	7月	**juillet**	[ジュイエ]
2月	**février**	[フェヴリエ]	8月	**août**	[ウ(ウットゥ)]
3月	**mars**	[マルス]	9月	**septembre**	[セプタンーブル]
4月	**avril**	[アヴリル]	10月	**octobre**	[オクトーブル]
5月	**mai**	[メ]	11月	**novembre**	[ノヴァンーブル]
6月	**juin**	[ジュアン]	12月	**décembre**	[デッサンーブル]

---- 四季 quatre saisons ----

| 春 | **printemps** | [プランタン] | 秋 | **automne** | [オトンヌ] |
| 夏 | **été** | [エテ] | 冬 | **hiver** | [イヴェール] |

〔2〕曜日・月・季節に関する注意事項 4

(1) (a)「○曜日に」と言いたいときに前置詞は不要です．

Je pars dimanche.　　　　私は日曜日に出発します．
ジュ　パール　ディマンシ

名言名句・諺

44. Il faut cultiver notre jardin.

35　曜日・月・季節

はみだし　曜日の語源

「月」Lune から派生したのが月曜日 lundi. 火曜日 mardi は Mars, 水曜日は Mercure, 木曜日は Jupiter, 金曜日は Vénus すなわち美の女神「ヴィーナス」がその元. みな神様の名前. 土曜日は「ユダヤ教の安息日」Jour du sabbat から. そして日曜日 dimanche は「神の日」という語源にさかのぼることのできる語です.

はみだし　月の語源

1月 janvier はローマの双面神 Janus から, 2月 février は神話の死神 Februarius に由来, 3月 mars は戦闘の神 Mars に捧げられた月であることからその名が付いたと言われます. そして, 古い暦ではこの3月が新年を意味しました. 4月 avril はラテン語の「開く」aprilis から, 5月 mai は majeur「大きい」から派生しています. 6月 juin はローマ共和国建設にたずさわった Junius Brutus と関連があり, 7月 juillet はジュリアス・シーザー Julius Caesar の生まれ月であることから名づけられたと言われます. 8月 août はローマ皇帝 Augustus が語源. さて, この先, 9月 septembre から12月 décembre まではそれぞれ「第7月」～「第10月」の意味. なのに, 数字が現代歴とずれているのは, 昔, ラテン暦が3月を年のはじめとしていたからです.

質　問　août の発音

8月は, [u] と [ut], どちらが正式なのでしょうか？

答　正式には [u] と読まれ, [ut] は後発で日常的に普及したとされます. つまり, -t を発音する傾向が徐々に強まっているようです. なお, août と同じく, 書かれている ⟨a⟩ を読まない代表的な例として Saône [ソーヌ]「ソーヌ河（ローヌ河の支流）」があげられます.

　＊私事ですが, 1990年代に, 数十人のフランス人（主に大学・専門学校の教員）に,「8月」を [u] と読むか [ut] と読むかと聞いたことがあります. せ～ので手をあげてもらいましたが, 双方, ほぼ互角でした. ただ, [u] は年長者に多かったと感じました. そうそう, août の ⟨a⟩ を読んで [au] と発音すると言っていたジャーナリスト関係の人が1人いました.

Le samedi, elle va au bureau.
ル　サムディ　エル　ヴァ　オ　ビュロ
　　　　　　　　　　　毎土曜日に彼女は出勤します．

＊曜日に定冠詞がつくと「毎○曜日」の意味になります．なお，不定冠詞 un がつくと「ある○曜日」の意味です．

(b) 曜日をたずねる質問は，すでに触れたように

Quel jour (de la semaine) sommes-nous ?
ケル　ジュール　ドゥ　ラ　スメーヌ　　　ソム　　ヌ
　　　　　　　　　　　何曜日ですか？

の形を用います（de la semaine は省略できます）．
jour［ジュール］が「日」を意味する単語なので上記の文章を「(今日は) 何日ですか？」と質問と取り違えないように．ちなみに，日付をたずねるには，たとえば下記の疑問文で．

On est le combien ?　今日は何日ですか？（☞ p. 162, 194）
オンネ　ル　コンビィヤン

(2) (a)「○月に」と表現する場合には前置詞 en（または au mois de）をつけます．

en [au mois de] janvier　1月に(は)
アン　オ　モワ　ドゥ　ジャンヴィエ

(b) 年月日を表現する場合には　| **le＋日＋月＋年** |　の順
（日本語とは逆の順番）で表現し，定冠詞 le をつけます．

le 11 septembre 2001　2001年9月11日
ル　オーンズ　セプタンブル　ドゥミルアン

＊「○月1日」を表すときには1日を序数にします．
　le 1er janvier ［ル　プルミエ　ジャンヴィエ］　1月1日

(3)「春に」には前置詞 au を添え，「夏に，秋に，冬に」には前置詞 en をつけます．季節はすべて男性名詞なのですが，「春」だけが子音ではじまり，他の季節は母音または無音の h ではじまっているためにこの違いが生じます．

au printemps　　　　　　春に
オ　プランタン
en été, en automne, en hiver　夏に，秋に，冬に
アンネテ　　　アンノトンヌ　　アンニヴェール

名言名句・諺

◆**われわれの庭を耕さねばならない．** ヴォルテールの『カンディード』を締めくくる最後の一言．ヴォルテールの社会観が映し出された言葉とされる．ともあれ，御託はぬきに働かねば……．

35 曜日・月・季節

—— **基礎チェック** ところで，samedi「土曜日」っていつ？

フランス語で samedi「土曜日」と言えば，それは，現時点が土曜日か，これにもっとも近い土曜日を指します．つまり，今日を含む1週間におさまる「土曜日」のことです．時制とからめた例を見てみましょう．

例 **Nous sommes samedi. = C'est samedi.** 今日は土曜日です．
Elle viendra samedi. 彼女は（今度の）土曜に来ます．
Elle est venue samedi. 彼女は（この前の）土曜に来ました．

なお，左ページの説明にあるように，定冠詞がつけば「毎週土曜日（土曜にはきまって）」のニュアンスになるか，さもなければ特定の日の土曜を指します．

例 **Elle vient le samedi.** マリーは土曜ごとに来ます．
＊〈tous les ＋ 曜日〉と〈chaque ＋ 曜日〉もほぼ同意．
tous les samedis 毎土曜（に），すべての土曜日（に）
chaque samedi 各土曜，土曜ごとに
La rentrée commence le samedi 3 avril. →この文は être も使えます．
新学期は4月3日土曜日に始まる．

ただし，曜日を添えた日付の表現ならば無冠詞が一般的．たとえば「今日は2010年12月31日土曜日です」ならば，Nous sommes aujourd'hui samedi 31 décembre 2010. となります．曜日がなければ〈定冠詞 le ＋ 日付〉を用います．ただし，雑誌や新聞では，状況補語として使われた日付の定冠詞は省かれることが少なくありません．また，日記に日付を書く場合なら，定冠詞は省くのが一般的．なお，手紙では発信地は添えるのが通例ですが，日付の le の有無に決まりはないようです．

例 東京より8月1日 **Tokyo, [le] 1er août**

なお，日付に不定冠詞が添えられるケースもあります．何月何日は毎年1度は巡ってくるので，そのうちの任意の日付ととらえ表現するケース．

例 遠藤氏はとある6月4日（某年6月4日）にフランスに向け出発した．
M. Endo est parti pour la France un 4 juin.

＊住所もそうですが，日本では大から小へという順なのに，フランスでは逆．ちなみに聞きかじりですが，アラビア語では大きな数字を小さい方から順に読むようです．たとえば，15300なら，"300→5000→10000"の順となるらしい．ただ，これですと品物の値段を聞いても，最後まで聞かないと安いのか高いのかわからないのでは？

◆ 36 ◆ 基本前置詞

　前置詞とは文中の語と語の文法的な関係を示し，補語となる要素を導く不変化語のことです．フランス語で使われる基本的な前置詞の用例をここでチェックしておくことにしましょう（仏検4級レベルの前置詞が中心です）．

〔1〕前置詞 à と de の基本的な用法 préposition ④

(1) **à**（au, aux → 冠詞の縮約（☞ p. 130））

　(a) 場所・時間：〜に，〜へ
　　aller au Canada カナダに行く　　à sept heures 7時に
　　アレ　オ　カナダ　　　　　　　　　ア　セットゥール

　(b) 所属・手段：〜の，〜に属する，〜によって
　　C'est à Jean. それはジャンのです．　　à pied 徒歩で
　　セタ　ジャン　　　　　　　　　　　　　　ア　ピエ

　(c) 用途・対象：〜のために，〜に
　　une tasse à café コーヒーカップ
　　ユヌ　タス　ア　キャフェ
　　Elle téléphone à son ami. 彼女は友だちに電話する．
　　エル　テレフォヌ　ア　ソナミ

　(d) **à**+不定法：〜すること(を)，〜すべき
　　apprendre à conduire 車の運転を習う
　　アプラーンドル　ア　コンデュイール

(2) **de**（du, des → 冠詞の縮約（☞ p. 130））

　(a) 所有・所属．行為の主体・材料：〜の，〜(製)の
　　le livre de Marie マリーの本（☞ Q & A p. 392）
　　ル　リーヴル　ドゥ　マリー
　　une plaque de marbre 大理石板
　　ユヌ　プラック　ドゥ　マルブル

　(b) 数量・程度・部分：〜の，〜のなかの（☞ 数量副詞 p. 214）
　　un voyage de trois jours 3日間の旅
　　アン　ヴォワイヤージュ　ドゥ　トロワ　ジュール

名言名句・諺

45. Revenons à nos moutons.

質　問 コーヒーカップ

「コーヒーカップ」を"コーヒーのカップ"と考えて une tasse de café としたら, une tasse à café と直されました. 前置詞 de では, ダメですか.

答　ダメです. une tasse de café は「コーヒー1杯分」(→ une tasse pleine de café「コーヒーでいっぱいのカップ」) になります. この de はうしろに無冠詞名詞をしたがえて,「数量・分量 (〜の, 〜の入った)」を示す前置詞となり (beaucoup de, un peu de の de も文法的には同じ), 英語の *a cup of coffee* になります. *a coffee cup* と言いたいなら une tasse à café (→ une tasse pour boire du café「コーヒーを飲むためのカップ」) です. この à は用途を示すもので, une brosse à dents「歯ブラシ (→歯のためのブラシ)」や À votre santé !「乾杯 (→貴方の健康のために)」などが別例になります.

発展・補注　de が à になることも……あります

会話で, ときに前置詞 de であるべきなのに à が用いられるケースがあります. 以下は, 映画『地下鉄のザジ』*Zazie dans le métro* のセリフから. ザジが叔父のガブリエルに「地下鉄に乗ろうよ」とせがむと, ガブリエルはこう応じます.

例　**Non. On prend le tac à Charles.**
　　いや, だめだ. シャルル の タクシーに乗るのさ.

(c) 起点・原因・手段：〜から，〜で
   sortir de sa chambre 彼(彼女)の部屋から出る
   ソルティール ドゥ サ シャンブル
(d) **de**＋不定法：〜すること
   Défense d'entrer 立ち入り禁止
   デファンス ダントレ
   cesser de fumer タバコを吸うのをやめる
   セッセ ドゥ フュメ

〔2〕その他の基本的前置詞の例[4]

(1) **en**：場所・時・様態「〜に，〜で」
   aller en France フランスに行く　**en avion** 飛行機で
   アレ アン フランス　　　　　　　　　アナヴィヨン
   ＊通常は無冠詞名詞の前で用いられます．
(2) **dans**：場所・時間・状態「〜のなかに(で)，〜後に，〜の間に，〜の状態に」
   dans ma chambre 私の部屋に　**dans six mois** 半年後に
   ダン マ シャンブル　　　　　　　　ダン スィ モワ
(3) **pour**：方向・目的「〜に向かって，〜のために」
   partir pour Paris パリに向かって出発する
   パルティール プール パリ
   l'art pour l'art 芸術のための芸術
   ラール プール ラール
(4) **avec**：「〜とともに・〜で」⇔ **sans**：「〜なしで」
   avec mes amis 友だちと一緒に　**sans sucre** 砂糖なしで
   アヴェック メザミ　　　　　　　　　サン スュークル
(5) **sur**：「〜の上に」⇔ **sous**：「〜の下に」
   sur (sous) la table テーブルの上に(下に)
   スュール スー ラ ターブル
(6) **chez**：「〜の家に(で)，〜の店に(で)」
   chez moi 私の家に(で)　**chez le dentiste** 歯医者に
   シェ モワ　　　　　　　　　シェ ル ダンティストゥ

名言名句・諺

♠**例の羊の話に戻ろうではないか．**会話がとりとめない方向に流れて行くときに「本題に戻りましょう」の意味で使われる．13世紀のファルス（笑劇）で裁判官が叫ぶ言葉．元は，Sus ! revenons à ces moutons. と書かれる．

36 基本前置詞

基礎チェック 前置詞 chez に関する注意

chez は他の前置詞（前置詞句）に先立たれて使われることがあります（いわゆる二重前置詞という形）．たとえばこんな例で．

例　わが家の近くに　　**près de chez moi**
　　あなたの家の横に　**à côté de chez vous**

少々細かいことですが，たとえば「田中さん（田中家）の家に」と表現する場合には chez les Tanaka か dans la famille Tanaka という言い方を使い，（×）chez la famille Tanaka という言い方は不可．

なお，前置詞〈chez +（店の）人〉〈à + 店〉と，いささか混同しやすい以下のような例があるので注意したい．

例　パン屋（肉屋）に行く
　　aller chez le boulanger（chez le boucher）
　　＊ boulanger(ère) は「パン屋（人）」（英語 *baker*），boucher(ère) は「肉屋（人）」（英語 *butcher*）．
　　aller à la boulangerie（à la boucherie）
　　＊ boulangerie は「パン屋（店）」（英語 *bakery*），boucherie は「肉屋（店）」（英語 *butcher's, meat store*）．

◆ 37 ◆ 疑問代名詞 ①

「誰」とか「何」とか，名詞で表される情報を得る場合に下記の疑問代名詞を用います．

◇ 疑問代名詞 pronom interrogatif ⑤ ④

たずねる対象が「人」か「物」か，そして文中の働きに応じて次の種類があります．

		主　語	直接目的補語・属詞
人	単純形	誰が **Qui** キ	誰（を） **Qui**（倒置） キ
	複合形	**Qui est-ce qui** キ エ ス キ	**Qui est-ce que** キ エ ス ク
物事	単純形	何が	何（を） **Que**（倒置） ク
	複合形	**Qu'est-ce qui** ケ ス キ	**Qu'est-ce que** ケ ス ク

◆ 複合形の仕組み（考え方）

「誰」→ Qui 　　　　 　qui ←「主語」
　　　　　　　 est-ce
「何」→ Qu'　　　　　　 que ←「直接目的補語」

＊通例，疑問代名詞は文頭に置かれますが〈Tu cherches qui ?〉（右頁 (2) の例文参照）といった日常会話の語順もあります．（☞ p. 242）主語の「誰が・何が」の後ろには動詞が置かれます．また，「誰を・何を」の単純形 (Qui, Que) の後ろでは，主語と動詞の「倒置」が起こります．あわせて，「誰を・何を」の que は母音または無音の h ではじまる語が来ると qu' とエリズィヨン（☞ p. ㊵）されます．

名言名句・諺

46. Qui vit sans tabac n'est pas digne de vivre.

37 疑問代名詞 ①

質問 何が見えますか？

では，質問の対象が人か物か不明であればどう聞くのでしょうか？たとえば，相手が外を見ていて，自分には外が見えないシチュエーションで，その人に「何が見えますか？」と問いかけるようなケースです．

答
日本語と同じです．人か，物か，問いの対象がしぼれないときには，qui「誰」ではなく que「何」を用いて，たとえば，Que voyez-vous ?, Qu'est-ce que vous voyez ?「（直訳）あなたは何を見ていますか？」などと問いかけます．もちろん問われた相手は，この質問に，人でも動物でも事物でも「見えている対象」をそのまま答えることができます．

基礎チェック 複合形の由来

これは以下のように，強調構文がもとになって作られたものです．
(1) C'est + S（主語）+ qui + V（動詞）...
    qui
 → **Qui**（誰）est-ce qui + 動詞 ... ?
(2) C'est +（主語以外）+ que + S（主語）+ V（動詞）...
    que
 → **Qu'**（何）est-ce que + S + V ... ?

Qui ...誰が，誰を

Que ...何を

(1) 主語「誰が」をたずねる場合（単純・複合両形が可能）．

Qui chante?　　**Qui est-ce qui chante?**
キ　シャントゥ　　　キ　エ　ス　キ　シャントゥ
誰が歌っていますか？

(2) 直接目的補語「誰を」をたずねる場合（両形が可能）．

Qui cherches-tu?　　**Qui est-ce que tu cherches?**
キ　シェルシュ　テュ　　キ　エ　ス　ク　テュ　シェルシュ
君は誰を探していますか？

(3) 属詞「誰」をたずねる場合（単純形を用います）．

Qui est ce monsieur?　　この方はどなたですか？
キ　エ　ス　ムッスィウ

(4) 主語「何が」をたずねる場合（単純形はありません）．

Qu'est-ce qui vient de tomber?　　何が落ちてきたの？
ケ　ス　キ　ヴィヤン　ドゥ　トンベ

(5) 直接目的補語「何を」をたずねる場合（両形が可能）．

Que cherchez-vous?　　あなたは何を探しているのですか？
ク　シェルシェ　ヴ

Qu'est-ce que vous cherchez?
ケ　ス　ク　ヴ　シェルシェ

(6) 属詞「何(に)」をたずねる場合（両形が可能）．

Que devient-il?　　**Qu'est-ce qu'il devient?**
ク　ドゥヴィヤンティル　　ケ　ス　キル　ドゥヴィヤン
彼は何になるのですか？

(7) 間接目的補語や状況補語をたずねる場合

人：「**前置詞＋qui**［キ］＋**V–S**（倒置）」
物：「**前置詞＋quoi**［クワ］＋**V–S**（倒置）」

De qui parles-tu?　　誰のことを話しているの？
ドゥ　キ　パルル　テュ

A quoi penses-tu?　　何を考えているの？
ア　クワ　パンス　テュ

est-ce que を用いる形もあります．

Avec qui est-ce que tu voyages?　　誰と旅行するの？
アヴェック　キ　エ　ス　ク　テュ　ヴォワイヤージュ

名言名句・諺

♣タバコなしで生きている奴など生きるに値しない．現代なら厳しくお叱りを受けそうなこの言葉は，モリエールの戯曲『ドン・ジュアン』から，従僕スガナレルの知られたタバコ談義のひとくさり．

37 疑問代名詞 ①

発展・補注 "〜とは何か？"

『文学とは何か？』Qu'est-ce que la littérature ?（J-P.Sartre の論文）とか『文学における影響とは何か？』Qu'est-ce que l'influence en littérature ?（A. Gide の論考）といった具合に，

Qu'est-ce que + 主語（名詞）？

と直に主語（名詞）だけを貼り付ける表現法があります．これはあらたまった言いまわしで，書き言葉で使われもの．したがって，この疑問のパターンに置かれる名詞はなんでもよいわけではなく，抽象的な語になります． ☞ p.165

発展・補注 疑問代名詞に形容詞を添える形

疑問代名詞の qu'est-ce que に形容詞を付加するときには "de ＋男性形単数" を添えます．以下の例をご覧ください．

　例　君は夕食のために何を準備しましたか？
　　Qu'est-ce que tu as préparé pour le dîner ?

これを「**どんなおいしいものを**」とするならば，以下のようになります．
　　Qu'est-ce que tu as préparé de bon pour le dîner ?

◆ 38 ◆ 非人称表現 ①

形式上の主語 il を主語とし，3人称単数形にしか用いられない動詞を非人称動詞，〈**非人称の il＋動詞**（3人称単数形）〉の文を非人称構文 construction impersonnelle と呼びます．

〔1〕天候・気候を表す表現

(1) **faire**

Quel temps fait-il aujourd'hui?
ケル　タン　フェティル　オージュルデュイ
　　　　　　　　　　今日はどんな天気ですか？

il fait＋形容詞 [5]

Il fait beau (mauvais).　　良い(悪い)天気です．
イル　フェ　ボ　　モヴェ

Il fait chaud (froid).　　暑い(寒い)です．
イル　フェ　ショ　フロワ

il fait＋部分冠詞＋名詞 [4][3]

Il fait du vent.＝Il y a du vent.　風が吹いています．
イル　フェ　デュ　ヴァン

(2) 非人称動詞としてしか使われない動詞（本来的）の例 [5][4][3]

pleuvoir [プルヴォワール] → Il pleut. [イル　プル] 雨がふる．
neiger [ネジェ] → Il neige. [イル　ネージュ] 雪がふる．
venter [ヴァンテ] → Il vente. [イル　ヴァントゥ] 風が吹く．

〔2〕時間を表す表現　　être を用いた時刻の表示

Quelle heure est-il?＝Vous avez l'heure?
ケルール　　エティル
　　　　　　　　　　何時ですか？

◆時刻の表示　**Il est ... heure(s)＋分**　○時△分です．[5][4]

Il est une heure.　　　　1時です．
イレ　　ユヌール

名言名句・諺

47. On ne choisit pas ses frères, on choisit ses amis.

38 非人称表現 ①

質問　非人称でない「天候」の表現

天候や気候を表現する際には主に非人称で言い表わすと習いますが，非人称を用いずに表現する例を教えてください．

答

たとえば，「明朝，晴（雨）だろう」と表現するときに Nous aurons beau temps (de la pluie) demain matin. と言えます．あるいは「雨」「雪」「風」「天候」などを主語にして，下記のような言い方をすることが可能です．

> 例　雨（雪）が降っています（降りそうだ；止む）．
> **La pluie [La neige] tombe [menace ; cesse].**
> 風が吹いた（止んだ）．
> **Le vent a soufflé [a cessé].**
> 天気が変わりやすい（すばらしい；雨になりそうだ）．
> **Le temps est changeant [magnifique ; à la pluie].**

発展・補注　非人称動詞の別例

非人称の il が使われる次のような天候にからむ動詞も記憶したい．

grêler あられが降る　**brumer** 霧がかかる　**tonner** 雷が鳴る

＊ただし，tonner は Le canon tonne.「大砲がとどろく」など，非人称以外にも用いられます．

なお，pleuvoir「雨がふる」が意味上の主語をともなう以下のような例があります．

> 例　**Il pleut des cordes.**　土砂ぶりだ．（←ロープ状の雨が降っている）．
> **Il pleut de grosses gouttes.**　大粒の雨がふる．

また，本来は非人称でしか使われない動詞が，一般の動詞のように使われる例がないわけではありません．意味は比喩的（以下の例は「雨がふる」からの類推による）なものです．

> 例　**Les critiques pleuvaient sur nous.**
> 私たちは批判にさらされた（←批判が雨のようにふっていた）．　☞ p.189(続き)

引用　力技の非人称表現

『二列目の人生』（池内紀）より．

「雪が降る」は，かつては "snow(s)" と表現し，S が不在であった．そこに it を付した．S＋V の表現に力技で持ちこむのに他に方法がなかったからだろう．

Il est deux heures dix. 2時10分です.
イレ　　ドゥズール　　ディス

＊「2時」は，douze heures [ドゥーズール]「12時」と発音がまぎらわしい．そこで，通例「昼〈夜〉の12時」には Il est midi (minuit). [イレ ミディ (ミニュイ)] が使われます．

Il est trois heures vingt. 3時20分です.
イレ　　トロワズール　　ヴァン

◆「○時15分」「○時半」には，接続詞 et を添えて，et quart (¹/₄)，et demi(e) (¹/₂) の形を使います．(☞ Q & A p.430)

Il est quatre heures et quart. 4時15分です.
イレ　　キャトゥルール　エ　カール

Il est cinq heures et demie. 5時半です.
イレ　　サンクール　エ　ドゥミ

◆「△分前」には前置詞 moins を使いますが，「15分前」のときには le quart（定冠詞あり）になります．

Il est six heures moins cinq. 6時5分前です.
イレ　　スィズール　モワン　サンク

Il est sept heures moins le quart. 7時15分前です.
イレ　　セットゥール　モワン　ル　カール

◆時刻を24時間で表記する方法もよく使われます．③

Il est dix-sept heures. 17時です．＝午後5時．
イレ　　ディセットゥール

Il est vingt heures trente. 20時30分です．＝午後8時30分
イレ　　ヴァントゥール　トラントゥ

＊24時間で表記する場合には et demie, et quart といった表記は用いず，30, 15 と分をそのまま添えます．

なお，12時間で時刻を表記する際に，午前○時・午後×時を明示するためには下記のような表現を添えて使います．④

Il est six heures du matin. 午前6時です.
イレ　　スィズール　デュ　マタン

Il est dix heures du soir. 午後10時です.
イレ　　ディズール　デュ　ソワール

＊ただし，午後1時〜4時・5時までは，du soir ではなく，de l'après-midi [ドゥ ラプレミディ] の表記を添えます．

名言名句・諺

♥**兄弟は選べぬが，友は選べよう．** ロシアの皇帝ニコライ1世から受け取った信任状への返信として，ナポレオン3世がしたためた書状（1953.1.5）に記された文言として知られる．

38 非人称表現 ①

基礎チェック 「秒」と時間の略記

秒まで表したいときには次のように表現します．

例　4時15分10秒　**quatre heures et quart et dix secondes**

また，時間を略記するとき．たとえば，deux heures dix なら "2h 10" と書きます（heure の略語は h です）．2時5分（deux heures cinq）であれば "2h 5" と書き，"2h 05" とはしません．

基礎チェック heure についての注意

(1) フランス語には英語の *hour*, *o'clock* の別がないので deux heures は「2時間」「2時」の両方の意味を持ちます．

例　**Cet entretien a duré deux heures.**　その会談は2時間続いた．
　　Il est deux heures de l'après-midi.　午後2時です．

(2) Vous avez l'heure ? は「（時計を持っていて）時間はわかりますか？」の意味なので，−Désolé(e), je n'ai pas de montre.「ごめんなさい，時計を持っていません」といった返答が可能．あるいは l'heure を時計の意味で用いて，−Non, je n'ai pas l'heure.「いいえ，時計を持っていません」などとも返答できます．時計を持っていれば，Oui, j'ai ... heure(s) [à ma montre]. とか Il est ... heure(s). などと返答します．

発展・補注 非人称動詞の別例（ p.187 からの続き）

もちろん，その逆もあります．Paul Verlaine の有名な詩の出だしを引いておきます．

例　**Il pleure dans mon cœur**
　　Comme il pleut sur la ville.

pleurer「泣く」という動詞を非人称動詞として用いて，2行目の il pleut「雨がふる」と比較し，己の意志とは関係なく涙が流れる様を「わが心にも涙ふる」と描写しているわけです．

◆ 39 ◆ 非人称表現 ②

　天候・時間を表す非人称表現に続いて，それ以外の大切な非人称の表現をチェックしていきます．

◇ その他の非人称表現の例

(1) **falloir**　　il faut+不定法 ④　～しなければならない
　　[ファロワール]　il faut+名詞 ④　　～が必要である
　　＊falloir は非人称動詞としてしか用いません．

> **Il faut aller chez le dentiste.**
> イル　フォタレ　シェ　ル　ダンティストゥ
> 　　　　　　　　　　　　　歯医者に行かなければならない．

> **Il faut un parapluie pour sortir.**
> イル　フォ　アン　パラプリュイ　プール　ソルティール
> 　　　　　　　　　　　　　外出するには傘が必要です．

(2) **il est+形容詞+de+不定法** ④③
　〈il=de+不定法〉，つまり形式主語 il の意味上の主語が〈de+不定法〉となる文章です．

> **Il est facile de résoudre ce problème.**
> イレ　ファッスィル　ドゥ　レズードゥル　ス　プロブレム
> 　　　　　　　　　　　　　　この問題を解くのは簡単だ．

　これは英語で *It is easy to solve this problem.* と書ける表現．口語では〈C'est+形容詞+de+不定法〉の形もよく使われます．「その質問に答えるのは難しい」ならこんな風に．

> **C'est difficile de répondre à cette question.**
> セ　ディフィスィル　ドゥ　レポーンドゥル　ア　セットゥ　ケスティオン

＊上記 résoudre（日常では不定法・複合過去時制（☞ p.250）で用いる）②，répondre ④③ の直説法現在の活用は下記のようになります．

　　㊷ résoudre「解く」　　　㉘ répondre「返事をする」
　je résous　nous résolvons　je réponds　nous répondons
　ジュ　レズー　ヌ　レゾルヴォン　ジュ　レポン　ヌ　レポンドン
　tu résous　vous résolvez　tu réponds　vous répondez
　テュ　レズー　ヴ　レゾルヴェ　テュ　レポン　ヴ　レポンデ
　il résout　ils résolvent　il répond　ils répondent
　イル　レズー　イル　レゾルヴ　イル　レポン　イル　レポンドゥ

名言名句・諺

48. La raison du plus fort est toujours la meilleure.

39 非人称表現 ②

はみだし　欠如動詞

広義では3人称単数にしか活用しない非人称動詞や命令法のない pouvoir など，ある人称，法，時制の活用形のない動詞を verbe défectif（欠如動詞）と呼びます．たとえば，こんな動詞．
- choir（英語の *fall*, tomber「落ちる」）　不定法・複合時制以外はまれ．
- clore（fermer「閉じる」）　直説法半過去，単純過去，接続法半過去，ならびに命令法の一部が欠如．
- frire（英語の *fry*「油であげる，フライにする；油であがる」）は rire と同じ活用でありながら，直説法現在形は je fris, tu fris, il frit だけで，nous 以下がない．clore と同じ．なお，不足の部分は faire frire の形で補足する．

発展・補注　「(いまや，そろそろ) 〜すべき時だ」

英語の *It's time to do* に相当する，非人称を使った「(いまや，そろそろ) 〜すべき時だ，〜してよい頃だ」という以下のような表現があります．

例　**Il est temps de partir．**
　　さあ，出かける時間だ．
　　＊この文章は〈que +「接続法」〉を使って，以下のようにも書き換えられます．
　　Il est temps que vous partiez [que nous partions]．

　　Il est l'heure de coucher les enfants．
　　子どもは寝る時間だ．
　　＊〈C'est l'heure de + inf.〉という言い方もします．

(3) p.60 で触れた〈il y a〉も非人称表現の代表です．疑問副詞（☞ p. 158）（あるいは数量副詞（☞ p. 214））を用いた疑問文を示せば，こんな例があげられます．⑤④（☛ Q & A p. 408）

Combien de lettres y a-t-il dans l'alphabet français? フランス語のアルファベは何文字ありますか？
コンビイヤン ドゥ レートゥル イアティル ダン ラルファベ
フランセ

「26文字」Il y a vingt-six lettres. [イリア ヴァンスィ レートル] が答えです．なお，〈Il y a〉を倒置した〈y a-t-il〉の語順，母音字衝突をさける〈-t-〉の挿入に注意してください．

＊〈il y a ＋時間の表現〉で英語の *ago* に相当する「いまから～前に」の意味でも使われます．④③
　　il y a une semaine　1週間前に　　il y a longtemps　久しく
　　イリア ユヌ スメーヌ　　　　　　　イリア ロンタン

＊＊〈il y a ＋期間 ＋que＋S＋V（直説法）...〉で，「～してから...になる」という意味の時の経過を表します．③②
　　Il y a deux ans que j'habite ici.　ここに住んで2年になります．
　　イリア ドゥザン ク ジャビットゥ イスィ
　　なお，上記の〈il y a〉を〈voilà〉としても同じ意味です．
　　＝Voilà deux ans que j'habite ici.

(4) 意味上の主語（形式主語）として ③②
　　たとえば，**arriver** [アリヴェ]「到着する；(出来事が)起こる」，**venir** [ヴニール]「来る；(考えが)浮かぶ」など主に移動・出現のニュアンスを表す動詞にこの形式が多く見られます．（☛ Q & A p. 414）

Il arrive souvent des accidents dans ce carrefour.
イラリーヴ スヴァン デザクスィダン ダン ス キャルフール
あの交差点ではよく事故が起きる．
＝Des accidents arrivent souvent dans ce carrefour.

＊ただし，上記の例は il y a を用いるほうが自然．

名言名句・諺

◆**勝てば官軍，負ければ賊軍**（←もっとも強い者の言い分が常にもっとも正しい）．ラ・フォンテーヌ『寓話』「狼と子羊」の第1行から．

39 非人称表現 ②

引 用 il y a について

無人称と言われる Il はもともと「神」のことであった．唯一の神が「そこに待つ」ということで「…は存在する」の意味になる．（多田道太郎）

◆ 40 ◆ 不定代名詞

漠然と不特定の内容を指し示す代名詞を総称して，不定代名詞 pronom indéfini と呼びます．その代表は，漠然と「人は」という意味や他の主語人称代名詞（☞ p. ㉒）の代わりに使われる下記の on（主語としてしか用いず，後に続く動詞は3人称単数形で活用します）と tout です．

〔1〕不特定の人を指す on [4]

漠然と「人は」「人々は」「誰かが」の意味で使われます．

En France, on aime bien manger.
アン フランス オンネーム ビィヤン マンジェ
フランスでは，みんな食べるのが好きだ．

＊on は母音または無音の h ではじまる語の前でリエゾン（☞ p. ㊳）します．なお，上記の例文〈aimer (bien)＋不定法〉は「～するのが好きだ」という言いまわし．

On frappe à la porte. 誰かがドアをノックしている．
オン フラップ ア ラ ポルトゥ → 誰か来た．

〔2〕特定の人を指す on [4][3]　(☞ Q & A p. ⓸⓶⓪)

on がさまざまな主語人称代名詞の代役を務めます．会話では nous「私たち」の代わりに on を頻繁に使います．

Alors, on y va ? じゃ，行きますか？
アロー オニヴァ

＊〈on y va ?〉は家を出かける際に，または席を立つ際などに相手に声をかける決まり文句で，on が nous の代用になっている例です．

On n'a pas peur de vous. あなた(たち)なんか恐くありません．
オン ナ パ プール ドゥ ヴ

＊この文は〈on＝je〉とみなすことができる例です．

なお，on は口調を整えるために，que, si, où, et といった語の後で l'on [ロン] となることがありますが意味・用法は同じです．（☞ p. ⓸⓶①)

名言名句・諺

49. Par le passé on connaît l'avenir.
　 ＝ C'est par le passé que l'on connaît l'avenir.

40 不定代名詞

基礎チェック　on の語源

homme「人間」と同じく，on はラテン語の homo が語源．
on ← homo の主格形から　　homme ← homo の対格形から　☞ p.421

発展・補注　"禁止"で用いられる on

on を用いた文で，「指示」や「否定」を用いて"禁止"を表すケースも記憶しておきたいですね．

> 例　（店で）当店は現金払いです．　**Ici, on paie en liquide.**
> 芝生に入るべからず．　**On ne marche pas sur la pelouse.**

発展・補注　on ではじまる諺の例

☐ **On apprend à tout âge.**
六十（八十）の手習い（←学問に年齢なし）．
☐ **On connaît l'ami au besoin.**
まさかの時の友こそ真の友（←必要な場合に友と知れる）．
☐ **On ne fait rien pour rien.**
情けは人のためならず（←無のためには何もなされない）．
☐ **On n'est jeune qu'une fois.**
若いときは2度と来ない（←人は1度しか若くない）．

〔3〕 tout ④③

tout は大きくわけて下記の 4 つの用法が重要です.

(1) 名詞として働きます.

Tout va bien. すべてがうまく行っています.
トゥ ヴァ ビィヤン

Vous êtes tous d'accord ? みんな賛成ですか？
ヴセットゥ トゥス ダコール
　　　　　　　　　　　　　　　　◆〈être d'accord〉賛成する

＊不定代名詞と呼ばれる用法で，性・数に応じて下記の不定形容詞 (2) に準じて形が変わります．ただし，複数形が tous [トゥス] と発音される点が下記の表とは違います．

(2) 形容詞として働きます.

(a) 冠詞または指示形容詞・所有形容詞を介して名詞と結ばれ，単数形は 1 つのものに付いて「〜中(じゅう)」，複数形は 2 つ以上のものに付いて「すべての〜」の意味で用います．

toute la journée 1日中　**tous les élèves** すべての生徒
トゥットゥ ラ ジュルネ 　　　　トゥ レゼレーヴ

(b) 名詞と直結して単数は「(個として)どんな〜も」，複数は「(全体として)あらゆる〜」の意味で使われます．

Tout homme est mortel. どんな人も死ぬべきものだ.
トゥトム エ モルテル

男性単数	女性単数	男性複数	女性複数
tout	**toute**	**tous**	**toutes**
トゥ	トゥットゥ	トゥ	トゥットゥ

cf. 〈tous (toutes)＋les＋時間・距離の名詞〉「〜毎に」

例: **tous les deux ans** [トゥ レ ドゥザン]「2年毎に」

(3) 副詞として：「まったく，非常に」.

C'est tout naturel. それはごく当然のことです.
セ トゥ ナチュレル

＊子音ではじまる形容詞女性形の前では toute(s) にします．

(4) 副詞句の例.

tout à coup 突然　　**tout de suite** すぐに
トゥタク 　　　　　　トゥトゥスュイットゥ

名言名句・諺

♠温故知新．故（ふる）きを温（たず）ね新しきを知る（←人は過去によって未来を知るものだ）．普遍の真理なりや．

40 不定代名詞

発展・補注 manger tout vs manger de tout

manger tout は「全部食べる」の意味なので，J'ai tout mangé. で「私はすべて食べた」となります．一方，manger de tout（分析的に記せば，前置詞 de は部分を示す小辞で「～のうちの一部，～のうちのいくらか」の意味）は「なんでも食べる」の意味になります．後者を応用した下記の文章を参照ください．

例 **J'ai mangé de tous les plats.**
どの料理にも（少しずつ）箸をつけた．
＊この例文から de を省けば「すべての料理を平らげた」となります．

質　問 解釈の難しい toutes

Elles sont toutes contentes. と Elles sont tout aimables. の違いがわかりません．それと前者の訳がはっきりしません．

答 どちらも副詞とみなした場合に「とても満足だ」に toutes が使われ，一方の「とても親切だ」が tout となるのは納得がいかないかもしれません．でも，副詞（= complètement）の tout にはこんな約束があります．"子音（あるいは有音の h）ではじまる形容詞の女性形が用いられるときに限り，不定形容詞に準じた性数の変化が起こる"．つまり，例文の toutes contentes と tout aimables の網かけ部分の差です．
さて，提示された前者の例にはさらに疑問点が浮びますね．つまり，副詞ではなく，toutes が主語と同格の代名詞だとすると（主語代名詞と同格の tous, toutes は動詞のうしろに置かれるのがルール）「彼女たちはみんな満足だ」と訳すことが可能だからです．しかし，Elles sont toutes contentes. は「彼女たちはとても満足だ」とも「彼女たちはみんな満足だ」とも訳せる理屈です．主語が複数の女性形で，うしろに子音字ではじまる形容詞が配された文に toutes が置かれた場合，文脈なしなら両者の区別はできないことになります．

基礎チェック 副詞句の別例

☐ **tout à fait** まったく，すっかり（= **entièrement, complètement**）
　Elle est tout à fait de votre avis.
　彼女はまったくあなたと同意見です．
　＊否定で，実現や到達に「至っていない」ことを表現するときにも使われます．Tu as fini ? – Pas tout à fait. 「終わった」「完全には終わってません」．
☐ **tout à l'heure** （直前の過去）ついさっき = **il y a peu de temps**；（近い未来）もうすぐ，後ほど = **dans peu de temps**
　Elle pleurait tout à l'heure.
　彼女はついさっき泣いていた．
　A tout à l'heure !
　（挨拶）ではまた後ほど．
☐ **tout de même** それでも；それにしても
　C'est tout de même mieux qu'avant.
　それでも以前よりはましです．（= **quand même**）

◆ 41 ◆　補語人称代名詞 ①

◆12◆ で主語になる人称代名詞について確認しましたが，ここでは下記の代名詞（英語の *me, you, him, her...* などの目的格に相当する語）を見ていきます．

〔1〕補語人称代名詞 pronom personnel (complément) ④

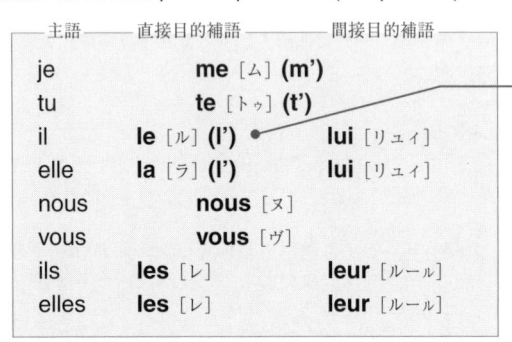

主語	— 直接目的補語 —	— 間接目的補語 —
je	**me** [ム] **(m')**	
tu	**te** [トゥ] **(t')**	
il	**le** [ル] **(l')**	**lui** [リュイ]
elle	**la** [ラ] **(l')**	**lui** [リュイ]
nous	**nous** [ヌ]	
vous	**vous** [ヴ]	
ils	**les** [レ]	**leur** [ルール]
elles	**les** [レ]	**leur** [ルール]

＊me, te, le, la は母音または無音の h ではじまる語の前でエリズィヨンをして，m', t', l', l' となります．なお，上記のように直接・間接目的補語で形が違うのは 3 人称だけで，3 人称の直接目的補語 le, la (l') は「物」を対象としても用います．

〔2〕直接目的補語・間接目的補語 ④

直接目的補語：前置詞なしに直接動詞と結びつく語．
間接目的補語：通例，前置詞〈à〉と間接的に動詞と結びつく語．

そして，補語人称代名詞の間接目的補語はそれ自身のうちに前置詞〈à〉を含んでいる形です．下記の例を参照ください．

例：**à**＋人（間接目的補語）　→　補語人称代名詞の間接目的補語
　　à Pierre ピエールに　→　**lui** 彼に
　　ア　ピエール　　　　　　　　リュイ

名言名句・諺

50. Un mot et tout est sauvé
　　Un mot et tout est perdu

41 補語人称代名詞 ①

―― **基礎チェック** この le は何でしょう？

フランス語にはやたらに le (l') が登場しますが，その働きが違いますね．英語と対照しながら簡単な一覧にしておきましょう．

(1) 定冠詞（男性名詞・単数の前で）

フランス語	英語
le soleil	*the sun*
le nom de mon chat	*my cat's name*
le dictionnaire que j'ai acheté	*the dictionary [which] I bought*
Je préfère le vin à la bièrre.	*I prefer wine to beer.*
Elle aime le tennis ?	*Does she like tennis ?*
le 5 avril	*the 5th of April*

(2) 人称代名詞（直接目的補語）

Je ne l'aime pas.	*I don't love him[her][it].*
Elle le présentera à ses parents.	*She will introduce him to her parents.*
Donnez-le à Marie !	*Give it to Mary !*

(3) 中性代名詞

Je le pense.	*I think so.*
Oui, je le suis.	*Yes, I am.*

cent quatre-vingt-dix-neuf

〔3〕補語人称代名詞の置き位置 ① ④③

英語では「私はあなたが好きです」を〈*I love you.*〉〈主語＋動詞＋人称代名詞（目的格）〉の順で並べます．しかし，フランス語では左頁の**補語人称代名詞を動詞の前に置きます．**

$$\boxed{\text{主語＋(ne)＋補語人称代名詞＋動詞＋(pas)}}$$

＊命令文の例．（☞ p. 228）

以下の例をもとに語順をチェックしてみましょう．

> Il donne ce cadeau à sa mère.
> イル ドヌ ス カドー ア サ メール
> 彼はそのプレゼントを母にあげる．
>
> ♦ ce cadeau → 直接目的補語（3人称単数）＝ **le**
>   à sa mère → 間接目的補語（3人称単数）＝ **lui**

(a) 肯定文
　→ Il *le* donne à sa mère.　　　　　それを
　→ Il *lui* donne ce cadeau.　　　　彼女に

(b) 否定文
　→ Il ne *le* donne pas à sa mère.　　それをあげない．
　→ Il ne *lui* donne pas ce cadeau.　彼女にあげない．

(c) 倒置の疑問文（肯定・否定）
　→ *Le* donne-t-il à sa mère ?　　　それを母にあげますか？
　→ Ne *lui* donne-t-il pas ce cadeau ?
　　　　　　　　　　　　彼女にそのプレゼントをあげませんか？

この例文で，直接目的補語と間接目的補語の両方を代名詞に置くと

　Il *le lui* donne.　　　　彼はそれを彼女にあげる．
　イル ル リュイ ドヌ

の語順になります．この2つの補語人称代名詞の位置を逆にした語順（×）Il lui le donne.「彼は彼女にそれをあげる」とは言えません．その点について引き続き，次の課で扱います．

名言名句・諺

♣ひと言ですべてが救われ／ひと言ですべてが失われる．アンドレ・ブルトンの詩集から．たとえば，日本への原爆投下がひとつの言葉の翻訳ミスが遠因だったり，人との付き合いがひと言で結ばれたり，もつれたり，ほどけたり．

41 補語人称代名詞 ①

基礎チェック 『教えて仏検先生3級』・必修文法から

整序問題では，人称代名詞の置き位置が問われます．通常は，「その代名詞が修飾する動詞の前」と習います．......しかし，それではよく分からないという方が多い！　そこで整序問題対策用に人称代名詞の置き位置のオリジナルな一覧を作成しました．

ⓐ （通常） 現在形の場合	S(主語) →ここ V(動詞) Je t'accompagne à la gare. 駅まで君を送るよ．
ⓑ 複合過去（を中心 とする複合形）の 場合	S →ここ avoir / être 過去分詞 Tu m'as fait mal ! 痛いじゃないか（君は私を痛くした）！
ⓒ de ＋不定詞・ à ＋不定詞の場合	… de / à →ここ 動詞（不定法） Je suis désolé de te faire mal. 君を痛くしてごめん．
ⓓ 否定表現がある 場合	S ne →ここ V pas Tu ne me connais pas ? 君は私のこと知らないの？ **否定命令文も同じ** Ne me touche pas ! 私に触らないで．
ⓔ 不定法をともなう 動詞の場合	S V →ここ 動詞（不定法） (aller, pouvoir, vouloir, venir, faire など) Sophie vient me voir ソフィーが私に会いにきてくれる．
ⓕ 肯定命令文の場合	V － (→ここ) Excusez-moi. すみません．

◆ 42 ◆ 補語人称代名詞 ②

補語人称代名詞の置き位置について引き続き見ていきます．

〔1〕補語人称代名詞の置き位置 ② 4 3

3人称の直接目的補語 (le, la, les) は，間接目的補語とともに用いることができます．ただし，置き位置は決まっています．

	〔間目〕	〔直目〕	〔間目〕	
主語＋(ne)＋ S	me te nous vous	le la les	lui leur	＋動詞＋(pas) V

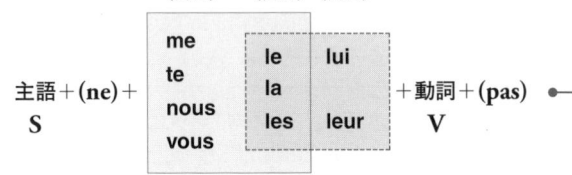

＊命令文のケースは p. 228 を確認ください．

(1) 1・2人称の間接目的補語とともに用いられるとき（上記の細線で囲まれた部分・語順）

   Je vous prête ce dictionnaire.
   ジュ ヴ プレットゥ ス ディクスィヨネール
   　　　　　　　　　　　　　　　　　私はあなたにこの辞書を貸します．

   → **Je vous le prête.** ◆「あなたに・それを」の語順

(2) 3人称の間接目的補語とともに用いられるとき（上記の点線で囲まれた部分・語順）

   Je montre cette photo à Marie.
   ジュ モントゥル セットゥ フォト ア マリー
   　　　　　　　　　　　　　　　　　私はその写真をマリーに見せる．

   → **Je la lui montre.** ◆「それを・彼女に」の語順

   ＊ただし，日常会話で上記のように2つの代名詞を並べて文章を作ることはそうあることではありません．物を指す ça や cela (☞ p. 210) を用いて以下のように表現する方が普通です．
   例：Alors, je te prête ça. じゃ，これ君に貸すよ．
   　　アロール ジュ トゥ プレットゥ サ

名言名句・諺

51. J'aime la solitude, je n'ai besoin de personne.

42 補語人称代名詞 ②

発展・補注　補語代名詞の語順

左記の一覧に"代名動詞で用いる se"と"中性代名詞の en, y"を添えると以下のような語順表ができあがります．以下の順は変更不可．なお，同じ番号同士を一緒には用いませんし（Je me te ... は不可），1と3を併用できません（Je me lui ... は不可）．

	1	2	3	4	5	
主語 + (ne) +	me te nous vous se	le la les	lui leur	y	en	+ 動詞 + (pas)

☞ p.320

〔２〕人称代名詞の強勢形

動詞から独立して人称代名詞を用いるケースでは，下記の強勢形（ここにアクセントが置かれるためにこの名で呼ばれる）を用います．

主　語	je	tu	il	elle	nous	vous	ils	elles
強勢形	moi モワ	toi トワ	lui リュイ	elle エル	nous ヌ	vous ヴ	eux ゥ	elles エル

(1) 主語や目的補語を強調する（同格）⑤

Moi, j'aime le thé. 　　私（ですか），私は紅茶が好きです．
モワ　ジエーム　ル　テ

(2) 前置詞の後で ⑤

Vous venez chez moi avec elle ?
ヴ　ヴネ　シェ　モワ　アヴェッケル
　　　　　　　　　　　　あなたは彼女と一緒に私の家に来ますか？

Je te présente à elle. ③　　私は君を彼女に紹介します．
ジュトゥ　プレザントゥ　ア　エル

〔注意〕上記の例では〈à elle〉を lui にはできません．「私は**君を**〔直目〕**彼女に**〔間目〕紹介します」と「人」を対象とした２つの目的補語を用いると左頁の「置き位置」から外れるからです．

　なお，penser [パンセ]「思う」，songer [ソンジェ]「考える」，tenir [トゥニール]「愛着をもっている」などの動詞では，〈à＋人〉→〈à＋強勢形〉の形を常に用いなくてはなりません．(☞ Q & A p. 422)

(3) 属詞として（C'est の後で）⑤

▶ **Qui est-ce ?** 　　▷ **C'est moi.**
　　キ　エ　ス　　　　　　　　セ　モワ
　　誰ですか（どなた）？　　　私です．

(4) -même の形で（英語の *oneself* に相当）④

Elle n'est plus elle-même. 　　彼女はもう以前の彼女ではない．
エル　ネ　プリュ　エルメーム

＊「強勢形人称代名詞＋même(s)」で「〜自身」の意味．

(5) 比較の文章の que の後で ⑤ ④ (☞ p. 206)
(6) 強調構文等の主語として ④ ③ (☞ p. 274)

名言名句・諺

♥ぼくは孤独が好きだ．だれも必要とはしない．トリュフォの古い作品，邦題『恋愛日記』L'homme qui aimait les femmes から．孤独な中年男，ベルトランの口癖だが，男女のいずれも使える別れの切札．

42 補語人称代名詞 ②

基礎チェック　soi という強勢形

3人称（単数・複数）再帰代名詞 se の強勢形で soi という形もあります．lui, elle などとは異なり，一般的な人々，不定な人を指すものです．多くは，不定代名詞の on, chacun, personne, tout le monde などを受けて用いられ，〈前置詞 + soi〉の形で使われることが大半．

> **例**　**On ne pense qu'à soi.**　人はだれでも自分のことしか考えない．
> ＊ soi-même は soi の強調で「自分自身，それ自体」の意味になります．

発展・補注　ほかに強勢形が使われる例

強勢形は次のような場合にも使われます．

> **例**　**Je n'aime que toi.**　私が愛しているのは君だけだ．
> ＊ ne ... que の限定表現で，
>
> **Elle est étudiante comme moi.**　彼女は私と同じく学生です．
> ＊接続詞 comme とともに．

あわせて，ほかの名詞や代名詞と並置されて，主語や目的補語となるケースでも強勢形が使われます．

> **例**　**Ma mère et moi travaillons ensemble.**
> 母と私はいっしょに働いている．
> ＊動詞は nous の活用形になります．

◆ 43 ◆ 比 較

比較級と最上級の基本的なポイントを整理します．

〔1〕比較級 comparatif ⑤ ④

$$A + V + \begin{Bmatrix} \text{plus} & [ブリュ] \\ \text{aussi} & [オッスィ] \\ \text{moins} & [モワン] \end{Bmatrix} + \begin{Bmatrix} 形容詞 \\ 副\ 詞 \end{Bmatrix} + \text{que B} \quad \begin{matrix} 優等＋ \\ 同等＝ \\ 劣等－ \end{matrix}$$

(1) 優等比較（A は B より～である）A ＞ B

Sophie est plus grande que Jeanne.
ソフィー エ プリュ グラーンドゥ ク ジャンヌ
　　　　　　　　　　ソフィーはジャンヌより背が高い．

＊これまで通り，形容詞は名詞の性・数に一致します．上記の例文では，主語が女性ですので形容詞は grande となります．

Il parle plus vite que moi. 彼は僕より早口です．
イル パルル プリュ ヴィットゥ ク モワ

＊vite「急いで」は副詞ですので不変化です．なお，que の後ろに人称代名詞が置かれるときには強勢形（☞ p. ㉔）をとります．

(2) 同等比較（A は B と同じ～です）A＝B（☛ Q & A p.㊽）

Elle chante aussi bien que lui.
エル シャントゥ オッスィ ビィヤン ク リュィ
　　　　　　　　　　彼女は彼と同じくらい歌がうまい．

(3) 劣等比較（A は B ほど～ではない）A ＜ B

Paul est moins intelligent que toi.
ポール エ モワン アンテリジャン ク トワ
　　　　　　　　　　ポールは君ほど頭がよくない．

なお，名詞の比較の場合には前置詞 de をともなって，plus de ～（より多くの～）autant de ～（と同じくらいの）moins de ～（より少ない～）という形を用います．③（☞ p.㉖）

J'ai plus de livres que vous.
ジェ プリュ ドゥ リーヴル ク ヴ
　　　　　　　　　　私はあなたよりたくさん本を持っている．

＊bon [ボン]，bien [ビィヤン] など特殊な優等比較級・優等最上級を持つ語については p. ㊕ を参照ください．

名言名句・諺

52. Mon amour, je pense à toi sans cesse et non à ton âme, car je n'y crois plus ...

43 比較

── 発展・補注　注意したい比較の文章

比較の文章は手ごわい．とくに否定表現とからむと理解が容易ではありません．

例 Mon grand frère est **plus** rêveur qu'artiste.

ひとりの人間が持っている2つの性質を比較している例．「兄は芸術家というよりは夢想家だ」（→ AとBはいずれもが名詞か形容詞で〈plus A que B〉「BよりむしろAである」）の意味．これは兄とほかの芸術家とを比較した文章と取り違えやすいので注意．もしそうなら，artiste には冠詞や指示形容詞が必要になります．

例 **Plus** vous travaillez dur, **plus** vous pouvez gagner de l'argent.

「いっしょうけんめいに働けば働くほど，ますますお金がかせげます」．これは英語の〈the ＋ 比較級…, the ＋ 比較級〉という相関句に相当するもので，〈plus ＋ S ＋ V, plus［moins］＋ S ＋ V〉というパターン．頻度は高い．ちなみに本書のフランス語の校閲をお願いした小川先生からは Plus il fait chaud, moins j'ai envie de travailler.「暑くなればなるほど，仕事をしたい気分は失せていく」というメールをいただいた．諺なら，Plus on sait, plus on se tait.「能ある鷹は爪を隠す」（←知っていればいるほど黙るものだ）が知られた例．もっとも英語でこの構文を使う，諺「早ければ早いほどよい」*The sooner the better.* なら，Le plus tôt sera le mieux. と最上級を使って「もっとも早いことが最上であろう」とするのがフランス流．

例 Rien n'est **plus** difficile à connaître **que** le malheur.

英語の〈Nothing ＋動詞（V）＋ 比較級 ＋ than A〉「Aほど〜なものはない」に相当する構文．「不幸ほど知ることが難しいものはない」という意味．原書ではそのあと，il est toujours un mystère.「それ（＝ le malheur）はつねに謎である」と続く．教職をなげうってパリの自動車工場で働いた Simone Weil のことば．

例 C'est un restaurant **non moins** fameux **que** les meilleurs de Paris.

英語の〈*no less ... than*〉に相当する〈non moins ... que〉「〜に劣らず…」（≒ aussi … que）という比較に気づかないと訳せない．「あそこはパリの最上の店に劣らないほど有名なレストランだ」となる．un restaurant にうしろから比較級を引き連れた形容詞句がかかっている．かなり難度の高い例文です．

deux cent sept

〔2〕最上級 superlatif [4][3]

$$S+V\ldots+\text{定冠詞}+\begin{Bmatrix}\text{plus}\\\text{moins}\end{Bmatrix}+\begin{matrix}\text{形容詞}\\\text{副詞}（常に \text{le}）\end{matrix}\;[+\text{de}\ldots]\quad\begin{matrix}\text{優等}+\\\text{劣等}-\end{matrix}$$

〈le, la, les〉

(1) 優等最上級（S は…のなかで最も〜である）

Pierre est le plus grand de la famille.
ピエール エル プリュ グラン ドゥ ラ ファミユ
ピエールは家族のなかで1番背が高い．

上記は形容詞が主語の属詞の例（名詞をともなわないケース）ですが，名詞をともなう場合には注意が必要です．

L'hiver est la saison la plus froide de l'année.
リヴェール エラ セゾン ラ プリュ フロワッドゥ ドゥ ラネ
冬は1年で最も寒い季節です．

＊上記のように「名詞＋定冠詞＋plus＋形容詞」の順になり，結果，名詞を限定する定冠詞と最上級の定冠詞の2つが必要になります（英語では *the coldest season* ですが）．ただし，名詞に前置される形容詞のケースなら，たとえば，「最も美しい都市」→〈la ville la plus belle〉と〈la plus belle ville〉の2通りのパターンが可能です．

(2) 劣等最上級（S は…のなかで最も〜ではない）

C'est ma voiture qui roule le moins vite.
セ マ ヴォワテュール キ ルール ル モワン ヴィットゥ
1番走るのが遅いのは僕の車だ．

＊副詞の場合には常に定冠詞 le を用います．c'est…qui は強調．（☞ p. 274）

◇ 追記（注意）[3]

(1) 比較級の強調「ずっと」には bien や beaucoup を最上級の強調「断然〜」には du monde ［デュ モーンドゥ］を用います．

Il est bien plus sévère que vous.
イレ ビィヤン プリュ セヴェール ク ヴ
彼はあなたよりずっと厳格です．

(2) 最上級で定冠詞を所有・指示形容詞にする例もあります．

C'est ma plus belle robe.
セ マ プリュ ベル ロブ
それは私の持っている1番美しいドレスです．

名言名句・諺

◆愛する人へ，ずっと君のことを考えている．でも，君の心ではない．だって，もうぼくはそれを信じていないから…．『突然炎のごとく』Jules et Jim に登場する恋文の一節．このあと，à ton corps, tes cuisses, tes hanches と続く．

43 比較

基礎チェック　2者でも最上級

英語の最上級は「3人（3つ）以上の比較範囲のなかで，ある性質・程度について誰（どれ）が1番なのかを表現する」と定義されます．しかしながら，選択肢が2人（2つ）でもフランス語では最上級が使われます．たとえば「2人の男性のうち 若い方 」は le plus jeune des deux hommes と表現できます．これ盲点です．

基礎チェック　「1番美しい都市」という語順

補足すれば，「京都は世界で1番美しい都市です」と言いたいならば，次の2通りの語順が可能だということです．
ひとつは，最上級の形容詞を名詞 ville の前に置く形．
Kyoto est la plus belle ville du monde.
いまひとつは，それを後置する形．
Kyoto est la ville la plus belle du monde.

発展・補注　比較級・最上級にしない単語

意味的に最上級に近いニュアンスを持つ以下のような形容詞は，plus や très といった語を添えません．

délicieux(se)	「（非常に）おいしい；このうえなく心地よい」
excellent(e)	「すばらしい，すぐれた，見事な」
magnifique	「すばらしい，見事な」
merveilleux(se)	「すばらしい，驚嘆すべき」
formidable	「すばらしい，すごくいい」

基礎チェック

比較級を強める副詞として encore「さらに，いっそう」も用いられます．

例　**C'est encore pire.**
　　それはなお悪い．

◆ 44 ◆ 指示代名詞

初級文法 ◆25◆ で確認した「この，その，あの」を表す指示形容詞に対して，人・物あるいは観念などを「これ，それ，あれ」などと指し示す代名詞があります．

〔1〕性・数に関係のない指示代名詞 pronom démonstratif ⑤ ④

すでに p.112 で見た C'est「それは〜です（→ ce＋est の形）」の表現に使われている ce が，指示代名詞の単純形と呼ばれるものです．

(1) **ce** [ス]：être の主語として，あるいは関係代名詞の先行詞として用います．（関係代名詞の用例は（☞ p. ㊹））

 C'est mon vélo.　　これは私の自転車です．
 _{セ モン ヴェロ}

 Ce sont des montres.　　それらは時計です．
 _{ス ソン デ モントゥル}

 C'est Pierre que j'aime.　　私が愛しているのはピエールです．
 _{セ ピエール ク ジェーム}

 ＊この〈c'est ... que〉の表現は強調構文．（☞ p. ㉗㊃）

(2) **ceci** [ススィ]，**cela** [スラ]／**ça** [サ]：名詞と同じように独立的に用いられます．原則として ceci「近いもの（こと）」，cela「遠いもの（こと）」を指します．なお，ça は cela の代わりに日常会話で頻繁に用いられる語です．

 Ceci est plus petit que cela.　　これはあれよりも小さい．
 _{ススィ エ プリュ プティ ク スラ}

 Ça va comme ça?　　こんな具合でいいですか？
 _{サ ヴァ コム サ}

 ＊Ça va? は p. 58 で見たように「元気ですか？」とたずねる表現だけでなく，さまざまな状況で幅広く「（それで）いいですか？」の意味で使われます．comme ça は「こんな風に，こんな具合に」の意味．

名言名句・諺

53. Trop est trop. = Trop c'est trop.

44 指示代名詞

基礎チェック C'est と Ce sont

文法的な是非はともあれ，日常の会話では後に置かれる名詞の単数・複数にかかわらず，〈C'est ...〉の形を用いるケースが多くなりつつあります．voici, voilà の感覚に近くなっているのかもしれません．とすると，やがて〈Ce sont〉という形の消える日が来るかも？

例 それは時計です．
C'est des montres.（口語）← **Ce sont des montres.**

発展・補注 ça の守備範囲

3人称の人称代名詞 le, la, les と指示代名詞 ça の区別は微妙な問題をはらんでいます．一般に，個々の名詞を受けるケースは前者を，総称（全体）を指すケースなら後者を使うとされます．

例 (1) -**Vous aimez ce café ?**　　　-**Oui, je l' aime.**
　　「このコーヒーは好きですか？」　　「はい，好きです．」
　　(2) -**Vous aimez le café ?**　　　-**Non, je n'aime pas ça.**
　　「コーヒーは好きですか？」　　　「いいえ，好きではありません．」

つまり，(1)は「（飲んでいる）このコーヒーは好きですか？」，(2)は「コーヒー（という飲み物）は好きですか？」という質問．文法的に正しくても，aimer, adorer, préférer, détester といった語で「総称」の好き・嫌いを聞かれるケースでは le, la, les を用いないのが通例です．言い換えれば，「総称」は特定の何かを指さないからです．
ただ，かつてフランス語学界の雄と讃えられた J. E. Mansion は，この違いを丁寧さの差という観点から説明していて，「葉巻は好きではない」という例を引き，Les cigares, je ne les aime pas. / Les cigares, je n'aime pas ça. はどちらも成立するが前者の方が丁寧な言いまわしとしています．しかし，前者は現在では使われない言い方です．
なお，la musique, la peinture といった抽象的なジャンルに関して，Vous aimez la musique ?「音楽は好きですか？」と問われるケースでは，返答には ça を添えず，Oui (, beaucoup). とか Non (, pas du tout). などと応じるのが通例です．

〔2〕性・数変化する指示代名詞 ④③

男性単数	女性単数	男性複数	女性複数
celui	**celle**	**ceux**	**celles**
スリュイ	セル	ス	セル

◆「指示の ce + 3 人称の人称代名詞強勢形 lui, elle, eux, elles」の形をとっています．

原則的に既出の名詞を受け，その性・数に一致して用いられます．たとえば，下記のような例があります．

(1) 前置詞 de によって限定される名詞の反復をさけます．

Voici mon cahier et celui de Paul.
ヴォワスィ　モン　カイエ　エ　スリュイ　ドゥ　ポール

　　　　　　　　　　　　　　　= le cahier de Paul
　　　　　ここに僕のノートとポールのそれ（ノート）がある．

Ma cravate est noire.　Celle de Louis est verte.
マ　クラヴットゥ　エ　ノワール　　セル　ドゥ　ルイ　エ　ヴェルトゥ

　　　　　　　　　　　　　= la cravate de Louis
　　　　　私のネクタイは黒です．ルイのは緑です．

＊既出の名詞なしに，celui qui ... / ceux qui ... の形で不特定の「人・人々」の意味を表すことがあります（英語の *those who* に相当する表現）．

(2) -ci / -là をつけて，遠近・対立・前後などを示します．

Voilà deux maisons : préférez-vous celle-ci ou celle-là ?
ヴォワラ　ドゥ　メゾン　　プレフェレ　ヴ　セル　スィ　ウ
セル　ラ

　　　　あそこに家が2軒あります．こちらとあちら，どちらをお選びですか？

＊なお，前者・後者の訳をつける場合に，英語の *this, that* と同じく，〈~-ci〉が後者〔当該箇所から近い語句〕を，〈~-là〉が前者〔遠い語句〕を指すことに注意．（☞ Q & A p.428）また，対比なしで「物」や「近くにいる人」などを指示して celui-là が単独でよく使われます．たとえば，店で，〈Celui-là, s'il vous plaît.〉[スリュイ　ラ　スィル　ヴ　プレ]「それをください」といった指で示す動作とともに用います．

名言名句・諺

♠ **過ぎたるは及ばざるがごとし**．「多すぎは多すぎ」が直訳．Le trop ne vaut rien.（→過度はなんら価値を持たない）という言い方もあります．

44 指示代名詞

基礎チェック 指示代名詞についての注意

(1) 指示代名詞で受けられる前出の名詞は，定冠詞，所有形容詞，指示形容詞などの限定を受けた語．

(2) 補語人称代名詞の場合には，所有代名詞を用いる． ☞ p.326

  例 父は 私 / ピエール よりも豊かな経験がある．
  Mon père a une expérience plus vaste que la mienne .
  　　　　　　　　　　　　　　　　　　　　　　(= mon expérience)
  Mon père a une expérience plus vaste que celle de Pierre .
  ＊ la mienne を（×）celle de moi などとは言わない．

(3) 形容詞のついた名詞を指示代名詞では受けられない．

  例 私は邦画よりフランス映画が好きです．
  Je préfère les films français aux [films] japonais.
  ＊ aux films japonais あるいは aux japonais の箇所を（×）à ceux japonais とは言えない．

deux cent treize　213

◆ 45 ◆ 数量副詞

人・物の「多い，少ない」，あるいは程度を表す「かなり」など数・量にかかわる大まかな表現，比較を表す副詞（数量副詞 adverbe de quantité）をマトメます．初級用の文法用テキストでは随時説明するパターンが大半なのですが，学習効率を考え一括して扱います．

〔1〕大まかな数・量を表す ⑤④③ (☞ Q & A p.400)

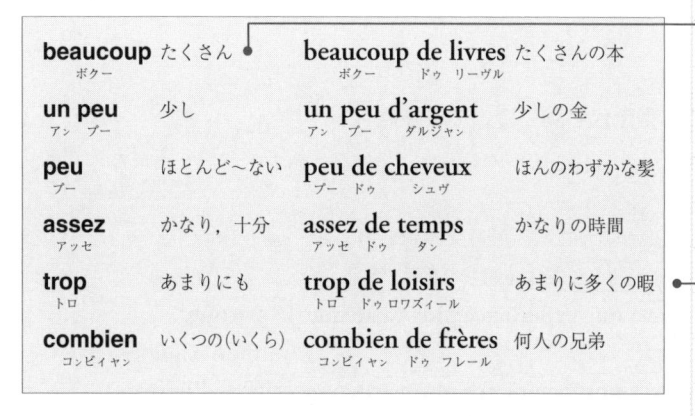

beaucoup ボクー	たくさん	**beaucoup de livres** ボクー ドゥ リーヴル	たくさんの本
un peu アン ブー	少し	**un peu d'argent** アン ブー ダルジャン	少しの金
peu ブー	ほとんど～ない	**peu de cheveux** ブー ドゥ シュヴ	ほんのわずかな髪
assez アッセ	かなり，十分	**assez de temps** アッセ ドゥ タン	かなりの時間
trop トロ	あまりにも	**trop de loisirs** トロ ドゥ ロワズィール	あまりに多くの暇
combien コンビィヤン	いくつの(いくら)	**combien de frères** コンビィヤン ドゥ フレール	何人の兄弟

単独で使うときには上記の左列を使いますが，上記右列のように前置詞 de をともなって名詞を修飾する形でよく使われます．

原則　**数量副詞＋de＋無冠詞名詞**

Il a beaucoup de soucis. 彼には心配事がたくさんある．
イラ ボクー ドゥ スゥスィ

J'ai peu d'amis. 僕にはほとんど友だちがいない．
ジェ ブー ダミ

名言名句・諺

54. La vérité se cache au fond d'un puits.

45 数量副詞

発展・補注 比較級を強める beaucoup

beaucoup を用いて形容詞や副詞の比較級を強めることができます． ☞ p.208

例 これはずっと難しい．
C'est beaucoup plus difficile.
彼女は私よりはるかにフランス語がうまい．
Elle parle français beaucoup mieux que moi.

また，〈trop de + 無冠詞名詞〉を強調することもできます．

例 君には友人が多すぎる．
Tu as beaucoup trop d'amis.

ちなみに「少なすぎる」とするなら Tu as trop peu d'amis. と表現します．

＊bien [ビィヤン] は単独で「上手に，うまく，よく；順調に；非常に」といった意味に使われますが，〈bien du (de la, des)＋名詞〉で「たくさんの～」の意味で使われます.
　　例：bien du monde　たくさんの人＝beaucoup de monde
　　　　　ビィヤン デュ モーンドゥ

＊＊un peu は量（数えられない名詞）に用いて「少量の」の意味で，数えられる名詞の前で「いくつか」の意味では quelques [ケルク], plusieurs [プリュズィユール] を用います．(☞ Q & A p.400)
　　例：quelques amis　数人の友だち
　　　　　ケルクザミ

〔2〕比較を表す ③

　p. 116 で見た，名詞をともなう比較表現，plus de..., autant de..., moins de... あるいは le plus de... などの言いまわしも数量副詞に相当します．

Elle a moins de patience que lui.
　エラ　モワン　ドゥ　パスィヤーンス　ク　リュイ
　　　　　　　　　　　　　　　　彼女は彼ほど辛抱強くない．

C'est ce chanteur qui a le plus d'admirateurs.
　セ　ス　シャントゥール　キ　ア　ル　プリュ　ダドゥミラトゥール
　　　　　　　　　　　　　　最も多くのファンがいるのはその歌手です．

＊C'est ... qui [セ　キ] は強調構文です．(☞ p.274)

数量単位を表す名詞の例：〈数...＋de＋無冠詞名詞〉③

| **une tasse de café**　　　　　　1杯のコーヒー
| ユヌ　　タス　ドゥ　キャフェ
| **un verre de vin rouge**　　　　1杯の赤ワイン
| アン　ヴェール　ドゥ　ヴァン　ルージュ
| **deux morceaux de pain**　　　パン2枚
| ドゥ　　モルソー　　ドゥ　　パン
| **trois feuilles de papier**　　　3枚の紙
| トワ　　フーィユ　ドゥ　パピィエ

名言名句・諺

♣**真理は井戸のそこに隠れている**．真理を見つけるのは容易なことではないという意味．ギリシアの哲学者デモクリトスの言葉から．

45 数量副詞

発展・補注 後続の名詞に冠詞を要する数量の表現

〈bien de ～〉はうしろに冠詞を要した名詞をとるわけですが，〈la plupart de ＋ 集合名詞（あるいは名詞の複数）〉「～の大部分」や〈une partie de ～〉「～の一部」も同じように冠詞を必要とします．

例 **dans la plupart des cas** たいていの場合
　　une partie de la somme そのお金（総額）の一部
　＊ une grande partie de, une petite partie de なら「～の大部分」「ほんの一部」となります．

発展・補注 比較対象が直接目的補語のとき

ふたつの比較対象が直接目的補語で数量に関するケースは〈plus [autant, moins] de ＋ 名詞 ＋ que de ＋ 名詞〉の形を用います．

例 彼女は野菜よりフルーツをたくさん食べる．
　　Elle mange plus de fruits que de légumes.

発展・補注 数量表現（単位）の別例

「たくさんの～」には，たとえば，tas「（物を積んだ）山」という語を用いた〈un [des] tas de ＋ 無冠詞名詞〉，あるいは foule「群衆，大群」を意味する語を用いた〈une foule de ＋ 無冠詞名詞〉といった表現があります．

例 やらなければならないことがたくさんある．
　　On a des tas de [une foule de] choses à faire.

一方，「少し（少量）」を意味する飲み物の例なら，以下のような形があります．
une goutte de cognac 少量のコニャック→「（しずくの）1滴ほどの」
une larme de vin 少しのワイン→「（涙の）1滴ほどの」
un soupçon de whisky わずかなウイスキー→「疑惑のようにかすかな」
un nuage de lait 少しのミルク→「たなびく雲のように表面にひろがった」
ほかに覚えておきたい言い方として，こんな例も浮びます．
deux kilomètres de bouchon 2キロの渋滞
une tranche de jambon ハムひと切れ
une demi-bouteille de vin ワイン小瓶1本
une livre de beurre（＝ un demi-kilo de beurre） バター500グラム
　＊重量の単位は大革命以降，現在のグラム制に統一されたものの，今でも，バター・砂糖・コーヒー・野菜などの計量には上記の単位が使われます．ちなみに，une livre の半分は une demi-livre（250g）．

◆ 46 ◆ vouloir / pouvoir / devoir / savoir

　表題の4つの〈-oir 型〉動詞は，pouvoir を除いて後ろに名詞をとる形もありますが，不定法を従えて用いられるケースが多い動詞です．順に，英語の〈*want (to), can, must, be able to*〉などに類した助動詞的な働きをします．

〔1〕活用（直説法現在）[4]

(1) **vouloir**：～したい

je veux	nous voulons
ジュ ヴ	ヌ ヴロン
tu veux	vous voulez
テュ ヴ	ヴ ヴレ
il veut	ils veulent
イル ヴ	イル ヴール

(2) **pouvoir**：～できる

je peux	nous pouvons
ジュ プ	ヌ プヴォン
tu peux	vous pouvez
テュ プ	ヴ プヴェ
il peut	ils peuvent
イル プ	イル プーヴ

(3) **devoir**：～しなくてはならない

je dois	nous devons
ジュ ドワ	ヌ ドゥヴォン
tu dois	vous devez
テュ ドワ	ヴ ドゥヴェ
il doit	ils doivent
イル ドワ	イル ドワーヴ

(4) **savoir**：～できる

je sais	nous savons
ジュ セ	ヌ サヴォン
tu sais	vous savez
テュ セ	ヴ サヴェ
il sait	ils savent
イル セ	イル サーヴ

〔2〕用例 [4][3]

(1) **Je veux aller en France.**　　私はフランスに行きたい．
　　ジュ ヴザレ アン フランス

＊「要求・欲求・願望」を表しますが，少々強い言いまわしですので，「～したいのですが」と丁寧な表現にするには〈Je voudrais [ジュ ヴドゥレ] …〉という条件法（☞ p.312）を使います．

Voulez-vous manger des gâteaux ?
ヴレ ヴ マンジェ デ ガドー

　　　　　　　　　　　　　　ケーキを食べませんか？

＊〈Voulez-vous [Veux-tu]＋不定法？〉の疑問文で「勧誘」「依頼」の意味で使います．●

名言名句・諺

[**55. La nuit porte conseil.**]

46 vouloir / pouvoir / devoir / savoir

基礎チェック 依頼の vouloir と pouvoir の違い

vouloir を使って相手に依頼するときには，相手が"断らないこと"が暗黙の前提．これに対して，pouvoir で依頼するときは，それを"受け入れるかどうかは相手次第"というニュアンスの差があります．

例 ポール，電話に出て，忙しくて手が離せないから．
Paul, veux-tu répondre au téléphone, je suis pris(e) maintenant.

例 ちょっと手を貸してくれませんか？
Tu peux me donner un coup de main ?

この差のために，vouloir は命令の意味にもなります．

例 お黙りなさい！
Veux-tu bien te taire !

＊通例なら，Tais-toi!「黙れ！」が簡便．

なお，名詞（直接目的補語）をともない「〜を望む，欲しがる」の意味でも使われます．

Je veux un peu de repos.　私は少し休みたい．
ジュ　ヴー　アン　プー　ドゥ　ルポ

(2) **Vous pouvez venir demain ?**　明日来られますか？
ヴ　プヴェ　ヴニール　ドゥマン

Est-ce que je peux fumer ?　タバコを吸ってもいいですか？
エ　ス　ク　ジュ　プー　フュメ

＝Puis-je fumer ?
プュイジュ　フュメ

＊この動詞は「可能・許可・可能性（〜かもしれない）」といった意味で使われます．なお，1人称の疑問文（倒置形）には（×）〈Peux-je ?〉ではなく〈Puis-je ?〉を用います．

(3) **Tu dois téléphoner à Paul.**
テュ　ドワ　テレフォネ　ア　ポール
　　　　　　　　　　　　　　　　　　　君はポールに電話しなくてはならない．
＊「義務・必要・確信のある推量（〜するに違いない）・予定（〜することになっている）」などに用います．また，否定文では「禁止（〜してはならない）」の意味になります．
　例：Tu ne dois pas parler comme ça.　そんな口の聞き方をするな．
　　　テュ　ヌ　ドワ　パ　パルレ　コム　サ

(4) **Vous savez nager ?**　あなたは泳げますか？
ヴ　サヴェ　ナジェ

＊savoir「〜できる」と(2)の pouvoir は混同されやすい単語です．前者は「学んで身につけている，習得している」の意味，後者は「ある条件のもとで可能である」の意味．たとえば，風邪をひいていたり，頭が痛くて，
　Je sais nager, mais aujourd'hui, je ne peux pas nager.
　ジュ　セ　ナジェ　メ　オージュルデュイ　ジュ　ヌ　プー　パ　ナジェ
　「私は泳げますが，今日は泳げません」といった使いわけで．

なお，savoir は後ろに名詞をともなって「（物事を）知っている」の意味でも使われます．（☞ p. 236）

Il ne sait pas la grammaire.　彼は文法がわかっていない．
イル　ヌ　セ　パ　ラ　グラメール

名言名句・諺

♥**夜は忠告をもたらす．** ラテン語の In nocte consilium.「夜に熟慮あり」が語源．大切なことはじっくり考えてから進めよという意味．La nuit est mère de pensées.「夜は思案の母」という表現もある．

46 vouloir / pouvoir / devoir / savoir

基礎チェック pouvoir と否定表現

(1) Il ne peut pas sortir.
(2) Il peut ne pas sortir.

上記，2つの文章の違いはおわかりでしょうか？ そう質問すると混乱する学生が少なくないようです．
(1) は pouvoir の否定なので「彼は出発できない」となる．これは問題ないはず．
では，(2) はどうでしょうか．これは「"出発しない（こと）" + それができる（それをしてよい）」ということなので，「出発しなくてかまわない」と訳せます．
なお，〈pouvoir + inf.〉の表現で pas が省かれるケース（文章語）がままあるので注意したい．☞ p.119

例 **Je ne peux [pas] y aller.**
そこには行けません．
＊pas の省略は一部の準助動詞（半助動詞とも呼ばれる）でよく使われます．ほかに cesser, oser, savoir などがその例．

◆ 47 ◆ 代名動詞

　フランス語の学習を進めていくと，いくつかの難所に出会います．一概には言えませんが，入門レベルでは多くの方々がまずは発音で，名詞の男女の別で，さらに動詞活用で，頭を悩ませるに違いありません．そんななか，初級レベルの方たちがつまずく難所といえば，ここで扱う代名動詞が代表例です．

　代名動詞とは，主に，主語と同じ再帰代名詞 se（英語の *oneself* に相当）をともなう動詞で，英語で代名動詞に相当する例として，*seat*「(人を)座らせる」→ *seat oneself*「自分自身を座らせる → 座る」があげられます．主語の動作が「自分を(に)」再帰する動詞です．ただし，英語とは違い，再帰代名詞が動詞の前に置かれます．たとえば，こんな動詞が代表例．

　　　coucher [クシェ] 寝かす → **se coucher** [ス クシェ] 寝る

　そして，主語の人称に応じて se が下記のように変化します（英語の *oneself* が *myself, yourself*... と形を変えるのと同じことです）．(☞ Q & A p. 406)

〔1〕代名動詞の活用（直説法現在）verbe pronominal ④

　　　　　　　se coucher [ス クシェ]「寝る」

　　　je me couche　　　　nous nous couchons
　　　　ジュ ム クーシュ　　　　　　ヌ　　ヌ　　クション

　　　tu te couches　　　　vous vous couchez
　　　　テュ トゥ クーシュ　　　　　　ヴ　　ヴ　　クシェ

　　　il se couche　　　　ils se couchent
　　　　イル ス クーシュ　　　　　　イル ス　　クーシュ

＊代名詞を辞書で調べる場合には，見出し語 coucher を調べ，同じ見出し語内で，代名動詞の指示（あるいは se coucher〔代名動詞の不定法〕）を探れば容易に見つかります．なお，再帰代名詞の形は，3人称（単数・複数）の se を除いて，補語人称代名詞（目的補語）(☞ p. 198) とまったく同じです．

名言名句・諺

[**56. Rire est le propre de l'homme.**]

47 代名動詞

基礎チェック 朝から晩まで,日々の暮らしでよく使われる代名動詞

se réveiller	「目が覚める」
se lever	「起きる」
se brosser les dents	「歯を磨く」
se rincer la bouche	「口をゆすぐ」
se doucher	「シャワーを浴びる」
se baigner	「入浴する,泳ぐ」
se laver	「(体を)洗う」
s'essuyer	「体をふく」
se sécher les cheveux	「髪を乾かす」
se peigner (les cheveux)	「髪をとかす」
se raser	「ヒゲをそる」
se maquiller	「化粧をする」 (反意語:se démaquiller「化粧を落とす」)
s'habiller	「服を着る」 (反意語:se déshabiller「脱ぐ」)
se promener	「散歩する」
se reposer	「休息する」
s'asseoir	「座る」
se coucher	「寝る」
s'endormir	「眠りこむ,寝つく」 など

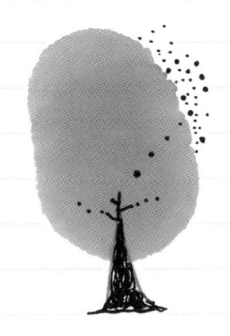

なお，否定文，疑問文（倒置形），あるいは否定疑問文（倒置）は下記の語順になります．

　　否定文　　　: **je ne me couche pas** [ジュ ヌ ム クーシュ パ]
　　倒置形　　　: **te couches-tu ?** [トゥ クーシュ テュ]
　　否定倒置形　: **ne se couche-t-il pas ?** [ヌ ス クーシュ ティル パ]

〔2〕種類・用法 4 3

　　＊下記 (1) (2) は再帰代名詞が直接目的補語になる場合と間接目的補語となる場合があります．しかし，(3) (4) は se を直接目的補語と考えます．

(1) 再帰的：「自分を(に)」と動作が再帰する．
　　Je me lève à six heures. 　私は 6 時に起きる．
　　[ジュ ム レーヴ ア スィズール] 　　me → 直接目的補語
　　　◆ lever「起こす」→ 私は 6 時に自分(私)を起こす

　　Je me lave la figure. 　私は顔を洗う．
　　[ジュ ム ラーヴ ラ フィギュール] 　　me → 間接目的補語
　　　◆ laver「洗う」→ 私は自分の(ために)顔を洗う

(2) 相互的：主語が複数（あるいは on）で，再帰代名詞が「お互いを(に)」と相互作用しあう関係を表したもの．
　　Nous nous regardons sans rien dire.
　　[ヌ　ヌ　ルギャルドン　サン　リィヤン　ディール]
　　　　　　　　　　　　　　　私たちは何も言わずに見つめ会う．
　　＊お互いを l'un l'autre, お互いに l'un à l'autre などを付加して相互的用法を明示することがあります．（☞ Q & A p.⑩）

(3) 受動的：主語が 3 人称「物」で，受動的な意味「～られる(される)」を表すもの．（☞ Q & A p.㊻）
　　La porte se ferme. 　　ドアが(ひとりでに)閉まる．
　　[ラ　ポルトゥ　ス　フェルム]

(4) 本質的：代名詞の形しかない動詞，あるいは従来の動詞が代名詞動詞として別途独立した意味を有するもの．
　　se moquer (de) [ス　モケ(ドゥ)] (～を)馬鹿にする，からかう
　　se souvenir (de) [ス　スーヴニール(ドゥ)] (～を)思い出す
　　s'en aller [サンナレ] 立ち去る

名言名句・諺

◆笑いは人間の本性なり．ラブレーの『ガルガンチュア物語』から．ちなみに同じ「笑い」を扱い，「最後に笑う者がよく笑う」Rira bien qui rira le dernier. の言葉はフロリアンの『寓話』が源です．

47 代名動詞

> **付 記**
>
> このふたつの言いまわしは文法的には正しいが，頻度は高くない．

> **発展・補注** se の省略
>
> 代名動詞の不定法が，faire や mener といった動詞のあとに置かれる際に se が省かれることがあります．なかでも慣用化された例として以下のようなものがあげられます．
>
> 例 **faire asseoir** + 人（= **faire s'asseoir** + 人）　～を座らせる
> **faire souvenir**　～を思い出させる
> **faire taire**　　　～を黙らせる
> **mener [envoyer] promener**　～を散歩に連れて行く
>
> ＊なお，envoyer promener qn は「人を追い払う，追い出す」の意味で，envoyer promener qch なら「～を放棄する，放り出す」の意味で日常会話でよく用いられます．

> **発展・補注**　「受動的」用法の制約と力点
>
> (1) 主語は「物」である．
> (2) 動詞は直説法現在形か直説法半過去（「習慣」のニュアンス）で用いる．
> (3) 動作主は示されない．
> (4) 動作の進行に力点が置かれる．
>
> (記)「受動態」との差異
> 代名動詞を用いた La porte se ferme toute seule.「ドアがひとりでに閉まる」は"動作の進行"にポイントが置かれます．これに対して，La porte est déjà fermée. であれば「ドアはすでに閉まっている」という"状態"に力点が置かれます（fermer, ouvrir などの一時的な動作を表す語が"être + 過去分詞"の形になると「状態」に力点を置いた表現になる）．
> また，動作主をしたがえた受動態 La porte est fermée par le concierge. なら，「ドアは管理人によって閉められる」となり，この文では"一時的な行為・動作"に目がそそがれていることになります．　☞ p.300

◆ 48 ◆ 命令法

命令法（命令文）は，現用では，現在あるいは未来に行われる行為を対象とした「現在形＝単純形」が中心です（「過去形＝複合形（前未来のニュアンス（☞ p. 296））」は現在では稀な表現）．命令の文章を構成するのに，英語では動詞の原形を用いますが，フランス語では多くが直説法現在の活用形を使います．

〔1〕命令文（現在）の作り方 impératif

直説法現在の tu, nous, vous から主語を省いた形が通例．[5]

―― **chanter**［シャンテ］歌う ――

2人称単数	tu chantes	→	Chante ! シャントゥ	歌って
1人称複数	nous chantons	→	Chantons ! シャントン	歌いましょう
2人称単数 （複数）	vous chantez	→	Chantez ! シャンテ	歌ってください

＊語尾が -er と綴られる動詞，ならびに ouvrir 型（巻末の動詞活用 [23]）は2人称単数形の語尾の〈s〉が省かれます．
＊＊中性代名詞（副詞的代名詞）en, y を従える際の〈s〉の復活については p. 320 を参照してください．

avoir, être, savoir などの命令文は特別な形をとります（接続法現在（☞ p. 330）から形を作ります）．[4][3]

avoir	être	savoir
Aie エ	Sois ソワ	Sache サシュ
Ayons エィヨン	Soyons ソワィヨン	Sachons サシヨン
Ayez エィエ	Soyez ソワィエ	Sachez サシェ

名言名句・諺

57. Pas à pas on va loin.

48　命令法

---**質　問**　命令法複合形

この形は稀とのことですが，avoir あるいは être の命令法に過去分詞を添えた複合形はどんなときに使われますか？

答　いわゆる「未来完了」として，つまり「未来のある時点で完了している行為」を対象に用いられてきました．こんな例です．

例　**Aie terminé ce tableau quand il viendra !**
　　彼が来るまでにはその絵を仕上げておきなさい！

なお追記しますが，命令法は「仮定・譲歩」のニュアンスでも使われることがあります．以下は J.Cocteau の文章です．

例　**Croyez-le ou ne le croyez pas. C'est un fait.**
　　信じようと，信じまいと，それは事実だ．
　＊ [même]si vous le croyez ou ... という含意になる．

〔2〕否定命令文 [5][4]

通常の否定文に準じて，ne (n')…pas (plus, jamais) で動詞をはさみます．

Ne fumez pas ici. ここでタバコを吸わないで．
ヌ　フュメ　パ　イスィ

〔3〕命令文の補語人称代名詞の置き位置 [4][3]

すでに，p.200 で触れたように，補語人称代名詞の置き位置は「動詞の直前」が原則です．ところが，**肯定命令文**では，つねに動詞の後ろに置かれます．

> 動詞（命令法）- 補語人称代名詞

上記の語順をトレ・デュニオン〈-〉（☞ p.⑫）でつなぎます．なお，me, te の代わりに肯定命令文では moi, toi（強勢形）を用います．

Téléphonez-moi, s'il vous plaît.
テレフォネ　モワ　スィル　ヴ　プレ
　　　　　　　　　　　　　　　　　どうぞ，私に電話してください．

* たとえば「彼が私に電話する」なら〈Il me téléphone.〉[イル　ム　テレフォヌ]と動詞の前に補語人称代名詞が置かれます．しかし，肯定命令では上記のように後ろに置かれます．なお，〈s'il vous plaît.〉は英語の *please* に相当する表現で，とても使いでのある一言です．

Lève-toi tout de suite ! すぐに起きなさい．
レーヴ　トワ　トゥトゥスュイットゥ

* 上記は代名動詞 se lever が命令文になった例です．

Donnez-les à votre frère. 兄(弟)にそれらをあげなさい．
ドネ　レ　ア　ヴォートゥル　フレール

* me → moi, te → toi 以外の補語人称代名詞は，そのまま動詞の後ろに置きます．

ただし，**否定命令文**の場合には，補語人称代名詞は動詞の前に置かれます．

Ne me dérangez pas. 私の邪魔をしないで．
ヌ　ム　デランジェ　パ

名言名句・諺

♠ 千里の道も一歩から．直訳は「人は一歩一歩遠くに行く」の意味．着実な努力を良とする諺ですね．「雨だれ石を穿つ」La goutte d'eau finit par creuser le roc. も類義です．

―― **発展・補注** 命令文の強調

命令を強めるために，副詞の donc が用いられることがあります．

例 **Taisez-vous donc !**
お黙りなさいったら！

＊donc は，疑問文や命令文とともに使われると［ドンク］ではなく［ドン］と発音される点にもあわせて注意したい．☞ p.378

また，aller + inf. の形で動詞を強めるパターン ☞ p.127 を用いて，否定命令を強める用法もあります．

例 **Ne va pas croire que je suis content(e) !**
私が満足しているなんてまさか思わないでよ！

◆ 49 ◆ 副　詞

　副詞は修飾語と呼ばれ，動詞・形容詞などを補足・説明する語です．性・数一致しない不変化語．

〔1〕副詞の働きと置き位置 adverbe ⑤④ (☞ Q & A p.398)

(1) 動詞の修飾（一般に動詞の直後に）
　　Il marche *lentement*.　彼はゆっくり歩く．
　　　イル　マルシュ　ラントゥマン
　　＊複合形のときは過去分詞の前に置かれます（綴り字の短かい副詞が中心）．

(2) 形容詞の修飾（一般に修飾する形容詞の直前で）
　　Elle est *très* gentille.　彼女はとても親切です．
　　　エレ　　エ　　トレ　ジャンティーユ

(3) その他の副詞の修飾（一般に修飾する副詞の直前で）
　　Papa se lève *très* tôt.　パパはとても早く起きる．
　　　パパ　ス　レーヴ　トレ　トー

(4) 文の修飾（通常は文頭に置かれる）
　　***Malheureusement*, je suis occupé(e).**
　　　マルルーズマン　　　ジュ　スュイゾキュペ
　　　　　　　　　　　　あいにく私はとても多忙です．

〔2〕副詞の意味上の種類

(1) 場所の副詞の例 ④

ici [イスィ] ここに	**là** [ラ] あそこに
devant [ドゥヴァン] 前に	**derrière** [デリエール] 後ろに
près [プレ] 近くに	**loin** [ロワン] 遠くに

＊devant, derrière は前置詞の用法もあります．〈Passez devant.〉[パッセ ドゥヴァン]「どうぞお先に」なら副詞，〈Il y a un arbre devant l'église.〉[イリア アンナルブル ドゥヴァン レグリーズ]「教会の前に木がある」なら前置詞です．

　　Il habite près de la gare.　彼は駅の近くに住んでいる．
　　　イラビットゥ　プレ　ドゥラ　ガール

名言名句・諺

58. Le point de vue le plus simple est toujours le meilleur.

49 副詞

☞ p.377

発展・補注 副詞を副詞句に置き換える

たとえば，clairement「はっきり」は，次のような副詞句で書き換えられます。
(1) 〈avec +（抽象）名詞〉の形で． → avec clarté
(2) 〈de façon [d'une façon] + 形容詞〉あるいは〈de manière [d'une manière] + 形容詞〉を用いて． → de façon claire, de manière claire
　＊(2)の不定冠詞は徐々に省かれる傾向にあります．

(別例)"副詞（-ment）→副詞句"
　　　attentivement　　→ avec attention（注意深く）
　　　continuellement　→ sans cesse（絶えず）
　　　finalement　　　→ à la fin（ついに）
　　　heureusement　　→ par bonheur（幸運にも）
　　　malheureusement → par malchance（運悪く）
　　　réellement　　　→ en réalité（現実に）
　　　sincèrement　　 → en toute sincérité（心から，誠実に）

(2) 時・頻度の副詞の例（状況補語（☞ p. 150）でもある）. 5

> **maintenant** [マントゥナン] 今　**demain** [ドゥマン] 明日
> **aujourd'hui** [オージュルデュイ] 今日　**hier** [イエール] 昨日
> **ce matin** [ス マタン] 今朝
> **toujours** [トゥジュール] いつも　**souvent** [スヴァン] しばしば
> **de temps en temps** [ドゥタンザンタン] ときどき

　Tu es toujours en retard.　君はいつも遅刻だ.
　トゥ エ トゥジュール アン ルタール

(3) 様態の副詞の例 5 4

> **bien** [ビィヤン] よく　**mal** [マル] 悪く
> **vite** [ヴィットゥ] 速く　**lentement** [ラントゥマン] ゆっくり
> **ensemble** [アンサンブル] 一緒に

　Il parle mal l'anglais.　彼は英語を話すのが下手だ.
　イル パルル マル ラングレ

(4) 量・程度の副詞の例（数量副詞（☞ p. 214）） 4 3

> **environ** [アンヴィロン] およそ　**à peine** [ア ペーヌ] わずかに
> **tout à fait** [トゥタフェ] まったく

　Nous sommes tout à fait de ton avis.
　ヌ ソム トゥタフェ ドゥ トナヴィ
　　　　　　　　　　　　私たちは君とまったく同意見です.

(5) 推定の副詞の例 5 4

> **peut-être** [プテートゥル] たぶん, もしかすると
> **sans doute** [サン ドゥットゥ] おそらく, きっと

▶ **Tu peux venir ?** 来られるかい？　▷ **Peut-être.** たぶんね.
　テュ プー ヴニール　　　　　　　　　プテートゥル

名言名句・諺

♣ **もっともシンプルな観点がつねにもっともすぐれている.** 喜劇王と呼ばれたチャーリー・チャップリンの言葉.「笑い」の奥義は簡明さにあるのですね.

49 副詞

基礎チェック　toujours

toujours は，頻度を表して「いつも」という意味の語（英語の *always*）．でも，英語の *still*「あいかわらず，いまだ」を意味するケースがあり，これが意外に盲点です．

> 例　**Il boit toujours son café sans sucre.**
> 彼はいつも（= **tout le temps, chaque fois**）砂糖なしでコーヒーを飲む．
> **Il habite toujours à Londres.**
> 彼はあいかわらず（= **encore maintenant**）ロンドンに住んでいます．

なお，toujours「（持続）あいかわらず；（頻度）いつも」と否定の組み合わせにも注意したい．　☞ p.360

> 例　あいかわらず（まだ）〜ない
> **Il n'est toujours pas là.**　彼はまだ来ていない．← **pas encore**
> いつも〜とは限らない（部分否定）
> **Il n'est pas toujours là.**　彼はいつもいるとは限らない．

発展・補注　確実性の順番

「きっと」「たぶん」という語の確実性（実現の確率）のおおよその目安は以下のような順になります．

　　sans aucun doute　　「疑いなく」100%
　< sans doute　　　　　「きっと，おそらく」90%
　< probablement　　　　「多分」80% 以上
　< peut-être　　　　　　「もしかすると，ことによると」30〜50% 程

＊かつては sans doute も「疑いなく」の意味で用いられましたが，現在では確実性がさがった表現になっています．なお，この表現が文頭に置かれると以下のように倒置されることが多い．

> 例　彼女はきっと今晩戻ってきます．
> **Elle reviendra sans doute ce soir.**
> → **Sans doute reviendra-t-elle ce soir.**

＊ peut-être は文字通り（英語の *maybe* のように），ある事柄が「あり得る（可能性はある）」という意味．つまり，事柄が現実化する可能性があるという含意です．「たぶん（大丈夫）」と言いたいときには，sans doute, probablement を用いるのが通例です．日本人は peut-être という曖昧な語を多用しすぎると言われます．

発展・補注　副詞 + que + ［直説法］

文全体にかかる副詞（文修飾副詞あるいは文副詞と呼ぶ）のなかに，会話で〈que + 直説法〉をしたがえるものがあります．

> 例　**Peut-être [Sans doute, Probablement] qu'il ne pense pas comme toi.**
> ひょっとすると［たぶん，きっと］彼は君のようには考えないだろう．
> **Bien sûr qu'elle viendra tout de suite !**
> もちろん彼女はすぐ来るよ．

◆ 50 ◆ 重要動詞

　これまでに本書内（補遺を含む）で直説法現在の活用について触れた動詞は，都合，27動詞になります．しかし，これまでにとりあげなかった動詞にも，頻度の高い大切な動詞があります．そこで，以下，初級レベルで覚えておきたい必要最低限の動詞を巻末の『動詞活用表』の表番号で指示し，例文を付しますので，必要に応じてご参照ください（なお，これまで見た文法ができるだけ複数登場するように例文を作りましたので，初級レベルの文法の確認にもなるはずです）．

◇ 頻度の高いその他の重要動詞 ④ ③

23　**ouvrir** ［ウヴリール］開く

Ouvre-moi la porte, s'il te plaît.　ドアを開けてください．
　ウーヴル　モワ　ラ　ポルトゥ　スィル　トゥ　プレ

◆ 直説法現在の活用が第１群動詞に準ずる変わり種．命令法２人称単数で〈s〉をつけない動詞です．（☞ p. 226）

28　**rendre** ［ラーンドゥル］返す；〔６文型（☞ p. 152）〕A（目的語）を B（属詞）にする

Je sais rendre ma vie agréable.
ジュ　セ　ラーンドゥル　マ　ヴィ　アグレアーブル
　　　　　　　　　　　　　　　　　　　人生を楽しくするすべを知っている．

＊prendre 29 の活用と混同しないこと．

32　**dire** ［ディール］言う

Je te le dis quand même : je t'aime.
ジュ トゥル ディ　カン　メム　ジュ テーム
　　　　　　それでも君にこう言おう，愛しているよ．（シャンソンの歌詞）

＊補語人称代名詞を２つ重ねた例．（☞ p. 202）この表現では le（それを）＝je t'aime の構造になっています．

33　**lire** ［リール］読む　　40　**écrire** ［エクリール］書く

Cet enfant sait déjà lire et écrire.
セッタンファン　セ　デジャ　リール　エ　エクリール
　　　　　　　　　　　　　その子どもはすでに読み書きができます．

名言名句・諺

59. Je suis actrice pour pouvoir vivre mille vies.

基礎チェック　rendre と同じ活用

巻末の動詞活用表 28 rendre と同じ活用をする代表的な動詞（日常頻度の高いもの）には以下のようなものがあります．

attendre, entendre, descendre, répondre, perdre, vendre

ひとり言　いくらなんでも？

動詞 dire を用いる On dit que の表現は，英語の *They say that, People say taht*「～だと言われている」の意味で使われる言いまわしですが，最近手にした「単語集（2010年刊）」にこんな例文を見つけました．そのまま書き写してみます．

On dit que les vaches aiment regarder passer <u>pour</u> les trains.
牛は電車を通るのを見るのが好きと言われている．（pour は不要）

事実か否かは知りませんが，この例文を真顔で口にすることがあるでしょうか？　またこんな例もありました．

J'ai des trous à mes chaussettes.
ぼくの靴下には穴があいている．

des trous とわざわざ「穴」は「複数」になっています．"ふつうは捨てるだろ！"とつっこみたくなる！　えっ，なりません？

*〈savoir＋不定法〉「〜できる」の意味ですが，pouvoir「〜できる」との違いは？（☞ p. 220）

36 plaire [プレール]（人の）気に入る

De l'eau minérale, s'il vous plaît.
ドゥ ロー ミネラル スィル ヴ プレ
　　　　　　　　　　　　　　　ミネラルウォーターをください．

*直説法現在の3人称単数の活用〈plaît〉の綴りに注意．〈s'il vous plaît.〉は英語の *please* →〈*if it pleases you*〉と同じ表現で，「依頼，勧告」などで幅広く用います．

41 boire [ボワール] 飲む；（酒を）飲む

Elle boit et fume.　　彼女は酒もタバコもやります．
エル ボワ エ フュム

*boire は「（液体を）飲む」こと，prendre は「（広く一般に）飲食する：（薬を）飲む」こと．

43 connaître [コネートゥル]（人・場所を）知っている

Vous connaissez Sophie ?　ソフィーをご存じですか？
ヴ コネッセ ソフィー

*connaître は「（人・場所を）知っている」あるいは「物事を知っている」の意味．前者の意味では savoir は使いません．（☞ p. 220）接続詞 que, si で導かれる文章，不定法をともなう表現は savoir のみ可．

45 croire [クロワール] 思う，（話，言葉を）信じる

Ne croyez pas cette dame.
ヌ クロワイエ パ セットゥ ダム
　　　　　　　　　　　　あの女性の言うことを信じてはいけません．

*否定命令文です．（☞ p. 228）

47 mettre [メートル]（物を）置く：着る

Mets ton manteau !　　コートを着なさい．
メ トン マントー

*2人称単数の命令文でも〈s〉を省きません．

57 voir [ヴォワール] 見る，見える

On voit la mer de cette fenêtre.　あの窓から海が見える．
オン ヴォワ ラ メール ドゥ セットゥ フネートゥル

名言名句・諺

♥私が女優なのは千の人生を生きられるからよ．女優エマ・ドゥ・コーヌのお言葉でございます．

50 重要動詞

発展・補注 「飲む」という表現あれこれ

「液体を飲む」を意味する動詞は boire, prendre. が使われますが，boire は目的語なしであれば，通常，「酒を飲む」の意味になります．

例 **Je ne bois pas.** 酒は飲みません．

ついでに，ほかの「飲む」も記憶したいですね．たとえば，「スープを飲む」場合には manger de la soupe を使います（英語が *eat soup* であるように，そもそもスープは液体ではなく，その液に浸したパンを意味することから）．また，犬や猫が「ミルクを飲む」場合には laper du lait という言い方をします．laper は「舌をぺちゃぺちゃ鳴らして飲む」ことを表す語です．また，téter sa mère は「母乳を飲む（母乳を吸う）」という意味になり，「薬を飲む」は prendre un médicament が通例です．

基礎チェック connaître「（場所を）知っている」

たとえば，Tu connais Kyoto?「京都を知ってる？」という問いは，知識としてその場所を知っているというニュアンスではなく，「京都に行ったことはある？」Tu es déjà allé(e) à Kyoto ? の意味．

connaître と同じ活用をするのは，reconnaître, paraître, apparaître, disparaître など．なお，1990年のアカデミーフランセーズで承認された新つづり字では，これらの動詞のアクサン記号（ˆ）は書かなくてもよいことになっていますが，省くと注意されることがままあります．

基礎チェック 「着る」「着ている」

mettre は着衣の動作を示す語．こんな使い方をします．

mettre son chapeau	「帽子をかぶる」	→ ôter, enlever	「ぬぐ」
mettre ses gants	「手袋をはめる」	→ retirer	「ぬぐ」
mettre ses chaussures	「靴をはく」	→ ôter, enlever	「ぬぐ」

なお，「着ている」=「（衣服を）身につけている」という状態なら porter（例：porter des lunettes「メガネをかけている」）を用います．

deux cent trente-sep

◇ 補遺 I ◇　数詞に関する補足

◆**33**■**34**◆ で見た数詞（数形容詞とも呼びます）に関する注意事項や具体的用法をマトメてチェックしていきます．

〔1〕発音上の注意 [5]

(1) 〈基数詞＋名詞〉はひとまとめで発音されます．

J'ai vingt ans.　　　　　私は20歳です．
ジェ　　ヴァンタン

＊vingt ans をリエゾンせずに読むことはありません．

(2) six, huit, dix の語末の子音字は単独で読むときには発音されますが，後ろに子音字が来ると発音されません．（☞ Q & A p.388）

Je dois écrire six lettres.
ジュ　ドワ　エクリール　スィ　レートル

　　　　　　　　　　　6通の手紙を書かなくてはなりません．

(3) huit の語頭は「有音の h」ですので，エリズィヨンはしません．（☞ Q & A p.386）また，onze も同様に母音字省略されませんし，先行の語とのリエゾンも行われません．（☞ Q & A p.390）

le onze janvier　　　　　1月11日
ル　オーンズ　ジャンヴィエ

　　　　　　　　　→（×）l'onze は用いません．

〔2〕基数詞の用法

(1) 数を表します：形容詞的用法 [5]

Il est une heure moins cinq.　1時5分前
イレ　ユヌール　モワン　サンク

Voilà un homme et quatre femmes.
ヴォワラ　アンノム　エ　キャトゥル　ファム

　　　　　　　　　あそこに1人の男と4人の女がいる．

(2) 数字を表します：加減乗除 [4][3]

deux plus trois égale [égalent, font] cinq　2 + 3 = 5
ドゥ　プリュス　トロワゼガル　エガル　フォン　サンク

名言名句・諺

60. Nul n'est prophète en son pays.

補遺 I　数詞に関する補足

基礎チェック　vingt

vingt 20は端数なしなら [vɛ̃] ですが，端数がつくと [vɛ̃t] となります．ただし，この [t] は軽く発音されます．一部の地域（たとえば，ブルゴーニュ地方・Dijon 周辺）では端数なしの vingt でも [t] が読まれます．なお，発音に関係ないつづり字 ⟨g⟩ は，20と同音になる vint「（彼は）来た（直説法単純過去）」と区別するためとされ，ラテン語の viginti に由来するもの．ちなみに「指」doigt もラテン語の digitum に g の語があるために後から添えられた一文字です．

発展・補注　フランス語の加減乗除（四則計算）

・足し算　addition
2＋3＝5　deux et trois cinq　　　　　＊動詞を省いた形もある．
　　　　　deux plus trois égale cinq　　＊égaler は単数のことが多い．
　　　　　deux plus trois font cinq　　 ＊faire は複数にされることが多い．
・引き算　soustraction
5－3＝2　cinq moins trois font deux
・かけ算　multiplication
2×3＝6　deux fois trois font six
・割り算　division
6÷3＝2　six divisé par trois égale deux

(3) 日付・年号 ④

en 2010 2010年に = **en deux mil dix**
アン ドゥミルディス   = **en deux mille dix**

＊西暦年号を表すときだけ，〈mille〉の代わりに〈mil〉を用いるのが通例です．ただし，現用では〈mille〉を使うこともままあります．

〔3〕注意すべき序数詞の用法 ④ ③

(1) すでに触れたように，1番目には premier(ère) を用いますが，21, 31 ... の1の位には unième を用います．

le vingt et unième (XXIᵉ) siècle 21世紀
ル　ヴァンテユニエム　　　　　スィエークル

(2) 建物の「階」étage [エタージュ] を表す序数に注意．

Il habite au premier étage. 彼は2階に住んでいる．
イラビットゥ オ　プルミエ　エタージュ

＊フランス語では1階を rez-de-chaussée [レッドゥショセ] と称します．そのため「1番目の階」が日本語の2階に相当することになり，以下，序数がひとつずれる計算になります．

(3) 分数　原則は〈分子を基数，分母を序数 (s)〉の順で

2/5 → **deux cinquièmes** [ドゥ　サンキエム] 5分の2
ただし，1/2＝**un demi**（あるいは **une moitié**）
　　　　　　アン　ドゥミ　　　　　　　ユヌ　モワティエ

1/3＝**un tiers**　　　　　1/4＝**un quart** と表します．
　　　アン　ティエル　　　　　　アン　カール

〔4〕その他の数詞 ③

(1) 倍数表現の例

double 2倍　　**triple** 3倍　　**quadruple** 4倍
ドゥーブル　　　　トリプル　　　　クワ[カ]ドゥリュプル

＊〈基数詞＋fois [フォワ]〉の表現もあります．

(2) 概数

douzaine 約12（1ダース）　　**vingtaine** 約20
ドゥゼヌ　　　　　　　　　　　　ヴァンテヌ

＊〈基数詞＋aine〉の形で作ります．

名言名句・諺

◆**だれも自分の国では預言者ではない**．マタイによる福音書から．どんなにすぐれていても身内の者から認められることはない，という意味．ルカ伝4-24には，Le prophète n'est bien reçu dans sa patrie. とある．

補遺I　数詞に関する補足

基礎チェック　"序数＋階"について

日米式と仏英式とで建物の階数を言い表すときカウントに差がでますね．たとえば，「2階」を米語なら *second floor* と呼び日本と同じ数え方なのですが，仏語は premier étage と表現し，英語は *first floor* として，数字に1階分のズレが生じます．そこで日本式の数え方で混乱を生まないように，フランス語を母語とする相手に対して「日本式の3階」troisième étage à la japonaise（＝ deuxième étage à la française）といった言いまわしを使うことがあります．

発展・補注　さらにプラス，倍数表現

5倍〜10倍は〈-uple〉が添えられ，順に quintuple, sextuple, septuple, octuple, nonuple, décuple（8倍，9倍はあまり用いない）と続き，つぎに20倍 vingtuple, 100倍 centuple となります．

　例　2の10倍　**le décuple de deux**

また décade「10日間」を意味する女性名詞もあります．ただし，左ページにあるように〈x fois〉の言い方を用いれば，簡単に倍数は増やせます．

　例　2倍 **deux fois**，3倍 **trois fois** ... 1000倍 **mille fois**

基礎チェック　〜ぐらい

-aine を用いた「〜ぐらい」「約〜」を表す概数は 8, 10, 12, 15, 20, 30, 40, 50, 60 と 100 で使われます．

　例　10ぐらい　　　　**dizaine**
　　　10ぐらいの〜　　**une dizaine de ...**

　例　彼女は30歳ぐらいです．
　　　Elle a la trentaine. ＝ **Elle a à peu près 30 ans.**

　＊ただし，上記の la trentaine と年齢に概数を用いた表現を使うケースは，相手が30歳以上である場合に限られます．

また，概数によってくせがあり，huitaine, quinzaine は「日数」に使われるのが通例（huit jours ＝ une semaine, quinze jours ＝ deux semaines となることから）ですし，douzaine は「約12, 10いくつか」の意味と「12（1ダース）」の意味で分けて使われます（「約6, 半ダース」demi-douzaine という語もあります）．

　例　**Il y a une douzaine de personnes.**　＝ environ douze
　　　Elle a acheté une douzaine d'œufs.　＝ douze

deux cent quarante et un

◇ 補遺 J ◇　疑問詞・特殊な比較級・最上級

ここでは，疑問詞 interrogatif に対する追記と比較・最上級の特殊形について見ていきます．

〔1〕疑問詞（疑問副詞・形容詞・代名詞）について

(1) 通常の置き位置は文頭です．しかし，会話では必ずしも文頭に置かれるケースばかりとは限りません．⑤
　　たとえば，「何歳ですか」とたずねる疑問文の場合，

Quel âge avez-vous ? でも **Vous avez quel âge ?**
ケラージュ　アヴェ　ヴ　　　　　　ヴザヴェ　　ケラージュ

と疑問詞を後ろに置く形でも両方許容されます．

(2) 疑問詞に前置詞をともなう表現にも注意が必要です．⑤

A quelle heure te lèves-tu ?　何時に起きる？
ア　ケルール　トゥ　レーヴ　テュ

＊たとえば，〈(Je me lève) à sept heures.〉「7時に(起きる)」の下線部分を打診するのですから，前置詞 à が必要になります．

D'où venez-vous ?　　　　どこからいらしたのですか？
ドゥ　ヴネ　ヴ　　　　　　　　＝(出身) お国はどちらですか？

＊英語なら〈*Where do you come from?*〉となる表現ですが，フランス語は疑問詞の前に前置詞を置きます．

(3) 「疑問詞＋不定法」の表現 ④③
　　不定法の動詞的用法と呼ばれる形で，下記の例のように，主語なしで使われる用法があります．(☞ p.338)

Que faire ?　　　　　どうしたらいいのか？
ク　フェール

Comment dire ?　　　どう言ったらいいのか？
コマン　ディール

＊話者のとまどい，迷いを表わす疑問文のケースです．

名言名句・諺

61. Il ne faut pas apprendre aux poissons à nager.

補遺J　疑問詞・特殊な比較級・最上級

基礎チェック　「年齢」に関する言いまわし

「年齢」に関して頻度の高い表現をいくつか見ておきましょう．

☐ 私たちは同い年です．
　Nous avons le même âge.
　= **Nous sommes du même âge.**

☐ 彼は私より2歳年上［年下］です．
　Il a deux ans de plus [moins] que moi.
　= **Il est plus âgé [moins âgé] que moi de deux ans.**

☐ 僕たちはだいぶ年が違います．
　Il y a une grande différence d'âge entre nous.

☐ 彼は年相応に見える．
　Il paraît son âge.
　= **Il porte bien son âge.**

☐ 彼女は歳よりも若く見えます．
　Elle paraît plus jeune que son âge.
　= **Elle fait jeune./ Elle ne fait pas son âge.**

☐ 彼（彼女）はいくつに見えますか？
　Quel âge lui donnez-vous ?

〔2〕比較級・最上級の特殊な形

原級	優等比較級	優等最上級
bon	meilleur(e) [メィユール]	定冠詞＋meilleur(e)
bien	mieux [ミュー]	le mieux
mauvais	pire [ピール]	定冠詞＋pire
petit	moindre [モワーンドゥル]	定冠詞＋moindre
beaucoup	plus [プリュ]	le plus
peu	moins [モワン]	le moins

(1) bon の優等比較級は通常，上記の形を用います．4 3

Ce vin est meilleur que celui-là.
<small>ス ヴァン エ メィユール ク スリュィ ラ</small>
このワインはあれよりも良い．

＊上記の例文を plus bon とはしません．ただし，bon と他の形容詞を比較する文や成句の一部では優等比較でも plus bon を使います．

Ce restaurant est plus ou moins bon.
<small>ス レストラン エ プリュズモワン ボン</small>
このレストランはまあまあおいしい．

(2) bien の優等比較級には mieux を使います．4

Elle sait mieux nager que moi.
<small>エル セ ミュー ナジェ ク モワ</small>
彼女は私よりも上手に泳ぐ．

(3) pire, moindre は比喩的・抽象的な意味を表すときに使われます．通常は plus mauvais, plus petit の形を用います．3 2

Elle est plus petite que moi.
<small>エレ プリュ プティットゥ ク モワ</small>
彼女は私よりも背が低い．

Le moindre bruit me dérange.
<small>ル モワーンドゥル ブリュィ ム デランジュ</small>
ほんの微かな音でも私の邪魔だ．

(4) beaucoup, peu の比較級・最上級を優等（劣等）比較・最上級を構成する副詞 plus, moins と混同しないように．3 2

Il travaille plus que toi.
<small>イル トラヴァィュ プリュ(ス) ク トワ</small>
彼は君よりもよく(多く)勉強する．

名言名句・諺

♠魚に泳ぎ方を教えるなかれ．素人が専門家に口出しする愚を戒めたもの．Il ne faut pas parler latin devant les cordeliers.「修道士の前でラテン語はしゃべるな」も同意になります．「釈迦に説法，孔子に悟道」が類句．

発展・補注　le moindre の訳

petit の優等比較 moindre の次のような表現には注意が必要です．

例　**Si elle avait le moindre bon sens !**
　　彼女にほんの少しでも良識があればなあ！
＊最上級が「どんな～でも」のニュアンスを帯びるケース．

例　**Il n'a pas le moindre doute.**
　　彼にはなんら疑わしい点はない．
＊否定で「なんらの～もない」となる例．

発展・補注　注意したい plus que の表現

〈plus que〉のうしろには，たとえば，Elle mange plus que je (ne) croyais．「彼女は私の思っていた以上に食べる」（虚辞の ne を入れるのは文章語）と文も置けます．また，注意を要する言いまわしがあります．

例　**La situation est plus que grave.**
　　状況は実に深刻だ．
　　→〈plus que ＋ 形容詞（副詞）〉で「非常に～だ」の意味．
　　Je veux être plus qu'un simple professeur.
　　わたしは単なる教師以上の存在になりたい．
　　→〈plus que ＋ 人〉で「～以上の者（～にとどまらない存在)」の意味．

◆ 51 ◆ 法と時制

　ここからは動詞が大きな軸になります．そこで，その基本となる「法」と「時制」について簡単にマトメをしておきます．例文の多くは文法の先どりなのですが，フランス語の全体像を理解するための前提となるものです．

〔1〕 法 mode

(1) **直説法** mode indicatif は現在の事柄を現在で表し，過去の行為を過去で表すという，客観的な事象を表す法です．5 4

　　Il *est né* à Paris en 1960.　彼は1960年パリに生まれた．

(2) **条件法** mode conditionnel は非現実の仮定・推測，過去における未来，語気緩和などを表す法です．4 3

　　S'il faisait beau, j'*irais* en promenade.
　　　　　　　　　　　　晴れていれば，散歩にでかけるのに．

(3) **接続法** mode subjonctif は話者の主観的・感情的な事柄を表す法です．3

　　Je souhaite que tu *réussisses* ton examen.
　　　　　　　　　　　　君が試験に合格するよう祈っています．

(4) **命令法** mode impératif は命令はもちろん，希望なども表す法です．5 4

　　N'*ayez* pas peur !　心配しないで（怖がることはありません）．

(5) **不定法** mode infinitif は性・数・法などの観念を持たず，名詞的な働きや動詞的な働きをする法．辞書に載っている形，活用以前の原形のことです．3

　　Voir Naples et *mourir*.　《諺》ナポリを見て，死ね．

名言名句・諺

62. Il n'y a pas de roses sans épines.

246　deux cent quarante-six

51　法と時制

基礎チェック　mode と temps（= tense）

簡単に言えば話し手の事象をとらえる態度・姿勢が「法」と呼ばれるもの，事象を時間のなかで把握する手だてが「時制」です．

基礎チェック　法の意味

下記の A・B の電話での会話から venir を例に「法と時制」を考えてみましょう．

A : Viens !
B : Je viendrais si je le pouvais, mais je ne peux pas venir.
A : Ton ami est venu. Il faut que tu viennes.
B : D'accord, je viens tout de suite.

A が「おいで」と誘います．最初に使われているのは venir の命令法（命令や希望を表す）ですね．すると，B は条件法（仮定的な事象，実現の疑わしい動作を表す）で「できれば行きたいんだけど」（venir は「(相手 A) のところに"行く"」の意味）と応じ，さらに，不定法（動詞 venir を名詞化する）を用いた文で「(でも) 行けないんだ」と言葉を添えます．相手 A は，分詞法（時制は複合過去）で venir を形容詞化して「おまえの友だちは来てるよ」と返事をし，接続法（現実性は別にして，話者の頭のなかで考えられた主観的な事柄を表す）を用いて「ぜひ，おいでよ」と追い打ちをかけます．最後に B は折れて，venir の直説法（実現される動作）で「わかったよ，すぐに行く」と返答しました．

(6) **分詞法** mode participe は行為「～している；～した」を表して，名詞を修飾して形容的に使われます．副詞的用法もあります． ④③

Il y a beaucoup d'étudiants *apprenant* le français.
　　　　　　　　　　　フランス語を学んでいる学生がたくさんいます．

〔2〕 **時制** temps

上記 (1) 〜 (6) にはそれぞれ下記の時制があります．

(1) **直説法**には助動詞を用いない**単純時制** temps simple として，すでに見た**現在** présent の他に，**単純未来** futur simple ④ (☞ p.290)，**半過去** imparfait ④③ (☞ p.278)，**単純過去** passé simple ② (☞ p.350) があります．

助動詞 (être / avoir) とともに時制を作る**複合時制** temps composé として，**複合過去** passé composé ④ (☞ p.250)，**前未来** futur antérieur ③ (☞ p.294)，**大過去** plus-que-parfait ③ (☞ p.286)，**前過去** passé antérieur ③② (☞ p.352) があります．

(2) **条件法**には**現在** présent ④③ (☞ p.310) と**過去** passé ④③ (☞ p.314) があります．

(3) **接続法**には**現在** présent ③ (☞ p.330)，**過去** passé ③② (☞ p.334)，**半過去** imparfait (☞ p.336)，**大過去** plus-que-parfait (☞ p.336) があります（接続法の半過去・大過去は仏検では扱われません）．

(4) **命令法** ⑤④ と (5) **不定法**には**現在** présent ③（単純形とも呼ばれます）(☞ p.338) と**過去** passé（複合形とも呼ばれます）(☞ p.340) とがあります．

(6) **分詞法**には**現在** présent ④③ (☞ p.302) と**過去** passé ④③ (☞ p.252) があります．

名言名句・諺

♣**刺（とげ）のない薔薇はない．** Nul plaisir sans peine.「苦労なくして楽しみはなし」と同意．

51 法と時制

―― **発展・補注** 仏英時制の直説法簡易対照表

フランス語	英語
現在	現在／現在進行形／現在完了（継続）
Je pense, donc je suis.	I think, therefore I am.
De quoi parlez-vous ?	What are you talking about ?
Marie y habite depuis deux ans.	Mary has lived there for two years.
aller + inf.（近接未来）	be going to
Il va neiger.	It's going to snow.
venir de + inf.（近接過去）	現在完了（完了）／過去
Il vient d'arriver à Narita.	He has just arrived to Narita.
	He arrived to Narita just now.
複合過去	過去／現在完了（完了・経験）
Elle est arrivée hier matin.	She arrived yesterday morning.
Le dernier train est déjà parti.	The last train has already left.
J'ai été deux fois à Paris.	I've been to Paris twice.
半過去	過去進行形／過去／used to
Il regardait la télé dans le salon.	He was watching TV in the living room.
Il y a deux ans, il était étudiant.	Two years ago, he was a student.
Elle allait souvent à l'église.	She often used to go to church
大過去	過去完了
Le bus était déjà parti.	The bus had already left.
単純過去	過去
Napoléon Ier mourut en 1821.	Napoleon I died in 1821.
単純未来	未来
Il sera professeur dans un an ?	Will he be a teacher in a year ?
前未来	未来完了
Il sera déjà parti à midi.	He will already have left at noon.

deux cent quarante-neuf

◆ 52 ◆ 複合過去 ①

過去（正式には直説法複合過去と称されます．なお，書き言葉に使われる単純過去（☞ p.350）という形もあります）の文章を組み立てるには，avoir と être の直説法現在の活用形（☞ p.98）と過去分詞を使います．

> (1) **avoir** （直説法現在の活用形）+**過去分詞**
> (2) **être** （直説法現在の活用形）+**過去分詞**

(1) はすべての**他動詞**と**大半の自動詞**に，
(2) は**往来発着・移動のニュアンスを持つ自動詞**とすべての**代名動詞**（☞ p.258）で用います．
なお，avoir, être は助動詞という扱いになります．

〔1〕複合過去の活用 passé composé de l'indicatif ④

上記のパターンを2つの動詞（parler / aller）を例に確認していくことにします．
(1) 助動詞に〈avoir〉をとる例
例：**parler** 話す 過去分詞：**parlé** [パルレ]

j'ai parlé ジェ パルレ	nous avons parlé ヌザヴォン パルレ
tu as parlé テュ ア パルレ	vous avez parlé ヴザヴェ パルレ
il a parlé イラ パルレ	ils ont parlé イルゾン パルレ

＊不定法が〈-er〉の語尾で終わる動詞の過去分詞は〈-é〉の形になります．詳しくは，p.256 を参照ください．
(2) 助動詞に〈être〉をとる例
例：**partir** 出発する 過去分詞：**parti** [パルティ]

名言名句・諺

63. Peu m'importe si tu m'aimes.

52　複合過去 ①

---基礎チェック　"「〜に向けて」出発する"

「(目的地 A に向けて) 出発する」と表現するには，〈partir pour + A〉という形が用いられます．たとえば，「フランスに向けて」なら partir pour la France，「パリに向けて」なら partir pour Paris となるわけです．これを partir en France, partir à Paris とするのは正しくないとされます．しかしながら，実際，後者の言いまわしが日常的に頻繁に用いられています．文法は生きものですから．

---基礎チェック　être のお家　☞ p.253

je suis parti(e) ジュ スュイ パルティ	nous sommes parti(e)s ヌ ソム パルティ	
tu es parti(e) テュ エ パルティ	vous êtes parti(e)(s) ヴゼットゥ パルティ	
il est parti イレ パルティ	ils sont partis イル ソン パルティ	
elle est partie エレ パルティ	elles sont parties エル ソン パルティ	

　助動詞に être を用いる場合には，**過去分詞が主語の性・数に一致**します．つまり，主語に応じて，女性の場合には〈e〉を複数の場合には〈s〉を付けなくてはなりません．

◆ 助動詞に être をとる自動詞の例（☞ Q & A p.414）

aller	[アレ]	行く	venir	[ヴニール]	来る
arriver	[アリヴェ]	到着する	partir	[パルティール]	出発する
entrer	[アントレ]	入る	sortir	[ソルティール]	外出する
monter	[モンテ]	昇る	descendre	[デサーンドゥル]	降りる
naître	[ネートゥル]	生まれる	mourir	[ムーリール]	死ぬ
rester	[レステ]	とどまる	tomber	[トンベ]	落ちる

〔2〕否定文・疑問文の語順 ④

(1) 否定文は下記の語順になります．

> ne (n')＋助動詞 (avoir / être)＋pas＋過去分詞

例：**je n'ai pas parlé**　　　私は話さなかった

(2) 倒置の疑問文は下記の語順になります．

> 助動詞 (avoir / être)－主語＋過去分詞

例：**est-il parti…?**　　　彼は出発しましたか？

　＊否定倒置形は〈ne＋助動詞－主語＋pas＋過去分詞〉の語順をとります．

名言名句・諺

♥あなたの愛があればそんなことはどうでもよい．「愛の讃歌」Hymne à l'amour の歌詞から．エディット・ピアフの歌声もいいが，ジリオラ・チンクエッティのそれも捨てがたい．

52 複合過去 ①

質問
助動詞に être をとる動詞をうまく覚える方法はないですか？

答
日本では「往来発着出入昇降生死」などと表記している例を見たことがあります．これで10個はゲットです．欲張りな方は，英語圏で知られる暗記法として，代表的な動詞の頭の文字17個を並べたこんな人名があります．
「ヴァンデルトランプ博士・夫人」 **Dr. Mrs. Vandertrampp**
D descendre / R rentrer / M monter / R revenir / S sortir
V venir / A arriver / N naître / D devenir / E entrer / R rester / T tomber /
R retourner / A aller / M mourir / P partir / P passer

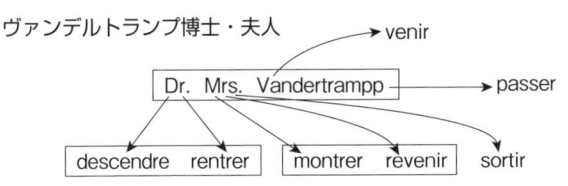

ヴァンデルトランプ博士・夫人
　　　　　　　　　　　　　　　→ venir
　　　Dr. Mrs. Vandertrampp　　→ passer
　　　↓　　↓　　　↓　　↓
　descendre rentrer　montrer revenir　sortir

ちなみに，イラストでは〈la maison d'être：être の家〉というものがあります．☞ p.251

発展・補注　avoir, être 2つの助動詞が併用される動詞

たとえば，monter au premier étage「2階にあがる」（助動詞は être）と monter un escalier「階段をあがる（上る）」（助動詞は avoir）とでは使われる助動詞が変わります．これは自動詞・他動詞の差です．ただし，自動詞・他動詞のくくりでは語れない例もあります．

- 例　**Les temps ont bien changé.**
  世の中はすっかり変わった．
  ＊複合過去．下記の文とは形が違う．
- 例　**Les temps sont bien changés.**
  世の中はすっかり変わってしまった．
  ＊変化の状態を強調する文になります．なお，これは〈être + changé(e)（形容詞）〉という観点からも切りとれます．

また，助動詞の違いで意味がまるで変わる例もあります．

- 例　**Il a demeuré longtemps à Dijon.**
  彼は久しくディジョンに住んでいた．
  ＊demeurer は「居住する」の意味．
- 例　**Il est demeuré silencieux toute la journée.**
  彼は一日中黙っていた．
  ＊demeurer は「〜のままでいる」「とどまる」の意味．

◆ 53 ◆ 複合過去 ②

　複合過去の用法は細かく分類していきますと日常会話での前未来（☞ p.294）の代用や単純過去（書き言葉）の拡大的な用法（現在では書き言葉でも複合過去が使われています．なお，1991年からフランスのリセでは授業で単純過去（☞ p.350）を扱っていません）など，多岐に渡りますが，実用的な意味で必要な主な用法は下記の2つです．

〔1〕複合過去の主要な用法 ④

(1) 時間的な継続のない一時的な過ぎ去った過去の行為「～した」（点的な過去）を表します（話されている現在を含む時期に行われた行為，たとえば，「今日・今月・今年」といった単語とともに表現される「～した，だった」も包含します）．

　　Il a regardé la télé hier soir.　彼は昨晩テレビを見た．
　　Il n'a pas fait froid aujourd'hui.　今日，寒くはなかった．

(2) 現在において完了した行為「～してしまった」（英語の現在完了の完了・結果）・現在までに経験した行為「～したことがある」（経験）を表します．

　　＊英語の現在完了の継続には直説法現在を用います．（☞ p.154）

　　Paul est sorti vers midi.
　　　　　　　　　　　ポールは昼頃出かけました（今，いません）．
　　N'es-tu jamais allé(e) à Paris ?
　　　　　　　　　　　君はパリへ行ったことがないのですか？

〔2〕過去分詞の作り方 ④

　語尾の形に着目すると -é, -i, -u, -s, -t の5つの形があります．それを動詞（不定法）とのつながりで整理してみることにしましょう．

名言名句・諺

[**64. Cherchez la femme !**

はみだし　複合過去の台頭

A. Camus の『異邦人』L'Etranger はこうはじまります.

  Aujourd'hui, maman est morte. Ou peut-être hier, je ne sais pas.

ここに使われた複合過去は，フランス文学の記念碑的な役割をになったものと言えます（『異邦人』はモノローグに終始する小説ですが，単純過去は都合6ヶ所にしか使われていません）．従来の単純過去を捨てた意欲的な出だしであったからです．また，M. Proust の『失われた時を求めて』A la Recherche du temps perdu に使われている冒頭の複合過去も忘れがたいものです.

  Longtemps, je me suis couché de bonne heure.

この作品では『異邦人』とは違って，客観化された第三者的な je をめぐっては単純過去が頻用されます．しかしながら，長編小説の巻頭を飾るこの複合過去が支える一文は，いわば壮大な交響曲の基準音（*A sound*）を形作っている貴重な時制です．言うなれば，のっけから読み手の力量が試される作品と言えそうです．私感を記すならば，この一文を「～のであった」と訳すとすると全体のリズムがゆらぐことになります．習慣・反復を含意する表現ですが半過去とは微妙に違うものだからです．「長い間，まだ早い時間から私は床に就いた」，あたりの訳になるのではないでしょうか．

- 第1群規則動詞（aller を含む）→ **-é**
  - ⑦ parler　話す　→ **parlé**　［パルレ］
  - ⑯ aller　行く　→ **allé**　［アレ］
- 第2群規則動詞 → **-i**
  - ⑰ finir　終わる　→ **fini**　［フィニ］
  - ⑰ choisir　選ぶ　→ **choisi**　［ショワズィ］
- 基本不規則動詞：**avoir / être** → 特殊
  - ① avoir → **eu**［ュ］　② être → **été**［エテ］
- 第3群不規則動詞

  -ir 型の大半 → **-i** / **-ir** 型の一部 → 例外
  - ⑱ sortir　外出する　→ **sorti**　［ソルティ］
  - ⑱ partir　出発する　→ **parti**　［パルティ］
  - ㉑ venir　来る　→ **venu**　［ヴニュ］
  - ㉕ mourir　死ぬ　→ **mort**　［モール］

  -oir 型の大半 → **-u**
  - ㊴ pouvoir　できる　→ **pu**　［ピュ］
  - ㊼ voir　見る　→ **vu**　［ヴュ］

  -re 型動詞 → **-u**・**-r**・**-t** など
  - ㉙ prendre　とる　→ **pris**　［プリ］
  - ㊼ mettre　置く　→ **mis**　［ミ］
  - ㉜ dire　言う　→ **dit**　［ディ］
  - ㉛ faire　する　→ **fait**　［フェ］
  - ㉝ lire　読む　→ **lu**　［リュ］
  - ㉘ vendre　売る　→ **vendu**　［ヴァンデュ］
  - ㊹ naître　生まれる　→ **né**　［ネ］（特殊）

*過去分詞の用法：複合過去などの複合時制を作ったり，受動態を作る（☞ p. 298）だけでなく，形容詞として働きます．
　① 他動詞の過去分詞：受動的な意味　② 自動詞の過去分詞：完了の意味
　① C'est un film apprécié.　（これは）高く評価されている映画です．
　② Ses yeux sont rougis par les larmes.　彼(女)の目が涙で赤くなった．

名言名句・諺

◆**女を探せ！**　コナン・ドイルが創造した名探偵シャーロック・ホームズもこのフランス語を使う．「犯罪の陰に女あり」のこと．18世紀のパリの警視総監が口にした言葉だといわれています．

53 複合過去 ②

基礎チェック　過去分詞（アルファベ順）一覧表

過去分詞一覧（不定法 ABC 順）　＊助動詞に être をとる動詞

aimer	**aimé**	＊ mourir	**mort**
＊ aller	**allé**	＊ naître	**né**
apprendre	**appris**	offrir	**offert**
asseoir	**assis**	ouvrir	**ouvert**
attendre	**attendu**	＊ partir	**parti**
avoir	**eu**	peindre	**peint**
boire	**bu**	permettre	**permis**
choisir	**choisi**	plaire	**plu**
comprendre	**compris**	pleuvoir	**plu**
conduire	**conduit**	pouvoir	**pu**
courir	**couru**	prendre	**pris**
couvrir	**couvert**	recevoir	**reçu**
craindre	**craint**	rire	**ri**
croire	**cru**	savoir	**su**
devoir	**dû**	sentir	**senti**
dire	**dit**	＊ sortir	**sorti**
dormir	**dormi**	souffrir	**souffert**
écrire	**écrit**	suivre	**suivi**
entendre	**entendu**	survivre	**survécu**
être	**été**	tenir	**tenu**
faire	**fait**	＊ venir	**venu**
falloir	**fallu**	vivre	**vécu**
finir	**fini**	voir	**vu**
lire	**lu**	vouloir	**voulu**
mettre	**mis**		

◆ 54 ◆ 複合過去 ③（代名動詞）

　代名動詞の複合過去は助動詞に〈être〉を使いますが，再帰代名詞が直接目的補語になる場合には，過去分詞をその補語に性・数一致させなくてはなりません．間接目的補語の場合には性・数の一致は行いません．この点がいささか厄介です．

〔1〕活用　例：**se coucher**「寝る」（活用表 6） 4 3

je me suis couché(e)	nous nous sommes couché(e)s	
ジュ ム スュイ クシェ	ヌ ヌ ソム クシェ	
tu t'es couché(e)	vous vous êtes couché(e)(s)	
テュ テ クシェ	ヴ ヴゼットゥ クシェ	
Il s'est couché	ils se sont couchés	
イル セ クシェ	イル ス ソン クシェ	
elle s'est couchée	elles se sont couchées	
エル セ クシェ	エル ス ソン クシェ	

つまり，下記の語順になります．

> 主語＋se（再帰代名詞）＋être（活用形）＋過去分詞

否定文は，〈se＋être（活用形）〉の部分を **ne (n') … pas** ではさみます．

　例：**je ne me suis pas couché(e)**　　私は寝なかった

また，倒置疑問文の場合には下記の語順になります．

> 再帰代名詞＋être（活用形）＋主語人称代名詞＋過去分詞

　例：**s'est-elle couchée…?**　　　　　彼女は寝ましたか？
　　　ne s'est-elle pas couchée…?　彼女は寝ませんでしたか？

名言名句・諺

65. Il est interdit d'interdire.

54 複合過去 ③（代名動詞）

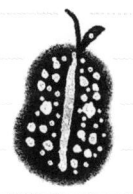

〔2〕直接目的補語との性・数一致 ④③

> (1) se が直接目的補語 → 過去分詞は性・数一致
> (2) se が間接目的補語 → 過去分詞は性・数一致なし

p.224 で触れているように，代名動詞では se（再帰代名詞）が直接の場合と間接の場合とがありますが，前者の場合のみ，過去分詞が直接目的補語（つまりは主語）と性・数一致します．

(1) 再帰代名詞が直接目的補語の例

  Marie s'est levée à six heures ce matin.
         マリーは今朝6時に起きた．

se lever は「自分を起こす → 起きる」の意味となる代名動詞ですから，〈se〉は直接目的補語です．したがって，過去分詞が性・数一致して levé+〈e〉と綴られます．

  Marie s'est levée à six heures ce matin.

(2) 再帰代名詞が間接目的補語の例

  Marie s'est brossé les dents à six heures ce matin.
         マリーは今朝6時に歯を磨いた．

se brosser les dents「自分において（→ 自分の）歯を磨く」となる代名動詞ですから，〈les dents〉「歯を」が直接目的補語で，〈se〉「自分において（自分の)」は間接目的補語となります．したがって，(1) の例文のような性・数一致はしません．

ただし，この文法は煩雑でフランス人でも苦手な人が大勢います．性・数一致する代名動詞の方が数は多いので，原則「性・数は一致する」と覚え，ただし，身体部を付した文章では注意すると考えるのも乱暴ながらひとつの方策と言えるかもしれません．

名言名句・諺

♠ **禁止することを禁止する．** 1968年の「5月革命」の際に，ソルボンヌの壁に張り出されたビラに書かれていた名文句として知られています．権威主義的なあらゆる抑圧的なものへの反抗声明というわけ．

54 複合過去 ③（代名動詞）

―― **質　問** "代名動詞" vs "être + 形容詞"

「結婚してますか？」とたずねるときには何と言いますか？

答　たとえば「僕たちは3年前に結婚した」という文は，代名動詞 se marier「結婚する」（← l'action）を用いて以下のように表現されます．

(1) Nous nous sommes mariés il y a trois ans.

これに対して「ポールは結婚して3年です」という文章なら代名動詞ではなく形容詞 marié(e)「結婚した，既婚の」（← le résultat de l'action）を用いて次のように書きます．

(2) Nous sommes mariés depuis trois ans.

前者(1)は「行動・行為」ですが，後者(2)は「(1)の結果・継続」を表現するものです．したがって，「結婚してますか？」と聞くときには(2)のパターンで Tu es［Vous êtes］marié(e)？が用いられます（ただし，私生活についての質問にはご注意を）．また「結婚してくれる？」なら(1)を用いて，Tu veux te marier avec moi？と言えます．

別に記憶しておきたい同様の例として s'habiller「（服を）着る」と être habillé(e)「着ている」，s'asseoir「椅子などに」座る」と être assis(e)「座っている」などがあります．

◆ 55 ◆ 関係代名詞 ①

　関係代名詞とは，先行する名詞（先行詞）を修飾する形容詞のグループ（形容詞節）を導く，いわば接着剤の役割をはたす言葉です．
　たとえば「私は 5 つの言語を話せる人を知っています」という文を例に考えてみましょう．日本語では，常に「形容詞節＋名詞」，すなわち「5 つの言語を話せる → 人」という語順になります．ところが，フランス語ではその順が逆です．「名詞＋形容詞節」の順，「人 ← 5 つの言語を話せる」となるのです．この ← に相当する部分に関係代名詞が必要になります．

　　Je connais une personne qui peut parler cinq langues.
　　　　　　　（人）　　　　　　（5 か国語を話せる）

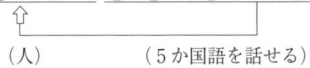

- qui… 以下の節が une personne（先行詞）を修飾．そして，上記の文は，次のように構成されたと考えられます．

　　une personne (elle peut parler cinq langues)
　　　　　　　　　　→ elle を関係代名詞 qui とする
　　une personne　qui peut parler cinq langues

- elle（主語）を qui と置き換えるために，qui は主格（主語）の関係代名詞と呼ばれます．

〔1〕関係代名詞の形 ① pronom relatif ④

先行詞	主語	直接目的補語・属詞
人	**qui**	**que**
物・事	キ	ク

＊疑問代名詞（☞ p.184）と同じ単語を用いますが，先行詞の「人・物」の別は関係代名詞の扱いには関係しません．

名言名句・諺

66. Je pense, donc je suis.

55 関係代名詞 ①

> **ひとり言** 関係代名詞というネーミング
>
> 初学者には，この「関係」という語がつかまえにくいように思えるのですが，いかがでしょうか？ スイスを中心とする一部の文法学者が言うように**「接続代名詞」**（接続詞と代名詞の機能を兼ねているから）とネーミングすると，"代名詞" elle（主語）を qui に置き換えて，前の名詞と "接続する" というイメージがしやすいように思うのですがいかがでしょうか？ まぁ，誰も聞く耳をもたないか……．

〔2〕用例

(1) **主格：qui**　先行詞が形容詞節の主格（主語（☞ p.150））になる場合には，左頁の例文のように qui を用います．ただし，**先行詞は「人でも物でも」かまいません**（英語の主格の関係代名詞 *who, which, that* を包括します）．④

Tu connais la fille qui est là-bas ?
　　　　　　　　　　　　　あそこにいる少女を知ってる？

Je veux voir le livre qui est là.　そこにある本を見たい．

(2) (a) **直接目的格：que**　先行詞が形容詞節の目的格（直接目的補語（☞ p.150））になる場合は，関係代名詞 que を用います．**先行詞は「人でも物でも」かまいません**（英語の目的格の関係代名詞 *whom, which, that* を包括します）．④

l'homme que tu as vu　　　　君が会った男
la voiture que tu as achetée　君が買った車

＊関係代名詞 que を用いると，直接目的補語が動詞に先行することになります．複合時制で直接目的補語が過去分詞に先行すると，過去分詞をその直接目的補語に性・数一致させます．③（☞ p.366）

Tu as acheté la voiture.　　　　君は車を買った．
　→ 直接目的補語は過去分詞の後（性・数一致なし）
C'est la voiture que tu as achetée ?　あれが君の買った車ですか？
　→ 直接目的補語が過去分詞の前（性・数一致）

(b) **属詞：que**　先行詞が形容詞節の属詞（☞ p.150）（英語の補語に相当）となる場合にも que を用います（英語の *that* に相当します）．③②

Pauvre femme que je suis !
　　　　　　　　　　　　私はなんと哀れな女なのだろう！

名言名句・諺

♣**我思う故に我あり．**ルネ・デカルトの言葉．Cogito, ergo sum. のフランス語訳．疑わしいものすべてを疑う「懐疑」を経て，数学的な確実性のある哲学原理を求め，「我思う故に我あり」の命題に行き着き，近代哲学の幕を開けた．

55 関係代名詞 ①

—— **質　問** 関係代名詞と疑問詞は同じもの？

どうして，qui, que あるいは où など疑問の言葉と関係代名詞が同じ語なのでしょうか？　偶然でしょうか？

答　たしかに，英語も *who, which, what* など同じつづりの語が関係詞であり，また疑問詞でもありますね．これは，文法項目によってネーミングが違うだけで，働き（作用）がそもそもは同じものだからでしょう．たとえば，左ページの例文を使って簡単に説明してみましょう．
疑問詞の qui を使った「Qui est là-bas ?「誰があそこにいますか？」」ですが，qui を省けばこうなります．

　　　　　　　　" 　　 " est là-bas ?

一方，関係代名詞の qui を用いた Je connais la fille qui est là-bas. も同じ処理をしますと，こうなります．

　　　Je connais la fille " 　　 " **est là-bas.**

さて，この空白を満たす語がもつ働きですが，これはどちらも主語ですね（厳密に言えば，下の文章には接続の語が必要ですが）．つまり，以下のように考えられますね．

　　　　　　　　" S " est là-bas ?
　　　Je connais la fille + " S " **est là-bas.**

疑問詞も関係詞もいわば「空白」を埋めるための語で，その空所を満たす意味から共通に qui が選択されるという理屈です．言い換えれば，「□が」(疑問詞は S ＝「誰が」，関係詞はこの例では S ＝「少女が」) という働きをする共通の言葉が qui なのです．
なお，英文法の世界には，"疑問詞も関係代名詞もその役割は同じ＝「スキマ (gap) を埋めろ！」" とテレビで解説している大西泰斗という先生がおいでです．

◆ 56 ◆ 関係代名詞 ②

前課に引き続いて，関係代名詞を見ていきます．

〔1〕 関係代名詞の形 ② pronom relatif

(1) **場所・時：où**　先行詞が場所や時を表す場合に用います（英語の関係副詞 *where, when* に相当）．④

Paris est la ville où j'ai habité pendant deux ans.
パリは私が2年間住んでいた都市です．

Voilà le moment où on doit partir.
ほら，もう出発しなければならない時間です．

＊疑問副詞で「どこ？」には où を用い，「いつ？」には quand を用いました．（☞ p.158）また，英語では先行詞が場所のときには *where*，時であれば *when* を使います．しかし，「場所・時」を表すフランス語の関係代名詞には où を使います．ご注意ください．

(2) **前置詞 de を含む：dont**　先行詞と形容詞節が前置詞 de で結ばれる場合に用います．先行詞は「人でも物でも」かまいません（英語の *of which, of whom* 等に相当）．④③

Je ne connais pas le film dont vous parlez.
私はあなた（たち）が話題にしている映画を知りません．

→ Je ne connais pas le film.　Vous parlez *du film*.

＊parler de...「～について話す，話題にする」．（☞ p.346）

J'ai un ami dont le père est médecin.
私には父親が医者をしている友人がいる．

→ J'ai un ami.　Son père (= Le père *d'un ami*) est médecin.（son「彼の」を「(その) 友人の」と考えます）．

＊cf. *I have a friend whose father is a doctor.*

ただし，先行詞が場所・時を表す場合には，通常 d'où を用います．③②

C'est un village d'où on a une belle vue sur la mer.
そこは海がよく見渡せる村です．（☞ p.267）

名言名句・諺

67. Honni soit qui mal y pense !

56 関係代名詞 ②

発展・補注 その中には～がある（いる）

数詞や数にかかわる表現の後に〈dont + 名詞〉の形で用いて，動詞を省き「その中には～がある（いる）」と表現するケースがあります．これ知りませんと，尻切れの文章を見てあわてます．

例 **Il y avait dix personnes, dont Jean et sa femme.**
10人の人がいたが，そのなかにはジャンと奥さんがいた．

発展・補注 前置詞句なら de がらみでも dont は使わない！

C'est le patron.「あの人は上司だ」という文と Il s'est soumis au jugement de son patron.「彼は自分の上司の判断に従った」という文章を関係詞でつなぐ際に，（×）C'est le patron dont il s'est soumis au jugement. とか（×）C'est le patron au jugement dont il s'est soumis. とは表現できません．前置詞 de だけでなく，au jugement de qn「～の判断に」という前置詞句が先行詞を修飾する形になるからです．こういうケースでは，次ページ ☞ p.268 に載っている〈先行詞（人）+ 前置詞 + qui〉の形を用いて，C'est le patron au jugement de qui il s'est soumis. と表現します．

〔2〕関係代名詞が前置詞に先立たれる場合

主語の種類と働きに応じて下記のような種類があります．③②

種類＼働き	間接目的補語・状況補語	前置詞 de の場合
人	前置詞+**qui**	dont
物	前置詞+**lequel**（次頁）	dont
場所・時	（前置詞）+**où**	d'où, dont
事柄	前置詞+**quoi**	dont

＊上記〈lequel〉のパターンについては次課で扱います．

用例

Ta femme connaît la jeune fille avec qui tu as voyagé ? 奥さんは君がいっしょに旅行した娘さんを知ってるの？

→ { Ta femme connaît la jeune fille ?
　　Tu as voyagé avec elle (=la jeune fille).

C'est la ville d'où elle vient.
　　　　　　　　　　　　　それは彼女の出身の町です．

Voilà ce à quoi je pense.
　　　　　　　　　　　　　それが私の考えていることです．

＊〈penser à...〉「〜を考える」(☞ p.346) を先行詞なしに〈c'est, voici, voilà〉の後に使うこともあります．
　C'est bien à quoi je pense.　　それこそ私の考えていることです．

名言名句・諺

♥ 思いの邪（よこしま）なる者に災いあれ！　イギリスの最高勲章 Order ot the Garter に金文字の縫い取りで書かれている言葉（イギリスの勲章なのにフランス語）．エドワード3世がフランスに攻め入る百年戦争の決意表明と言われる．

56 関係代名詞 ②

発展・補注　〈名詞 + 前置詞 + qui + inf.〉という形

関係詞のうしろに不定法が置かれることがあります．

例　**Elle n'a personne à qui se confier.**
　　彼女には胸の内を打ち明けられる人が誰もいない．

この文は，pouvoir を補って，Elle n'a personne à qui elle puisse se confier.（personne が先行詞となる関係節では動詞は接続法）と言い換えられます．
ただし，Je ne sais pas à qui m'adresser.「誰のところへ行ったらいいのかわからない」という文章の場合，à qui ... 以下が間接疑問ですので混同しませんように．上記の例とは違い，先行詞がありません．　☞ p.344

質問　先行詞が省かれたケース

Voilà à quoi je songeais. の形と意味がさっぱりわかりません．

答　これは左ページの例文から，先行する ce を省いた形と同じ展開になります．つまり，voici[voilà] à quoi, de quoi, en quoi という表現は，先行詞 ce の省かれた定型の言いまわしです．songer à qch で「～を考える，思い浮かべる」（penser à qch と類義）の意味ですから「それは私が考えていた（思い浮かべていた）ことだ」となります．結果，左ページの例文の範疇です．

◆ 57 ◆ 疑問代名詞 ②／関係代名詞 ③

◆37◆ですでに疑問代名詞をチェックしましたが,「2つ（2人）あるいはそれ以上の物のなかで誰（何）」と選択をたずねる性・数変化する疑問代名詞 adjectif interrogatif があります.

〔1〕疑問代名詞：定冠詞＋疑問形容詞（☞ p.162）**の形**

男性単数	女性単数	男性複数	女性複数
lequel	**laquelle**	**lesquels**	**lesquelles**
ルケル	ラケル	レケル	レケル

前置詞 de, à とともに用いると, 定冠詞の縮約（☞ p.130）に準じて, 下記の形になります.

男性単数	女性単数	男性複数	女性複数
duquel	**de laquelle**	**desquels**	**desquelles**
デュケル	ドゥ ラケル	デケル	デケル
auquel	**à laquelle**	**auxquels**	**auxquelles**
オーケル	ア ラケル	オーケル	オーケル

(1) 主語をたずねます.

Lequel de ces tableaux est le plus beau ?
これらの絵のなかでどれが一番美しいですか？

(2) 直接目的補語をたずねます.

Voici des montres. Laquelle choisissez-vous ?
ここに時計があります. どれをお選びですか？

(3) 間接目的補語・状況補語をたずねます.

Auxquelles de tes amies offres-tu des roses ?
君はガールフレンドのなかの誰にバラをあげるの？

Par laquelle de ces routes va-t-on à Paris ?
どのルート（道）でパリに行きますか？

名言名句・諺

68. Liberté, Egalité, Fraternité.

57 疑問代名詞 ②／関係代名詞 ③

基礎チェック　単独で用いられる疑問代名詞

何を指し示すかが文脈でわかっていれば，疑問代名詞が単独で使われるケースがあります．

例
- –Je préfère celle-ci.　　　　　　 –Laquelle ?
　こっちがいいな．　　　　　　　　どれ？
- –Vous n'aimez pas les films ?　–Bof, ça dépend desquels.
　映画は好きではないのですか？　 そりゃ，どんな映画かによります．

基礎チェック　前置詞 + √lequel について

左ページに載せた疑問代名詞に前置詞を添える形はかなり改まった表現です．文法のための文法と言えなくもありません．日常の会話では√quel を用います．左記の例であれば，A quelle amie offres-tu des roses ? とします．あるいは A qui offres-tu des roses ? とする形が自然です．

〔2〕関係代名詞　前置詞＋lequel pronom relatif ③②

前課で触れたように，先行詞が「物」で間接目的補語・状況補語の場合には，左記の疑問代名詞を用いて，
〈前置詞＋lequel, laquelle, lesquels, lesquelles〉の形を用います．

> C'est le projet auquel tu penses en ce moment ?
> 　　　　それが，君の今考えている計画なのですか？
>
> Voilà l'ordinateur avec lequel j'ai envoyé mon courrier électronique.
> 　　　　それは私がメールを送ったコンピュータです．
>
> *avec... は「道具で」の意味．正規のフランス語では〈e-mail〉や〈mail〉ではなく〈courrier électronique〉を使います．

先行詞の性・数の別をハッキリさせるために，つまり誤解を避け，強調する目的でもこの関係代名詞が使われることがあります．③②

> Voilà la fille de M. Renoir, laquelle habite à Paris.
> 　　　　ルノワール氏の娘がいます，彼女はパリに住んでいます．

上記の文章で関係代名詞を qui とすると，先行詞が la fille なのか，それとも M. Renoir になるのか判然としません．それを明示するために laquelle (→ 先行詞は la fille) とした例です，と多くの語学書で紹介されています．そしてそれは文法的に正しい処理です．しかし，実際には少々の曖昧さがあっても〈qui〉を用いるのが通例だと感じます．主語や直接目的補語で lequel 型の関係代名詞を用いるケースは現用ではごくまれだからです．したがって〈前置詞＋lequel〉のパターンだけ覚えれば充分でしょう．

名言名句・諺

◆「自由・平等・友愛」（フランス共和国の標語）．青＝自由・白＝平等・赤＝友愛の三色旗（トリコロール）は俗説．フランス王家を指す白とパリ市紋章の青と赤から作られた．

57 疑問代名詞 ②／関係代名詞 ③

はみだし　メール

電子メールは courrier électronique が正式な名称．でも長いせいもあり，日常的には e-mail, email（どちらも［imɛl］と発音），あるいは簡便に mail とだけ呼ばれることの方が多いように感じます．カナダ・ケベック生まれの造語 courriel も使われないことはないですが，かなり少数派．tél, fax をまねて公的機関が考え出した略称 mél はほとんど使われていないようです（言ってみれば，JR が決めた E 電と同じ運命です）．
ちなみに，メールに欠かせないアットマーク @ は arobase（あるいは arrobase ともつづる），アドレス中のドット〈.〉は point です．

◆ 58 ◆ 強調構文

文章中の特定の語句を強調する方法として，強調構文 phrase emphatique があります．

> (1) 主語を強調する場合 ④
>   **C'est … qui …**　　　［セ…キ…］
> (2) 主語以外の要素（直接・間接目的補語・状況補語）を強調する場合 ④ ③
>   **C'est … que …**　　　［セ…ク…］

下記の例で強調構文を考えてみましょう．

Ma mère⁽ᵃ⁾ a donné cette jupe⁽ᵇ⁾ à Anne⁽ᶜ⁾ hier⁽ᵈ⁾.
私の母は昨日あのスカートをアンヌにあげました．

(a) 主語の強調

C'est ma mère *qui* a donné cette jupe à Anne hier.
昨日アンヌにあのスカートをあげたのは**私の母**です．

＊強調構文を和訳する際には，通常，文末に強調の語を置くと習います．しかし，これは一つの訳例であって，たとえば，「私の母ですよ，昨日アンヌにあのスカートをあげたのは」と訳したとしても強調だとわかります．

(b) 直接目的補語の強調

C'est cette jupe *que* ma mère a donnée à Anne hier.
昨日私の母がアンヌにあげたのは**あのスカート**です．

＊直接目的補語 cette jupe が過去分詞 donné の前に置かれるので，過去分詞が直接目的補語に性・数一致している点に注意してください．（☞ p.366）

(c) 間接目的補語の強調

C'est à Anne *que* ma mère a donné cette jupe hier.
昨日私の母があのスカートをあげたのは**アンヌ**です．

名言名句・諺

69. Demain on rase gratis.

58 強調構文

基礎チェック C'est ... qui / que の時制

つねに現在形のままでかまいません．つまり，英語の *It is ... that* が過去の文章を強めると *It was ... that* となるような時制の制約は受けないのです．ただし，qui, que 以下の動詞の時制にあわせて，過去（あるいは未来）の単純時制である半過去や単純未来，つまり C'était, Ce sera とすることはあります．

質　問 que の品詞は？

c'est ... que ではさめば強調構文になるのはわかりますが，この que の品詞が気になります．何でしょうか？

答　はさむ対象が直接目的補語のときには関係代名詞，それ以外の強調であれば接続詞という理解が通例です．つまり，左ページの用例なら（b）は関係代名詞，（c）は接続詞と解するのが一般的な理解となります．ただし，文法家によっては c'est ... que を否定の ne ... pas と同じように要素をはさむ機能語と解したり，単に強調の「道具語」mots-outils とするとの考えもあるようです（朝倉著『フランス文法メモ』）．

(d) 状況補語（動詞の表す行為について「いつ・どこで・どのように」行われたかを示す要素（☞ p.150））の強調

C'est hier *que* ma mère a donné cette jupe à Anne.
　　　　　　　　私の母があのスカートをアンヌにあげたのは**昨日**です．

＊なお，英語の〈*it is ... that (who, which)*〉の場合には時制に応じて be 動詞が過去になることがありますが，フランス語では c'est の時制を変える必要はありません．

人称代名詞の強調には強勢形（☞ p.204）を用います．いささか文法的にすぎる例かもしれませんが，下記の文章で考えてみましょう．

Il⁽ᵉ⁾ me⁽ᶠ⁾ l'⁽ᵍ⁾a présentée.　彼は私に彼女を紹介してくれました．

(e) 主語の強調

C'est lui *qui* me l'a présentée.
　　　　　　　　私に彼女を紹介してくれたのは**彼**です．

(f) 間接目的補語の強調

C'est à moi *qu'*il l'a présentée.
　　　　　　　　彼が彼女を紹介してくれたのは**私に**（対して）です．

(g) 直接目的補語の強調

C'est elle *qu'*il m'a présentée.
　　　　　　　　彼が私に紹介してくれたのは**彼女**です．

強調は他の方法でも行われます．特に副詞による強調は会話で頻繁に使われます．たとえば，こんな例で．

C'est absolument sûr !　それは絶対確実です．

▶ *C'est vrai*, tu viens chez moi ce soir ?　▷ *Mais* oui.
　本当に，今晩我が家にいらっしゃいますか？　　　　　もちろん．

＊上記の mais は副詞です．「しかし」（接続詞）ではありません．

名言名句・諺

♠**明日は無料でひげ剃りします．** たとえば政治家の口にする絵空事，果たされない約束を言い表す．「明日」「明日」と，その日はついに来ないというわけ．Demain on rasera gratis. と単純未来を用いるケースもある．

58 強調構文

発展・補注 間接目的補語の強調で許容される範囲

前置詞の à をともなう語を c'est ... que 強調する代わりに，à qui の形を使うケースがあります。

例 父はそのネクタイをポールにあげた．
　　Mon père a donné cette cravate à Paul .
→ C'est Paul à qui mon père a donné cette cravate.

ただし，現在では〈c'est ... que〉を用いて，以下の形にするのが一般的です．
　　C'est à Paul que mon père a donné cette cravate.

発展・補注 〈Ce + 関係代名詞～, c'est ...〉という強調

たとえば，「私は音楽に興味がある」Je m'intéresse la musique. の la musique の箇所を強調するのに，c'est ... que の強調構文ではなく，以下のような言い方も可能です．

　　Ce qui m'intéresse, c'est la musique.
　　私の興味があるのは音楽だ．

また，「私たちは休暇が必要だ」Nous avons besoin de repos. という文章を
　　C'est de repos que nous avons besoin.
とせずに，〈ce dont + 直説法〉を用いて，
　　Ce dont nous avons besoin, c'est de repos.
「私たちに必要なのは休息だ」と表現することができます．これも強調構文の範疇です．

◆ 59 ◆ 直説法半過去

過去において継続中の行為・状態「～していた」，つまり未完了の過去（「完了」parfait ではない「未完了」）を「半過去」imparfait と呼びます．ほぼ英語の過去進行形に類する表現です．

〔1〕活用 imparfait de l'indicatif ④③

(1) **語尾**
  je -**ais** ［エ］　　nous -**ions** ［イオン］
  tu -**ais** ［エ］　　vous -**iez** ［イエ］
  il -**ait** ［エ］　　ils -**aient** ［エ］

  この語尾はすべての動詞に共通です．

(2) **語幹**　直説法現在の1人称複数から〈-ons〉を省いた形で，唯一の例外は être だけで，語幹が〈ét-〉となります（nous sommes となり〈-ons〉の綴り字で終わりませんから）．

  例： chanter → nous *chant*ons → chant- が語幹

  je chantais　　　　nous chantions
  ジュ　シャンテ　　　ヌ　シャンティオン
  tu chantais　　　　vous chantiez
  テュ　シャンテ　　　ヴ　シャンティエ
  il chantait　　　　ils chantaient
  イル　シャンテ　　　イル　シャンテ

  finir → nous *finiss*ons → finiss- が語幹
  avoir → nous *av*ons → av- が語幹

  例外：être ────────────── ét- が語幹

〔2〕用法 ④③

(a) 過去における継続的な行為・状態を表します

  Hier, il pleuvait.　　昨日は1日中雨が降っていた．

名言名句・諺

70. Je ne mange pas de ce pain-là.

59 直説法半過去

基礎チェック parfait と imparfait

文法用語で parfait は「完了」を意味し，直説法複合過去（ならびに直説法単純過去）がこれに該当します．日本語にすれば「〜した，〜してしまった」という内容を表すケースです．この対義語に imparfait があります．これは完了していない過去の動作を指し示す語です．本書では，p.281 や pp.282-285 でこの parfait と imparfait の差について触れています．

引　用 半過去とは？

A. チボーデは「半過去」を定義してこう記しています．「現在との関連で，あるいは習慣となった状態で，われわれ自身を喚起し，過去へとさかのぼらせる時制である」と．

Quand il était jeune, il était très beau.
　　　　　　　　　　　　彼は若い頃，とても美男子だった．
- quand［カン］「〜のとき」（接続詞）

Quand je suis entré(e) dans sa chambre, il jouait du piano. 私が部屋に入っていったら，彼はピアノを弾いていた．

＊複合過去と半過去の相違については次課で解説を付加します．

(b) 過去における習慣・反復的な行為を表します．

Tous les week-ends, j'allais à la pêche avec mes amis. 毎週末，私は友だちと釣りにでかけたものだ．

(c) 過去における中心となる背景状況を絵画的に描いたり，人の性格や心理の描写，行為の説明などに用いられます．描写の半過去 imparfait descriptif と総称されます．文学作品で頻繁に用いられる用法です．下記はフロベールより．②

La pluie ne tombait plus ; le jour commençait à venir… もう雨は降っていなかった．夜が明けはじめていた…

＊単純過去（☞ p.㉟⓪）が説話的時制であるのに対して，半過去は描写的な時制とされます．

(d) aller, venir の半過去を用いて，過去における「近接過去・近接未来」（☞ p.⑫⑧）を表します．

Ma mère allait sortir quand le téléphone a sonné.
　　　　　　　　　　　　母が出かけようとしていたら，電話が鳴った．

(e) 主節が過去のときに従属節中で主節と同時の行為・状態（過去における現在）を表します．詳細は時制照応（☞ p.㉞②）を参照ください．

Elle m'a écrit qu'elle était malade.
　　　　　　　　　　　　彼女は私に病気だという手紙をよこした．

名言名句・諺

♣私はそのパンは食べない．「そういう話には乗らない」「そんなことには加わらない」「そういうやり方には同調しない」の意味．

質問　半過去の訳

次の文章の和訳がどうなるのか，とくに複合過去との違いがどうなるのか，その点がよくわかりません．

　　Le clos de M.Durand disparaissait dans le brouillard.

答　複合過去は parfait「完了」を表しますから，もし，下線部が a disparu となっていたら「デュラン氏の葡萄畑は霧のなかに消えた（消えてしまった）」となります．しかし，例示されましたのは半過去 imparfait「未完了」ですのでこの訳は適切ではありません．過去でありながらも動作未完了が「半過去」の在り方ですから，葡萄畑が消えつつある状態を意識して，「霧のなかに消えようとしていた」とするのが適当でしょう．日本語は「た」という終止で過去を表現することが多く，かつ，文末に「た」が置かれるせいで，フランス語の過去時制の微妙な差異をうまく表現するのはなかなか難しいことです．　☞ p.255

◆ 60 ◆ 複合過去と半過去

複合過去を「点の過去」，半過去を「線の過去」と呼ぶことがあります．下図をご覧ください．

```
            複合過去
 ──────────・──────────→
          半過去        現在
 ～～～～～～～～～～～～・──────→
```

複合過去は過去の1点をとらえた時制ですから「～した」と訳し，半過去は点の連続＝線ととらえた時制ですから「～していた」（習慣を表す場合には「～したものだ」）と訳すと通常は意味をつかまえることができます．しかし，上記のように単純に運ぶとは限りません．なぜなら，この「点と線」が客観的基準ではなく，あくまで話者の視点（主観）によって切りとられるものだからです．

たとえば，数年フランス語を学んだ方でも間違えやすいのは，次のような文章の仏訳をする場合です．

①「彼は10年間フランスに住んでいた」③②
②「私が新聞を読んでいたら，母が入ってきた」③②

まず，① をどう仏訳されますか．これは，「～していた」＝半過去ではなく，複合過去で書かなくてはなりません．

Il a habité en France pendant dix ans.

ならば成立しますが，この動詞を〈habitait〉とすることはできないのです．なぜでしょうか？

たしかに「10年間」と言えば，線でとらえられた過去に見えます．しかし，この文章では10年をひとまとめ（＝点）ととらえています．つまり，この10年は，起点と終点がハッキリしている期間（限定のある動作）で，「今は住んでいない」＝完了の含みがあるため半過去を使わないからです．半過去は，期間が曖昧な「未完了」に使われるのが原則です．たとえば，

> 名言名句・諺
>
> 71. Quand on parle du loup on en voit la queue.

60 複合過去と半過去

引　用　半過去 vs 複合過去

『フランス語の入門』(石野著) には，2つの時制の差異についてこんな記述があります．「半過去は小窓から空を眺めるようなもので，天空が広がっていることは分かりますが，どこからどこまでが空なのか見えていません．複合過去は，逆に，空から地上を見下ろしているのと同じです．すべてのできごとが小さく点のように見えるのです」．

質　問　pendant をめぐって

(1) pendant を省いて，Il a habité en France dix ans. とできますか？

答　英語の〈for ＋期間〉の表現で前置詞 for が文脈に応じて省かれるのと同様に，左ページの例文のような "数詞＋時を表す語" という展開であれば pendant は省略できます．また〈pendant tout ...〉として，ある「期間中ずっと」というニュアンスで使われる pendant も，省けます．

　例　モーリスは夏の間ずっと仕事をしていた．
　　Maurice a travaillé (pendant) tout l'été.

ただし文頭に置かれたケース，Pendant une heure, nous avons attendu.「1時間，私たちは待った」で，pendant は省きにくいですね．それと，pendant les vacances「ヴァカンスの間」は pendant を省けません．

なお，動詞の durer「(〜の期間) 続く」は pendant とともには使われません．たとえば，以下のような表現を用います．

　例　議論は3時間以上続いた．
　　La discussion a duré plus de trois heures.

(2) 前置詞 durant と pendant はどう違いますか？

答　durant (「持続する」durer から派生) は，おもに書き言葉で使われますが，意味は pendant とほぼ同じです．

　例　一晩中雨だった．
　　Il a plu durant [pendant] la nuit.

ただし，durant は前置詞でありながら，「名詞」をうしろから修飾して「〜の間中」の形で使われることがあります．

　例　**On a discuté cinq heures durant.**
　　　5時間にわたってずっと議論した．
　＊pendant にはこのような用法はありません．

Il habitait en France à cette époque.
その当時彼はフランスに住んでいた．

であれば半過去が使われます．微妙なのですが，「その当時」とは，起点も終点も明確でない曖昧な時期を指すからです．

というわけで，「複合過去か半過去かで迷ったときのルール①」は，

> ①
> 〈〈明確な期間〉〜していた〉には複合過去を使う．

では②をどう書きますか？ 下記の文は不可です．

× **Quand je lisais le journal, ma mère est entrée.**
○ **Je lisais le journal quand ma mère est entrée.**

と書かなくてはなりません（quand を前から後ろに向かって訳している点に注意してください）．なぜなら，「複合過去か半過去かで迷ったときのルール②」があるからです．

> ②
> **quand** の節中では半過去よりも複合過去の形が好まれる．

上記を100%普遍化することはできませんが，接続詞 quand は瞬間的な動作と結びつきやすく，複合過去と半過去の動作とが対比される②のような表現（ある状況でなにかが起ったことを伝えるケース）では，通常，複合過去に結びつく力の強い語と言えるからです．

> ＊ただし，Ma mère est entrée quand je lisais le journal. と書くことは可能です（前の動詞と後の動詞の行為の長短に注意．後の方が時間的に長く続く行為であれば半過去が使えます）．ただ，上記の構文（○）がより自然です．なお，主節が「習慣や反復」をあらわすケースや描写の半過去で，quand の節中で半過去を用いる形はよく使われます．（☞ p.280）

名言名句・諺

> ♥噂をすれば影がさす．（←狼の話をすればしっぽが見える）on en voit la queue は省かれるケースも多い．相手を「狼」では失礼なので，Quand on parle de la rose, on en voit les boutons. とする上品なバージョンもある．

60 複合過去と半過去

質問 半過去が使われていますが……

辞書で Il regardait des documents pendant le voyage. という例文を見つけたのですが、これは半過去でかまわないのですか。

答 通常、pendant「〜の間」は時間をともない、動作の開始と終点を明示しますから、半過去（中途半端な未完了の過去）とはそぐわない表現です。
しかしながら、例にあげられた pendant le voyage は「彼は（飛行機や電車などでの）移動中に資料を読んでいた」という意味で、ポイントは時間の長さというより"移動という行為・出来事"にあります。その際には、半過去が使えます。ただし、pendant tout le voyage として「移動中ずっと」と表現すれば"時間"が意識され、"移動の開始から終了"に焦点が置かれるため、複合過去を用いることになります。

基礎チェック どう訳す？

英語の when が作る節を訳す際の入試英語からの影響なのでしょうが、〈半過去＋quand＋複合過去〉という文を見ると、後から前に戻って和訳をつける人が大半です。

例 Je lisais le journal quand ma mère est entrée.
母が入ってきたとき私は新聞を読んでいた．

しかし、半過去（lisais）が背景となる継続的な行為＝線になり、複合過去（est entrée）という瞬間の行為＝点を描写している文の流れにこだわれば、「私が新聞を読んでいたら、母が入ってきた」と前から後に訳す方が自然な展開と言えそうです。

◆ 61 ◆ 直説法大過去

主に過去の完了，過去の過去を表す時制です．

〔１〕活用 plus-que-parfait de l'indicatif ③

形　　助動詞 (avoir / être) の直説法半過去＋過去分詞

＊助動詞の選択は複合過去に準じます．（☞ p.250）

例：⑦ **aimer**（他動詞の例）

j'avais aimé _{ジャヴェゼメ}	nous avions aimé _{ヌザヴィオンゼメ}
tu avais aimé _{テュアヴェゼメ}	vous aviez aimé _{ヴザヴィエゼメ}
il avait aimé _{イラヴェテメ}	ils avaient aimé _{イルザヴェテメ}

㉑ **venir**（往来発着の意味を持つ自動詞の例）

j'étais venu(e)　　　nous étions venu(e)s
tu étais venu(e)　　vous étiez venu(e)(s)
il était venu　　　　ils étaient venus

⑥ **se lever**（代名動詞の例）

je m'étais levé(e)　　　nous nous étions levé(e)s
tu t'étais levé(e)　　　 vous vous étiez levé(e)(s)
il s'était levé　　　　　　ils s'étaient levés
elle s'était levée　　　 elles s'étaient levées

名言名句・諺

72. Il faut laver son linge sale en famille.

61 直説法大過去

はみだし 仏検の出題範囲

ここには3級のマークを付けましたが，これは仏検3級の長文を視野に入れた配慮です．多くの受験生が苦手な「（ ）内の動詞を適当な法と時制に活用しなさい」という出題パターンでは「直説法大過去」は出題されません．つまり書けなくても，形がわかれば良いという判断なのでしょう．なお，ほかに（ ）内の動詞活用問題で3級に出題されないのは，現在，主として書き言葉としてしか生きていない単純過去・前過去以外では，直説法前未来と条件法過去，接続法過去が該当します．

〔2〕用法 ③

(1) 過去における完了

過去のある時点ですでに完了した行為や状態を表します（英語の過去完了に相当する用法）．

Quand il est arrivé à la gare, le train était déjà parti.
　　　　彼が駅に着いたとき，列車はすでに出発してしまっていた．

＊つまり，下記の関係です．

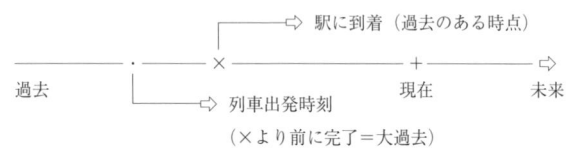

```
                    ┌──⇨ 駅に到着（過去のある時点）
─────・─×─────────────────┼──⇨─────────────⇨
     　 └─⇨ 列車出発時刻    │
  過去                    現在         未来
       （×より前に完了＝大過去）
```

(2) 過去に先立つ習慣や反復

半過去で表される習慣・反復に先立って行われた習慣や反復行為を表します．

Quand j'avais dîné, j'allais faire une promenade.
　　　　私は夕食をすませると，散歩にでかけたものだ．

(3) 過去における過去（時制照応・話法 ☞ p.342 ）

〈主節（現在）＋従属節（過去）〉の文章で，主節が過去時制になると従属節中では大過去（過去における過去）が使われます（英語の過去完了による時制の一致に相当）．

Il *dit* que sa mère *a été* malade cette semaine.
　　〔現在〕　　　　〔複合過去〕
　　　　彼は今週母が病気だったと言います．

→ **Il *a dit* que sa mère *avait été* malade cette semaine.**
　　〔複合過去〕　　　　〔大過去〕
　　　　彼は今週母が病気だったと言いました．

＊英語ならば，*He said that his mother had been sick this week.* に相当する例です．

名言名句・諺

◆**汚れた下着は家で洗え**．つまり，つまらない家庭のいざこざを世間にさらすなかれという戒め．ナポレオン１世が立法議会の席でこの諺を使い，他国のいらぬ干渉を招かぬように訓示した話は有名だ．

61　直説法大過去

―― **質　問**　複合過去の並置

参考書のなかにこんな文章を見つけましたが，これは正しいのでしょうか？
　　J'ai perdu le stylo que mon grand-père m'a donné hier.

答　「祖父がくれた万年筆をなくしてしまった」の意味ですね．質問のポイントは，まず"「万年筆」をもらい→それをなくした"という経緯を表す文だから，J'ai perdu le stylo que mon grand-père m'avait donné hier. と，うしろを直説法大過去にしないと時制の理屈があわないのではないかという疑問だと思います．しかし，この文章の主旨は時間の後先に置かれていないようです．つまり，「祖父がくれた」ことも「なくしてしまった」ことも，現在とのからみでいわば同時に把握されている感覚を表現しているからです（p.343の図表にあるように，複合過去は"現在を起点"にとらえられた過去になります）．

なお，追記すれば venir de + inf. という「近接過去」は直説法現在と半過去でしか用いられません ☞ p.129．そのため，下記のような文章であれば「半過去」が「大過去」の役割を果たしていることになります．

例　私が彼女と出会ったとき，彼女はちょうど仕事を終えたところだった．
　　Quand je l'ai rencontrée, elle venait de finir son travail.

◆ 62 ◆ 直説法単純未来

　フランス語で未来形を「単純未来」futur simple と称します．英語やドイツ語のように助動詞を用いず，動詞の語尾変化によって表します．

〔1〕活用　futur simple de l'indicatif　④
(1) 単純未来の語尾：すべての動詞に共通です．

je -rai	nous -rons
tu -ras	vous -rez
il -ra	ils -ront

レ／ロン／ラ／レ／ラ／ロン

語尾の形は〈**-r+avoir 直説法現在の活用**（nous, vous は〈av〉を削除）〉という展開になります．

(2) 単純未来の語幹

　不定法の語尾に準じて語幹を見ていきますが，例外がかなりあります（下記 ☐番号は巻末の動詞活用表の番号）．

不定法語尾　　　作り方
　-er　⇨　1人称単数現在形の活用＋語尾

⑦ aimer	j'aime	→ j'aimerai	[ジェムレ]
⑩ lever	je lève	→ je lèverai	[ジュ　レーヴレ]
⑪ appeler	j'appelle	→ j'appellerai	[ジャペルレ]
（例外）	⑫ préférer	→ je préférerai	[ジュ　プレフェルレ]
	⑯ aller	→ j'irai	[ジーレ]
	⑮ envoyer	→ j'enverrai	[ジャンヴェレ]

　-ir　⇨　不定法語尾の -r だけを除いた形＋語尾

⑰ finir	fini-	→ je finirai	[ジュ　フィニレ]
⑱ partir	parti-	→ je partirai	[ジュ　パルティレ]
㉓ ouvrir	ouvri-	→ j'ouvrirai	[ジューヴリィレ]

名言名句・諺

73. Comparaison n'est pas raison.

62 直説法単純未来

---— **基礎チェック** "単純"未来

フランス語で「"単純"未来」という用語を使うのは "1 語" で未来形がつくられるため，形状が "単純" だからではありません．ちなみに「"複合"過去」は〈助動詞＋過去分詞〉という "2 語" の構成であることから来ています．

---— **発展・補注** 単純未来の構造（＋複合過去の構造）

〈(行動・行為を表す) 不定法＋avoir の現在形〉で，直訳すれば「行為や行動を（これから）持つ」という意味合い．たとえば，Je finirai mes devoirs.「私は宿題を "終えるところを持つ"」→ "Je finirai → J'ai à finir（→ Je dois finir：avoir à ＋ inf. ＝ devoir ＋ inf.「～しなければならない」＝「終えないといけない」）」という流れになります．つまり，単純未来の形は「未来」と「義務」のニュアンスを兼ねたものというわけです．ちなみに，複合過去は「持っている＋（完了した）行為・行動（を）」という形状を経て〈avoir ＋ 過去分詞〉という現用の形になったそうで，たとえば，J'ai écrit une lettre. なら，そもそもは J'ai une lettre écrite.「私は書かれた手紙を持っている」（俗ラテン語 habeo epistolam scriptam）とされていたものが，過去分詞を前に移して J'ai écrite [→ J'ai écrit] une lettre.「私は手紙を書いた」と推移したとされます．

---— **基礎チェック** j' aimerai の読み

J'aimerai という単純未来形を［ジェム [m] レ］とせずに［ジェメ [me] レ］と発音する人が少なくない．この -er の部分は強勢を失うのを知らないためです．ただし，これは参考書や教科書のなかに，単純未来を〈j'aimer ＋ ai〉として，まるで不定法そのものから形を作るように記載しているものがあることにも原因があるように思えます．語幹は〈aime-r → j'aime-rai〉という展開なのですから．

(例外)	24 courir	→	**je courrai**	[ジュ クーレ]	
	21 venir	→	**je viendrai**	[ジュ ヴィヤンドゥレ]	

-re ⇨ 不定法語尾の -re を除いた形＋語尾

	28 attendre	attend-	→ **j'attendrai**	[ジャタンドゥレ]
	29 prendre	prend-	→ **je prendrai**	[ジュ プランドゥレ]
(例外)	31 faire		→ **je ferai**	[ジュ フレ]

-oir ⇨ 不規則

	53 devoir	→ **je devrai**	[ジュ ドゥヴレ]
	62 falloir	→ **il faudra**	[イル フォードゥラ]
	54 pouvoir	→ **je pourrai**	[ジュ プーレ]
	56 savoir	→ **je saurai**	[ジュ ソーレ]
	57 voir	→ **je verrai**	[ジュ ヴェレ]
	58 vouloir	→ **je voudrai**	[ジュ ヴードゥレ]

2 être	語幹 se-	→ **je serai**	[ジュ スレ]
1 avoir	語幹 au-	→ **j'aurai**	[ジョーレ]

〔2〕**用法** 4 3

単純未来の用法は大きくわけて下記の2つに分類できます．

(1) 未来に実現されるはずの事柄を表します．

Paul arrivera à Londres demain.
　　　　　　　　　　　　ポールは明日ロンドンに着きますよ．

＊なお，〈Si＋直説法現在，直説法単純未来〉で未来の仮定「〜ならば，〜でしょう」の意味を表します．(☞ p.312)

(2) 2人称で命令・依頼を表します．

Vous viendrez ce soir à neuf heures ?
　　　　　　　　　　　　今晩9時においでくださいますか？

＊なお，現在進行している行為であっても，話者がそれを未確認のままの推定を表すこともあります．
On sonne, ce sera encore lui. 呼び鈴がなっている，また彼だよ．

名言名句・諺

♠**比較は理由にはならない．** 他人の行為や前例を引き合いに出して己の行為の正当性を説いてはならないという意味．Toute comparaison est odieuse.「比較はすべておぞましい」という言い方もある．

62 直説法単純未来

—— 発展・補注　語気緩和

左記の2つの用法以外に，単純未来は直説法現在に代わって，断定的な語調を緩和するためにも使われます。

> 例　(失礼ながら) あなたは間違っておいでです．
> **Je me permettrai de vous faire observer que vous avez tort.**

この例は〈se permettre de + inf.〉「あえて〜する，失礼を顧みずに〜する」の調子をゆるめる意味から，単純未来が使われているものです．なお，代名動詞ではありませんが，permettre「許可する，許す」を使った Vous permettez?「かまいませんか」の疑問文は喫煙や相席を求める際の定番のひと言．

—— 基礎チェック　現在・近接未来・単純未来

言い換えれば「話し手の将来」に位置する出来事を単独で切り取る時制が単純未来．

> 例　来月，私たちは結婚します．
> Nous nous marierons le mois prochain.

ただし，近接未来（名称以上に時間の幅は広い）でも，あるいは現在形（現在形とは「いま」のことではない！）でも同じ内容を伝えられます．

> Nous allons nous marier le mois prochain.
> Nous nous marions le mois prochain.

この違いは，前者（単純未来）が現在とは直接の関係なしに未来の事実を描くのに対して，後者（近接未来や現在）が，未来を現実の延長として，現在からみて当然の帰結としてとらえているという感覚の差にあります．

◆ 63 ◆ 直説法前未来

英語の未来完了に相当する時制で，未来のある時点で完了している事柄を表現します．

〔1〕活用 futur antérieur de l'indicatif ③

形　　助動詞（avoir / être）の単純未来＋過去分詞

＊助動詞の選択は複合過去に準じます．（☞ p.250）

例　29 **prendre**（他動詞の例）

j'aurai pris　　　　nous aurons pris
ジョレ　プリ　　　　ヌゾロン　プリ
tu auras pris　　　　vous aurez pris
テュ オラ　プリ　　　ヴゾレ　プリ
il aura pris　　　　ils auront pris
イロラ　プリ　　　　イルゾロン　プリ

18 **sortir**（往来発着の意味を持つ自動詞の例）

je serai sorti(e)　　　nous serons sorti(e)s
ジュ　スレ　ソルティ　　ヌ　スロン　ソルティ
tu seras sorti(e)　　　vous serez sorti(e)(s)
テュ　スラ　ソルティ　　ヴ　スレ　ソルティ
il sera sorti　　　　　ils seront sortis
イル　スラ　ソルティ　　イル　スロン　ソルティ
elle sera sortie　　　elles seront sorties
エル　スラ　ソルティ　　エル　スロン　ソルティ

〔2〕用法 ③

未来のある時点までに完了している行為（未来完了）を表します．

Le train sera parti quand tu arriveras à la gare !
君が駅に着くときには，列車は出てしまっているだろう．

名言名句・諺

[**74. La dernière goutte d'eau est celle qui fait déborder le vase.**]

63 直説法前未来

質　問 前未来の定義について

「未来のある時点で完了している事柄」を表すという説明が，どうもピンと来ないのですが……．

答　次ページの説明の例とかぶりますが，少し補足をいたしましょう．未来に2つの出来事AとBがあって，そのうちの現在に近い方（A）に前未来が使われるのです．言い換えれば，Bの事柄が行なわれる未来のある時点でAは完了していることになるわけです．

例　ポールが来るときには，私の仕事は終わっています．

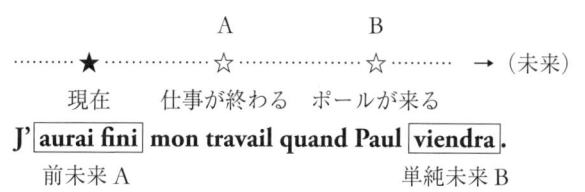

```
                      A              B
………★…………☆……………☆………  →（未来）
  現在    仕事が終わる    ポールが来る
```
J'|aurai fini| mon travail quand Paul |viendra|.
　前未来A　　　　　　　　　　　　単純未来B

---

deux cent quatre-vingt-quinze

前ページの例を図示しますと次のようになります．

```
                    ┌──⇨ 列車出発時刻（×より前に完了＝前未来）
─────+─────・───┼──×──────────────────⇨
  過去    現在      │                              未来
                    └──⇨ 駅に到着（未来のある時点）
                         単純未来・状況補語
```

*英語の〈 *The train will have left when you arrive at the station.* 〉に相当する文章．なお，英語では時を表す副詞節中（上記 *when...* 以下）では未来時制を用いませんが（*when you will arrive...* は不可），フランス語にはこの約束はありません．なお，付言すれば，〈aller＋不定法〉（近接未来）の形式が，徐々に単純未来形を後退させつつあるのが現状です．

Revenez me voir quand vous aurez appris le français.
　　　　　　　　　　フランス語を勉強し終えたら，私に会いにいらっしゃい．

*上記のように，前未来は quand やその他の時に関する従属節（☞ p.380）の後でも，主節でも使われます．

J'aurai écrit cette lettre dans une heure.
　　　　　　　　　　1時間後にはこの手紙を書いてしまっているでしょう．

*基準となる時間が状況補語〈dans une heure〉「1時間後」で表されています．

ただし，〈être＋形容詞（過去分詞）〉で，前未来の代わりに単純未来を用いることもあります．être が状態を表すため，時間的な経過を混同することがないと考えられるためです．

J'irai au bureau quand je serai prêt(e).
　　　　　　　　　　準備ができたら会社に行きます．

*上記は主節も従属節も単純未来が使われています．

また，過去の事実の推定で複合過去に代わって語調を緩和するときにも使われます．

Elle aura manqué le train.
　　　　　　　　　　（きっと）彼女は列車に乗り遅れたのだろう．

名言名句・諺

♣最後の水滴は器をあふれさせる一滴．器いっぱいの水に，最後の一滴がぽとりと落ちると，水が一気に溢れでる．同じように，人を追いつめすぎれば，些細なことでも激しい反応を起こしかねない．この諺の真意である．

63　直説法前未来

基礎チェック　英語とはここが違う！

付記しておきます．英語には「時を表す副詞節では未来時制を使わない」という約束があります．しかし，この点，フランス語は違います．

　例　彼女が来たら（彼女が来たらすぐに）そのことを言っておいてください．
　　Quand elle viendra (Dès qu'elle viendra), je le lui dirai.

英語であれば，この文章は現在形で書かねばならず（×）*when (as soon as) she will come* とはできませんでした．ただし「条件を表す if 節（副詞節）では未来時制を使わない」という文法は英仏ともに同じですから，上記の例文を「もし彼女が来たら」（英語 *if she comes*）という文にするなら Si elle vient, je le lui dirai. となります．

基礎チェック　書き換え例

この例を複合過去を用いて書けば，たとえば，次のように言い換えられます．
　　Elle a sans doute manqué le train.

◆ 64 ◆ 受動態

「愛する」（能動態）→「愛される」（受動態）という展開は英語と同じ形で展開します．つまり，英語が〈be 動詞の活用＋過去分詞〉の形で受動態を作るように，〈être〉を用いて下記の要領で態を変えます．

> 助動詞（être の活用）＋他動詞の過去分詞...＋[de / par]

〔1〕能動態から受動態へ voix passive ④

例：① Paul écrit une lettre.　　　ポールは手紙を書く．
　　⇨ **La lettre est écrite par Paul.**
　　　　　　　　　　　　　　　　手紙はポールによって書かれる．
例：② Tout le monde a respecté cet homme politique.
　　　　　　　　　　　　　　皆はその政治家を尊敬した．
　　⇨ **Cet homme politique a été respecté de tout le monde.**　　その政治家は皆に尊敬された．

注意
(1) 過去分詞は主語の性・数に一致します．（☞ p.366）
(2) 受動態の時制は être によって決定します．
(3) 動作主（能動態の主語）「～によって」par と de の別
　(a) **par**：一般に，一時的な行為を表す場合
　(b) **de** ：「愛される，尊敬される」など行為が継続的・習慣的な場合

〔2〕動作主 [par / de...] が明示されない場合 ④③

能動態にしたときに主語が漠然と「人は，人々は」という意味を表す主語代名詞 on（☞ p.194）になるとき．

名言名句・諺

75. Il faut une bonne mémoire après qu'on a menti.

64 受動態

ひとり言　de か par か？

de は「主に感情を表す動詞の受動態」で使われる，とも言い換えられます．たとえば，aimer, détester, estimer, haïr, regretter などの受け身で使われるからです．でも（ここだけの話ですが），フランス人からもらう手紙やメールからの印象では，受動態の par, de の別はそれほど厳密には行なわれていないようです．ちなみにある Madame のひとり言が聞こえてきました．「へ〜，日本ではそんな風に習うんだ……別にどっちでもいいように思うけどね」．ん?!　そうなの？

例：**Le français est parlé au Québec.** ----------- ①
　　　　　　ケベック州ではフランス語が話されている．
　⇨ **On parle (le) français au Québec.** ------- ②
　　　　　　人々はケベック州でフランス語を話している．
　⇨ **Le français se parle au Québec.** ---------- ③
　　　　　　フランス語はケベック州で話されている．
　＊ただし，②も①と同じ受動的な訳をつけるのが通例です．

　なお，一時的な動作を表す動詞（たとえば，être ouvert「開いている」，être fermé「閉まっている」など）は，現在形では受け身ではなく「結果の状態」（être＋形容詞）と考えます．

例：**Ce magasin est ouvert le dimanche.**
　　　　　　あの店は日曜も開いています．（状態を表す）
cf. **Ce magasin a été fermé à cause d'une panne d'ordinateur.**
　　　　　　この店はコンピュータの故障で閉められた．（受け身を表す）

〔3〕受動態についての補足 ４

　英語に比べて上記の受動態の形はそれほど頻繁には使われません．〈主語 → 動詞 → 目的補語〉と展開する文章（能動態）を好むフランス人の気質と，受動態のニュアンスを〈on〉でも（上記例文②参照），代名動詞（上記例文③参照）でも表現することができるフランス語の広がりがあるためです．

　なお，フランス語では間接目的補語を受動態の主語にはしません．英語の〈*She was given the books by her friend.*〉に相当するフランス語は不可です．

　（×）Elle a été donnée les livres par son ami(e).

名言名句・諺

♥嘘をつくには良い記憶力が必要だ．コルネイユの戯曲に登場する言葉．つじつまを合わせようと苦心すると，深みにはまる．マルティン・ルターは「嘘は雪の球みたいなもの．長く転がすほど，大きくなる」と言っている．

―― **発展・補注　非人称の受け身**

受動態のなかに,「非人称の受け身(あるいは非人称の受動形)」と呼ばれる形があります.

> 例　ここでの喫煙は禁じられています.
> **Il est interdit de fumer ici.**
> ＊ il は de + inf. を指す
> この事務所内は喫煙が許されています.
> **Il est admis qu' on fume dans ce bureau.**
> ＊ que 以下は接続法. Il est admis de fumer dans ce bureau. とも言える.
> 彼女がとても有能であることは立証済みです.
> **Il est prouvé qu' elle est très compétente.**
> ＊ que 以下は直説法. ただし, 否定文であれば que 以下は接続法.

―― **発展・応用　例外のない規則はない！**

「文法のための文法」grammaire pour grammaire と叱られるかもしれませんが, 間接目的補語が受け身の主語になる例外があります. désobéir à「(人・命令に)背く, 服従しない」と obéir à「従う, 服従する」の受動態です. こんな形で使われます.

> 例　**Je ne veux pas être désobéi(e).**
> 私の命令に背いて欲しくない.
> ＊ désobéir は受け身の動作主は明示されない形が通例です.
> **Il ne peut plus être obéi de ses filles.**
> 彼はもう自分の娘たちを従わせることができない.

なお,『新スタンダード仏和辞典』では, これを受動態の形でのみ使われる特殊な「他動詞(古典語法では他動詞で現在でも受動態で使える)」として扱っています.

◆ 65 ◆ 現在分詞

現在分詞には単純形と複合形があり，下記の要領で作ります．

〔1〕現在分詞の作り方 participe présent

(1) 現在分詞の語尾は〈**-ant**〉[アン] と綴られます（英語の〈-ing〉に相当）．その語幹は，直説法現在形の1人称複数形と同形になります．④③

例：donner　　nous donn*ons*（-ons を -ant に）
　　　　　　　　　　　　　　　　　　　　　→ donnant
　　　　　　　　　　　　　　　　　　　　　　　ドナン

　　finir　　　nous finiss*ons*（同上）　　→ finissant
　　　　　　　　　　　　　　　　　　　　　　　フィニッサン

　　se lever　nous nous lev*ons*（同上）　→ se levant
　　　　　　　　　　　　　　　　　　　　　　　ス　ルヴァン

例外：下記の3つの動詞は特殊な現在分詞を使います．

　　être　　→　étant　　　［エタン］
　　avoir　 →　ayant　　　［エィヤン］
　　savoir　→　sachant　　［サシャン］

(2) 現在分詞の複合形は，助動詞 ayant, étant に過去分詞を添えた形．③②

例：aimer　　単純形 aimant　　複合形 ayant aimé
　　　　　　　　　　　エマン　　　　　　　　エィヤンテメ

　　aller　　単純形 allant　　複合形 étant allé(e)(s)
　　　　　　　　　　　アラン　　　　　　　　エタンタレ

＊「～してから，～したので」（動作の完了）の意味で使われます．なお，ayant をとるか，étant をとるかは複合過去の助動詞の基準に準じます．複合形はすべて同じ基準で avoir / être の別を区別します．（☞ p.250）

名言名句・諺

76. Le style est l'homme même.

65 現在分詞

基礎チェック　現在分詞から名詞へ

たとえば，étudier「勉強する」の現在分詞は étudiant ですが，それはそのまま「学生」という名詞につながります．savoir「知る」の現在分詞は savant で，これも「学者」の意味です．つまり，一部の現在分詞は「～する人（している人）」の含意から，名詞として使われるわけです．いくつか別の例をあげておきましょう．

例
commercer	「商売する」	→	**commerçant**(e)	商人
habiter	「住む」	→	**habitant**(e)	住人，居住者
manifester	「デモに参加する」	→	**manifestant**(e)	デモの参加者
passer	「通る」	→	**passant**(e)	通行人
vivre	「生きる」	→	**vivant**	生きている人

＊vivant は男性名詞で，bon vivant「陽気な楽天家」といった単数の表現もありますが，多くは複数で使われます（例：les vivants et les morts「生者と死者」．ちなみに，mort(e)「死者」は mourir「死ぬ」の過去分詞から派生した語）．

trois cent trois

〔2〕用法 ④③

(1) 形容詞的用法：主格の関係代名詞（☞ p.262）と同じ働きをします。

C'est un chien obéissant à son maître.
＝C'est un chien *qui obéit* à son maître.
飼い主の言うことをきく犬（おす）です．

ただし，〈-ant〉の形で，現在分詞から派生して単独の形容詞として扱われる語があります．動詞状形容詞 adjectif verbal と呼ばれます（英語の分詞形容詞に相当）．この場合には，修飾する名詞・代名詞に性・数が一致します．（☞ Q & A p.404）

例：C'est une chienne bien obéissante.
とても従順な犬（めす）です．→ obéissant(e)「従順な」

(2) 副詞的用法（分詞構文）：原因・理由，条件，譲歩などの意味を表します（接続詞を用いる副詞節に代わる書き言葉．ただし，多くは「原因・理由」で用いられます）．

Etant malade, Louise n'est pas venue hier soir.
＝Comme elle était malade ◆ comme「～なので」
病気だったので，昨晩，ルイーズは来ませんでした．

Partant tout de suite, tu rattraperas ton ami.
＝Si tu pars tout de suite ◆ si「もし～ならば」
すぐに出発すれば，君は友だちに追いつけるだろうに．

Ayant déjeuné, il est allé au cinéma.
＝Après qu'il a [avait / a eu] déjeuné ◆ après que「～した後」
昼食を食べてから，彼は映画に行った．

＊複合過去，大過去，複複合過去で言い換え可能．

分詞節が独自の主語を持つ例（絶対分詞構文）．

Ma mère étant occupée, c'est moi qui fais le ménage. 母は忙しいので，私が掃除をします．

＊従属節の主語は〈ma mère〉で，主節の主語と一致していません．

名言名句・諺

◆文は人なり（←文体は人そのものである）．博物学者ビュフォン伯爵がアカデミー会員になった際の入会演説での挨拶から．全集では，Le style c'est l'homme même.「文体は人間それ自身である」と書き換えられています．

―― **発展・補注** 付加形容詞として働く現在分詞

〈qui + 動詞〉に置き換えられるのは，現在分詞が付加形容詞として働き，名詞を限定している場合です．

例 **Dans cette université, il y a beaucoup d'étudiants apprenant le français**
　　　　　　　　　　　　　　　　　　　　　　　　　　（→ **qui apprennent**）
　　この大学にはフランス語を学んでいるたくさんの学生がいる．
＊ちなみに，apprenantle(e) は名詞にもなり「学習者」を指します．

On voit des enfants jouant dans la cour.
　　　　　　（→ **qui jouent**）
　　子どもたちが校庭で遊んでいるのが見える．　☞ p.362

◆ 66 ◆ ジェロンディフ／過去分詞構文

ジェロンディフ gérondif は，現在分詞の前に前置詞 en を先立てたもので，現在分詞の副詞的用法（☞ p.304）より口語的です．

$$\text{en} + \text{現在分詞} \langle \text{-ant} \rangle$$

接続詞の代用として副詞的に主節の動詞に働き，主節の主語と同じものが主語になります．大半のケースは同時性「〜しながら」を表しますが，手段，譲歩，対立などの意味を帯びることがあります．

〔1〕用法 ④③

(1) **同時性**：「〜しながら」の意味で．

Elle marchait dans le bureau en fumant.
彼女はタバコを吸いながら事務所内を歩いていた．
＝Pendant qu'elle fumait, elle marchait dans le bureau.

(2) **方法・手段**：「〜して，〜で」の意味で．
条件：「〜すれば」の意味で．
譲歩・対立：「〜しても，〜なのに」の意味で．

Il s'est mis à pleurer en apprenant cette nouvelle.
彼はその知らせを聞いて泣きだした．

＊se mettre à + *inf.*「〜しはじめる」の意味．

Tout en travaillant sérieusement, il a échoué à l'examen. 真面目に勉強したのに，彼は試験に失敗した．

＊ジェロンディフの前に tout をつけると同時性が強調され，譲歩・対立の含意になることが大半です．

名言名句・諺

77. Le jeu n'en vaut pas la chandelle.

66　ジェロンディフ／過去分詞構文

基礎チェック　ジェロンディフの訳語は？

お気づきでしょうか？　フランス語の文法用語には日本語の訳がありますね．article は「冠詞」，passé composé なら「複合過去」，futur antérieur de l'indicatif は「直説法前未来」といった具合です．なのに gérondif はそのままカナ書きで，訳語がありません．不思議では？　そもそも，この単語はラテン語の gerundium（名詞として機能しながら同時に格を支配する動詞）から来ています．英語なら gerund「動名詞」と訳されている語です．しかし，フランス語のジェロンディフを動名詞とすると，英語の *gerund* と違う独特な発達をしたことがわからなくなる．そうした文法学者の親心？から，この用語には特別な日本訳をあてないようです．
蛇足ですが，文法用語はできるだけ各国語共通であれば混乱が少なくてすむように感じますがいかがでしょうか．たとえば，フランス語の「前未来」「大過去」と英語の「未来完了」「過去完了」が違う用語である必要がありましょうかね？

発展・補注　en のないジェロンディフ

ジェロンディフが〈en + 現在分詞〉の形をとるようになったのは18世紀過ぎのこと．それまでは現在分詞だけでジェロンディフの働きをしていました．そのなごりが今も残っています．

　例　率直に（はっきり）言えば
　　franchement parlant

parlant を省いて，文頭に Franchement ... という展開でも，「率直に（はっきり）言えば」の意味になります．Franchement ! なら「はっきり言って（言いなさい）」という命令．

　例　～を即金で支払う
　　payer comptant + qch.

この comptant は文法的には副詞．à crédit「クレジットで」の対語として au comptant という名詞としても使われます．なお，これは現金払いだけでなく，カードや小切手の即金一時払いも含みます．ジェロンディフを用いて，説明的に言い換えれば payer en comptant l'argent となる理屈．なお，Argent comptant porte médecine. は「（即金は薬をもたらす→）地獄のさたも金次第」となります．

　例　そう言いながら；そうしながら
　　ce disant ; ce faisant

　＊ en disant cela, en faisant cela に相当する言いまわしです．

〔2〕現在分詞との比較

(1) 現在分詞の分詞構文（副詞的用法（☞ p.304））とジェロンディフとは似ている表現ですが，次のような違いがあります．

(a) ジェロンディフの方が口語的です．
(b) 原因・理由を表す表現には，通例，現在分詞を用います．特に，être, avoir, pouvoir を用いた文のケース．
(c) 手段・条件を表す表現には，ジェロンディフが通例．
(d) 絶対分詞構文（主節と従属節の主語が違う文章）は通例ジェロンディフには用いません．
(e) ジェロンディフに複合形はありません．

(2) 〈現在分詞＝形容詞的 VS ジェロンディフ＝副詞的〉

例：**J'ai rencontré Pierre revenant de la fac.** -------- ①
　　　　私は大学から戻ってくるピエールに出会った．
→ revenant... 以下は Pierre を修飾する形容詞です．

＊J'ai rencontré Pierre qui revenait de la fac. と書き換えられます．

J'ai rencontré Pierre en revenant de la fac. --- ②
　　　　私は大学から戻ってくるとき，ピエールに出会った．
→ en revenant... の主語は「私」je で，主動詞 ai rencontré を修飾する副詞です．

〔3〕過去分詞による分詞構文　participe passé

過去分詞でも分詞構文（副詞的用法）を構成することがあります．現在分詞の複合形で〈étant〉を省略したものと考えることができます．

Le printemps revenu, tout renaît à l'espérance.
　　　　春が戻って，すべてが希望をとり戻す．
＝Le printemps étant revenu, tout renaît à l'espérance.

（☞ Q & A p.430）

名言名句・諺

♠**賭けが蠟燭に値しない**（←掛け金が明かり代にもならない）．昔は，高級品であった蠟燭を灯しながら賭け事をしたらしいが，少々の儲けでは割が合わない．そこで，この言葉が「骨折り損はやらぬに限る」の意味となった．

66 ジェロンディフ／過去分詞構文

基礎チェック "現在分詞 vs ジェロンディフ" の別例

例 (1) **J'ai aperçu Marie sortant du métro.**

→ **c'est Marie qui sortait du métro.**

(2) **J'ai aperçu Marie / en sortant du métro.**

→ **c'est moi qui sortais du métro.**

(1)は現在分詞ですから，「マリーが地下鉄を（降りて外に）出るのを見かけた」あるいは「私は地下鉄を（降りて外に）出るマリーを見かけた」となり，(2)はジェロンディフですから「私は自分が地下鉄を（降りて外に）出るときに，マリーを見かけた」となります．sortir du métro を誰がするのか，その点が違います． ☞ p.409

発展・補注 ジェロンディフの本来の在り方

日本語では多様な訳に切りわけられるジェロンディフは，そもそも２つの行為・出来事を並列的に提示するのが目的（つまり，"AがありBがある"という展開）で，そのつながりの中身は明確にかくかく，しかじかだと訳語が決められる性質のものではありません．もっと自由な，足枷のない表現方法であるはずです．

◆ 67 ◆ 条件法現在

直説法は現実の状況を「直に説明する」法ですが，条件法は「事実とは反対の仮定・推定」を表す法です．その時制には，助動詞 (avoir / être) を介さない現在と助動詞を用いる過去があります．

条件法現在の活用は〈単純未来の語幹（☞ p.290）＋r＋半過去の語尾〉の形で展開します（裏見返しも参照ください）．

〔1〕活用 présent du conditionnel ④③

語尾

je -rais	nous -rions		
tu -rais	vous -riez		
il -rait	ils -raient		

例：**aimer** 愛する

j'aimerais	nous aimerions
tu aimerais	vous aimeriez
il aimerait	ils aimeraient

その他の動詞の活用の例　　＊□は巻末の動詞活用表番号

- ② être → **je serais** [ジュ スレ]
- ① avoir → **j'aurais** [ジョレ]
- ⑯ aller → **j'irais** [ジレ]
- ⑱ vouloir → **je voudrais** [ジュ ヴドゥレ]
- ㉑ venir → **je viendrais** [ジュ ヴィャンドゥレ]

〔2〕用法 ④③

(1) 現在の事実に反する仮定「（もし）〜ならば，…なのに」の意味で使われます．

> **Si**＋主語＋半過去，主語＋条件法現在

Si j'étais riche, j'achèterais cette maison blanche.
もし金持ちならば，私はあの白い家を買うのに．

名言名句・諺

78. On nous apprend à vivre quand la vie est passée.

67 条件法現在

質　問 si「もし〜ならば」？

条件法の例ではないのですが，S'il s'y est opposé, c'est à cause de vous.「もし彼がそのことに反対すれば」以下が，うまく訳せないのですけれど．

答　まず，si ＝ 英語の *if* ＝「（条件）もし〜ならば」という理解だけですとこの文章はとまどいます．前後の「彼がそのことに反対した（複合過去）」「それはあなたのせいです（現在）」がうまくつながりません．
これは〈Si ＋ S ＋ V（直説法），c'est ...〉という相関句で「〜であるのは…だからだ（si は「事実の提示」）」という意味で用いられています．したがって，「彼がそのことに反対したのは，あなたのせいだ」という文意になります．

*「金持ちではないので，買えない」という現実を踏まえた表現．英語の〈 If+S+V（過去），S+ *would* (*should, could, might*)+*do* 〉の展開に相当する形です．

ただし，単なる条件の場合には下記のパターンで．

〈 Si＋主語＋直説法現在，主語＋単純未来 〉

S'il est riche, je l'épouse. ------------------- ①
S'il était riche, je l'épouserais. ----------- ②

① は「彼が金持ちなら，私は結婚します」（ただし，金持ちかどうかは不明），② は「彼が金持ちなら，私は結婚するのに」（実際には，金持ちでないので結婚しない）の意味になります．

なお，下記のように〈si＋半過去〉の代わりに別表現（状況補語）を用いる場合があります．

A ta place, j'accepterais son invitation.
　　　　　　僕が君の立場だったら，彼（彼女）の招待を受けるのに．

→ à ta place＝si j'étais à ta place.

*〈Si＋半過去〉を単独で使う例．(☞ p.316)

(2) 語気緩和，推測，反語などを表します．

Je voudrais aller au cinéma avec vous.
　　　　　あなたと映画に行きたい．

*〈je veux〉という直説法現在よりも丁寧で，通常用いられる表現．「もしできれば～」の含みがあるからです．

Il est absent : serait-il malade ?
　　　　彼は欠席しています．病気なのだろうか？

(3) 時制としての条件法で「過去における未来」を表します．詳しい説明は p.342 を参照ください．

Il m'a dit qu'il partirait le lendemain.
　　　　彼は私に翌日出発するだろうと言った．

名言名句・諺

♣生きることを学ぶのは人生が過ぎ去ったときだ．Que sais-je ?「我何を知るや？」の言葉で知られるモンテーニュの言葉．モンテーニュは生きるために，皆が忌避する「死」を見つめよとも説いている．

67 条件法現在

基礎チェック　〜したい

統計をとったわけではありませんが，日常会話で１，２番に頻度の高い条件法は〈Je voudrais + inf.〉の表現でしょう。

相手の都合など斟酌せずに，いわば自分の欲求をむき出しにする〈Je veux + inf.〉（例：Je veux chanter avec vous.「（あなたの気持ちはどうあれ，都合がどうでも）あなたと歌いたい」という含意になり，高圧的・命令的な言い方）や，そこまで強いニュアンスはないものの，自分の欲求をそのまま示す〈Je tiens à + inf.〉は，どちらも直説法が使われます。

これに対して「〜したいのですが」と控えめな欲求をするには〈Je voudrais + inf.〉，あるいは「できるなら〜したいのですが」と仮定的に自分の気持ちを伝える〈J'aimerais (bien) + inf.〉といった条件法が使われます。

基礎チェック　過去における未来

条件法が直説法半過去の語尾を持つのは，さかのぼって考えてみれば，たとえば il finirait が "il finir + [av] ait = il avait à finir"「彼は終えるはずだった ☞ p.291」の意味であったからで，ここからまさに「過去における未来」を表す形状となりました。

☞ p.315

◆ 68 ◆ 条件法過去

前課に引き続き，条件法の過去を見ていきます．

〔1〕活用 passé du conditionnel ④③

〈助動詞 (avoir / être) の条件法現在＋過去分詞〉の形で展開していきます．なお，助動詞の選択はすべての複合形（過去）と同じく，複合過去に準じます．（☞ p.250）

例：⑦ **parler** 話す

j'aurais parlé _{ジョレ パルレ}	nous aurions parlé _{ヌゾリオン パルレ}
tu aurais parlé _{テュ オレ パルレ}	vous auriez parlé _{ヴゾリエ パルレ}
il aurait parlé _{イロレ パルレ}	ils auraient parlé _{イルゾレ パルレ}

⑯ **aller** 行く

je serais allé(e) _{ジュ スレザレ}	nous serions allé(e)s _{ヌ スリオンザレ}
tu serais allé(e) _{テュ スレザレ}	vous seriez allé(e)(s) _{ヴ スリエザレ}
il serait allé _{イル スレタレ}	ils seraient allés _{イル スレタレ}
elle serait allée _{エル スレタレ}	elles seraient allées _{エル スレタレ}

〔2〕用法 ④③

(1) 過去の事実に反する仮定を表します．

> **Si**＋主語＋直説法大過去，主語＋条件法過去

Si j'avais été riche, j'aurais acheté cette voiture.
　　　　　　　もし私が金持ちだったら，あの車を買ったのに．

名言名句・諺

> 79. Le Congrès ne marche pas, mais il danse.
>   = Le Congrès danse beaucoup, mais il ne marche pas.

発展・補注　"新聞・雑誌"の条件法　☞ p.316

教科書では大きく扱われませんが，文法的に「推測」を表現する条件法は，新聞や雑誌のなかにたくさん登場します．報道の内容が確定的でないケース，概数や推定などが登場する以下のようなケースで，条件法現在も過去も使われます．

例　**L'avion s'est écrasé à l'atterrissage ; il y aurait une cinquantaine de morts.**
　　飛行機は着陸時にばらばらになり，およそ５０人の死者が出ている模様だ．

例　**L'incendie aurait été provoqué par un malfaiteur. Une enquête est en cours.**
　　火事は放火が原因だった模様だが，引き続き，捜査が行われている．

＊それぞれ，il y a peut-être une cinquantaine de morts. と同義．il a peut-être été provoqué par un malfaiteur (= incendiaire). と同義．ただし，たとえば peut-être という副詞を用いて，紙面・誌面で「（はっきりとはわからないが）おそらくは」と報道するわけにはいきません．勢い，推測の条件法が使われる理屈です．

*英語の仮定法過去のパターン〈*If*+S+過去完了, S+ *would* (*should, could, might*)+*have*+過去分詞〉に相当します.

なお, 主節が条件法現在「現在の事実に反し」, 従属節（si で導かれる節）が大過去「過去の事実に反する」例もあります. ② (Q & A p.418)

> **Je serais épuisé(e) si tu ne m'avais pas aidé(e).**
> 君が手伝ってくれなかったら,（今頃）へとへとだろう.

(2) 語気緩和, 推測, 反語, 遺憾などの意味を表します. 独立した文章内で使います.

> **J'aurais voulu vous suivre.**
> あなたについて行きたかったのに.（語気緩和）
>
> **Qui aurait pu prévoir cet incident ?**
> この事故を（一体）誰が予測できたでしょうか？（反語）

(3) 時制としての条件法で「過去における未来（過去より見てある未来に完了しているはずの事柄）」を表します. 主に間接話法で使われる時制照応の例です.（ p.342）

> **Il m'a dit qu'il serait rentré le lendemain soir.**
> 彼は私にその翌日の夕方には戻ってきているだろうと言った.

〔追記 ①〕〈**Si**+直説法半過去〉は, 単独で勧誘・願望などを表すことがあります. 会話ではよく使われます. ②

> **Si on allait au café près de la gare ?**
> 駅の近くのカフェにでも行こうか.（勧誘）
>
> **Ah ! Si je savais nager !**
> ああ, 泳げたらなあ.（願望）

〔追記 ②〕条件法第 2 形については, p.418 を参照ください.

名言名句・諺

♥**会議は踊る**（←会議は進まないしかし踊っている）. 映画〈Kongres tanzt〉のタイトルとして知られる. ナポレオン没後のウィーン会議に列席したタレーラン・ペリゴールが口にしたもの. 彼は警句の名人として知られた.

☞ p.315

発展・補注　「後悔」・「命令」の例

帰結節を欠く，〈Si + S + V（直説法半過去）〉のパターンは，左ページのような勧誘・願望のほかに「後悔の念・遺憾の意」も表します．seulement という副詞を添えれば，「せめて（少なくとも）〜であれば」という話者の思いが強められます．

例　**Si seulement tu faisais un effort !**
　　せめて君が努力をしてくれていればなあ！

また，「命令・憤慨」も，このパターンの範囲内です．

例　**Si vous vous taisiez !**
　　あなた（たち），黙ったらどうだい！

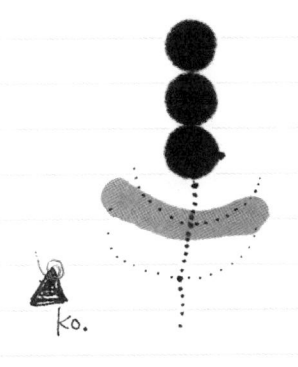

◆ 69 ◆ 中性代名詞

中性代名詞 pronom neutre と呼ばれる〈en, y, le〉があります（en, y を副詞的代名詞と呼ぶ場合もあります）．前文の性・数を持った名詞を受ける人称代名詞とは違って，主に，

〈de ＋名詞〉 → **en**
〈à＋名詞〉 → **y**
前文の意味内容 → **le**

を受ける**性・数変化をしない代名詞**です．

〔1〕**en**：de を含む文法の要素を受けます．③
(1)〈**de**＋**名詞・代名詞・不定法**〉や，不定冠詞 des・部分冠詞，数詞や数量副詞をともなう名詞を受けます．

▶ Avez-vous des frères? ご兄弟はおありですか？
▷ Non, je n'en ai pas. いいえ，おりません．
 → Non, je n'ai pas de frères.
▶ Combien d'enfants as-tu? お子さんは何人ですか？
▷ J'en ai deux. 2人です．
 → J'ai deux enfants.

(2)〈**de**＋**場所**〉を受けます（副詞的代名詞）．

▶ Tu viens de Dijon? ディジョンから来たの？
▷ Oui, j'en viens. はい，（そこから）来ました．
 → Oui, je viens de Dijon.

〔2〕**y**：à＋物事，場所を示す状況補語を受けます．③
(1) 間接目的補語〈**à**＋**物・事**〉を受けます．（☞ Q ＆ A p.418）

▶ Tu penses à ton avenir? 君は将来のことを考えていますか？
▷ Oui, j'y pense toujours. ええ，いつも考えています．
 → Oui, je pense toujours à mon avenir.

(2)〈**à, en, dans 等**＋**場所**〉を受けます（副詞的代名詞）．

▶ Il est à Paris? 彼はパリにいますか？
▷ Oui, il y est jusqu'à Noël.

名言名句・諺

80. Le sort en est jeté.

69　中性代名詞

基礎チェック　"de ＋ 人／à ＋ 人"のケースは？

前置詞 de, à のうしろに"人"が来るケースは，〈de ＋ 人〉なら en ではなく〈de ＋ 人称代名詞（強勢形）〉に，〈à ＋ 人〉は一般には y で受けず，人称代名詞（間接目的語）あるいは〈à ＋ 人称代名詞（強勢形）〉を用います．中性代名詞と混同しないでください．

例　−Tu parles de ton ami ?　　−Oui, je parle de lui.
　　　　友だちのことを話してるの？　　そうだよ，あいつのこと．

基礎チェック　en, y のそもそもは？

en は「そこから」を意味するラテン語の副詞（前置詞でもある）inde から派生（例：J'en reviens.「そこから戻りました」，英語 I have just come back from there.）．y は「そこに」（ラテン語の ibi）という意味の副詞（例：Restez-y.「そこにいてください」，英語 Stay there.）がそもそもです．それが，ひろく場所以外にも使われるようになり，現在の中性代名詞となりました．なお，元来の用法に力点をかけ en, y を副詞的代名詞 pronom adverbial あるいは代名詞的副詞 adverbe pronominal と呼んでいる参考書や教科書もあります．

基礎チェック　中性代名詞の問題

フランス語技能検定試験3級から，正答率の低かった中性代名詞に関する問題をひろってみます．ただし，選択問題の形を自分で埋める形式にかえました．
問（　）内に適当な中性代名詞（en, y, le）を入れなさい．
(1) L'histoire de France, tu t'(　　) intéresses ?
(2) Tu aimes le chocolat ? Attention, il ne faut pas trop (　　) manger.
(3) C'est interdit de stationner ici. Vous (　　) savez bien ?

解答
(1) s'intéresser という代名動詞が，〈s'intéresser　à ＋ 人・物〉と使われることを知っていればわかります．ちなみに正答率が25％という問題．
　　正解は y「フランス史だけど，君は（それに）興味がある？」．
(2) trop に注目．この表現は〈trop de ＋ 無冠詞名詞〉の形で使われます．代名詞を使わなければ，il ne faut pas manger trop de chocolat. となります．
　　正解は en「チョコは好き？　注意しないと，（それを）食べ過ぎないように」．
(3) 前文の内容　「ここは駐車禁止」という情報を受ける代名詞が必要です．
　　正解は le「ここは駐車禁止です．（そのことを）ご存知ですか？」．

はい，クリスマまで（そこに）います．
→ Oui, il est à Paris jusqu'à Noël.

〔3〕**le**：前文の意味内容を受けます．
(1) 属詞（形容詞，名詞など）を受けます．
▶ **Tu es content(e) ?**　　　満足してますか？
▷ **Oui, je le suis.**　　　はい，満足です．
→ Oui, je suis content(e).
(2) 前文・不定法・過去分詞などを受けます．
▶ **Jeanne est malade.**　　　ジャンヌは病気です．
▷ **Ah ! Je ne le savais pas.**　　え！　知りませんでした．
→ le＝elle est malade

〔注意①〕〈en, y〉について
(1) en, y は一般に動詞の前（補語人称代名詞 ☞ p.198）がある場合にはその後に，また en, y を同時に使う場合には y en の語順で）に置き，肯定命令（☞ p.228）では動詞の後に置きます．
例：**Il t'en a parlé.**　　　彼はそのことを君に話した．
Il y en a.　　　それがあります．
Donnez-m'en, s'il vous plaît.　それを僕にください．
＊くだけた会話を除いて，通常，肯定命令に添えられた〈en〉の前では moi, toi が m', t' となります．（☞ Q & A p.424）
(2) -er 動詞および aller の2人称単数命令形の直後に en, y を置く場合には動詞に〈s〉を添え，リエゾンします．
例：**Vas-y !**　　　（そこに）行きなさい．

〔注意②〕中性代名詞の le を定冠詞や補語人称代名詞（☞ p.198）の le と混同しないように．
▶ **Tu donnes ce tableau à Paul ?**　ポールにその絵をあげるの？
▷ **Oui, je le lui donne.**　　うん，あげるよ．
→ le（補語人称代名詞）＝ce tableau

〔注意③〕中性代名詞が表現のなかに組みこまれて成句をつくる語（具体的に受ける対象がないケース）があります．
例：**s'en aller**　立ち去る　　**Ça y est !**　これでよし．

名言名句・諺

◆賽は投げられた（←運命は投げられた）．Alea jacta est ! の仏語訳．Julius Caesar, 英語読みジュリアス・シーザーの有名なお言葉．あれこれ考え悩んだあげくに，思い切って，運にまかせて「やってみる！」こと．

69　中性代名詞

基礎チェック　代名詞の使いわけの基本パターン

・直接目的補語　　　　$\begin{cases} 特定の人・物 \to 補語人称代名詞（直接）* \\ 不特定の人・物 \to en \end{cases}$

＊不定法や総称の名詞などには通常〈ça〉を用います．

・〈à〉のついた語句　$\begin{cases} 人 \to 補語人称代名詞（間接）* \\ 物・事 \to y \end{cases}$

＊ penser「考える」などの動詞は〈à＋強勢形〉を用います．

・〈de〉のついた語　$\begin{cases} 人 \to de ＋人称代名詞強勢形 \\ 物・事 \to en \end{cases}$

・場所を表わす語句　$\begin{cases} à ＋場所 \to y \\ de ＋場所 \to en \end{cases}$

発展・補注　中性代名詞 y についての注意

たとえば，-Tu vas à Kyoto ? -Oui, j'y vais demain matin. という現在形の応答文ではなんら問題はないのですが，時制が単純未来（あるいは条件法現在）のケースでは，この代名詞 y を省くのが通例です．つまり，-Tu vas à Kyoto ? -Oui, j'irai demain matin. といった応答となり，j'y irai という表現は通常用いられません．y irai と同じ音がぶつかるためです．なお，partir「出発する」という動詞に y を用いた応接も不自然とされます．ただし，近接未来であれば y は用います．Oui, je vais y aller.

発展・補注　〈s〉の有無

２人称単数命令形で en, y を用いる場合，左ページにあるように，〈e〉または〈a〉で終わる２人称単数命令形の直後に en, y を置く際は，下記のように動詞に s をつけます．

　Profites-en !　　今がチャンスだ！（←それを利用して！）
　Restes-y !　　　そこにいて！

ただし，y のうしろに不定法が続くケースは s をつけませんのでご注意を．

　例　**Va y voir ma fille !**　私の娘に会いにそこに行って！

◆ 70 ◆ 不定形容詞／不定代名詞

◆40◆ で不定形容詞・代名詞の tout をチェックしましたが，それ以外のもので大切な不定形容詞・代名詞をまとめて見ていきます（「不定」と称されるのは漠然とした内容を表すためで，文法的に分類しにくいものの意味です）．

〔1〕**不定形容詞** adjectif indéfini ③②

(1) **certain(e)(s)**：単数形は不定冠詞をともなって名詞と結ばれ「ある〜」の意味で，複数形は名詞と直結して「いくつかの〜」の意味を表します．

un certain soir　　　**certains étudiants**
　ある晩　　　　　　　　何人かの学生

＊ただし，「確かな」の意味で使われる場合は品質形容詞（☞ p.86）です．
Je suis certain que tu réussiras.　私は君が必ず成功すると思う．

(2) **aucun(e)**「いかなる（どんな）〜」，**nul(le)**「いかなる〜も」は名詞と直結し，ne や sans とともに否定文で用いられます．（☞ p.360）

Je n'ai aucun appétit.　　私はまったく食欲がない．
sans aucun (nul) doute　何の疑いもなく（→ 確かに）

〔2〕**不定代名詞** pronom indéfini ③②

(1) ne（あるいは sans）とともに用いられ否定的なニュアンスを表す例．

(a) **rien**：「何も〜ない」

Je n'ai besoin de rien.　私は何も要りません．

名言名句・諺

81. Loin des yeux, loin du cœur.

70 不定形容詞／不定代名詞

発展・補注 その他の不定形容詞

英語の *some*, *any* に相当する quelque「いくつかの」, *several* に相当する plusieurs「いくつもの」も不定形容詞です.

例 **Elle a quelques amis à Paris.**
彼女はパリに何人か友人がいる.
Elle a plusieurs amis à Paris.
彼女はパリに何人も友人がいる.

どちらも可算名詞の少数を表す点では共通ですが, quelque は「少なさ」を plusieurs は「多さ」を表現する話です. 英語の *other*, *another* にあたる autre「別の, ほかの」も同じく不定形容詞.

例 **Il n'y a pas d'autre moyen.**
ほかに方法はない.
C'est (tout) autre chose.
それは別なことだ.

基礎チェック sans rien

sans rien ... の表現の例には次のようなものがあります.

例 **Elle est venue sans rien.**
彼女は何もなしで（何も持たずに）やって来た.
Il est sorti sans rien dire. = Il est sorti sans [me] dire un mot.
彼は（私に）何も言わずに出て行った.

Je ne m'intéresse à rien ; rien ne m'intéresse.
　　　　私には何も興味がありません．何も私の興味を引きません．
　(b)　**personne**：「誰も～ない」

　　Je n'ai vu personne dans la classe.
　　　　教室には誰も見ませんでした．
　＊文語的ですが，nul(le) も「誰も～ない」の意味で用いられることがあります．

(2)　肯定を表す不定代名詞の例．
　(a)　**quelque chose** は「何か」（物）を，**autre chose** は「他のもの」（物）を表します．**quelqu'un** は「誰か，ある人」（人）を表します．

　　J'ai quelque chose à te dire.
　　　　ちょっと話したいことがあるのですが．
　　Je voudrais autre chose.　　　別な物が欲しいのですが．
　　Est-ce qu'il y a quelqu'un ?　　　誰かいますか？
　＊不定代名詞が形容詞をともなう場合には前置詞 de を介して，形容詞男性単数形と結ばれます．
　　Y a-t-il quelque chose de nouveau ?　何か新しいことがありますか？

　(b)　**chacun** は単数扱いで「それぞれ，めいめい」の意味で，**certain(e)s** は～「ある人々，～のなかのある人々（物）」の意味，**plusieurs** は「～のいくつも，～の何人も（の人々）」の意味になります．（☞ Q & A p.402）

　　Chacun est rentré chez soi.　　各人が自宅に戻った．
　(c)　**n'importe qui (quoi)**「誰でも（何でも）」
　　Il parle avec n'importe qui.　　彼は誰とでも話す．

名言名句・諺

♠目から遠くなれば，心からも遠くなる．恋愛にしろ，友情にしろ，疎遠＝距離は人を裂く．愛はやすやすとは国境を越えない．L'absence est l'ennemi de l'amour.「不在は愛の敵」ともいう．どちらも至言だ．

70 不定形容詞／不定代名詞

発展・補注 quelqu' une の形

「誰か」あるいは「相当な人（重要な人物）」の意味なら当該の人物の性を問わず，quelqu'un の形が使われます．

> 例 **Elle se croit quelqu'un.**
> 彼女は自分をひとかどの人物だと思っている．

quelqu'une という女性形は，うしろに〈de + 名詞〉をともなって「〜のうちのある人（あるひとつ）」の意味のときに用いられるもので，文語的な表現（例：quelqu'une de ces femmes「これらの女性のうちのある人」）．ただし，「〜のなかの何人か（いくつか）」を指す quelques-uns, quelques-unes の形はふつうに用いられます．なお，あわせて「どこかで（に）」を意味する quelque part，「どこにも（〜ない）」nulle part も記憶しておきたいところ．

発展・補注 〈de + 形容詞（男性形・単数）〉をともなう

形容詞をともなう場合に直接は修飾されず，〈de + 形容詞（男性形単数）〉の形をとるのは quelque chose だけでなく，autre chose も同じですし（例：Il y a autre chose d'intéressant ?「ほかに面白いことはありますか」），ほかの不定代名詞 rien, personne, quelqu'un でも同じことです．また，疑問代名詞 que でも同じ展開になります．

> 例 −**Avez-vous reçu des informations sur cette affaire ?**
> あの問題で情報は得られましたか．
> −**Non, rien de nouveau.**
> いいえ，新しいことは何ひとつ．
>
> 例 **Qu'est-ce qu'il y a d'intéressant à la télé ce soir ?**
> 今晩，テレビで何か面白いものがある．

基礎チェック 〈n' importe + 疑問詞〉の別例

「どんな〜でもいいから」の意味になる定形パターン．「〜でもお構いなしに」と悪い意味で用いられることもあります．

> 例 **n'importe comment**　　どんな風（やり方）でも
> 　　**n'importe où**　　　　　どこでも
> 　　**n'importe quand**　　　いつでも
> 　　**n'importe quel** + 名詞　どの〜でも

trois cent vingt-cinq

◆ 71 ◆ 所有代名詞

所有代名詞とは定冠詞とともに用いて「mon, ma, mes＋名詞」に代わる語（英語の所有代名詞「〜のもの」〈I-my-me-mine〉の *mine* に相当する語）です．人称・数に応じて下記の種類があります．

〔1〕形 pronoms possessifs ③②

	男性単数	女性単数	男性複数	女性複数
je	**le mien** ル ミィヤン	**la mienne** ラ ミィエンヌ	**les miens** レ ミィヤン	**les miennes** レ ミィエンヌ
tu	**le tien** ル ティヤン	**la tienne** ラ ティエンヌ	**les tiens** レ ティヤン	**les tiennes** レ ティエンヌ
il / elle	**le sien** ル スィヤン	**la sienne** ラ スィエンヌ	**les siens** レ スィヤン	**les siennes** レ スィエンヌ
nous	**le nôtre** ル ノートゥル	**la nôtre** ラ ノートゥル	**les nôtres** レ ノートゥル	
vous	**le vôtre** ル ヴォートゥル	**la vôtre** ラ ヴォートゥル	**les vôtres** レ ヴォートゥル	
ils / elles	**le leur** ル ルール	**la leur** ラ ルール	**les leurs** レ ルール	

＊性・数は所有者によるのではなく，所有物（被所有物）の性・数に一致します．つまり，私＝男性が le mien，私＝女性が la mienne と考えるのではなく，男性名詞単数を受けて「私のもの」なら le mien を，女性名詞単数を受けて「私のもの」なら la mienne の形を採ります．

＊＊前置詞 à / de が前に置かれると〈à le → au, à les → aux / de le → du, de les → des〉の縮約（☞ p. ⑬⓪）に準じて〈à le mien → au mien〉*etc.* の形になります．

＊＊＊所有代名詞は話題になっている名詞を核として，所有者の別を問題とするケースで用いられます．●

名言名句・諺

82. Les murs ont des oreilles.

71　所有代名詞

基礎チェック　所有代名詞を用いるとき

具体的には，互いの「意見」をめぐる話がすでに出ていて，その「意見」の主が問題であるような次のようなケースです．

例　**C'est votre avis, ce n'est pas le mien.**（= mon avis）
それはあなたの考えで，私のではない．

〔2〕**用法** ③ ②

(1) 所有形容詞＋名詞を受けます．

Ta montre est moins chère que la mienne.
（＝ma montre）
君の時計は私のほど高くはない．

▶ **Ce chat, c'est le vôtre ?** （＝votre chat）
この猫，あなたのですか？

▷ **Non, c'est celui de Marie.** いいえ，マリーのです．

＊上記の celui de Marie は le chat de Marie のことです．もし「彼女のです」と代名詞で答えるなら le sien となります．

A la (bonne) vôtre ! （＝A votre santé !） 乾杯！

「乾杯！」は，おそらく最も日常的によく使われる所有形容詞の慣用的な用法です．ただし，属詞として用いられる場合にはときに〈à＋強勢形〉を用いることがあります．

▶ **A qui est ce dictionnaire ?** この辞書は誰のですか？

▷ **C'est à moi.** （＝C'est le mien.） 私のです．

＊なお，所有代名詞は propre をつけて強調されることがあります．
例：le sien propre 彼(女)自身のそれ（物）

(2) 慣用的な用法

家族・身内・仲間などを表します（男性複数で）．

Mes amitiés aux vôtres.
家の皆様によろしく．→ あなた(方)の身内(仲間)

Ce soir, je serai des vôtres.
今晩はあなた(方)の仲間です．
（＝Je serai avec vous.）

名言名句・諺

♣**壁に耳あり**．秘密と口止めした話がいつの間にか漏れていたりする．これ「スタテリウスの壁」とも言う．国家転覆を狙った男の計画が薄い壁から漏れ，告発されて，男は処刑されたという．

発展・補注　形容詞を添えた所有代名詞

形容詞は通常つきませんが，propre「自身の」，あるいは数詞（数形容詞），tout などが添えられるケースがあります。

例　私たちの2つのそれ　**les deux nôtres**
　　君のすべてのそれ　　**tous les tiens**

基礎チェック　A la (bonne) vôtre !

A la vôtre !（= à votre santé）「乾杯（→あなたの健康に）」のように，状況から何に変わる語句か明確なケースがあります。

例　（手紙で）**J'ai reçu la vôtre du 1er janvier.**
　　1月1日付のお手紙を拝受いたしました．（= **votre lettre**）

◆ 72 ◆ 接続法現在

話者の頭のなかで考えられた内容を不確実な事柄として提示する法です．接続法 subjonctif と呼ばれる理由は，〈sub-「(下に)従節に」+-jonctif「接合する」〉法であるため，言い換えれば話の中心が主節にあり，それに従属(=接合)する法であるためです．

〔1〕活用 présent du subjonctif ③ ②

avoir, être を除いて次の共通語尾をとります．

je	-e	[無音]	nous	-ions	[イオン]
tu	-es	[無音]	vous	-iez	[イエ]
il	-e	[無音]	ils	-ent	[無音]

* nous, vous の語尾は直説法半過去の語尾と同じ，残りの人称は〈-er〉動詞(第1群規則動詞)の直説法現在の活用語尾と同じです．なお，avoir と être の3人称単数の語尾だけ〈-t〉→〈il ait / il soit〉となります．

原則的に，語幹は3人称複数形の直説法現在の活用語尾から〈-ent〉をとり除いて上記の語尾を添えて作ります．

例：⑦ aimer → ils aiment → **aim-** → j'aime
　　　　　　　　　　　　　　語幹　　ジェーム

* 結局，〈-er〉動詞は je, tu, il, ils が直説法現在と接続法現在が同じ活用形になります．nous, vous は半過去と同じです．

⑰ finir → ils finissent → **finiss-** → je finisse
　　　　　　　　　　　　　　語幹　　　ジュ フィニス

ただし，1語幹で特殊な語幹を持つもの，2語幹(nous, vous だけ他の人称と語幹が違う)の特殊な語幹を持つものがあります．

1語幹の特殊な例
　㉛ faire → je fasse [ジュ ファッス]
　㊾ pouvoir → je puisse [ジュ ピュイス]

2語幹の特殊な例
　① avoir → j'aie [ジェ] / nous ayons [ヌゼィヨン]
　② être → je sois [ジュ ソワ] / nous soyons [ヌ ソワィヨン]
　⑯ aller → j'aille [ジャィユ] / nous allions [ヌザリヨン]

名言名句・諺

83. Il faut qu'une porte soit ouverte ou fermée.

72 接続法現在

―― **質　問** で，接続法とは？

接続法の説明文には「非現実をあらわす」とか，本書のように「不確実な事柄」とか書かれているのですが，これがつかめません．たとえば，教科書に載っていた Je regrette qu'elle ne vienne pas.「彼女が来ないのは残念です」という文ですが，"彼女は来ていない"わけで，これは現実であって，確実な事柄とみなせるのではないですか？

答　接続法は，現実かどうかわからない，確実ではない，事実とはどこかズレがある．そうした思いを伝える法です．その意味で，左ページの説明文は誤りではありません．ただ，逃げを打つつもりはないですが，接続法を日本語の感覚で無理につかまえようとするとひずみがでます．

例示された Je regrette の文で話者が言いたいのは，主節の部分です．「残念に思う，遺憾に思う」という箇所がポイントで，そのため que 以下の節には自動的に接続法が選ばれます．補足説明する形で付言すれば，「"感情のフィルターを通して"眺めた事実を伝えるときにも接続法が使われます」となります．

〔2〕用法 ③ ②

主節の動詞の時制と同時，あるいは未来に行われる行為を表し下記のような表現とともに用います（フランス社会では，接続法を正しく使うことが教養のひとつの指標とされています）．

(1) 主節が願望・意欲・命令・感情などを表す動詞(句)の後で (vouloir, souhaiter, ordonner, avoir peur, *etc.*).

Je veux qu'il vienne ce soir. 彼に今晩来てほしい．

(2) 必要・可能・判断などを表す非人称構文の後で (il faut que, il est possible que, c'est dommage que, *etc.*).

Il faut que je parte demain. 明日出発しなければならない．

(3) 目的・条件・譲歩などを表す接続詞(句)の後で (pour que, bien que, quoique, *etc.*).

Mon père travaille encore bien qu'il soit très âgé.
私の父はとても歳をとっているがまだ仕事をしている．

(4) 主節の動詞が否定・疑問で従属節の内容が不確実のとき．

Je ne crois pas qu'elle tienne sa parole.
彼女が約束を守るとは思いません．

＊従属節で確実な内容を伝える場合には直説法を用います．
例：Savez-vous qu'elle est malade ? 彼女が病気なのをご存じですか？

(5) 先行詞に最上級や唯一のもの (le seul, le premier) がある従属節で．あるいは主節を省略した独立文で願望・命令（特に第三者に対して）を示したり，成句で．(☛ Q & A p. 428)

C'est la meilleure actrice que je connaisse.
（それは）私が知っている最も優れた女優です．

Qu'ils se taisent ! 彼らを黙らせろ！ (☛ Q & A p. 432)
Vive la France ! フランス万歳！

名言名句・諺

♥戸は開いているか閉じているかでなくてはならない．ミュッセの言葉から．要するに，物事はいずれかに決めなくてはならないということ．

質　問　「〜を期待する」について

願望を表す souhaiter と espérer，同じような意味だと思うのですが前者は que 以下の節に接続法，後者は直説法なのですか？

答　souhaiter は「(実現可能性の不明なものを) 願う」という意味での「願望」を表し，接続法を用いる代表的な動詞です．一方，espérer は「(前向きに実現の可能性を) 期待している」(= croire vraiment) の感覚で少しニュアンスが違います．

> **例** **Elle souhaite qu'on vienne la voir à l'hôpital.**
> 彼女は病院に皆が見まいに来てくれたらと願っている．
> **Elle espère qu'on viendra la voir à l'hôpital.**
> 彼女は病院に皆が見まいに来てくれると期待している．

否定文あるいは疑問文なら espérer も接続法を用います．したがって，Elle n'espère pas qu'on vienne la voir à l'hôpital.「皆が見まいに来てくれるとは思っていない」となります．なお，s'attendre「〜を期待する」のあとは接続法が通例です．

> **例** **Je m'attends à ce qu'elle vienne.**
> 彼女が来ることを期待します．

ただし，Je m'attends qu'elle viendra. と直説法を使った言い方も可能ではあります．

発展・補注　il semble que ... がとる動詞の法

非人称構文の〈il semble que〉は含意によって，直説法も接続法もどちらも使われます．

> **例** どうやらマリーは病気のようだ．
> (1) **Il semble que Marie est malade.**
> (2) **Il semble que Marie soit malade.**（= il est possible）

(1)は情報が確実だというとき，(2)は不確実なときに使われます．ただし，主節が否定や疑問ならば接続法です．
sembler に人称代名詞が添えられると直説法のみ可能になります．

> **例** 私には彼女が間違っているように思える．
> **Il me semble qu'elle a tort.**（= je pense que）

しかし，その文が否定や疑問になれば接続法が使われます．

> **例** 私にはそれが可能だとは思えない．
> **Il ne me semble pas que cela soit possible.**

発展・補注　je ne crois pas que + ［直説法］

たとえば，Je ne crois pas que vous ayez raison.「あなたが正しいとは思いません」という文は，Sans doute vous n'aurez pas raison. と言い換えられます．しかし，croire を否定しながら，que 以下を直説法で書くケースもありえます．たとえば，Elle ne croit pas que j'ai raison.「彼女はぼくが正しいとは思っていない」が直訳になるわけですが，直説法になっている含意（自分の判断をそのまま叙述する）をくみとれば「彼女はそう思っているが，実は，ぼくは正しいのだ」(= On dit que j'ai raison, mais elle ne le croit pas.) という流れになります．

◆ 73 ◆ 接続法過去

前課に引き続き接続法の過去を見ていきます．

〔1〕活用 passé du subjonctif [2]

これまでに見た下記の複合形に準じて作ります．

直説法複合過去　（avoir / être の直説法現在）
直説法大過去　　（avoir / être の半過去）
直説法前未来　　（avoir / être の単純未来）　＋過去分詞
条件法過去　　　（avoir / être の条件法現在）

＊助動詞に avoir か，être を用いるかは複合過去のときに説明した動詞の種類によります（他動詞・大半の自動詞は avoir，往来発着の意味を持つ自動詞・代名動詞は être）．

すなわち，下記の形になります．

〈助動詞（**avoir / être** の接続法現在）＋過去分詞〉

例：[7] **parler** 話す

j'aie parlé	nous ayons parlé
ジェ　　パルレ	ヌゼィヨン　パルレ
tu aies parlé	vous ayez parlé
テュ　エ　パルレ	ヴゼィエ　パルレ
il ait parlé	ils aient parlé
イレ　パルレ	イルゼ　パルレ

[7] **arriver** 到着する

je sois arrivé(e)	nous soyons arrivé(e)s
ジュ　ソワザリヴェ	ヌ　ソワヨンザリヴェ
tu sois arrivé(e)	vous soyez arrivé(e)(s)
テュ　ソワザリヴェ	ヴ　ソワイエザリヴェ
il soit arrivé	ils soient arrivés
イル　ソワタリヴェ	イル　ソワタリヴェ
elle soit arrivée	elles soient arrivées
エル　ソワタリヴェ	エル　ソワタリヴェ

名言名句・諺

84. Allons, enfants de la patrie,
　　Le jour de gloire est arrivé !

73　接続法過去

---**基礎チェック**　接続法現在と接続過去の差異

次の（　　）内の語を適当な法と時制に活用しなさい．
問題　Je ne crois pas qu'elle (dire) la vérité.

この設問には訳がなく，文脈もありませんから，2通りの解答が可能でしょう．
「彼女は本当のことを**言っている（現時点）**とは**思えない（現時点）**」なら，主節と従属節の時制は同じです．どちらも，現在形になります．ただし（　　）内は接続法が要求されますから（p.332），dise（dire の接続法現在）が解答です．
一方，「彼女は本当のことを**言っていた（過去の時点）**とは**思えない（現時点）**」と主節と従属節に時間の差のあるケースも考えられます．主節は現在，従属節はそれ以前（過去）となる場合です．その際には ait dit（dire の接続法過去）が使われることになります．
つまり，接続法は人称や数の表示はあるものの独りだちのできない法というわけです．したがって，時制を含めてその具体的な決定権は主節（文脈）にゆだねられているのです．

〔2〕用法 [2]

接続法過去の用法は主節の動詞よりも以前に行われた行為を表します．具体的な用例は接続法現在（☞ p. 332）に準じます．

C'est dommage qu'il soit déjà parti.
　　　　　　　　　　　　もう彼が出発したとは残念だ．

C'est le plus beau château que j'aie visité.
　　　　　　　　　　　これは私がこれまで訪ねたなかで一番美しい城です．

〔3〕接続法半過去・接続法大過去 imparfait, plus-que-parfait du subjonctif [2]

接続法の時制と主節に対する時の関係を，例を見ながら考えてみます．

接続法現在　　Je ne crois pas qu'il soit riche.
→ 主節に対して同時　　　彼が金持ちだとは思わない．

同上　　　　　　Je ne crois pas qu'il parte demain.
→ 未来　　　　　　彼が明日出発するとは思わない．

接続法過去　　Je ne crois pas qu'il soit déjà parti.
→ 過去　　　　　　彼がすでに出発したとは思わない．

接続法を主節の動詞の法と時制に対照するとさらに下記の形があります．しかし**現在では，接続法半過去は接続法現在で，接続法大過去は接続法過去で代用されます**（文章語で，以下はいわば「文法のための文法」と言える内容です）．

接続法半過去　Je ne croyais pas qu'il fût riche.
→ 同時　　　　　　彼が金持ちだとは思わなかった．

同上　　　　　　Je ne croyais pas qu'il partît le lendemain.
→ 未来　　　　　　彼が翌日発つとは思わなかった．

接続法大過去　Je ne croyais pas qu'il fût déjà parti.
→ 過去　　　　　　彼がすでに出発したとは思わなかった．

名言名句・諺

◆さあ，祖国の子どもらよ，栄光の日は来た！　フランス国家 La Marseillaise の冒頭の一節より．

73 接続法過去

発展・補注 接続法過去の補足

左記の文は，"que 以下が，主節の動詞よりも過去の動作"を表す接続法過去で，〈qu'il soit déjà parti〉の箇所を直説法に置き換えて考えてみれば，〈S + V（現在）+ qu'il est déjà parti ...〉となり，複合過去に相当します．この時制の差異のパターン以外に，接続法過去が"未来における動作の完了"を示す次のようなケースもあります．

例 **Il faut que vous ayez fini ce travail avant la fin de la semaine.**
　　この仕事を週末までに終えていなければなりません．

これは直説法の前未来に相当するもの．つまり，直説法に置き換えて考えてみると〈S + V（現在）+ que vous auriez fini ...〉に相当することになります．

◆ 74 ◆ 不定法

　これまで不定法は活用されない原形（辞書に載っている形）として扱ってきましたが，◆51◆ でも触れたように動詞と名詞を兼ね備えた働きを持ち，さまざまな用法で展開します（動詞的用法は例を p. 160, p. 242 に示しましたので参照ください）．

◇ **名詞的に使われる例** infinitif
　(1) 主語・属詞，あるいは非人称動詞の実主語として ⑤④

　　Voir, c'est croire.
　　　　　　　　((諺)) 見ることは信じることだ（百聞は一見にしかず）．

　　＊名詞をまず示し，それを c'est... と受ける表現（遊離構文）は会話でよく使われる形です．
　　　Ton anniversaire, c'est quand ?　君の誕生日，それっていつ？

　　Il faut partir tout de suite.
　　　　　　　　　　　　　　　すぐに出発しなければならない．

　(2) 直接・間接目的補語・状況補語として ④③
　　(a) 前置詞を介さず直接「＋不定法」の形をとる動詞
　　　aimer, croire, désirer, hésiter, préférer　*etc.*
　　　　Vous aimez voyager ?　旅行するのが好きですか？
　　(b) 前置詞 **à** を介して「＋不定法」の形をとる動詞
　　　apprendre, commencer, réussir, penser　*etc.*
　　　　Il commence à pleuvoir.　雨が降りだした．
　　(c) 前置詞 **de** を介して「＋不定法」の形をとる動詞
　　　accepter, cesser, décider, finir　*etc.*
　　　　Il a décidé de ne pas cesser de fumer.
　　　　　　　　　　　　　　彼は禁煙しないと決めた．

　＊不定法を否定するには通常，左記の例文のように〈ne pas〉をまとめて不定法の前に置きます．

名言名句・諺

85. Tout est bien qui finit bien.

発展・補注　不定法と諺

諺（proverbe）は，長い歳月のなかで磨きあげられた，簡潔にポイントを言い当てる表現です．よって《Voir, c'est croire.》に代表されるように，不定法がまま登場いたします．いくつか例をあげておきましょう．

☐ **Bien faire et laisser dire.**
　きちんと振る舞い，後は言わせておけ．
　＊やるだけやって，他人からの評価は気にかけるな．2ch 時代には必須のお言葉でしょうか？

☐ **Promettre et tenir sont deux.**
　言うはやすく行なうは難し
　＊「約束することと守ること，ふたつは別なことだ」．C'est facile à dire, mais difficile à faire. とも言うし，Avec des si, on mettrait Paris dans une bouteille. (←もしもの話なら，パリを瓶に詰めることだってできる) という表現もあります．

☐ **Voir Naples et mourir.**
　ナポリを見て死ね．
　＊日本式であれば，「日光を見るまでけっこうと言うな」に相当します．

発展・補注　不定法の否定

不定法を打ち消す場合，通常は〈ne pas + inf.〉〈ne plus + inf.〉といった形になりますが，ne ... personne（sans ... personne を含む）は不定法をはさみます．

例　**Veillez à n' approcher personne de la flamme**
　誰も火のそばには近づけないように．
　＊ただし，この例文は，Veillez à ce que personne n'approche des flammes ! とするほうがずっと自然かもしれません．

例　**Elle est passée à Paris sans voir personne .**
　彼女は誰にも会わずにパリに行ってしまった．

(d) S＋V＋直接目的補語＋不定法　をとる動詞

envoyer, voir, faire *etc.* (☞ p.362)

J'ai envoyé mon fils faire des courses.
息子をお使いに行かせた．

(e) S＋V＋直接目的補語＋à＋不定法　をとる動詞

aider, obliger, forcer *etc.*

Ce cachet vous aidera à dormir.
その薬を飲めば眠れます．

＊〈rester (passer, demeurer)＋名詞（時間）＋à＋不定法〉のパターンもあります．
　例：Il reste des heures à regarder la télé.
　　　彼は何時間もテレビを見ている．

(f) S＋V＋直接（間接）目的補語＋de＋不定法　をとる動詞

empêcher, excuser, persuader *etc.*

Le bruit m'a empêché(e) de dormir.
騒音のせいで眠れなかった．

dire, permettre, reprocher *etc.*

Permettez-moi de vous présenter mon ami, Pierre.　あなたに私の友人のピエールを紹介します．

＊代名動詞の不定法は再帰代名詞を人称に応じて活用して使います．下記の例文も参照ください．

(g) 状況補語として（移動を表す自動詞や前置詞の後で）

Je suis sorti(e) me promener.　私は散歩にでた．

Dépêchez-vous, pour ne pas être en retard.
遅れないように急いで．

(3) 名詞，形容詞の補語として ③

Etes-vous sûr(e)(s) de l'avoir vu(e) ?
彼（女）を見たというのは確かですか？

＊複合形（過去）は〈avoir / être＋過去分詞〉．

名言名句・諺

♠**終わりよければすべてよし**．ただし，この諺には裏がある．結果こそが大事でそのプロセスは問わないとする「勝てば官軍」という不遜な姿勢．けっして潔い姿勢ではない．どこかの国の怪しげな商魂を思わせる．

74 不定法

―― **発展・補注** 基本動詞（目的補語を有する動詞）と不定法の関係（感覚・使役動詞を除く）　☞ p.362

- ☐ accuser qn de + inf.
- ☐ aider qn à + inf.
- ☐ apprendre à qn à + inf.
- ☐ s'arrêter de + inf.
- ☐ il arrive à qn de + inf.
- ☐ autoriser qn à + inf.
- ☐ avoir qch à + inf.
- ☐ aider qn à + inf.
- ☐ conseiller à qn de + inf.
- ☐ convaincre qn de + inf.
- ☐ décourager qn de + inf.
- ☐ demander à qn de + inf.
- ☐ se dépêcher de + inf.
- ☐ dire à qn de + inf.
- ☐ empêcher qn de + inf.
- ☐ encourager qn à + inf.
- ☐ excuser qn de + inf.
- ☐ féliciter qn de + inf.
- ☐ forcer qn à + inf.
- ☐ inciter qn à + inf.
- ☐ interdire à qn de + inf.
- ☐ inviter qn à + inf.
- ☐ laisser qn + inf.
- ☐ menacer qn de + inf.
- ☐ obliger qn à + inf.
- ☐ offrir à qn de + inf.
- ☐ ordonner à qn de + inf.
- ☐ pardonner à qn de + inf.
- ☐ permettre à qn de + inf.
- ☐ proposer à qn de + inf.
- ☐ recommander à qn de + inf.
- ☐ remercier qn de + inf.
- ☐ reprocher à qn de + inf.
- ☐ souhaiter à qn de + inf.
- ☐ il suffit à qn de + inf.
- ☐ il tarde à qn de + inf.

付　記　間接目的補語と不定法の関係

たとえば，offrir を用いた下記の文章の差異がお分かりでしょうか．
(1) **Ils m'ont offert de m'accompagner jusqu'à la gare.**
　彼らは私に駅まで送ろうと言ってくれた．
(2) **Mon père lui a offert de s'asseoir.**
　父は彼（彼女）に座るように勧めた．

(1)が通例の流れ．proposer à qn de + inf. と類義（例：Je vous propose de dîner chez moi.「うちに夕飯を食べにいらしてください」）で，主語と目的語（人）「（双方の行為）いっしょに自分たちの車に乗って」と"提案する"行為を指しています．一方，(2)の頻度はさして高くないですが，suggérer à qn de + inf.（例：Elle m'a suggéré d'appeler un taxi.「彼女は私にタクシーを呼んではどうかと提案した」）と類義で，目的語（人）が行なう「（単独の行為）座る」を主語が"勧める"という微妙な違いがあります．

trois cent quarante et un

◆ 75 ◆ 話法

話者の言葉をそのまま引用符で囲んで示す話法が直接話法，接続詞を用いてその内容を人に伝える形が間接話法です．

〔1〕話法の転換パターン discours (style) [3]

直接話法　S+V：(1) « S(2)+V(3)...(4) » の形を間接話法にする際，下記の (1)〜(4) の部分に着目！

(1) 接続詞（あるいは前置詞）を用いて文をつなぎます．
(2) 主語・目的補語などが内容に応じて変化します（人称の転換）．
(3) 動詞が時制照応 concordance des temps します（なお，疑問文の場合語順は平叙文（☞ p.380）〈S+V...〉の語順にします）．

時制照応（主節が過去時制のときに間接話法中で）

　　直説法現在　　→　直説法半過去
　　直説法複合過去　→　直説法大過去
　　直説法単純未来　→　条件法現在
　　命令法　　　　→　不定法（あるいは接続法現在）

＊直説法半過去は時制照応しません．

例：　Il m'a dit : « Je suis heureux. »
　→ Il m'a dit qu'il était heureux.
　　(1) 接続詞 que　　(2) 人称の転換 je → il
　　(3) 時制照応（直説法現在が直説法半過去に変化）

(4) 直接話法とは違う時間や場所で間接話法が使われる場合には，時や場所の副詞が変わります（なお，次頁の例文では副詞を変更した例をあげました）．（☞ p.345）

　aujourd'hui　今日　→　ce jour-là　　その日
　demain　　　明日　→　le lendemain　翌日
　hier　　　　昨日　→　la veille　　　前日

名言名句・諺

86. Changement de temps, entretien de sot.

75 話法

発展・補注 時制の展開システム

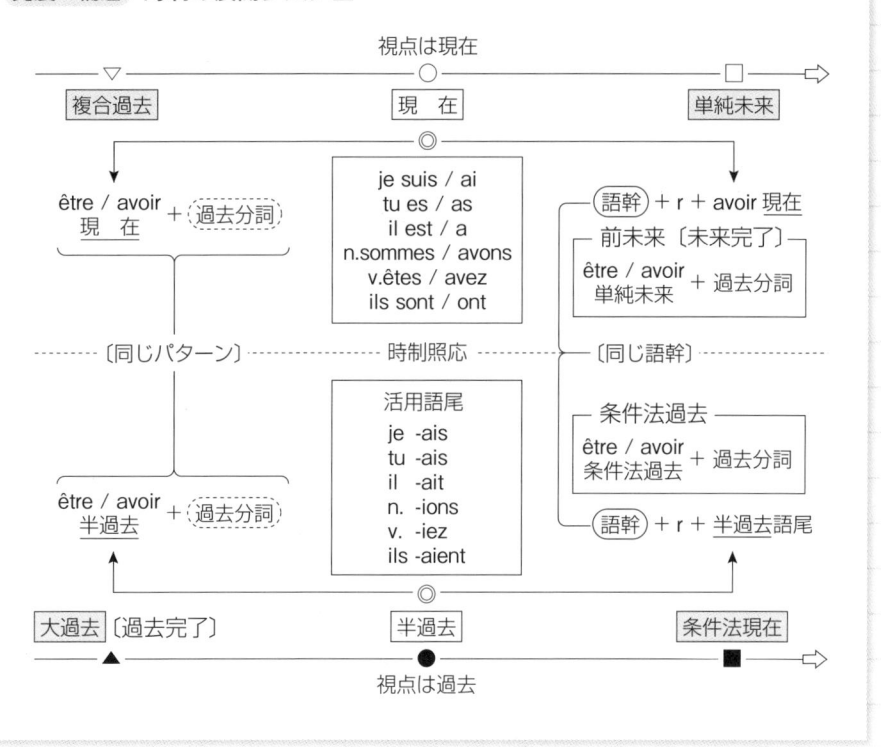

視点は現在

| 複合過去 | 現 在 | 単純未来 |

現在:
- je suis / ai
- tu es / as
- il est / a
- n. sommes / avons
- v. êtes / avez
- ils sont / ont

être / avoir 現在 + 過去分詞

(語幹) + r + avoir 現在
前未来〔未来完了〕
être / avoir 単純未来 + 過去分詞

――〔同じパターン〕―― 時制照応 ――〔同じ語幹〕――

活用語尾:
- je -ais
- tu -ais
- il -ait
- n. -ions
- v. -iez
- ils -aient

être / avoir 半過去 + 過去分詞

条件法過去
être / avoir 条件法過去 + 過去分詞

(語幹) + r + 半過去語尾

| 大過去〔過去完了〕 | 半過去 | 条件法現在 |

視点は過去

〔2〕伝達文別の話法転換の例 [3] [2]
(1) 平叙文（肯定文・否定文）の場合：接続詞 que で．

Il a dit : « J'ai été occupé hier. »
→ Il a dit qu'il avait été occupé la veille.
　　　　　彼は(自分は)前日忙しかったと言った．

Il m'a dit : « Je serai occupé demain. »
→ Il m'a dit qu'il serait occupé le lendemain.
　　　　　彼は(自分は)翌日は忙しいだろうと言った．

(2) 命令文の場合：接続には前置詞 de+不定法（あるいは que+S+接続法現在）を．

Il me dit : « Venez chez moi. »
→ Il me dit de venir chez lui.
　　　　　彼は家にいらっしゃいと言います．

(3) 疑問文の場合（疑問文が従属節で間接疑問とも呼ばれる）．
　(a) 疑問詞がない文章の場合：接続詞 si で．

Il m'a demandé : « Aimez-vous le coca ? »
→ Il m'a demandé si j'aimais le coca.
　　　　　彼は私にコーラは好きか(どうか)たずねた．

　(b) 疑問詞がある場合，通常はそのまま（◆ que〈qu'est-ce que〉は ce que に，qu'est-ce qui は ce qui に変える）．

Elle m'a demandé : « Quel âge avez-vous ? »
→ Elle m'a demandé quel âge j'avais.
　　　　　彼女は私に何歳かたずねた．

Il a demandé : « Qu'est-ce qui s'est passé ? »
→ Il a demandé ce qui s'était passé.
　　　　　彼は何が起こったかたずねた．

Elle m'a demandé : « Qu'est-ce que tu vas faire ? »
→ Elle m'a demandé ce que j'allais faire.
　　　　　彼女は私に何をしようとしているのかたずねた．

名言名句・諺

♣天気の話は愚か者の話．直訳は「天気の変化は愚人の談話」となります．日本では挨拶代わりの天気の話が，中身のない，会話のための会話とされてしまうわけです．

発展・補注 時制照応の例外

つぎのような例は時制照応の例外にあたります．

- 例 昨日，弟は地球が丸いと知った．
  Hier, mon petit frère a appris que la Terre est ronde.
  ＊普遍的な事実のとき．
- 例 彼女は私が当地に住んでいると知っていました．
  Elle savait que j' habite ici.
  ＊過去の状態が現在もなお継続しているとき．ただし，この例は時制の一致をして j'habitais（直説法半過去）とすることもできます．
- 例 彼は私に友人が明朝パリに着くと言った．
  Il m'a dit que son ami arrivera à Paris demain matin.
  ＊過去における未来が現在もなお未来であるとき．ただし，この例も時制照応して son ami arriverait（条件法現在）とすることも可能．

基礎チェック 時・場所の照応

直接話法と間接話法とで形が代わる語句の例（一覧）．

直接話法 discours direct	間接話法 discours indirect
aujourd'hui	ce jour-là
hier	la veille, le jour précédent, le jour d'avant
demain	le lendemain, le jour suivant, le jour d'après
avant-hier	l'avant-veille
après-demain	le surlendemain
maintenant	à ce moment-là, alors
ce matin	ce matin-là, le matin
ce soir	ce soir-là, le soir
hier soir	la veille au soir
demain matin	le lendemain matin
samedi dernier	le samedi précédent, le samedi d'avant
lundi prochain	le lundi suivant, le lundi d'après
il y a une semaine	une semaine avant (auparavant, plus tôt)
dans deux jours	deux jours après (plus tard)
ici	là

◆ 76 ◆ 前置詞

◆36◆で基本前置詞を見ましたが，そのなかでも用法が多岐に渡る〈à〉と〈de〉ならびに〈dans〉と〈en〉を他の文法とのからみでポイントを確認していきます．

〔1〕**à と de** préposition ③

重要な点は，動詞の補語（名詞・代名詞・不定法）を導く前置詞が〈à〉になるか〈de〉になるかということです（不定法とのつながりについては p.338 を参照ください）．〈penser à / parler de〉を例に考えてみましょう．

◇ **penser à...**：〜のことを考える

Il pense toujours à son avenir.
　　　　　　　　　　彼はいつも自分の将来のことを考えている．

この文で à son avenir を代名詞に置くと

Il y pense toujours.
　　　　　　　　　　彼はいつもそのことを考えている．

＊ただし，〈à qn（人）〉の場合，例：〈Il pense à son amie.〉「彼はガールフレンドのことを考えている」の場合，代名詞に置くと〈Il pense à elle.〉となります．（×）Il lui pense. の形は不可．（☞ p.204）

son avenir auquel il pense toujours（関係詞でつないだ例）
　　　　　　いつも彼が考えている将来

◇ **parler de...**：〜について話す

Il parle toujours de son avenir.
　　　　　　　　　　彼はいつも自分の将来について語る．

この文で de son avenir を代名詞に置くと

Il en parle toujours.　彼はいつもそのことを語っている．

son avenir dont il parle toujours（関係詞でつないだ例）
　　　　　　いつも彼が語っている将来

名言名句・諺

87. Les autres villes sont des villes ; Paris est un monde.

76　前置詞

----　**発展・補注**　"形容詞＋à/de" について

意外に難しいのが，〈形容詞＋前置詞〉の言いまわしで，後にàをとるかdeをとるかの違い．いくつか例を見ておきましょう．

àをとる語		deをとる語	
adroit(e)	〜に巧みな	amoureux(se)	〜を愛する
ardent(e)	〜に熱い	absent(e)	〜のない
conforme	〜に適した	capable	〜できる
difficile	〜しがたい	différent(e)	〜と異なる
facile	〜し易い	digne	〜に相応しい
nécessaire	〜に必要な	fier(ère)	〜を自慢する，誇る
préférable	〜より好ましい	honteux(se)	〜を恥じている
semblable	〜に似た	sûr(e)	〜を確信している

例　**Ta voiture est semblable à la mienne.**
　　君の車は私のと似ています．

例　**Marie est fière de sa beauté.**
　　マリーは美しさを鼻にかけている．

〔2〕 **dans** と **en** [3]

(1) 場所を表す場合

　　ともに「〜のなかに」という意味ですが，原則的に，dans は冠詞（定冠詞・不定冠詞）をともなう名詞に対して用い，状況補語を導きます．これに対して，en は通常無冠詞で用いて，状況補語・間接目的補語・名詞（形容詞）の補語を導きます．

◇ **dans** の例

Hier, il a logé dans cet hôtel.
　　　　　　　　　　　　昨日彼はあのホテルに泊まった．

Je ne veux pas vivre dans la misère.
　　　　　　　　　　　　私はみじめな暮らしをしたくない．

◇ **en** の例

状況補語　　　Elle est toujours en colère.
　　　　　　　　彼女はいつも怒っている．

間接目的補語　J'ai confiance en lui.
　　　　　　　　私は彼を信じている．

名詞(形容詞)の補語　Il est fort en mathématiques.
　　　　　　　　彼は数学が得意です．

(2) 時間を表す場合

　　dans は「(現在を基準にして)(これから)〜の後に」の意味で，en は「(何かをするのに必要な時間) 〜かかって」の意味で用います．

Elle reviendra dans une heure.
　　　　　　　　彼女は1時間後に戻ってきます．

＊dans は現在を基準として「〜後に」，過去・未来のある時点を基準にした場合には après [plus tard] の形を用います．なお，dans は「〜以内に」の意味では使いません．avant を用います．

Il a fini ce travail en une heure.
　　　　　　　　彼はその仕事を1時間で終えた．

名言名句・諺

♥ほかの都市は都市に過ぎないが，パリはひとつの世界だ．欧州統一の野望を抱き．フランスの王，シャルル1世と30年の戦いを続けた Charles-Quint の言葉．パリはいつでも人の心を妖しく揺さぶる都市なのです．

―― **基礎チェック** 前置詞 dans についての補足

単独では à, en が付く地名（場所）でも，修飾語句で限定されると dans になります．また，通常，「乗物に（乗って）」の意味では〈en + 乗物〉を使いますが，場所と同じく限定されると dans になります．

	一般的	限定・特定化

例 **en France**　　　　　　　**dans la France d'aujourd'hui**
　　フランスでは　　　　　　　今日のフランスでは

　　à Paris　　　　　　　　**dans mon Paris**
　　パリで　　　　　　　　　　我がパリで

＊なお，〈à + 都市名〉habiter à Paris「パリに住む」が位置（地点）を示すのに対して，〈dans + 都市名〉habiter dans Paris「パリ市内（→ en banlieue「郊外ではなく」）に住む」は空間の内部（範囲）を意識する表現になる

例 **monter en voiture**　**monter dans sa voiture**
　　車に乗る（乗り込む）　自分の車に乗り込む

　　en avion　　　　　　　**dans l'avion de mon ami**
　　飛行機で　　　　　　　　友人の飛行機で

また〈dans + 時間〉は「〜後に」あるいは「〜以内に」の意味になります．

例 **dans une semaine**
　　1週間後（今から1週間したら）
　＊ en une semaine は「1週間で」．
　　dans les deux mois
　　ここ1ヶ月以内に
　＊定冠詞に注意．dans deux mois なら上記と同じく「2ヶ月後（今から2ヶ月したら）」の意味．

◆ 77 ◆ 単純過去／前過去／複複合過去

直説法単純過去は複合過去と違って助動詞を用いない単純形で，単純過去と称されます．主に歴史的表記・物語などに使われる文語で，1990年以降，フランスの小学校ではこの時制を教えていません．その意味から，大半の教科書では補遺として扱うか，まったくこの時制に触れないものが増えています．なお，通例，仏検でも扱われません．

〔1〕**活用** passé simple de l'indicatif

語尾の母音によってわければ，a 型, i 型, u 型と in 型の4つに分類できます．

a 型 〈-er 動詞〉のすべて
語幹：aimer → **aim-**

je (j')	**-ai** [エ]	nous	**-âmes** [アーム]
tu	**-as** [ア]	vous	**-âtes** [アットゥ]
il	**-a** [ア]	ils	**-èrent** [エール]

i 型 〈-ir 動詞〉〈-re 動詞〉の大半
語幹：finir → **fini-**

je (j')	**-is** [イ]	nous	**-îmes** [イーム]
tu	**-is** [イ]	vous	**-îtes** [イットゥ]
il	**-it** [イ]	ils	**-irent** [イール]

u 型 〈-oir 動詞〉の大半, **avoir, être**
語幹：avoir → **e-** / être → **f-**

je (j')	**-us** [ユ]	nous	**-ûmes** [ユーム]
tu	**-us** [ユ]	vous	**-ûtes** [ユットゥ]
il	**-ut** [ユ]	ils	**-urent** [ユール]

in 型 **venir, tenir** やその合成語
語幹：venir → **v-** / tenir → **t-**

je (j')	**-ins** [アン]	nous	**-înmes** [アンム]
tu	**-ins** [アン]	vous	**-întes** [アントゥ]
il	**-int** [アン]	ils	**-inrent** [アンル]

名言名句・諺

> 88. Plaisir d'amour ne dure qu' un moment,
> Chagrin d'amour dure toute la vie …

77 単純過去／前過去／複複合過去

引　用　ロラン・バルトによる「単純過去」の定義

いわく「経験の実存的な根から解きはなたれ，暗々裡に因果の連続を形づくる」時制．なお，単純過去は主に３人称を対象に使われ，２人称で使われることはほとんどない．

質　問　単純過去の存在

単純過去が使われなくなったのはどうしてですか？　活用が面倒だからでしょうか？

答　単純過去は３人称の書き言葉として今も生きています．その点，誤解のないように一言申し添えます．

さて，わたしが学生の頃にも「単純過去（前過去を含む）は活用が煩雑だから消えていった」と説明してくれた教師がいました．でも，その説明はどうでしょうか？　というのも，かつては「過去の行為や出来事」を表すために，単純過去が話し言葉で使われていたからです．単純過去が守備範囲をせばめていったのは，複合過去が台頭してきたのが最大の理由ですね．複合過去は，形状を見ておわかりだと思いますが，英語の現在完了に相当するものです．"複合過去＝現在完了"は，過去から現在までに完了・経験した行為や出来事の結果を表します．それがやがて過去の行為や出来事も表現するようになった．つまり，単純過去の領域を浸食していったのです．ひょっとすると，英語の過去もやがて現在完了で代用される時代が……来る!!　かしら？

〔2〕用法

現在とはつながりのない過去で一時的に完了した行為・状態（この点で複合過去とは相違します），歴史的表記や物語のなかなどで使われる文語体です．主に3人称で用いられます．

Napoléon Ier naquit à Ajaccio en Corse en 1769.
ナポレオン1世は1769年コルシカ島のアジャクシオで生まれた．

Il mourut à Sainte-Hélène en 1821.
彼は1821年，セントヘレナ島で没した．

〔3〕直説法前過去 passé antérieur de l'indicatif

quand, lorsque, dès que など時を表す従属節中で用いられて，単純過去の直前に完了した行為（「～するとすぐに」のニュアンス）を表す書き言葉で用いられる時制です．

形は， | 助動詞 (avoir / être) の単純過去＋過去分詞 |

の展開で，これまでのすべての複合形と同じです．

Dès qu'elle eut dîné, elle partit.
食事を終えるとすぐに，彼女はでかけた．

〔4〕直説法複複合過去 passé surcomposé de l'indicatif

前過去の代わりに用います．話し言葉の系統に入る表現です．

形は， | 助動詞 (avoir / être) の複合過去＋過去分詞 |

の展開で，過去分詞が2つ重なる形態です（重複合過去と称されることもあります）．

Dès qu'elle a eu dîné, elle est partie.
（同上）食事を終えるとすぐに，彼女はでかけた．

＊過去の直前の完了には，普通，大過去（☞ p. 288）を用います．

名言名句・諺

◆愛の喜びは　ひとときだけ／愛の悲しみは　命の限り……　Florian 作，J.P. Martini の作曲で知られる〈Plaisir d'amour〉の最初の句です．

77 単純過去／前過去／複複合過去

発展・補注 複複合過去について

この時制は口語です．形が複雑なので，つい書き言葉のように思えますがそうではありません．

　例 **En deux heures, on a eu visité toute la ville.**
　　　２時間で，町を（すっかり）見物してしまった．

言い換えれば，On a terminé d'avoir visité toute la ville. と完了を強めた表現．ただし，無理に「完了」にこだわらずに，On a terminé de visiter la ville. あるいは On a terminé la visite de la ville. などとも言い換えられる融通のきく表現です．なお，文章語なら On eut visité toute la ville. に相当する文．ちなみに，南仏ではこの時制がしばしば顔を出すようです．

◆ 78 ◆ 自由間接話法／前置詞句

〔1〕**自由間接話法** discours indirect libre

　間接話法の変種に「自由間接話法」と呼ばれるものがあります．通常，間接話法に使われる接続詞を省き，多くは伝達動詞も省いて，間接話法と同じ人称・法・時制を用いた文章です．
　たとえば，下記の例で考えてみましょう．
　① 直接話法　　② 間接話法　　③ 自由間接話法

① Il se disait : « J'ai du talent et je réussirai. »
② Il se disait qu'il avait du talent et qu'il réussirait.
③ Il avait du talent, se disait-il, et il réussirait.
　　　　　　彼は自分には才能があり，成功するだろうと思っていた．

　また，上記 ③ の文章を変形して〈On l'a entendu murmurer : il avait du talent et il réussirait.〉「彼の呟く声が聞こえてきた，自分には才能があるし成功するだろう」となっても自由間接話法と考えられます．

〔2〕**前置詞句の例** locutions prépositives ③ ②

à cause de	～のせいで（理由・原因）
à côté de	～の隣に
à partir de	（時間）～から，～以後
à la place de	～の代わりに
avant de	～する前に
en face de	～の正面に
en présence de	～の面前で
grâce à	～のおかげで
quant à	～に関して

名言名句・諺

89. L'espagnol est la langue des amants, l'italien est celle des chanteurs, le français celle des diplomates, l'allemand celle des chevaux.

78 自由間接話法／前置詞句

―― **基礎チェック** avant「〜までに（は）」と jusqu'à「〜まで」

＊本書内に置くべき適当な位置が見つからず，ここに置きました．

時間の「終点」を示す「〜までに（は）：最終期限」と「〜まで：終了の時点（それまでは継続）」は混同しやすいので注意．

> 例　4時 までに 大学へ行かなければならない．
> **Il faut que j'aille à la fac avant 4 heures.**
> ＊最終の**期限**までに（あるいはその前に）何かをする（何かが起こる）．
> 4時 まで 大学にいなければならない．
> **Il faut que je reste à la fac jusqu'à 4 heures.**
> ＊その時点まで「大学にいる」という動作・状態が**継続**しています．

Le train est en retard à cause de la neige.
　列車が雪のせいで遅れている．

C'est à partir d'aujourd'hui qu'augmentent les impôts.
　今日から税金があがります．

*〈à partir de〉は現在・未来を起点に用います．過去を起点とする場合には depuis です．なお，この文章の qu'augmentent les impôts の部分は主語と動詞が倒置されています．C'est...que の強調構文や関係代名詞 que の節で主語が名詞で動詞に目的語がないときによく倒置されます．

Elle est venue à la place de sa mère.
　彼女は母親の代わりにやってきた．

＝Elle est venue en remplacement de sa mère.

〔3〕接続詞句と前置詞句 locutions, conjonctions et prépositions [2]

　文を導く接続詞(句)とそれに対応する前置詞(句)の例

```
────接続詞(句)────           ────前置詞(句)────
quand (lorsque)              → lors de
bien que (quoique)＋接続法    → malgré, en dépit de
parce que                    → à cause de, pour
comme                        → grâce à, à cause de
pour que (afin que)＋接続法   → pour, afin de
```

Il continue à fumer bien que le médecin lui ait défendu.
　→ Il continue à fumer malgré l'interdiction du médecin.
　　彼は医者に禁止されたのに，今でもタバコを吸っています．

Je dois rester à la maison parce que j'ai des devoirs.
　→ Je dois rester à la maison à cause de mes devoirs.
　　私は宿題があるので家にいなくてはなりません．

Comme tu l'as aidée, elle a réussi.
　→ Grâce à ton aide, elle a réussi.
　　君の助けがあったおかげで，彼女は成功しました．

名言名句・諺

♠スペイン語は愛人の言葉，イタリア語は歌手の言葉，フランス語は外交官の言葉，ドイツ語は馬のそれ．と，言われますが……そうでしょうか？ ドイツ語を話す人に叱られそうです．

質問 quand vs lorsque

担当の教員に quand と lorsque の違いを質問しましたら，後者が文語的で，どちらも意味は変わらないと言われました．でも，同じでしょうか？

答　なかなかデリケートな質問ですね．どちらもニュアンスにたいした差はないという回答は妥当だと思います（後者の方が改まった言い方です）．ただ，quand は「〜のとき」を漠然と広く意味するもっとも一般的な接続詞で，dans le temps où という言いまわしに近いものです．lorsque は，それより意味の輪郭が鮮明で「〜の機会があるとき」，あるいは主節のあとに置かれて「…するとそのとき」という含みがあるようです．

基礎チェック parce que, puisque, car, comme

(1) parce que（英語の *because*）は疑問詞 Pourquoi ?「なぜ」を背景に，相手にとって「耳新しい情報（理由）」を知らせる語です．

(2) puisque は相手がすでに知っている事柄（原因），あるいは文脈から因果関係がはっきりしている事実，または万人が周知している理由などを導く語です．

(3) car は理由を補足的に述べ「というのは〜」という感覚で，英語なら *for* に相当する語です．なお，car は一般的・客観的な説明を添える語であるのに対して，parce que は主観的な理由が大半．

(4) 接続詞 comme で始まる節は，主節より前に置かれ，相手に念を押す感覚（聞き手がすでに知っている情報や判断が大半）で使われます．英語の *as, since* に近い語です．

◆ 79 ◆ 多様な否定表現

◆26◆ や ◆70◆ で否定表現を見てきましたが、ここで、別な視点をからめて否定表現をマトメておくことにします。③②

(1) **ne ... plus**　もはや〜ない（toujours, encore に対応）

▶ Il neige toujours ?　▷ Non, il ne neige plus.
　相変わらず雪ですか？　　　いいえ、もう降っていません．

(2) **ne ... pas encore**　まだ〜ない（déjà に対応）

▶ Tu as déjà fini tes devoirs ?
　宿題はもう終わったの？

▷ Non, je ne les ai pas encore finis.
　いいえ、まだ終わっていません．

(3) **ne ... jamais**　けっして〜ない（souvent, quelquefois などに対応）

▶ Allez-vous souvent au cinéma ?
　よく映画に行きますか？

▷ Non, je n'y vais jamais.
　いいえ、まったく行きません．

(4) **ne ... que**　しか〜ない（限定）＝seulement

Il ne me reste que 500 yens.
　500円しか残っていない．

(5) **ne...ni 〜 ni 〜 / ne ...pas ni 〜 ni 〜**　〜も〜もない

Ma mère n'aime ni le café ni le thé.
　母はコーヒーも紅茶も好きではない．

(6) **ne ... guère**　ほとんど〜ない / **ne ... point**　まったく〜ない

Mon fils ne boit guère de lait.
　息子はほとんど牛乳を飲みません．

名言名句・諺

90. Le silence est le seul langage commun à tous les peuples.

79 多様な否定表現

発展・補注 ne ... que（限定）について

〈ne ... que〉「しか〜ない」は seulement で書き換えられます． ☞ p.118
たとえば，「私の父はワインしか飲みません」はこうなります．

Mon père ne boit que du vin.
= Mon père boit seulement du vin.

ただし，〈ne ... que〉に pas が加わると，次のようになりますから注意してください．

Mon père ne boit pas que du vin.
= Mon père boit autre chose que du vin.

父はワイン以外のものも飲みます．（←ワインしか飲まないわけではない）

発展・補注 ni の構文と冠詞

直接目的補語と冠詞（不定冠詞・部分冠詞）のからみでは ni を用いた文でミスが出やすいので注意したい．

例 彼には妻も子供もいない．
　　Il n'a ni femme ni enfant. → ne ＋動詞＋ ni A ni B
　　＊この形では直接目的補語の不定冠詞・部分冠詞は省かれる（ただし，定冠詞はつける．Il n'aime ni le vin ni le whisky.）

例 Il n'a pas de femme ni d'enfant. → ne ＋動詞＋ pas A ni B
　　＊この形では，冠詞の変形の約束が守られる．

発展・補注 ne ... que ＝ seulement ？

左ページに ne ... que ＝ seulement と書きました．それで問題はないのですが，厳密にはこのふたつの語，文法上の働きが同じというわけではありません．たとえば「今日は，1時間 働いただけ だ」は，Aujourd'hui, on travaille **seulement une heure**. で，動詞を修飾する意味から副詞の seulement が使われます．これに対して Aujourd'hui, on **ne** travaille **qu'**une heure. なら，限定の ne...que が使われ，その限定部 une heure に縛りがかかります．動詞を制限しているわけではありません（言い換えれば，ne...que は属詞や目的語のある表現で使われるもの）．よって前者との差異をあえて意識するなら「今日は， たった1時間しか 働いていない」ということになります．もちろん結果的には，同じ内容を表してはいますが単純にイコールというわけではありませんのでひと言添えました．

(7) **ne … personne / Personne … ne**　誰も～ない

Il n'y a personne qui sache nager parmi eux.
　　彼らのなかには泳げる人が誰もいない．

＊先行詞が否定されていたり，否定の中性代名詞（personne, rien など）が先行詞のときには形容詞節中に接続法（☞ p. 330）が使われます．

(8) **ne … rien / Rien … ne**　何も～ない

Elle ne fait rien du tout.
　　彼女はまったく何もしない．

＊否定を強調する際に absolument, du tout, au monde 等を付けます．ただし，下記のような副詞の置き位置による違いに注意してください．
　　Je ne bois absolument pas.　まったく酒を飲まない．（全体否定）
　　Je ne bois pas absolument.　まったく酒を飲まないわけではない．
　　　　　　　　　　　　　　　　　　　　　　　　　　（部分否定）

(9) **ne … aucun(e) / Aucun(e) … ne**　どんな～もない

Aucun homme n'est parfait.
　　どんな人間も完全ではない．

＊sans aucun(e)… の形でも用います．（☞ p. 322）
　　Il parle le français sans aucun accent.
　　　　彼は少しの訛（なま）りもなくフランス語を話します．

(10) **ne … nul(le)**　いかなる～もない ②

Je cherche ma clef, mais je ne la trouve nulle part.
　　鍵を探していますが，どこにも見当たりません．

(11) 否定と限定とが重なった表現 ②
　　少し複雑化しますが限定に収斂されます．たとえば，上記(8)+(4) なら **ne … rien que**「～以外は何も…ない」，(6)+(4) **ne … guère que**「～以外はほとんど…ない」の意味です．

On n'entendait rien, que le bruit des vagues.
　　波の音以外は何も聞こえなかった．

名言名句・諺

♣沈黙はあらゆる国民（民族）に共通の唯一の言語である．なるほど，納得のひと言です．その意味からも「沈黙は金」と言えるのでしょうか？　でも，語学学習に「沈黙」は禁"です．

発展・補注　personne de ＋ 形容詞（男性単数形）

「誰も～な人はいない」という表現をつくれます．

例　**Je ne connais personne de plus gentil que ce garçon.**
あの少年よりやさしい人はいない．

例　**Elle n'aime personne d'autre que lui.**
彼女は彼以外の誰も愛していない．

personne「誰も～ない」は英語の nobody にあたる不定代名詞です．不定代名詞に形容詞をつけるときは男性単数形にして de を介するので注意．　☞ p.324

発展・補注　rien que ＋人／物

〈rien que〉で「ただ～だけ」（seulement）に相当する表現があります．

例　**Rien qu'un comprimé pourra la remettre d'aplomb.**
錠剤1粒飲むだけで彼女はよくなるでしょう．

これは，不定詞を用いて rien qu'à ＋ inf., rien que de ＋ inf.「（ただ）～するだけで」の形でも使われます．

例　**Rien que d'y penser, j'en ai assez.**
そのことを考えただけで気が滅入る．

＊ rien que の que は例外，除外を言い表す語（＝ sinon que）です．

◆ 80 ◆ 感覚・使役動詞／比較表現補足

〔1〕感覚・使役動詞 verbes sensitifs, verbes factitifs ③ ②

(1) 感覚動詞（**voir, entendre, sentir** 等）
〈A が～するのが（見える，聞こえる，感じる等）〉は，

(i) 〈知覚動詞＋A＋不定法〉
(ii) 〈知覚動詞＋不定法＋A〉

いずれかの構文を使います（ただし，不定法に直接目的補語が置かれる場合には (ii) の構文は不可）．

(a) De ma chambre, je vois les enfants jouer au tennis.
　　　　　　　　＝je vois jouer les enfants au tennis.
　　　部屋から，子供たちがテニスをしているのが見える．

〈知覚動詞＋A＋属詞・現在分詞・関係節〉の構文もあります．

(b) Je vois les enfants jouant au tennis.
(c) Je vois les enfants qui jouent au tennis.

＊(a) が単に動作を述べているのに対して，(b) は「(今まさに)～している」という動作の進行・継続状態に力点を置いた表現になり，(c) は動作主 les enfants にポイントを置いた最も自然な表現になります．

(2) 使役動詞「～させる」**faire**→〈**faire**＋不定法〉（☞ Q & A p.410）
Elle fait venir sa mère.　　彼女は母を来させる．
sa mère を代名詞に置くと〈faire〉の前に置かれます．
　→ Elle la fait venir.
また，上記の文章を複合過去にしたときには，過去分詞の性・数一致の必要はありません．
　→ Elle l'a fait venir.
命令文では補語人称代名詞が faire と結ばれます．
　→ Faites-la venir !　　彼女を来させなさい．

(3) 「～させておく」**laisser**→〈**laisser**＋不定法〉（☞ Q & A p.410）
Elle laisse sa fille prendre sa voiture.
　　彼女は娘に車を使わせています．

80 感覚・使役動詞／比較表現補足

基礎チェック　感覚動詞の語順

視覚にかかわる，voir, regarder, apercevoir，聴覚にかかわる entendre, écouter，感覚を表現する sentir などを感覚動詞（あるいは知覚動詞）と呼びますが，直接・間接を問わず目的補語が添えられ，不定法が用いられる構文では注意がいります．原則は，

"主語＋感覚（知覚）動詞＋不定法（inf.）［＋名詞］"

という語順なのですが，たとえば「私は息子が歌うのを耳にする（聞く）」という文なら，以下の2つの語順が可能です．

(1) J'entends chanter mon fils.
(2) J'entends mon fils chanter.
　＊mon fils は文法上，不定法 chanter の意味上の主語です．

一方，「私はその歌を歌うのを耳にする（聞く）」は原則に即して1通りです．

(3) J'entends chanter cette chanson.
　＊cette chanson は chanter の直接目的補語で，この文では誰が歌っているのかはわかりません．

では，上記の2つを重ねて「私は息子がその歌を歌うのを耳にする（聞く）」とするとどうなるか，今度は以下の2つのパターンが可能になります．

(4) J'entends chanter cette chanson par[à] mon fils.
(5) J'entends mon fils chanter cette chanson.
　＊mon fils がどちらも間接目的補語になっています．なお(4)では，à + qn で「人が（によって）」ではなく「人に」と解されるなど文意が曖昧になると判断されると par が用いられます．

では，faire, laisser の場合はどうか．その例は p.411を参照ください．

〔2〕**比較表現補足** comparaison ③②

◆**43**◆ ◇補遺 J ◇で見た比較の項目では扱わなかった大切な比較表現を補足しておきます．

(1) **Plus (Moins) S＋V…, plus (moins, mieux) S＋V～**
「…すればするほど(ますます)～」

Plus on vieillit, plus on regrette son pays natal.
年をとればとるほど，故郷が懐かしくなってくる．

Plus on gronde ce garçon, et moins il obéit.
この子を叱れば叱るほど，言うことを聞ききません．

(2) **de plus en plus**「ますます，しだいに」
de moins en moins「だんだん少なく」

A mesure qu'on l'étudie, la grammaire japonaise devient de plus en plus difficile.
国文法を研究するにつれて，ますます難しくなっていく．

＊〈à mesure que＋直説法〉「～につれて，応じて」

(3) **supérieur(e)**「すぐれた」，**inférieur(e)**「劣った」は比較級と同じ働きをします．比較対象は〈à〉で導きます．

Ce film est supérieur [inférieur] à la moyenne.
この映画は平均より上[下]だと思います．

(4) 比較級の文章で que… の比較対象を明示しない表現．
たとえば，「彼はあなたより年上です」という表現は実際の会話でそう多用されません．比較の相手を明示しなくとも文意は通じますし，次のような表現での比較が多いからです．

Il n'est pas aussi âgé que vous le pensez.
彼はあなたが思っているほど年ではありません．

＊〈ne pas aussi… que～〉は「～ほど…ない」と訳します．「～と同じ…ではない」の訳は避けましょう．(☛ Q＆A p.④②④)

L'examen a été plus facile que je ne le pensais.
試験は私が思っていたより簡単だった．

＊上記の〈ne〉は虚辞．(☞ p.③⑥⑧) なお que… 以下の ne, le は下記のように省いてもかまいません．
L'examen a été plus facile que je pensais.

80 感覚・使役動詞／比較表現補足

発展・補注 "倍数＋比較"の表現

「AはBの〜倍の…だ」と言いたいときには，〈plus + 形容詞・副詞 + que〉の比較表現の前に x fois「x倍」という語句を置けば表現できます．

例　この家は我が家の3倍の大きさだ．
　　Cette maison est $\boxed{\text{trois fois}}$ plus grande que la nôtre.

例　父は私の5倍は働く．
　　Mon père travaille $\boxed{\text{cinq fois}}$ plus que moi.

＊この plus は副詞 beaucoup の優等比較級．

発展・補注 ラテン語の比較級に由来する語

英語でも同じですが，比較の作り方が違う以下のような語がありました．
supérieur(e)「すぐれた」, inférieur(e)「劣った」, antérieur(e)「（時間的に）前の」, postérieur(e)「（時間的に）後の」などは，plus, moins といった語を前にはつけず，que ではなく，前置詞 à をともなって比較表現を作ります．

例　**Son dernier ouvrage est nettement supérieur $\boxed{\text{aux}}$ précédents.**
　　彼（彼女）の新作は以前のもの より 明らかにすぐれている．

例　**Elle a eu une note inférieure $\boxed{\text{à}}$ la moyenne.**
　　彼女は平均以下の（平均 より 劣った）成績だった．

（記）meilleur(e), pire, moindre, mieux に plus を添える言い方はしません．また，excellent(e), suprême なども，その単語自体が高い程度を表す語なので plus はつけません．

付　記 比較に前置 à をとる形容詞の例

▷ pareil à　　　：〜と同じような
▷ supérieur à　：〜より優れた
▷ inférieur à　 ：〜より劣った
▷ antérieur à　 ：〜より前の
▷ postérieur à ：〜より後の

trois cent soixante-cinq

◆ 81 ◆ 過去分詞の性・数一致のまとめ／虚辞の ne

〔1〕過去分詞の性・数一致 accord ④③

すでにさまざまな文法のなかで触れたように，次のような場合に修飾する語句の性・数に一致しました．

> être を助動詞とする場合

(1) 複合時制（複合過去，前未来，大過去，条件法過去，接続法過去，接続法大過去）で，往来発着・移動のニュアンスを持つ自動詞の場合，過去分詞は主語の性・数に一致します．

Ma mère est allée à Kyoto avant-hier.
母はおととい京都に行きました．

(2) 代名動詞の複合時制の場合，再帰代名詞 se が直接目的補語の場合（現実的な判断基準としては，明らかに間接目的補語のときを除いてと覚えるほうが現実的（☞ p. ❷❻⓪））に再帰代名詞 se に，つまり主語に性・数一致します．

Elles se sont levées tôt ce matin.
彼女たちは今朝，早く起きました．

(3) 受動態の過去分詞は主語の性・数に一致します．

A mon avis, ils seront estimés de tout le monde.
彼らは（やがて）皆から尊敬されると思います．

> avoir を助動詞とする場合

複合時制の文章で，直接目的補語が過去分詞より前に置かれたとき，その直接目的補語に性・数一致します．

Je les ai acheté(e)s dans ce supermarché.
私はあのスーパーでそれらを買いました．（補語人称代名詞）

81 過去分詞の性・数一致のまとめ／虚辞の ne

—— **質　問**　〈avoir ＋過去分詞〉の性数一致のわけは？

助動詞 être を用いると過去分詞が主語と性数一致を起こすのは，Je suis étudiant(e). や Je suis content(e). などと同じことで，主語と属詞の関係（S ＝ A）から違和感を感じないのですが，どうして助動詞 avoir が左記のような条件で過去分詞と性数一致するのか，その背景がぴーんと来ません．

答　複合時制の成立事情がからんできます．p.291にも記しましたが，現在の直説法複合過去を用いた「私は手紙を書いた」J'ai écrit une lettre. という文ですが，かつて俗ラテン語で，
　　「私は書かれた手紙を持っている」→ J'ai ＋ une lettre écrite.
と考えられていた形から派生したものです．すなわち，直接目的補語（une lettre）が過去分詞の前に出た形で，その性数に過去分詞は一致していました（形容詞ですから）．いわばこの先祖帰りとでも呼ぶべき現象が，過去分詞より前に直接目的補語が置かれた状態となります．これが，助動詞 avoir での性数一致というお約束の背景です．

Je vais te montrer les photos que j'ai prises à Paris.
僕がパリで撮った写真を君に見せよう。　　（関係代名詞の先行詞）

Combien de photos as-tu prises pendant le voyage ? 旅行中に何枚写真を撮ったの？　　（疑問文・感嘆文など）

> 形容詞的に用いられた過去分詞の場合

(1) 修飾する名詞の性・数に一致します。

 C'est une montre cassée.（名詞と直結する場合）
  これは壊れた時計です。

(2) 分詞がそれ自体の主語をもつ分詞構文では，その主語に性・数一致します。（絶対分詞構文（☞ p. ③⓪⑧））

 Nos devoirs terminés, nous sommes allés au cinéma. 宿題が終わったので，私たちは映画に行きました。

〔2〕虚辞の ne　ne explétif [2]

論理的には肯定表現でも，文意のうえで否定の気持ちが働きやすい構文の従属節のなかで「～では"ない"」というニュアンス（たとえば，遠足の前日に「(降って欲しくないのに)雨になるんじゃ"ない"か心配だ」）を表すために使われる〈**ne**〉を虚辞と呼びます（ただし，文語的用法なので省略可）。

(1) 疑い・恐れ・用心などを表す語の後で（接続法とともに）．

 Je crains qu'elle ne vienne ce soir.
  彼女が今晩やって来るのでは(ないか)と心配です。

 Téléphonez-moi avant qu'il ne soit trop tard.
  手遅れになる前に（手遅れにならないうちに）電話してください。

(2) 比較の文章（☞ p. ③⑥④）や **autre, autrement que** のなかで用いられることもあります。

81 過去分詞の性・数一致のまとめ／虚辞の ne

基礎チェック 虚辞の ne の別例

比較と autrement que で虚辞の ne が使われる例を追記しておきます．

例 **C'est beaucoup plus compliqué que nous ne croyions.**
それは私たちが思っていたよりもずっと複雑だ．

例 **Il agit autrement qu'il ne parle.**
彼は言行が一致しない．

＊上記の表現は諺ではありませんし，頻度がそれほど高くはありません．あくまで虚辞の ne の例文です．なお，「言行一致」に関しては，Fais comme je dis ; ne fais pas comme je fais.「私が言うようにして，私がしているようにはするなかれ」という面白い言いまわしがあります．

◆ 82 ◆ 同格／倒置・挿入節／対立・譲歩節

〔1〕同格 apposition [2]

同格とは，名詞（あるいは名詞相当語句）や節を説明・限定するために，他の名詞（名詞相当語句）や節を列記することです．

(1) 名詞
   Je vous présente M. Gros, un collègue de mon fils.
   息子の同僚であるグロさんを紹介します．

(2) 代名詞
   Mon fils, lui, ne vient jamais ici.
   息子，彼は，けっしてここには来ません．

(3) 形容詞・分詞
   Malade, mon fils gardait sa bonne humeur.
   病気なのに息子は相変わらず上機嫌でした．

(4) 不定法・節
   Mon fils n'a qu'un but : être utile à la société.
   息子には1つの目的しかない，社会の役にたつことです．

〔2〕倒置・挿入節 inversion, incise [2]

書き言葉で，dire「言う」のニュアンスを含んでいる語（たとえば，demander「たずねる」，questionner「質問する」，répondre「答える」など）が，倒置形をとり他の文章の途中や文末に置かれる場合があります．

   Il n'y a rien à faire, dit le médecin.
   どうしょうもない，と医者が言った．
→ Le médecin dit qu'il n'y a rien à faire.

   Ce temple date, dit-on, du Xe siècle.
   この寺院の建立は10世紀にさかのぼるということです．
   *dit-on「～ということだ」

82 同格／倒置・挿入節／対立・譲歩節

基礎チェック 倒置されない挿入節

話し手の意見を述べる挿入節では，主語と動詞を倒置しないパターンを使います．je pense, je crois, je sais や ce me semble など．

例 　私が思うに，それが大きな誤りなのでは．

C'est, je crois, une grande erreur.

例 　思うに，彼女は決定をくだす前に私たちに相談すべきだった気がする．

Elle aurait dû, ce me semble, nous consulter avant de prendre la décision.

＊ただし挿入節として，ce me semble を il me semble にも，me semble-t-il と倒置した形にも置き換えられます．

〔3〕対立・譲歩節 prop. d'opposition, prop. concessives [2]

従属節を構成する接続詞句の違いによって，たとえば，下記のように使われる法が異なります．

(1) **alors que**　　〜にもかかわらず
　　même si　　たとえ〜としても　　＋直説法
　　tandis que　〜であるのに，〜している間

　J'ai été reçu(e) à mon examen, *alors que* je n'*avais* pas *travaillé*.
　　　勉強していなかったのに，私は試験に受かった．

　Même si tu *te lèves* tard, ne manque pas de prendre ton petit-déjeuner.
　　　遅く起きても，かならず朝食は食べなさい．

(2) **alors (même) que**　　たとえ〜であっても
　　au cas où　　　　　〜の場合には　　＋条件法
　　quand [bien] même　たとえ〜でも

　Venez me voir *au cas où* vous *passeriez* par ici.
　　　このあたりをお通りになったらどうぞ遊びに来てください．

　Quand [bien] même l'opération *réussirait*, il ne survivrait pas.
　　　たとえ手術がうまくいっても，彼は助からないだろう．

(3) **bien que**　〜にもかかわらず
　　quoique　〜ではあるが　　＋接続法
　　sans que　〜することなしに

　Bien qu'elle *soit* fatiguée, elle travaille.
　　　疲れているにもかかわらず，彼女は働いています．

　＝Bien que fatiguée, elle travaille.
　＊主語が主節の主語と同じで，動詞に〈être〉が使われている場合に「主語と動詞〈être〉」を省くことがあります．

　N'en parle jamais *sans qu*'on te le *demande*.
　　　たずねられない限り，けっしてそれを言わないで．

82　同格／倒置・挿入節／対立・譲歩節

基礎チェック　tandis que ＋ ［直説法］

〈tandis que ＋ ［直説法］〉は幅の広い語で，以下の意味で用いられます．
(1)「対立」を意味する alors que「～であるのに，一方～」のニュアンス．
(2)「継続的動作」をともなって pendant que「～している間」の意味．
(3)「完了的動作」をともない au moment où「～しようとしたら」の意味．

例　(1) 私は寡黙なのに，妹はおしゃべりだ．
　　Je suis silencieux tandis que ma petite sœur est bavarde.

　　(2) 散歩している間に，雨が降り出した．
　　Tandis qu'on se promenait, il a commencé à pleuvoir.

　　(3) 私が寝ようとしていたら，友だちがやって来た．
　　Mon ami est venu chez moi tandis que j'allais me coucher.

◇ 補遺 K ◇　接尾辞（語形成要素）

〔1〕〈動詞語幹＋接尾辞 → 名詞〉の例 suffixe [3] [2]

接尾辞		意味	例
-ement	男	行為・行為の結果：異形 **-issement, -iment**	
		achever（終える）	→ **achèvement** 完了
		loger（泊まる，住む）	→ **logement** 住居
-age	男	行為・行為の結果／場所：異形 **-issage**	
		nettoyer（掃除する）	→ **nettoyage** 掃除
		emballer（包装する）	→ **emballage** 包装
-ice	男	行為・行為の結果	
		exercer（練習する）	→ **exercice** 練習
		servir（仕える）	→ **service** サービス
-tion	女	行為・行為の結果：異形 **-ation, -sion,** *etc.*	
		traduire（翻訳する）	→ **traduction** 翻訳
		posséder（所有する）	→ **possession** 所有
-ade	女	行為・行為の結果／場所	
		se promener（散歩する）	→ **promenade** 散歩
		se noyer（溺死する）	→ **noyade** 溺死
-ance	女	行為・状態・性質：異形 **-ence**	
		exister（存在する）	→ **existence** 存在
		connaître（知る）	→ **connaissance** 認識
-erie	女	行為	
		rêver（夢見る）	→ **rêverie** 夢想
		plaisanter（ふざける）	→ **plaisanterie** 冗談
-ée	女	行為・行為の結果／場所	
		entrer（入る）	→ **entrée** 入口
		traverser（横切る）	→ **traversée** 横断
-ture	女	行為・行為の結果／道具：異形 **-ure,** *etc.*	
		écrire（書く）	→ **écriture** 書くこと
		signer（サインする）	→ **signature** 署名

補遺K　接尾辞（語形成要素）

はみだし　英語の起源

いわば，英仏の語形変形（つづりの似ている語）の例をいくつか示しておきます．

アングロ・サクソン起源 （英語）	フランス語起源 （英語）	フランス語
smell	odor	odeur
eat	dine	dîner
go away	depart	partir
comme back	return	retourner
look at	regard	regarder
want	desire	désirer

引用　他の言語への応用・展開

アンドレ・モーロワが伝えるところでは，ポルトガル兵がフランス兵にこう伝えたそうです．「フランス語で -tion で終わる単語は，ポルトガル語も同じ．-ção [-saong] となるだけのこと．しかもフランス語と同じくすべてが女性名詞である」と．これなら外国語の単語が一気に増やせますね．

〔2〕〈動詞語幹（名詞）＋接尾辞 → 形容詞〉の例[2]

接尾辞	意味	例（元）	例（形容詞）
-able	～できる，～しやすい：異形 -ible		
		résoudre（解決する）	→ résoluble 解決できる
		lire（読む）	→ lisible 判読できる
	～の，～な，～の性質を持つ		
		confort（快適）	→ confortable 快適な
		peine（苦しみ）	→ pénible 骨の折れる
-al(e)	～の，～に関する：異形 -ial(e)		
		musique（音楽）	→ musical(e) 音楽の
		région（地方）	→ régional(e) 地方の
-ant(e)	～な，～する：異形 -ent(e)		
		obéir（従う）	→ obéissant(e) 従順な
		différer（異なる）	→ différent(e) 違った
-atoire	～な，～の		
		obliger（義務を負わせる）	→ obligatoire 義務的な
		préparer（準備する）	→ préparatoire 準備の
-eux(se)	～の，～の性質の人		
		nombre（数，数量）	→ nombreux(se) 多くの
		luxe（豪華さ）	→ luxueux(se) 豪華な
-if(ve)	～の，～の性質を持つ（人・物）：異形 -atif, -itif, -tif(ve)		
		malade（病気）	→ maladif(ve) 病弱な
		décorer（飾る）	→ décoratif(ve) 装飾の
-ique	～の（人），～の性質を持つ（人）		
		atome（原子）	→ atomique 原子の
		Asie（アジア）	→ asiatique アジアの
-ment 副	〈形容詞＋接尾辞〉 ～に		
		facile（容易な）	→ facilement 容易に
		léger（軽い）	→ légèrement 軽く

発展・補注 "-ment" という副詞

〈形容詞 + -ment〉で様態を表す副詞が作られますが，その作り方にはいくつかのパターンがあります．

(1) "形容詞（女性単数形）+ ment" が大半のケース

例 **lent**（遅い）

lente + **ment** → **lentement**　遅く，ゆっくりと

(2) "形容詞（男性単数形：-i, -u）+ ment"

例 **absolu**（絶対の）

absolu + **ment** → **absolument**　絶対に，まったく

(3) "形容詞（-ant, -ent の -nt を省く）+ m + ment"

例 **brillant**（輝く，光る）

brilla + **m** + **ment** → **brillamment**　輝かしく

例 **fréquent**（頻繁の）

fréque + **m** + **ment** → **fréquemment**　しばしば，頻繁に

ただし上記の(1)(2)の例からはずれて，一部 -émentのつづりになる語があります．

例 **précisément**　正確に　　**uniformément**　一様に

◇ 補遺 L ◇　文の種類

文 phrase を構造（形式）から分類すると，**単文** phrase simple と **複文** phrase complexe ou composée とにわけることができます．

〔1〕単文と複文 phrase simple, phrase complexe

単文とは，単独の文，つまり1つの独立節から成りたっているもの，複文とは2つ以上の節によって構成されているもののことです．

単文　On est le 17 janvier.　　1月17日です．
　　　　Allez chercher un taxi !　タクシーを呼んできて．

複文　Il pleut et il vente.　　雨が降り，そして風が吹く．
　　　　Je ne sais pas si elles viendront.
　　　　　　彼女たちが来るかどうかわかりません．

そして複文を構成する節には大きくわけて4つの種類があります．

〔2〕複文を構成する節の種類

等位節 proposition coordonnée：等位接続詞 **et**「そして，と」（付加・結合），**ou**「あるいは」（交替），**mais**「しかし」（対立），**car**「なぜなら」（理由・原因），**donc**「だから」（結果）等でつながれた独立節．

　　Je pense, donc je suis.　　我思う，ゆえに我あり．

並置（並列）節 proposition juxtaposée：接続詞なしで並列，列記された独立節．句読記号（下記の例文は **virgule (,)** による例）で，並べられたそれぞれの独立節を並べ置く節（並置・並列節）と呼びます．

　　On s'en va, c'est le moment.　さあ帰ろう，もう時間だ．

補遺 L　文の種類

質問 等位接続詞 "等" とは？

等位節の説明文に等位接続詞 "等" でつながれた独立節とありますが，等位接続詞によらない例があるのでしょうか？

答 あります．副詞でつながれるケースです．「まずは〜，それから…」という下記のようなケースが該当します．

　例　まず映画に行って，つぎにお昼を食べて，それからカルチエラタンを散歩しました．
　　D'abord, on est allé au cinéma, **ensuite**, on a déjeuné, **et puis**, on s'est promené au Quartier Latin.

ついでに，質問からは離れますが，いわゆる「三段論法」の用例をひとつあげておきます．

　例　**Tous les hommes sont mortels.**
　　Or Descartes est un homme.
　　Donc Descartes est mortel.
　　人間は皆死をまぬかれない．ところでデカルトは人間である．それゆえデカルトは死をまぬかれない．
　　＊大前提から，orで小前提が導かれ，doncで結論を導きだす展開．

なお，左ページに例の載っています並置（並列）節は，文法的には等位節の範疇に属します．

挿入節 proposition incise：1つの文中，または前後に挿入された短い独立節．(☞ pp. ③⑦⓪ – ③⑦①)

> **Va-t'en ! s'écrira-t-elle.** 「出ていけ」と彼女は叫んだ．

主節と**従属節** proposition principale et proposition subordonnée：従属（従位）接続詞 **que, si, quand, comme** などで結ばれた，主・従の関係にある2つの節．

> **S'il fait beau demain, j'irai te voir.**
> 明日天気なら遊びに行きますよ．
>
> ＊〈s'il fait beau demain〉だけでは完結した意味を持ちません．〈j'irai te voir〉に導かれてはじめて意味を持ちます．そのため，前者を従属節，後者を主節と呼ぶわけです．

〔3〕文の意味上の種類

平叙文 phrase énonciative：話者が判断をそのまま述べる文章．大半の文章はこの形で展開します．肯定文 phrase affirmative と否定文 phrase négative の2つの形があります．

> **Il fait beau aujourd'hui.** 今日は晴れです．

疑問文 phrase interrogative：人にものをたずねる文章．これにも肯定と否定の2種類があります．ときに反語的な性質・仮定のニュアンスを持つことがあります．

> **Est-il possible qu'elle ait fait une telle faute ?**
> 彼女がそんな誤りを犯したなんてことがあり得るだろうか？

命令文 phrase impérative：命令・依頼などを表します．肯定・否定の2つの形があります．

> **Sois sage !** いい子になさい．

感嘆文 phrase exclamative：狭義には，喜怒哀楽といった感嘆の気持ちを表す文章．広くは，願望・命令を示す文を含みます．多くは感嘆の形容詞・副詞を文頭に置き，文末に！(感嘆符)を置きます．

> **Quelle chaleur !** なんて暑いんだ．

補遺 L　文の種類

基礎チェック　感嘆文のパターン

感嘆文は大別して，以下の2つの基本パターンがあります．

(1) 〈√**Quel** +（形容詞）+ 名詞 +（S + V）〉の形

Quelles belles fleurs !	なんてきれいな花なの！
Quelle chance vous avez !	あなたはなんと幸運なんだ！
Quelle histoire !	なんという話だ！

(2) 〈que, comme, ce que + S + V !〉の形

Que tu es mignonne !	君はなんてかわいいんだ！
Comme le temps passe vite !	なんて時の経つのは早いんだ！
Ce que je suis fatigué(e) !	すっかり疲れはてた！

　＊ ce que の形は口語的．話し言葉では Qu'est-ce que je suis fatigué(e) ! とも表現します．なお，うしろに名詞をともなう形で「なんと多くの」と感嘆するケースでは **que de** が使われます（例：Que de monde !「なんて大勢の人だ！」，Que d'eau ! Que d'eau !「なんたる水！　なんという水の量だ！」は1875年に起きたガロンヌ川の大洪水を前に，当時の大統領が口にした言葉としてつとに知られる）．ほかに **combien** を用いた感嘆文もあります（例：Combien vous avez raison !「まったくあなたの言うとおりだ！」）．

◇ 補遺 M ◇　　間投詞

　さまざまな感情を表現し，文法的な機能なしに，いわば叫び声のように発音されるのが間投詞 interjection です．

(1) 叫び声に類するもの

Ah !　　　　　　　　ああ！
　＊喜怒哀楽のさまざまな感情を表したり，相手の注意を引いたり，相手の発言に軽い驚きを表したりする一言．会話のつなぎ言葉として，Ah oui !（強い肯定を感情をこめて表すとき），Ah non !（強い否定の気持ちを表す）はかなり頻繁に使われます．

Aïe !　　　　　　　　痛い（痛っ）！
Ha, ha !　　　　　　はっはっ！
　＊驚き，安堵などの気持ちを表したり，笑い声として使われる間投詞．なお，ha, ha ! と笑うときには [h] の音が出ます．

(2) オノマトペ（擬音語・擬態語）

Cocorico !　　　　　　コケコッコー！（鶏の鳴き声）
Tic(-)tac !　　　　　　チクタク（時計・機械の規則的な音）

(3) 名詞・形容詞・副詞・動詞などを使って

Eh ! fais attention !　　おい，気をつけろよ！
Assez, assez.　　　　　もうたくさんだ．
Tiens (Tenez) !　　　　ほら！　おや！

(4) 外来語（ラテン語・英語・イタリア語など）

Bis, bis !　　　　　　　アンコール！（ラテン語起源）
Stop !　　　　　　　　止まれ！（英語起源）

(5) 2語以上の間投詞句

Ça suffit !　　　　　　もうたくさんだ！
Mon Dieu !　　　　　うわー！　ちぇ！　しまった！
　＊驚き，憤慨，ためらいなどを表します．

補遺M　間投詞

── 基礎チェック　もっとも頻度の高い間投詞

動詞 remercier から派生した「ありがとう」Merci は品詞で言えば間投詞です．間投詞のなかでも頻度の高い語ですね．御礼・感謝の気持ちはもちろん，「辞退」のニュアンスでも Merci は使われますし，ときに皮肉でも使われます．

例　**感謝**　手紙ありがとうございます．
　　　　Merci de〔pour〕votre lettre.
　＊ de でも pour で名詞をともなう形ならどちらの前置詞も使えます．ただし，不定詞がつづく場合は de しか使えません．Merci d'être venu(e).「来てくれてありがとう」

例　**辞退**　「コーヒーはいかがですか？」「けっこうです」
　　　　−Prenez-vous du café ?　　−Merci.
　＊ Non, merci. とも言いますが，Merci. だけでも「辞退」のニュアンスになります．「いや，いりません」という相手の表情やジェスチャーが添えられます．ただし，それを見逃すと「いただきます」(Oui, merci.) の意味と混乱しかねませんのでご注意を．

　　　　皮肉　ご親切さま（ご挨拶だね）！
　　　　Merci (bien)!
　＊英語の *How kind of you!* に相当する言い方で，しばしば bien が添えられます．

── 発展・補注　オノマトペ onomatopée をどう表現するか

汗で「べたべた」，服が「だぶだぶ」，舌が「ひりひり」など，日本語で発達している「擬音語・擬態語」がフランス語にはあまりありません．日本語をそのまま再現して，それにふさわしい手振り・身振りを加えても，ほとんど理解されません（何度かフランス人相手に実践してみましたが，キョトンとされるだけ）．
そのためにこうした表現をどうフランス語にするか．以下，動詞を工夫してオノマトペを表現した例をあげておきます．発想がなかなか難儀です．

例　汗で肌がべたべたです．
　　　　La sueur me colle à la peau.
　→（考え方）汗で私の肌はのり付け状態です．状況次第では comme nager「泳いだように」，comme une soupe「スープみたいに」という言い方でも「べたべた」とか「びっしょり」という感じは出せましょう．

例　君のスーツはぶかぶかだ．
　　　　Tu nages dans ton costume.
　→（考え方）君はスーツの中で泳いでいる（みたいだ）．

例　舌がひりひりします．
　　　　Ça pique la langue.
　→（考え方）それが舌を刺激する．piquer の代わりに brûler「〜を火傷させるような痛みを与える」でも「ひりひり」「ぴりぴり」の感じは伝わります．

Q & A 44　さらに細かな文法はお好き？

　　ここでは，本書の解説で扱うには少々細かすぎる文法事項や，説明をプラスしたほうが良いと思われる事項，あるいは多くの方がつまずきやすい文法・語法について"Q & A"（仏検レベル対応表示付）という形式で扱いました．

なぜ，Q & A なのか？
　私事ながら，フランス語を教えるようになってこれまで何人もの学生からいろいろな質問を受けてきました．
　その質問に，ときに胸を張って即答し，ときに自らの不明を恥じ，ときには，何とも答えようがなくて「難問」に振りまわされたりといった経験を繰り返してきました（はじめて教壇に立ってからこれまで，こうした質問をノートにマトメています．「質問蒐集オタク」かもしれません）．
　内容は，人生相談に近いものから，小生の講義姿勢に対するうれしい応援の声や叛乱（？），あるいは，すでに何度も説明した項目について「僕はその日バイトで休んでいました」というゆがんだ権利主張で「もう一度解説してほしい」とする理不尽，そして，個々の単語に関する語法への疑問から，相当に高度な文法に関する難問まで，都合 300 を優に超える質問あれこれが手元に残っています（重複する質問もあります）．
　このノートをベースに，この先，Q & A を構成していきたいと考えました．誰もがぶつかると思われる疑問も，少々特殊な「文法のための文法」と非難を受けるかもしれない質問も載せました．また，本書で説明している内容でも補足・確認の意味で再度とりあげている文法もあります．なかに 1 つでも，あなたがいま抱えているフランス語への疑問を氷解するものがあれば幸いです．

Q&A 44　さらに細かな文法はお好き？

引　用　ヴィトゲンシュタインより

「言語のうちにおのずと現れるもの，われわれはそれを言語によって表現することができない」（『論理哲学』）．せめても本書では「〈簡単に〉表現することはできない」と言い換えたいのですが……．

◆ 発音やリエゾン・エリズィヨンなどに関する Q&A

Q 01 [5]
無音の h と有音の h の別はどう決まるのですか？

〈h〉を2つにわける明確な線引きはわかりませんが，語源を探っていくと，

> h muet（無音の h）は多くがラテン系・ギリシア系）の語
> h aspiré（有音〔気音〕の h）はゲルマン系の語

に由来すると大別できます．ただし，なかには無音と有音の別が厳密に定められない語もあります．たとえば，huit「8」は有音ですが（古フランス語で〈uit〉と綴られていた語に〈h〉が付加された語），dix-huit［ディズュィットゥ］, vingt-huit［ヴァントュィットゥ］… soixante-huit［ソワサントュィットゥ］「18・28…68」の場合にはリエゾンが起こり無音の h として扱われます．（☞ p.❷）

Q 02 [5]
鼻母音 [ɑ̃] [ɛ̃] の違いがよくわからないのですが……

鼻母音は発音すると鼻腔に共鳴する音のことです．母音と「ン」とを同時に発音すると（あごや舌は動かしません），鼻母音になる理屈です．[ɑ̃] は口を縦の方向に開けて発音される「アン」「オン」の中間的な音色，[ɛ̃] は「アン」と「エン」の中間音ですが，口を横に広げて発音すると [ɑ̃] との区別がはっきりするはずです．（☞ p.❻）

Q 02+　あえて日本語に引きつけて説明するなら……

著名な参考書にこう書かれています．「なお本書には『発音の部』をおかなかった．既に耳と口を通して発音を習った読者に向って更に紙上で説くとすれば，それは理論的な説明か若しくは逆に多くの具体例を挙げて変化に富む発音の実相を示すかである．いずれにしても限られた紙数の中で扱えば不十分なものになるであろう」．さもありなんとも思われますが，これはいかがなものでしょうか？

というわけで，**口の縦横の広がりの差**という説明に加えて（これはかなり有効ですが），本書では少々冒険して，先の質問に日本語を活用，応用して答えてみます．

- [ɑ̃] は欠伸をして大きく口を開けて「ア〜ア」と声の出る「ア」に鼻に抜ける「ン」をさりげなく添える感じ．あるいは「案を（示す）」と発音するつもりで「を」を省く調子．
- [ɛ̃] は「エ〜〜，お笑いを一席」の「エ」に，鼻に抜ける「ン」をそっと添える感覚です．もしくは「亜鉛を（加えて）」の「あ」と「を」をとって，「エン」とする感じ．

なお，英語圏では，[ɑ̃] は [ahn] を鼻で抜いた感覚で，[ɛ̃] は [en] を鼻で抜く感覚でと指導されるようです．

Q 03 ⑤

cinq francs の読みはときに [サン フラン] で，ときに [サンク フラン] となるのですか？

後ろに子音ではじまる単語がくるときの cinq [サン(ク)] の読みは自由なのですが，cent francs [サン フラン]「100 フラン」と混同される可能性があるときには，cinq [サンク フラン] と発音されます．

ただし，現在ではヨーロッパの統一通貨 euro [ユーロ] が使われていますので，リエゾンでこの問題は解消しました．

Q 04 ⑤

エリズィヨンする語として，教科書に le, la, je, me, … と例が並んでいますが語末の母音字〈a〉でエリズィヨンするのは定冠詞の la だけですか？

たとえば，la auto → l'auto / la école → l'école となりますが，ça, cela など他の〈a〉で終わる語は母音字省略はしません．その意味では質問の通りです．

ただし，定冠詞の〈la〉とともに補語人称代名詞の〈la〉「彼女(それ)を」もエリズィヨンします．同じ綴りですが品詞は違います．

Q 05 ⑤ ④

「これは時計です」は C'est‿une montre. [セテュンヌ モントゥル] とリエゾンするのに，「1時です」Il est╳une heure. が [イレテュンヌ…] とリエゾンされないのは何故ですか？

〈… est une …〉だけに着目すれば両者は同じです．しかし，une montre の une は不定冠詞ですが，une heure のそれは「1」，つまり数詞（数形容詞）です．原則的に，数詞の un, une, onze はその前の単語とリエゾンやエリズィヨンをしません．

付記

ただし，現在ではこれをリエゾンする人もいます．

Q 05+　リエゾンしないケース

「リエゾンしない」ケースを教えてください．

答　本書の ☞p.38 でも触れていますが，少し詳しく見てまいりましょう．

(1) 有音の h のとき
h を子音字と見なすのですから，「インゲン豆」les haricots［レ ア r リコ］です（［レザ r リコ］とはならない）．

(2) 接続詞の et と次の語
「辞書と本」un dico et un livre［アン ディコ エ アン リーヴ r ル］となり，et un を［…エタン］とリエゾンしません．これは動詞 être の 3 人称単数の現在形の活用 est との混乱を防ぐ意図からです．

（関連質問）英語の Time is money. を仏訳したら，Le temps, c'est de l'argent. となるそうですが，どうして英語のようにシンプルではないのでしょうか？

答　まず冠詞に注目！　英語は無冠詞ですが，フランス語は冠詞が添えられて，極めて説明的・論理的に展開します．"le temps「時間（という概念）」"は "de l'argent「（若干量の）お金」に相当する"，定冠詞と部分冠詞が見事なハーモニーです．
さて，これを英語と同じように〈主語＋動詞＋属詞（英語の補語）〉＝ Le temps est de l'argent. と並べてもいいのですが，これはフランス語のリズムとしてよろしくない．〈時間，それってお金です〉 Le temps, c'est de l'argent. と受けかえるとフランス語らしい形になります．ちなみに，諺，Voir, c'est croire.「見ること，それは信じること→百聞は一見にしかず」も同じリズム．それはなぜか，Le temps est de l'argent.（あるいは Voir est croire.）を耳で聞くと le temps et de l'argent「時間とお金」（あるいは voir et croire「見ることと信じること」）と聞き取られかねないから．つまり，動詞 est と接続詞 et が似ているため．

(3) 単数名詞＋形容詞
「イギリス政府」le gouvernement anglais の "-ment | an-" はリエゾンはしません．［ル グヴェ r ルヌマン アングレ］で "タングレ" とは言いません．これは「形容詞＋名詞」のパターンは数が少なく，リエゾンするケースが決まっていますが，「名詞＋形容詞」は数が膨大でこれをリエゾンすると意味が不明になる可能性があるからです．

(4) 主語（名詞）＋動詞
主語（代名詞）＋動詞はリエゾンしますが，代名詞でない主語と動詞は音をつなぎません．Paul a une voiture. は［ポール ア ユヌ ヴォワテュー r ル］で，出だしを［ポラ……］とつなぎません．誰が主語なのか聞いていてわからなくなりますもの．

なお，いささか気どった会話（詩の朗読などを含む）ではリエゾンは多くなり，くだけた会話であればリエゾンは少なくなります．

例：**C'est le onze avril.** ［セ ル オーンズ アヴリル］4月11日です．
＊l'onze とはなりません．(☞ p. 238)

Q 06 ③②
方位で，東北・西北はリエゾンせず，東南・西南はリエゾンすると聞いたのですが，その意味がよくわかりません．

方位 points cardinaux を表す単語の読みは変則的です．
est　　［エストゥ］　　東　　◆ être の活用形 est［エ］とは別．
ouest　［ウェストゥ］　西　　◆ この発音も例外です．
sud　　［スュッドゥ］　南　　◆〈-d〉を読みます．
nord　　［ノール］　　　北　　◆〈-d〉を読みません．
そして，ご指摘の通り，
sud-est［スュデストゥ］東南　**sud-ouest**［スュドゥエストゥ］西南
とアンシェヌマンされますが（正しくはリエゾンではありません），
nord-est［ノーレストゥ］東北　**nord-ouest**［ノールウェストゥ］西北
はリエゾンされません．〈d〉を飛び越えて〈r〉とのアンシェヌマンになります．

◆ 冠詞に関する Q & A

Q 07 ⑤
不定冠詞に複数形があるという意味がよくわかりません．

　英語やドイツ語には，不定冠詞の複数形がありませんので，不定冠詞複数という言い方には抵抗があるかもしれません．英語では，通常は複数形だけ(つまり無冠詞)か，some で表現しますから．しかし，フランス語は名詞の複数の語末〈s〉〈x〉〈z〉などを読みませんので（この無音化は16世紀に生じた），無冠詞のままですと単数・複数の区別がつかないことになります．〈des〉という不定冠詞の複数

Q&A 44 さらに細かな文法はお好き？

Q 06+ リエゾンしても，しなくてもよいケース

「リエゾンをするケース」，「リエゾンをしないケース」については，参考書にまとめられていることは多くありますが，どちらでもかまわないケースについては具体的な指示がないようです．そこで以下，3つだけですが以下にまとめてみました．ただし，左記のような単語レベルの話ではなく，文章の話です．

リエゾンをしてもしなくてもよい3つのケース

(1) **être の活用形のうしろ**
　　Il est étudiant. 　　彼は学生だ．
　　＊［イレ テ̄テュディアン］も［イレ エテュディアン］も可．
(2) **"助動詞＋過去分詞"のつながり**
　　Elle est aimée de tout le monde. 　　彼女は皆に愛されている．
　　＊［エレ テ̄メ...］も［エレ エメ...］も可．
(3) **"動詞＋不定法"のつながり**
　　On peut entrer? 　　入ってかまいませんか？
　　＊［オンプー タン̄トレ］も［オンプー アントレ］も可．ただしこの例では，前者のリエゾンを不可とする人も少なくありません．

形が必要になるのはそのためです．なお，一部の語学書は部分冠詞複数の扱いで〈des〉を載せているものもあります．しかし，数えられる名詞(可算名詞)を具体的にとらえる「不定冠詞」，数えられない名詞(不可算名詞)を具体的にとらえる「部分冠詞」という分類を採用している本書では，部分冠詞複数はナシと考えました．
　→ 複数に関する関連質問

英語でもフランス語でも名詞の複数には〈s〉をとります．でもイタリア語は〈**libro → libri**〉となります，この理由を知りたいのですが……？

　フランス語の祖語となっているラテン語との対応関係に由来するものです．つまり複数形に〈s〉を用いるのはラテン語の対格名詞の複数語尾のなごりです．スペイン語も同じです．
　これに対してイタリア語のように語尾の母音を変えるというのはラテン語名詞の主格複数の語尾を採用しているためです．
　こうした分岐が生じたわけは，1066年，フランスのノルマンディ公ギヨームがイギリス王ウィリアム1世となった，あの事件，ノルマン・コンクェスト（征服）に始まるアングロノルマン時代の影響によるものです．

Q 08 ④

le sac de Marie と un sac de Marie の違いは？

　教科書には「名詞が限定されると定冠詞」という文法を示す意図で，あるいは英語の〈*Mary's bag*〉に相当する形がないことを示唆するために，下記のような例文が載っています．

　　Voici un sac.　C'est le sac de Marie.
　　　ここにバックがあります．（それは）マリーのバックです．
　しかし，de ~ で限定されると常に定冠詞になるわけではなく，un

付　記

un sac de Marie は結局のところ，"un des sacs de Marie" と言い換えられる表現です．

Q&A 44 さらに細かな文法はお好き？

── Q 08+ 〈A de B〉の冠詞について

〈A de B〉の形で，Bの冠詞の有無についても知りたいのですが……．

答 大別すれば次の２つのパターンがあります．

(1) **A de B（無冠詞）のケース**
〈de + B〉が形容詞的に機能しているとBに冠詞はつきません．Aの性質やタイプを示す働きと言えます．言い換えれば，特定化されず実体を持っていないBを添えるパターンです．

　例　**un dictionnaire de grammaire**　　文法の辞書
　　　＊ de grammaire は grammatical の意味．
　　　un livre d'enfants　　子ども向けの本
　　　＊特定の個人ではなく，「子どもたち用」＝「児童向け」という意味．

(2) **A de B（定冠詞）のケース**
AとBとの間に従属関係があるとき．この場合，Bは先行する名詞から独立して存在していると考えられ，大半は，所有形容詞で言い換えられます．

　例　**le livre de l'enfant**　　（その）子どもの本
　　　＊その子が所有している本．たとえば，le livre de Taro = son livre という意味．
　　　le nom de la famille　　その家族の名前
　　　＊ son nom と言い換えられる．le nom de famille は「姓」，つまり「家族にかかわる名前」のこと．

しかしながら，容易に説明のつかないケースもあります．たとえば，l'histoire de France と l'histoire de la France の違いがそれ．前者は授業科目名（学問分野）として「フランス史」を指す場合に用いられ，後者は「フランスの歴史＝フランス史」の意味でひろく用いられます（しかし，本のタイトルにはどちらも使われます）．ただし，France に形容詞が添えられれば，独立した〈de + B〉という観点から，定冠詞を用います（例：l'histoire de la France moderne「フランス近代史」）．

sac de Marie と不定冠詞を使うこともあり得ます．「特定化」されていないケース，「マリーの1つのバック（いくつか持っているバックのうちの任意の1つ）」の意味を表わす場合です．

Q 09 ③
手元の語学書に「私は犬が好きです」が〈J'aime le chien.〉と載っているのですが，この文は正しいですか？

「好き・嫌い」を表す aimer, adorer, détester といった動詞と総称を表わす冠詞の関係には注意が必要です．

〈chien〉は数えられる名詞（可算名詞）ですから〈J'aime les chiens.〉としないと「犬が好き」とはなりません．le chien と単数の定冠詞ですと「生物を食べる対象とみなした」ことになり，その結果「私は犬の肉が好きです」の意味になってしまいます．

なお「フランス人が好き」と言いたいのなら〈J'aime les Français.〉，「フランス語が好き」なら〈J'aime le français.〉となりますので，あわせて注意してください．

＊蛇足：数年前にディジョン市内の幼稚園で半日ほど保父さんの真似事をしたことがあります．そのとき，一人の男の子に「ねぇ，日本人は犬を食べるよね？」と問われて，唖然とした経験があります．「箸を使って食べるんだよね？」という質問までは優しい微笑みをたたえていられたのですが……

Q 10 ④③
冠詞の重複が必要かどうかわからないのですが？
たとえば「ポールの父と母」と言いたいとき，冠詞は繰り返して使いますか？ それとも1つですか？

冠詞でも所有形容詞でも2つ以上の名詞を修飾する場合には反復するのが通例です．

le père et la mère de Paul	ポールの父と母
mon père et ma mère	私の父と母

Q&A 44 さらに細かな文法はお好き？

Q 09+ le poisson と les poissons

「犬」でなく，「魚」ならどうですか．つまり J'aime le poisson. と J'aime les poissons. はどう違いますか？

答 前者は「（食物としての）魚が好きだ」という意味，後者は「（飼ったり，見たりする対象として生物の）魚が好きだ」の意味になります．単数の le poisson は，マグロもサンマもシシャモでも区別せずに，食料としての「魚肉」をまとめてとらえています．「生魚が好きです」も単数を用いて J'aime le poisson cru. となります．これに対して，複数の les poissons は，個体として多様な形で存在する魚を総称しています．

Q 09++ 「好き」から「嫌い」へ

一般に次の順番で"嫌い"度数が徐々にあがっていきます．
être fou (folle) de「夢中である」< adorer「大好き」< aimer「好き」< détester「嫌い」< avoir horreur de「大嫌い」

＊もちろん，aimer に beaucoup や bien を添えたり，否定にしたりするバリエーションも存在しています．

ただし，名詞がひとかたまりの意味を持つ場合に反復されないこともあります（冠詞・所有形容詞は複数になります）．

例：**vos nom et prénom(s)**　　あなたの姓名

Q 11 ④③

「彼は目を閉じる」という作文を Il ferme ses yeux. と書いたところ，ses を les と直すようにと言われました．理由がよくわかりません．

英語でしたら "*He closes his eyes.*" と所有格を使って問題はありません．しかし，フランス語の場合には，所有形容詞ではなく定冠詞を使います．身体の一部が他動詞の目的補語になっているケースでは特に強調しないかぎり，身体部には定冠詞を用いるからです．

他者の身体部に動作を加えるときには補語人称代名詞を用います．英語と対照しながら例を引けば，

I caught her by the arm.　　Je l'ai saisie par le bras.
　私は彼女の腕をつかんだ．　　＝Je lui ai saisi le bras.

上記の2通りの文章が可能ですが，いずれにも補語人称代名詞が必要です．なお，英語の *I caught her arm.* に相当する J'ai saisi son bras. の形は通常使われません．

ただし，直接目的補語が名詞であれば下記の形になります．

I caught your sister by the arm.
　　　　　　　　　　　　J'ai saisi ta sœur par le bras.
　私は君の姉（妹）の腕をつかんだ．

◆ 形容詞・副詞に関する Q&A ●

Q 12 ④③

形容詞の男性第2形に複数はないのですか？

Q&A 44　さらに細かな文法はお好き？

Q+　どうして形容詞がうしろ？

フランス語の形容詞は多くが名詞のうしろに置かれるのはどうしてなのでしょう？なぜ，英語と違うのでしょうか？

答　フランス語の形容詞はラテン語の規則にそって展開してきました．性・数が名詞と一致するというルールがあるのもそのためです．一方，ご存知のように，英語は付加形容詞が，通常，名詞の前に置かれます．これはドイツ語などゲルマン諸語に共通するものです．その差がもとにあります．

ただし，英語でもラテン語やフランス語の影響を受けて，〈名詞＋形容詞〉の語順で使われるいくつかの例が存在しています．ご存知ですか？　たとえば，海外で生活する人が世話になる「総領事 / 総領事館」はフランス語では consul général / consulat général，英語は *consul général* / *consulate general*，「合計，総額」を意味する la somme totale は英語では *the sum total*（← *the total sum* とするケースもないではない）となります．

母音または無音の h ではじまる男性単数名詞の前で男性形第 2 形が使われます．複数形は第 1 形を用います．（☞ p.92）

例：**le bel homme**　　美男子
　　les beaux hommes　美男子たち　（×）les bels hommes

Q 13 ⑤ ④

très と trop の差はどこにありますか？

---

très　度合いの強さを示す．「とても，非常に」
trop　度合いが強すぎる，超えている．「〜すぎる」
　＊英語の enough に相当する語に assez があります．

かりに，5000 円の本が売られていたとして，

C'est très cher !　とても高い（でも，買おう……）
C'est trop cher !　高すぎる（から，買わない）

といったニュアンスの違いと言えばわかるでしょうか．なお，
〈trop＋形容詞（副詞）＋pour＋*inf* / pour que＋接続法〉
　〜すぎて…ではない，…するには〜すぎる
の相関表現も覚えておいてください．

Sophie est trop petite pour voyager toute seule.
　ソフィーはたった 1 人で旅行するには幼なすぎます．
Tu parles trop vite pour qu'on puisse te suivre.
　君はあまりに早口なのでとてもついていけないよ．

Q 14 ④

Il est français. と C'est un Français. の違いが飲みこめません．

どちらも「彼はフランス人です」と訳せます．c'est が il est の意味で使われているからです．

Q&A 44 さらに細かな文法はお好き？

Q 13+ 別例

Ce café est 　très　 **chaud.**
　　　＊ mais on peut le boire.
Ce café est 　trop　 **chaud.**
　　　＊ donc, on ne peut pas le boire.

Q 14+ japonais vs Japonais

この大文字・小文字の違いは？

答　近頃は，Il est japonais. の小文字の japonais をはっきりと「形容詞（日本人の）」と説明している文法書や辞書があります．詳しく言えば，japonais(e) は，名詞のうしろに置かれる名詞派生の形容詞（関連形容詞）で，通常は属詞では用いられない語なのですが "「S は～人である」の場合だけは例外的に属詞として用いられる" という考えによるものです．しかし，初級者に形容詞を「日本人」と訳させるのは抵抗があるとする意見も根づよく，小文字の japonais(e) をあくまで名詞の「形容詞な扱い」としているケースも少なくありません．
しごく簡単な文でも，言葉のあとに文法ありの必然から，「例外のない規則はない」Il n'y a pas de règle sans exception. という至言に行き当たることになります．

trois cent quatre-vingt-dix-neuf

というのも，フランス語では，英語の *"He is my brother."* の形をとりません．〈3人称主語人称代名詞 (S)＋être の活用＋所有形容詞＋名詞〉という展開は用いないのです．〈**c'est**＋**所有形容詞**＋**名詞**〉を用います．

  C'est mon frère.　　彼は(こちらは)私の兄(弟)です．
  ＊(×) Il est mon frère.

質問の文章も上記の理由から説明できます．

  Il est français.　　　(français は属詞：形容詞)
  C'est un Français.　(Français は属詞：名詞)

後者に違和感がある理由は c'est「これは(あれは)〜です」の訳にこだわっている点にあるのでは？

Q 15　③②

英語の *few, little / a few, a little* に相当するフランス語の対応を教えてください．

数量副詞の対応は通常下記の関係になります．

		英語	仏語	
可算名詞	少し〜	*a few*	quelques	＋名詞
	ほとんどない	*few*	peu de	＋名詞
不可算名詞	少し	*a little*	un peu de	＋名詞
	ほとんどない	*little*	peu de	＋名詞

＊ただし，対象の1つ1つを意識せずに，総体としてとらえる場合に un peu de を可算名詞に使う例もあります．

通常のパターン例（上記図表対応）を示しますと，下記のような例があげられます．

  J'ai acheté quelques livres.　本を2, 3冊買った．
  Il a peu d'amis.　　　　　　彼はほとんど友人がいない．

Q 14+ c'est と il est, elle est の微妙な差異

c'est と il est, elle est は微妙な差異があります．以下，英語と比較しながらいくつかの例を補足しておきましょう．まず，左ページの説明のように，"il[elle]est +〈所有形容詞＋名詞〉"はダメです．あわせて "il [elle]est +〈指示形容詞［冠詞］＋名詞〉" の形も不可です．

例 *Mary ? She is my sister.*
→ **Marie ? C'est ma sœur.**
＊(×) Elle est ma sœur. とはできない．

例 *My husband ? He is the man over there.*
→ **Mon mari ? C'est cet homme là-bas.**
＊(×) Il est cet homme là-bas. とはしない．

例 *I don't know them very well : they are people I met yesterday.*
→ **Je ne les connais pas beaucoup : ce sont des gens que j'ai rencontrés hier.**
＊(×) Ils sont des gens ... とはしない．

例 *She is very nosy : she is a journalist.*
→ **Elle est très curieuse : c'est une journaliste.**
＊ただし，−Que fait-elle dans la vie ? −Elle est journaliste. (= *She is a journalist.*) は可．

また，名詞が形容詞によって限定され不定冠詞とともに用いられる次のようなケースも c'est が通例．

例 *He is an excellent artist.*
→ **C'est un excellent artiste.**

しかしながら，熟語化した言まわしで無冠詞であれば，形容詞で限定されていても il est, elle est が使われます．

例 *She is a good cook.*
→ **Elle est bonne cuisinière.**
＊être bon(ne) cuisinier(ère) で「料理が上手だ」という意味．

入門レベルの表現でも奥行きは深く，けっしてあなどれません．

Il reste un peu de vin. ワインが少し残っています．
Il y a peu de neige. ほとんど雪がない．

なお，quelques よりも数が多いという含意で，plusieurs「いくつも(の)，何人も(の)」を使うこともあります．

Q 16 [2]

形容詞の名詞化について説明してください．

多くの形容詞は冠詞をつけると名詞化します．

Il est gravement malade. 彼は重病です．
→ **C'est un grand *malade*.** 重病人です．

これは形容詞があらわす性質「病気の」が，その性質を備えた人物（名詞）「病人，患者」になっている例です．また，定冠詞をつけて，真善美などの抽象的な観念を表す名詞になることもままあります．

On doit discerner le vrai du faux.
真偽を見分けなくてはなりません．

Q 17 [2]

色彩をあらわす形容詞は必ず名詞の後にと習いましたが，「必ず」なのでしょうか？　名詞の前に置かれている例を見たことがあるように思うのですが……

「必ず」置かれるというのは言い過ぎだと思います．たとえば，avoir de noirs pressentiments「不吉な予感がする」という表現があります．noir=「黒い」という色彩の例ではありませんが，形容詞は前置されると，強調的になったり，比喩的意味を表したり，修飾する名詞本来が持っている性格を明示したりする作用がありますから．

Q 18 [4]

Quelle couleur est votre voiture ? はなぜ間違いなの？

Q&A 44 さらに細かな文法はお好き？

---- Q 15++　quelques と plusieurs

どちらも数えられる名詞を対象に「いくつかの〜」という数量を意識して使われるという点では同じです。でも，quelques は「多数に対する少数」のニュアンスで「少ない」に力点のかかった表現であるのに対して，plusieurs は「1 に対する数人・数個」を指すもので，ケースによっては「いくつもの，たくさんの」という「多い」に力点をかけた表現になるものです。ただし，この「多い」「少ない」の判断は主観的なもので客観的な数量に基づくものではありません。

例 **J'ai quelques amis à Paris.**
　　私はパリに何人かの友だちがいます．
　　J'ai plusieurs amis à Paris.
　　私はパリに数人の友だちがいます．

quatre cent trois　403

文頭に前置詞 de を置いて〈De quelle couleur est votre voiture ?〉としなければなりません．英語では *What color is your car?* と聞きますので，混乱が生じる可能性がありますが，たずねている品詞が問題なのです．

たとえば，「黒です」Elle est noire. と返事をするとすると noire「黒い＝形容詞」を対象とした疑問文になります．ところが，quelle couleur≠noire，つまり「名詞」をたずねながら「形容詞」で返答するというズレが生じます．そのため，前置詞 de を置いて形容詞を引きだす疑問文にしなくてはならない理屈です．

なお，comment は「様態・手段」だけでなく「品質」を聞く場合にも使えますので，下記のような形容詞の答えを引きだすケースがあります．

▶ **Comment est cette cravate ?** あのネクタイはどんなの？
▷ **Elle est rouge.** 赤です．

Q 19 ③ ②

「現在分詞」と「現在分詞から派生した形容詞」（動詞状形容詞）の違いがよくわからないのですが．

両者の区別が曖昧なケースもありますが，一般に，
(1) 後ろに直接目的補語をとる場合
(2) 否定の ne を持つ場合
(3) 副詞が後に続く場合

上記 (1)〜(3) の場合には現在分詞と考えて修飾する名詞と性・数一致しないのが原則です．分詞派生の形容詞は性・数一致します．

例：**Voilà une comédienne amusant les enfants.**
あそこに子どもたちを楽しませる女性コメディアンがいます．

＊une comédienne qui amuse les enfants と書き換えられる現在分詞の例．通常は関係詞の形が使われます．

Q 18+ "何色？"についての補足

「Aは何色？」と聞くには，左記のようにするか，あるいは疑問詞をうしろに置いて使います．

(1) **De quelle couleur est [sont] A ?** ＝ **A est [sont] de quelle couleur ?**

とするか，あるいは「Aの色は何ですか？」のパターンできけます．

(2) **Quelle est la couleur de A ?**

いずれの場合も疑問形容詞は女性名詞 couleur「色」に一致して女性形の quelle になります．また(1)のパターンは単に quelle couleur とせずに，その前には"性質「～の，～を持った」を表す前置詞 de"が必要です（この de を用いるパターンは色だけではありません．たとえば，De quelle forme est ton chapeau ?「君の帽子の形は？」，De quelle nationalité est-elle ?「彼女はどこの国の人？」といった具合）．この de は，いわば名詞を形容詞化する働きをしていて（例：L'affaire est d'importance ［＝ importante］「事件は重大だ」），以下のような関係を導いています．

例　**Sa robe est** noire .
　　彼女のドレスは「黒（形容詞）」です．
　＝ **Sa robe est** de couleur noire .
　　彼女のドレスは「黒という性質を持った」です．

＊もちろん，Sa robe est noire. が普通に使われる文章の形です．

C'est une comédienne amusante.
あの人は愉快な女性コメディアンです．

＊この場合は，現在分詞から派生した動詞的形容詞です．修飾する名詞に性・数一致します．

◆ 動詞に関する Q & A

Q 20 ⑤ ④

il y a と être, avoir の違いがしっくりきません．

〈il y a〉は，初めて話題になった人物や事物に対して使う表現ですから，通常，不定冠詞・部分冠詞のついた特定化されていない名詞を従えます．したがって，「あなたの奥さんがレストランにいます」というような主語が特定化している例なら，

× Il y a votre femme au restaurant. ではなく，
Votre femme est au restaurant.

と表現することになります．「所有形容詞＋名詞」に〈il y a〉はなじみません．また，話者にかかわりあいのある人物を話題にする際に〈il y a〉を用いるのは妙です．たとえば「パリに友だちがいます」を (×) Il y a des amis à Paris. とは言わず，

J'ai des amis à Paris. と表現することになります．

なお，avoir と être に着目すれば書き換え可能な表現がいくつもあります．たとえば，こんな例があげられます．

Elle a les cheveux blonds.
Ses cheveux sont blonds.
Elle est blonde. 　　　　　彼女の髪はブロンドです．

Q 21 ④

なぜ代名動詞があるのですか？　たとえば，英語の *raise, rise* の別はないのですか？

付　記

『伊勢物語』の「昔　男　がありけり。その男　は　身を……」をフランス語にするとこうなる．
Il était une fois un homme. L'homme ...

Q 20+ 「は」と「が」は冠詞？

日本語の助詞が冠詞の感覚に近いという話を聞いたように思うのですが，これはどういう意味でしょうか？

答 たとえば，Il y a un chat sous la table.「テーブルの下に猫がいます」という文章．この un chat「猫」は「未知」の情報です．たとえば，いつの間にか侵入してきた，所在不明の猫です．もし，「既知」の情報の「猫」であれば，つまり我が家の飼い「猫」であれば，Le chat est sous la table.「猫はテーブルの下にいます」と表現します．つまり，未知の情報には不定冠詞，部分冠詞が付きやすく，既知のそれには定冠詞が付きやすい．これを日本語に引きつけて言えば，助詞の「は」は既知情報（私は鈴木です：聞き手は「私」の存在を知っているが，名前を知らない）に使われ，助詞の「が」は未知情報（私が鈴木です：聞き手は「鈴木」という名前の人物の存在は知っているが，それが「私」であると知らない）にくっつきやすいと言い換えられます．

Q 20++ Elle a des cheveux blonds.

「彼女の髪はブロンドです」をこうは言えませんか？

答 微妙な問題です．不定冠詞でも定冠詞でも意味に違いはないとする文法学者もいますが，外見上の"髪の色"を問題にする場合なら，〈avoir les cheveux + 形容詞〉とするのが一般的でしょう．不定冠詞ですと「（生まれつき）髪がブロンドだ」という意味より，「（現状では）ブロンドの髪をしている」あるいは「全体ではなく部分的にブロンド」という具合に意味が限定されるように感じます．
ただし，"髪の質"に触れる場合は，Il a des cheveux raides.「彼はかたい髪だ」と不定冠詞が使われます．また，「彼女の髪はとても美しいブロンドです」と表現する際には，「ブロンドの髪」が形容詞を用いて特殊化されたと考え，不定冠詞を用いて Elle a des cheveux blonds superbes.（あるいは，Elle a de superbes cheveux blonds.）と表現されます．
なお，以下の違いにもご注意ください．

avoir les cheveux blancs 　総白髪（白髪）である
avoir des cheveux blancs 　白髪が何本かある
avoir un cheveu blanc 　　白髪が１本ある

質問が舌足らずですので，質問の意図をこちらでくみとって答えますと，「起こす」raise 他 と「起きる」rise 自 の違いをフランス語では lever 他 と se lever「自分を起こす」→「起きる」自 の違いで表すという差があるということです．「起きる」（起床する）という独立した別途の自動詞はありません．

Q 22 ④③

aller+ *inf.* を近接未来ととらえる場合と「〜しに行く」と訳す場合がありますが，その違いをどう見わけるのですか？

文脈で判断するという説明が妥当だと思います．前後の脈絡なしに単独の文章だけを取りあげると，両者の違いが判然としないケースが少なくないからです．ただ，指標らしきものを示すとすれば，その場から移動する目的を明示した動詞が続くと，「（ある目的で）〜しに行く」という意味になるケースが大半です．

Je vais acheter des cigarettes.
タバコを買いに行きます（それが目的で移動します）．

Il va pleuvoir. 　　雨が降りそうだ（近接未来）．

→ 関連質問

Vous allez porter cette lettre à la poste. がうまく和訳できません．

〈2人称主語 (tu, vous)＋(vas, allez)＋*inf.*〉の形は近接未来や「〜しに行く」という訳にこだわっていると文意をつかみにくいケースがあります．そんな場合には，「この手紙を郵便局に出しに行って」と命令で訳してみてください．文末は！にすると雰囲気がでます．なお，否定文であれば禁止のニュアンスになります．

Tu ne vas pas fumer ici ! 　　（まさか）ここでタバコを吸うなよ．

Q 22＋　〈aller ＋ジェロンディフ〉という形

aller にジェロンディフを添えた形があるそうですが……．

答　英語の *keep ～ ing* や *do more and more* に相当する言いまわしで，行為の進行「～しつつある」，変化「だんだん～する」（＝〈動詞＋ de plus en plus〉）を表します．ただし，ジェロンディフ（en ＋現在分詞）に置かれる動詞は何でもよいわけではなく，「状態の変化」を意味する語に限られています．また，文語では en が省かれて〈aller ＋現在分詞〉の形でも用いられます．

　例　叔父の健康状態は日々悪化している．
　　La santé de mon oncle va en s'aggravant de jour en jour.
　例　物音がだんだん大きくなっていった．
　　Le bruit allait（en）s'amplifiant.

Q 22＋＋　"aller ＋ inf." vs "単純未来"

２人称が主語なら，aller ＋ inf. も直説法の単純未来も同じですね．

答　語気を和らげた「軽い命令」を意味するという点ではほぼ同じです．
　例　窓を閉めてくれませんか．
　　Tu vas fermer la fenêtre.
　　Tu fermeras la fenêtre.
　＊複合過去の代わりに前未来を用いて語気を和らげる言い方もある．
　例　窓を閉め忘れたのだろう．
　　Tu auras oublié de fermer la fenêtre.（→ Tu as oublié …）

宗教的な言いまわし，説教などでは単純未来による語気緩和の命令がよく見られます．
　例　己を愛するごとく汝の隣人を愛せよ．
　　Tu aimeras ton prochain comme toi-même.

Q 23 ③②

相互的代名動詞に「お互いに」とつけるとき，l'un l'autre, l'un à l'autre などをつけるとのことですが（ただし，わざわざつけなくてもよいとのことなのですが），これがよくわかりません。

たしかに，語学書や教科書に「代名動詞で相互性を明確にする意味で l'un l'autre, l'un à l'autre などをつけるときがある」とだけ書かれていて，細かい違いに触れられていないことがあるようです（英語の *each other, one another* に相当する表現）。

まず，前者は se（再帰代名詞）が直接目的補語のとき，後者は間接目的補語のときに使われます。

Ils s'aiment l'un l'autre. ◆ se は直接目的
彼らは互いを愛しあっている．

Ils s'écrivent l'un à l'autre. ◆ se は間接目的
彼らは互いに文通している．

前置詞〈à〉の有無が直接・間接の別を表すことになるわけです。

主語が女性たちであれば l'une (à) l'autre を使い，主語が3人以上であれば，les uns (les unes) les autres, les uns (les unes) aux autres を使うことになります。

Elles se sont battues les unes contre les autres.
彼女たちは互いを殴りあった．

＊上記のように前置詞は à 以外も使われます．
別例：se moquer l'un de l'autre 互いに馬鹿にしあう

なお，上記の表現の代わりに，副詞 mutuellement「互いに」，réciproquement「相互に」を使うこともよくあります。

Q 24 ③②

faire と laisser の違いがはっきりしないのですが……

Q 24+ 不定法をからめた場合の語順について

＊ p.412の説明の追記なのですが，紙面の都合でここに置きました．

使役 faire は積極的に「〜させる」，放任の laisser は「〜させておく」の意味ですが，感覚動詞と同じく (p.363)，直接・間接を問わず目的補語が添えられ，不定法が用いられる構文では注意がいります．原則は，

"主語＋ faire/laisser ＋不定法（inf.）[＋名詞]"

という語順なのですが，語順に差があります．a.「息子に歌わせる」b.「息子に歌わせておく」という例で考えてみます．a. は原則を用いた1通りの語順で(1)になりますが，b. は(2)(3)の2通りの語順が可能です．

(1) **Je fais chanter mon fils.**
(2) **Je laisse chanter mon fils.**
(3) **Je laisse mon fils chanter.**

＊ chanter の意味上の主語が mon fils です．

この chanter に la chanson（直接目的補語）を添えて「息子に歌を歌わせる（歌わせておく）」とすると，faire は1通り，laisser は2通りが可能になります．

(1)' **Je fais chanter la chanson à [par] mon fils.** ☞ p.363
(2)' **Je laisse chanter la chanson à [par] mon fils.**
(3)' **Je laisse mon fils chanter la chanson.**

では，この文章で，間接目的補語を代名詞に置いたらどうなるでしょうか？ これが以外に複雑な展開で，この例文なら，faire は2通り，laisser は3通り文法的に可能になります．

(1)'' **Je lui fais chanter la chanson.**
    Je fais chanter la chanson par lui.
(2)'' **Je lui laisse chanter la chanson.**
    Je laisse chanter la chanson par lui.
(3)'' **Je le laisse chanter la chanson.**

なかなか複雑です．

確かに faire を使役，laisser を放任とわけても違いがはっきりしませんね。そこで，faire は前向き（積極的）に働きかけて「〜させる」ケースに，laisser は遠巻き（消極的）に相手の行動を妨げずに「(勝手に)〜させておく」と考えてみたらいかがでしょうか。

J'ai fait pleurer mon fils.
　私は息子を泣かせた。

J'ai laissé pleurer mon fils [mon fils pleurer].
　私は息子を勝手に泣かせておいた。
　＊この例では2通りの語順が可能です。

Q 25 ③②

「私は思う」je pense (je crois, je trouve) que… はどう使いわけるのですか？

penser と croire と trouver の違いは微妙なのですが，

je pense que …　　推定による判断（理性的）
je crois que …　　根拠の薄い判断（感覚的）
je trouve que …　　五感を通じて経験した評価

といった具合にわけられると思います。
たとえば，次の例文でその差を感じていただけるでしょうか？

Je pense qu'il a raison.　彼の言うとおりだと思う。
Je crois qu'il est content.　彼は満足していると思う。
Je trouve que c'est bon.　これはおいしいと思う。
　＊上記の表現で，主節が否定文・疑問文になれば，通例 que 以下には接続法が使われます。

また，次のような「思う」の言いまわしもあります。

j'espère que …　　　根拠の薄い期待「〜であればと思う」
je suppose que …　　根拠のない推測・憶測「〜と思う」
il me semble que …　主観的な判断「〜のように思われる」

Q&A 44　さらに細かな文法はお好き？

──Q 25+　あなたは間違っていると思う

「あなたは間違っていると思う」という仏作文を Je crois que vous avez tort. と書いたところ，je pense que の方が無難だと言われたのですが，この違いは？

答　この一文の前後にも作文用の文章があったのではないかと思いますが，一般に penser は「何らかの前提となる材料から推測してそう考えるときに，言い換えれば論理的に考えて"思う"こと（Descartes いわく，Je pense, donc je suis.「われ思う，ゆえにわれあり」ですから）」，一方 croire は penser に比べれば「感覚的，直感的に感じた思い」を伝えると言えます．ただし，「思っていること（意見や考え）」の確信の度合いで言えば，croire のほうが強い．例示のように「あなたが間違っている」といった内容を je crois que でつなげば，言われた相手には強く響くことがあるようです．

（関連追記）「思う」について
「（好意的な評価を下して）思う」estimer,「（判断・評価して）思う」juger,「（希望的な観測をこめて）思う」espérer,「（想像して）思う」imaginer などもあります．

例　彼がきちんと行動したと私は思う．
　　　J'estime qu'il a bien agi.
　　　私は彼がばかな奴だと思う．
　　　Je le juge stupide.
　　　すべてうまく行くだろうと思います．
　　　Tout se passera bien, j'espère.
　　　あの人は中国人だと思うよ．
　　　Cet homme est chinois, j'imagine.

なお，上記の動詞には代名動詞も存在します．たとえば，s'imaginer なら「自分で〜だと思いこんでいる（頭に思い描いている）」の意味になります．

例　**Elle s'imagine avoir le don des langues.**
　　　彼女は語学の才があると思っている．

Q 26 ③ ②

仏和辞書に La pluie a tombé (est tombée).「雨が降った」という例文が載っていましたが，tomber は複合過去で être を助動詞にする自動詞なのでは？

同じ動詞でも自動詞と他動詞の違いで使われる助動詞が違います．これはおわかりですね．

(1) **Je suis descendu(e) de voiture.**　　私は車を降りた．
(2) **J'ai descendu l'escalier.**　　私は階段を降りた．

(1) は移動のニュアンスをもつ自動詞，(2) は他動詞ですから使われる助動詞が違います．（☞ p. ㉕⓪）しかし，質問のように avoir も être も使われる自動詞がいくつかあります．avoir は終了した行為を être は終了した状態を表すとか，あるいは être は結果を強調するときに「やっと〜した」の意味で使うといった，説明がなされますが，現在ではこの区別が判然としない例も増えています．というわけで，移動・往来発着・生死などにかかわる自動詞の複合時制には être を用いると覚えておけばよいと思います．

ただし，「複合過去」と「être＋過去分詞派生の形容詞」（状態を示す現在形です）との違いを意識すべき表現はあります．

Il a divorcé l'année dernière.
　　彼は去年離婚した（しかし，今の状態は不明）．
Il est divorcé.
　　彼は離婚している（今も離婚した状態のまま）．
＊今もその状態が持続していることを表す例です．（☞ p. ㊷⑥）

Q 27 ②

非人称構文をとる動詞の基準を教えてください．

非人称動詞には，本質的なもの（非人称でしか使われない動詞：

── Q 27＋　il の省略

非人称の il を省いて書かれる表現があるそうですが……

答　いくつかの熟語的な言いまわしにその例が見てとれます．たとえば，〈il vaut mieux + inf.〉「～する方がよい」という非人称表現は il を省いて以下のように書かれることがあります．

> 例　**Mieux vaut téléphoner à Paul avant de partir.**
> 出発前にポールに電話をする方がよい．
>
> 例　**Mieux vaut prévenir que guérir.**
> （諺）転ばぬ先のつえ（←治すより予防する方がよい）．

また，相手を軽蔑したり，無視して「どうでもいい，かまわない」の意味で使われる Peu imorte !, Qu'importe ! を用いた，以下の言いまわしは非人称の表現の〈il n'est pas important que + 接続法〉と同意です．

> 例　**Peu importe qu'[Qu'importe qu'] elle vienne ou non !**
> 彼女が来ようとそうでなかろうと大したことではない．

pleuvoir, neiger, falloir など）と，転化的な非人称動詞（非人称以外にも使われる動詞：1. 時間や天候などを表す成句的なもの être, faire　2. その他の動詞 venir, arriver など）があります．おそらく質問の中心は，後者の 2. にあるのではないかと思いますが，非人称の il と共に用いることがある動詞は，英語の it はもちろんのこと，there と共起する動詞（つまり There＋存在・出現の自動詞＋S のパターン）に考え方が似ています．つまり，「存在（運動）・出現のニュアンスを持つ自動詞」で，多くのケースで，名詞は「不定・部分冠詞あるいは数量副詞」をとります．具体的には，venir, arriver, exister, rester などで使います．たとえば，こんな例で．

Il est venu beaucoup de touristes.
＝**Beaucoup de touristes sont venus.**
　大勢観光客がやって来た．

Il m'est arrivé un fax vers midi.
＝**Un fax m'est arrivé vers midi.**
　昼頃，1通ファックスが届いた．

Q 28 ③ ②

「9時には雪が降っていた」には半過去を使うのに，「9時まで雪でした」には半過去が使えない理由がわかりません？

Il neigeait à 9 heures.　　（直説法半過去）
Il a neigé jusqu'à 9 heures.　（直説法複合過去）

の違いは，半過去が「未完了」の意味をもつという点がポイントになります．「9時に雪が降っていた（今は降っている，いない？）」に対して，終点（完了）のはっきりしている文章「9時まで雪が降っていた（今は降っていない）」では直説法半過去は使いません．本書 p. 282 を参照ください．

Q&A 44 さらに細かな文法はお好き？

Q 28+ 雪が降る．

Il fait de la neige.「雪が降る」，こんな言い方，ありですか？

答 なしです．

「雪が降る」は非人称構文の典型で，動詞 neiger あるいは tomber de la neige とった表現が使われます．ところが，かつて市販されていた辞書や教科書に，文法学者の書いた（×）Il fait de la neige. という誤文が堂々と載っていました．それを誰も疑うことなく，文句も言えず，以来，この「雪が降る」が全国の大学で代々受け継がれて，教えられていたそうです．でも，こんな文章，よく今頃見つけてきましたね！

Q 29 ③②

英語の仮定法過去完了と仮定法過去が混ざった表現に相当する言い方をフランス語でも使いますか？

もちろんです．たとえば，〈si〉に導かれる従属節に「直説法大過去」を使い，主節（帰結節）が「条件法現在」という組み合わせで，「（過去のある時点で）〜していたら，（今頃）〜だろうに」という意味を表す場合です．(☞ p. 318) ●

S'il m'avait aidé, je serais plus riche maintenant.
彼が助けてくれていたら，今もっと金持ちになっているのに．

Q 30 ②

条件法第2形って何ですか？

接続法半過去を条件法現在の代用として使うことがあります．これを，条件法現在第2形と呼びます．従属節の動詞が avoir, être などで主語の倒置によって譲歩を表す形が通例です．また，接続法大過去を条件法過去の代用とするケース，si に続く条件節で直説法大過去の代わりに使われるケースを，条件法過去第2形と呼びます．たとえば，以下のパスカルの有名な一節にも使われている時制です．

Le nez de Cléopâtre : s'il *eût été* plus court, toute la face de la terre aurait changé.　Pascal, *Pensées*
クレオパトラの鼻，もしそれがもう少し低かったら，地球の全表面は変わっていただろう．（＝s'il avait été plus court）

◆ 代名詞に関する Q & A

Q 31 ⑤

なぜ，人称代名詞強勢形があるのですか？

Q&A 44　さらに細かな文法はお好き？

── Q 29+　Si に代わる表現

「もし〜ならば」という条件節が，〈si + 文章〉の形で表されるとは限りません．要するに，文意に含まれた条件により，それを知るには動詞（条件法）を見つけることになるわけですが，下記のような形があります．

(1) 主語に条件・仮定が含まれるケース

　Pierre ne peut pas faire ça, mais toi, tu pourrais.
　ピエールにはそれはできないが，君ならできるだろう．
　＊直説法現在と条件法現在の差は主語の差異のため．

(2) 副詞・副詞句が代わりをするケース

　Sans ton aide, je ne pourrais pas réussir dans les affaires.
　君の助けがなければ，私はビジネスで成功はできないだろう．
　＊英語の *without* に相当するパターンで，〈sans +［名詞］〉で「もし〜がなければ」の意味．

(3) ジェロンディフ，不定詞句，命令文などが条件を意味するケース

　Tu réussirais en étudiant.
　勉強すれば成功する．

　Tu serais bien sot(te) de refuser.
　もし断ったら，君は馬鹿だろうね．

　Ne marche pas trop vite, tu pourrais te fatiguer.
　あまり急いで歩かないで，さもないと疲れてしまう．

「なぜ」と真顔で問われても返答に窮しますが，おそらく英語にない形なのに……どうして？ といったまごつきが質問の背景にあるものと推察します．フランス語の人称代名詞は，「私は〜」（主語）でも「私を・私に〜」（目的補語）でも，文章の帰結を導く動詞と密接に関連して使われます．しかし，「私」という独立した観念，つまり動詞と関係なく独立（自立）して使う用法には強勢形を用いることになると答えておきたいと思います．なお，この文法用語がとまどいの原因となることから「自立（独立）形」という用語を用いているテキストもあります．

Q 32 ③ ②

「私です」には C'est moi. と習いましたが，「彼らです」と言いたいときには C'est eux. ですか？ Ce sont eux. ですか？

どちらでもかまいません．話し言葉では前者を，書き言葉では後者をより多く使うと言えそうです．
ただし，〈ce sont〉を使うのは eux, elles の場合だけで，複数でも nous, vous には〈c'est〉を使います．

Q 33 ③ ②

on が女性や複数を指しているときには属詞（形容詞）の一致はどうなるのですか？

on が不特定の人を指す場合には関係ありませんが，特定の人を指す場合には属詞が性・数一致します．

Marie et moi, on est content(e)s.
　　マリーと私は満足しています．（→ on＝Marie et moi）
＊ただし，このケースでは〈nous〉を用いるのが通例．

なお，on に使う強勢形は lui ではなく soi になります．

On n'est jamais content de soi.
　　人はけっして自分に満足しないものです．
＊強勢形 soi は主語が非人称のときにも使われます．

Q&A 44 さらに細かな文法はお好き？

── Q 33+　母音衝突（hiatus）を避ける l' on

et, ou, où, qui, si などのうしろでは，l'on がよく使われますが，l'on のほうが改まった感じがあるようです。

　　例　**si on veut**　=　**si l'on veut**　　もしよろしければ
　　　　＊どちらも用いられる．

ただし，con- ではじまる動詞の前では音の反復を避ける意味から，通常，l'on にされます．

　　例　**ce que l'on conçoit clairement**　　明瞭にわかっていること
　　　　＊ce qu'on con çoit ... では，同音が反復される．

逆に，l- ではじまるケースでは音調から，on を使うのが通例とされます．

　　例　**si on lit un roman**　　もし小説を読むなら（小説を読むかどうか）
　　　　＊si l'on lit un roman では，lo, li と 1 音が重なる．

しかし，この説明を hiatus の観点からではなく "homo → on"　☞ p.195　の観点からとらえ，l'on は古フランス語のなごりで，いわばもったいぶった表現にすぎないとするフランスのテレビに登場する人気教授もいます．

quatre cent vingt et un

Q 34 ③②

Je vous la présente. と言えるのに **Je vous lui présente.** はダメで **Je vous présente à lui.** にする理由は？

補語人称代名詞の置き位置のルールを確認してください．（☞ p. 202）

Je vous la présente. 　　私は彼女をあなたに紹介します．
＊vous は間接目的補語，la は直接目的補語．

Je vous présente à lui. 　　私はあなたを彼に紹介します．
＊vous は直接目的補語，à lui は間接目的補語．

Je vous lui présente.（×）ですと，表（☞ p. 202）に矛盾します．直接目的補語「～を」（1・2人称）と間接目的補語「～に」（3人称）を動詞の前に同時に並べられないからです．（☞ p. 204）

Q 35 ②

「à＋物」は中性代名詞で受けると習いました．しかし「à＋人」を y で受ける例を見かけたように思うのですが……

一般には y で人は受けません．しかし，文脈から明らかに人を表すとわかっている文章であれば，à＋強勢形の代わりに y を用いる例がないわけではありません．

▶ **Tu penses à elle ?** 　　▷ **Oui, j'y pense.**
　彼女のことを考えてるの？　　　ええ，考えてるよ．

つまり，j'y pense.＝je pense à elle.（もちろんこちらの表現の方がよい）となるわけです．

Q 36 ③②

補語人称代名詞と中性代名詞を並べる場合の語順と注意点を知りたいのですが．

Q&A 44 さらに細かな文法はお好き？

Q 34+ 別例を付記

〈à + 人〉を人称代名詞（間接目的語）で受けない動詞は présenter だけですか？

答 〈à + 人〉をそのまま〈à + 人称代名詞（強勢形）〉で受ける動詞の別例として，penser à qn, songer à qn, rêver à qn, croire à qn などが浮びます．

例 私はいつも マリー のことを考えている． → 彼女 のことを
Je pense toujours à Marie . → **Je pense toujours à elle .**
（×）Je lui pense toujours. とは言わない．

Q 35+ 別例を付記

〈à + 人〉を y で受ける用法は，例示の動詞 penser だけですか？

答 ほかに，songer, croire あるいは「～を信用（信頼）する」という意味の代名動詞 se fier などで見受けられます．

平叙文であれば，
(1) S＋(ne)＋補語人称代名詞＋y＋en＋動詞 (pas)
(1)' S＋(ne)＋補語人称代名詞＋y＋en＋助動詞＋(pas)＋過去分詞
肯定命令なら，
(2) 動詞＋補語人称代名詞＋en (y)
否定命令文では，
(3) Ne＋補語人称代名詞＋en (y)＋動詞＋pas
の語順をとります。

もちろん，これらの代名詞をすべて並べて使うわけではありません。あくまで，上記の順で並べるのが約束という意味です。ただし，次の点には注意が必要です。

Donnez-moi de l'eau. → Donnez-m'en. それをください。
＊moi (toi)＋en は m'en, t'en の形をとります。

Conduisez-moi à l'hôtel. → Conduisez-moi là.
そこへ案内してください。
＊m'y, t'y の形は，通例避けられます。

◆ 比較表現・代名動詞（受動的用法）に関する Q＆A

Q 37 5 4

同等比較の否定を「～と同じではない」と訳してはいけないとおっしゃいましたが，なぜでしょうか？

たとえば，Pierre n'est pas aussi grand que Maurice. を「ピエールはモーリスと同じ背の高さではない」と訳す人が少なくありませんが，この形は，同等比較を否定していても，実際には Pierre ＜ Maurice の意味です。したがって「ピエールはモーリスほど背が高くない（→ 背が低い）」と訳出する必要があります。

なお，同等比較を否定する際に，aussi を si に変えて，〈ne ... pas si ～ que〉の形も使われます。

Q&A 44 さらに細かな文法はお好き？

―― **質　問**　"比較＋倍数"（順番）の表現

「フランスの面積は日本のほぼ1.5倍です」をどう表現しますか？

答　優等比較級「フランスの面積は日本よりも大きい」の△の位置に，x fois「X倍」☞ p.240, p.365 をプラスします．

La superficie de la France est △ plus grande que celle du Japon.
　　　　　　　　　　　　　　　　← **environ une fois et demie**

これは，順番（序数）にも応用できます．たとえば，「これは私が去年見た映画の中で1番よいものです」の最上級の□の位置に2番目，3番目 ☞ p.172 と序数を入れるだけです．

C'est le □ meilleur film français que j'ai vu l'année dernière.
　　　← **deuxième, troisième ...**

Q 38 [2]

受動的用法の代名動詞について詳しく説明してください.

受動的用法の主語は 3 人称の事物で, par, de に導かれる動作主をともないません. そして, この用法は主語の一般的・習慣的特性といった状態を述べるために用いられます. たとえばこんな例文で.

Cette expression ne s'emploie plus.
この表現はもう今では使われない.

上記の文章は〈On n'emploie plus cette expression.〉と言い換えられます. なお, この用法は時間的に特定化されることの多い複合時制には通常なじまないものです.

また se faire を用いた表現にも注意してください.

Il s'est fait voler. = On l'a volé.
彼は盗まれた.

＊se faire の形には直接目的補語を置くことができますが, 受動態ではこの形は認められません. 例: Il s'est fait voler son sac. = On lui a volé son sac. 彼はバックを盗まれた.

あわせて身体部を目的補語とした,「(自分の…を)～してもらう(依頼)」のパターンも頻出です.

Je me suis fait couper les cheveux.
私は髪を切ってもらった(切らせた).

Q 39 [3][2]

関係代名詞の先行詞のなかに最上級の表現があるときには接続法と習いましたが, 直説法を使った次のような例を見つけました. なぜ接続法ではないのですか？

Marie est la plus jeune fille que je connais.

Q&A 44　さらに細かな文法はお好き？

Q 38+　私が花瓶を割りました．

上記の文章を仏訳して J'ai cassé le vase. とすると，意識的，意図的に道具を使って壊したととられかねません．「割る」「壊す」は意志動詞だからです．これをたまたま「手が滑って落ちた」（無意識的な動作→"花瓶を割ってしまった"）としたいなら，「花瓶が割れた」と考えて，Le vase s'est cassé. と主語を物として代名動詞を使うのがフランス的な発想です．でも，この着眼はなかなか難しい．

最上級を含む先行詞にかかる que ～ のなかで接続法を使うという説明は，あくまで，主観的・感情的な判断によって最上級が決定されることが多いという理由によるもので，たとえば，例文が「美しさ」に関することなら，下記のように接続法を用います．

Marie est la plus belle fille que je connaisse.
マリーは僕が知っている一番きれいな娘さんだ．

なぜなら，美の基準は絶対的なものではないですから（「あばたもエクボ」ですよね），主観的判断の含みが必要になります．

しかし，「若さ」については狭い限られた範囲であれば（たとえばクラス単位といったような場合），それが事実であるか否かを特定化できます．そのときには，主観的な判断ではない，つまり客観的な事実を伝える法＝直説法を用いてかまわないわけです．

→ 関連質問

Je cherche une secrétaire qui sache parler français. に接続法が使われているのは何故ですか？

該当する秘書がいるかどうか明瞭でないためです．主節に，chercher, désirer, demander といった動詞が使われ，関係詞節の先行詞に不定冠詞や部分冠詞などが用いられた場合には接続法を用いるのが通例なのです．ただし，Je cherche la secrétaire que j'ai rencontrée hier. 「昨日会った秘書（先行詞は特定化されています）」であれば chercher を用いても直説法を用います．

◆ その他の Q ＆ A

Q 40 ４３

celui-là が前者，celui-ci が後者となるのは何故？

「この，あの，その」の意味を持つ指示代名詞で遠近をはっきりあらわすためには -ci / -là の形を使いました．

Q&A 44　さらに細かな文法はお好き？

Q 39+　que je connais

この例文を，直説法を用いて書けば，belle は具象的にとらえられることになります。たとえば，こんな含意．

J'ai connu beaucoup de filles ; parmi ces filles, Marie est la plus belle.「僕が知っているなかで一番きれいな」，そんな感覚になるわけです．

Q 40+　この celui-ci は？

次の文中の celui-ci は何ですか？

Quinze jours plus tard, il revenait voir le spécialiste :

– Alors ? questionna celui-ci , comment marche cet appareil acoustique ?

答　「前者・後者」の"後者＝ le spécialiste"を指しています．もし，これを人称代名詞 il としてしまうと「で？　いかがですその補聴器の具合は？」と問いかけた人物が，前文の il「彼」を指すのか，それとも le spécialiste「専門医（＝ médecin spécialiste）」を指すのか判然としなくなるためです．

なお，questionna celui-ci「後者は問いかけた」の部分は主語と動詞が倒置されています．これも混乱の原因になりかねませんね．☞ p.370

ce livre-ci この本（近）　　**ce livre-là** あの本（遠）
この理屈を前者・後者に用いるわけです。

Voilà A et B.　Celui-ci est plus petit que celui-là.
　　　　　　　　　　＝B　　　　　　　　　　　　　＝A
　　　　　　　　　　（近）　　　　　　　　　　　　（遠）

なぜなら，前の文章に対して「近い位置にある方」＝B＝celui-ci となり，「遠い位置にある方」＝A＝celui-là となります．B が後者，A が前者と訳される理屈です（英語の *that, this* が前者・後者を表す関係と同じことです）．

Q 41 [5][4]

sept heures et demie なら demi+⟨e⟩ となるのに，midi et demi に ⟨e⟩ がついていませんが……

heure は女性名詞ですが，midi, minuit は男性名詞です．そのために et demie と et demi の差が生じます（ただし，midi et demie と書く人もいます）．なお，初級レベルの方で（×）Il est sept heure. と heure の ⟨s⟩ を書き落とす人がいます．ご注意ください．

Q 42 [2]

過去分詞構文の前で省かれる étant の有無に意味の違いはないのでしょうか？

(a) Arrivé en retard, il n'a plus rien à faire.「遅れて着いて，彼はもう何もすることがなかった」は，文頭に ⟨étant⟩ が省略されていると考えられます．書き換えれば，

(b) Etant arrivé en retard, il n'a plus rien à faire.
となります．しかし，細かな違いではありますが，étant を文頭に置

く方が動作を強調する表現になるようです．つまり，上記の (a) よりも (b) の方が「(やれやれ，彼は)遅れて来たせいで」(→ Comme il est arrivé ...) といったニュアンスがより鮮明になるわけです．

Q 43 ③ ②

「平成」の年号を表すフランス語はありますか？

次の言いまわしで表現することは可能です．

 平成14年　**la quatorzième année de Heïseï**

つまり「平成の14番目の年」と表現するわけです（有音の h を意識してエリズィヨンはしていません）．ただし，フランス人の大半は「平成」という年号を知らないはずですから西暦を使うのが常道です．たとえば，フランス人から共和暦 calendrier républicain を使って「熱月 thermidor 9 日」（共和暦第Ⅱ年）と言われて，西暦1794年7月27日（ちなみにロベスピエールが打倒された日）だとわかる日本人がほとんどいないのと同じ理屈です．

Q 44 ②

「命令文は3人称に対して使わない」，この説明が納得いかないのですが．ちなみに，英語には *Let him go out !* の言い方がありますから．

目の前にいる相手に対して使って意味をなすのが通常の命令文ですから，3人称に対する命令というのは一般に教科書では説明されません．ただし，ご指摘のように，第三者に何かしてほしいと思うとき（意志・願望）に使う下記のような「3人称の命令形（独立節）」がフランス語にもあります．（☞ p. 332）

   〈**Que**＋3人称主語＋動詞（接続法）！〉
 Qu'il s'en aille !　　(彼は)出ていかせろ．
 ＊il faut que, je veux que の que 以下が独立した表現と考えられます．

索 引 *index*

◆ 用途 ◆
(1) 本書を文法辞典として利用する方のために．
(2) 基本文法のマトメや基本表現をチェックするために．

◆ 掲載対象 ◆
　本書の各課（00〜82）と補遺（A〜M），ならびにQ&Aに載っている文法事項を載せています．

◆ 特色 ◆
(1) フランス語からでも「abc順：フランス語索引」，日本語からでも「86音順：日本語索引」，本書内の該当箇所を検索できます．ただし，本書内で仏語での文法表記をしていない語については原則として「日本語」のみ検索可です．例：voix active → 能動態．
(2) 初級レベルの方たちの便宜のために，文法用語に揺れのある語や，教室内でフランス語のカナ表記（読み）が使われる可能性があるもの，あるいは，しばしば略記されたり，英文法の用語が使われる語については「仏語・日本語・カナ表記・略記・英文法の用語」のいずれからでも検索が可能なように配慮しました．
　　例：virgule／ヴィルギュル／句読（点・記号）／コンマ
　　＊索引を何度もめくる煩雑さを避けるために，別掲に誘導する方法〔→「〜を見ろ」の指示〕は採用していません．
(3) 日常の基本表現のいくつか，あるいはフランス語の典型的な基本例文（主に仏検5級レベルの表現）については，そのままフランス語を掲載しています．
　　例：Comment allez-vous ?
　　＊上記の表現は「入門基礎会話文〔◆ 11 ◆ の見出し〕」，「挨拶」というキーワードでも検索可能です．

quatre cent trente-trois　433

abc 順：フランス語索引

〔A / a〕
（数字は本書のページを示します）

à（前置詞） 178, 346
A ＋時間の要素！ 58
à ＋都市名 132
A de B 393
à cause de 354, 356
A, c'est B 156, 157
à côté de 354
A demain! 58
à partir de 354
accent
  ▷ ～ aigu 10
  ▷ ～ circonflexe 10
  ▷ ～ grave 10
  ▷ アクセント（強勢） 42
adjectif
  ▷ ～ démonstratif 114
  ▷ ～ déterminatif 86
  ▷ ～ indéfini 322
  ▷ ～ interrogatif 162, 270
  ▷ ～ possessif 116
  ▷ ～ qualificatif 86
  ▷ ～ verbal 304
adverbe 230
  ▷ ～ de quantité 214
  ▷ ～ interrogatif 158
afin de 356
afin que 356
aimer 105, 286
aller
  ▷ ～（直説法現在） 126
  ▷ ～（条件法過去） 314
  ▷ ～ ＋不定法 (inf.)
  128, 129, 408, 409

alors que 372
alors(même) que 372
alphabet 6
apostrophe 12
apposition 370
apprendre 136
arriver
  ▷ ～（非人称） 192
  ▷ ～（接続法過去） 334
article 78
  ▷ ～ défini 78, 140
  ▷ ～ indéfini 78, 138
  ▷ ～ partitif 80, 140
assez 214
au
  ▷（冠詞の縮約） 130
  ▷（春）au printemps 176
  ▷ ～ ＋国名 132
au cas où 372
au revoir 58
aucun(e) 322
Aucun(e) ... ne 360
autre chose 324
aux
  ▷（冠詞の縮約） 130
  ▷ ～ ＋国名 132
avant 355
avant de 354
avec（前置詞） 180
avoir
  ▷（直説法現在） 98, 406
  ▷（命令法） 226
  ▷ ～ ＋無冠詞名詞（成句） 144
  ▷ ～ mal à ＋定冠詞＋身体部 160

〔**B / b**〕

beaucoup 214
bien que 332, 356, 372
boire 236, 237
Bon(ne) ＋名詞！ 60
bonjour 58

〔**C / c**〕

c'est 112, 113, 116, 210, 211, 401
c'est ... que 274
c'est ... qui 274
c'est dommage que 332
ça 210, 211
Ça va ? 58, 210
car 357
careful 18
ce
　▷（指示形容詞） 114
　▷（指示代名詞） 210
ce sont 112
ceci, cela 210
cédille 12
celle 212
celles 212
celui 212, 428-430
certain(e)(s) 322
ces（指示形容詞） 114
cet（指示形容詞） 114
cette（指示形容詞） 114
ceux 212
chanter
　▷（命令法） 226
　▷（直説法半過去） 278
chaque 324
chez（前置詞） 180, 181
-ci 114, 115, 428
combien
　▷（疑問副詞） 158
　▷（数量副詞） 214
comme 356, 357
comme ça 210
commencer（直説法現在） 146
comment 158
Comment allez-vous ? 58, 126
comparatif 206
complément
　▷ ～ circonstanciel 150
　▷ ～ d'objet direct 150
　▷ ～ d'objet indirect 150
comprendre 136
concordance des temps 342
connaître 236, 237, 429
construction impersonnelle 186-192
continuer à 356
contraction 130
croire 236, 333

〔**D / d**〕

dans 180, 348, 349
de
　▷（否定の冠詞） 120
　▷（不定冠詞の変形） 138, 139
　▷（前置詞） 178, 346, 393
　▷（動作主） 298, 299
de A à B 131
de l'（部分冠詞） 80
de la（部分冠詞） 80
de moins en moins 364
dépecer 149
de plus en plus 364
demi
　▷（時間） 188, 430
　▷（分数） 240
depuis quand 158

des
- ▷（不定冠詞）　78
- ▷（冠詞の縮約）　130

déterminant　114
deux points　52
devoir（直説法現在）　218
dire　234, 235
discours　342
- ▷ ～ direct　342
- ▷ ～ indirect　342
- ▷ ～ indirect libre　354

dont　266-268
d'où（疑問副詞）　158
double v (W, w)　8
du
- ▷（部分冠詞）　80
- ▷（冠詞の縮約）　130

durant　283

〔E / e〕

écrire　234
élision　40
elle
- ▷（主語人称代名詞）　62, 401
- ▷（強勢形）　204

elles
- ▷（主語人称代名詞）　62
- ▷（強勢形）　204

employer　81（直説法現在）　148
en
- ▷（夏秋冬）en été など　176
- ▷（前置詞）　180, 348
- ▷（中性代名詞・副詞的代名詞）318-321
- ▷ ～ +国名　132
- ▷ ～ +現在分詞（ジェロンディフ）306

enchaînement　40

en face de　354
en présence de　354
épithète（adjectif épithète）　92
-er 動詞　102
espérer（直説法現在）　148
est-ce que　122, 123
étage　240
être
- ▷（直説法現在）　98, 406
- ▷（命令法）　226

être en train de　154, 155
eux（強勢形）　204

〔F / f〕

faire
- ▷（直説法現在）　134, 135
- ▷（非人称）　186
- ▷（使役動詞）　362, 412
- ▷ ～ +不定法（inf.）　136

falloir　190
faux amis　25
futur antérieur de l'indicatif　294
futur proche　128
futur simple de l'indicatif　290

〔G / g〕

générique　142
genre　66
gérondif　306
grâce à　354, 356
grammaire　2
guillemets　52

〔H / h〕

habiter　132, 133
heure　186, 188, 189

hiatus 421

〔I / i〕
i grec (Y, y) 8
il（主語人称代名詞） 62, 401
il の省略 415
il est ... heure(s) 186
il est possible que 332
il faut que 332
ils 62
il y a 60, 61, 192, 406
imparfait
　▷ ～ de l'indicatif 278, 279
　▷ ～ descriptif 280
　▷ ～ du subjonctif 336
impératif 226
indicatif présent 94
inférieur(e) 364
infinitif 94, 338
interjection 382
interrogatif 242
interrogation 122
interrogation négative 124
intonation 44
inversion 370
-ir 動詞 174

〔J / j〕
J'ai + 年齢 60, 100
Japonais, japonais 399
je 62, 63
Je m'appelle ... 60
Je ne comprends pas. 136
Je ne sais pas. 136
Je suis + 国籍 60, 82
Je suis + 職業 60, 82, 84
jeter 81（直説法現在） 148

jour de la semaine 174
jusqu'à 355

〔L / l〕
l'（定冠詞） 78
la
　▷（定冠詞） 78
　▷（補語人称代名詞） 198
-là 114, 115, 428
laisser 362, 412
laquelle 270-272
le
　▷（定冠詞） 78
　▷（補語人称代名詞） 198
　▷（中性代名詞） 320
　▷ le と les の読み 48
lequel 270-272
les
　▷（定冠詞） 78
　▷（補語人称代名詞） 198
lesquelles 270-272
lesquels 270-272
lettres-consonnes 34
lettres-voyelles
　▷ ～ composées 26
　▷ ～ simples 22
leur
　▷（所有形容詞） 116
　▷（補語人称代名詞） 198
　▷（所有代名詞） 338
leurs 116
liaison 38
lire 234
locution prépositive 354
locution, conjonction et préposition 356
lors de 356

quatre cent trente-sept 437

lorsque 356, 357
lui
  ▷（補語人称代名詞）198
  ▷（強勢形）: lui-même 204

〔M / m〕

ma 116
madame 58
mademoiselle 58
malgré 356
manger（直説法現在）146, 147, 197
me 198
meilleur(e) 244
même que 372
mener（直説法現在）148
mes 116
mettre 236, 237
mien(ne) 326
mieux 244
mode 246, 247
  ▷ ～ conditionnel 246
  ▷ ～ impératif 246
  ▷ ～ indicatif 154, 246
  ▷ ～ infinitif 246
  ▷ ～ participe 248
  ▷ ～ subjonctif 246
moi 204
moindre 244, 245
moins 244
moins ..., moins ... 364
mois 174
mon 116
monsieur 58

〔N / n〕

nations 82
n'est-ce pas 124

ne ... aucun(e) 360
ne ... guère 118, 358
ne ... guère que 360
ne ... jamais 118, 358
ne ... ni ～ ni ～ 358, 359
ne ... nul(le) 360
ne ... pas encore 358
ne ... pas ni ～ ni ～ 358
ne ... pas 118
ne ... personne 360
ne ... plus 118, 358
ne ... point 358
ne ... que 118, 358, 359
ne ... rien 360
ne ... rien que 360
ne explétif 364, 368
neiger 186
n.f. 66
n'importe 324, 325
n.m. 66
nombres
  ▷ ～ cardinaux 166
  ▷ ～ ordinaux 172
non 122
nos 116
notre 116
nôtre 326
nous
  ▷（主語人称代名詞）62
  ▷（補語人称代名詞）198
  ▷（強勢形）204
nul 324

〔O / o〕

oe composés 8
on 63, 194, 195, 420
onomatopée 382

où
- ▷（疑問副詞）158
- ▷（関係代名詞）266

oui 122, 125
ouvrir 234

〔P / p〕

par（動作主）298, 299
parce que 356, 357
parenthèses 52
parfait 278, 279, 281
parler
- ▷（複合過去）250
- ▷（条件法過去）314
- ▷（接続法過去）334
- ▷ ～ ＋言語 116, 117

participe présent 302
partir（複合過去）252
passé antérieur de l'indicatif 352
passé composé (de l'indicatif) 250-260
passé du conditionnel 314
passé récent 128
passé simple de l'indicatif 350
passé surcomposé de l'indicatif 352
payer（直説法現在）148
pendant 283
personne 324
personne ... ne 360
peu 214
phonics 9
phrase 150, 378
- ▷ ～ complexe 378
- ▷ ～ composée 378
- ▷ ～ emphatique 274
- ▷ ～ énonciative 380
- ▷ ～ exclamative 164, 380
- ▷ ～ impérative 380
- ▷ ～ interrogative 380
- ▷ ～ négative 118
- ▷ ～ simple 378

pire 244, 245
plaire 236
pleuvoir 186
pluriel 74
plus 244
plus (moins) ..., plus (moins, mieux) ... 364
plus-que-parfait
- ▷ ～ de l'indicatif 286
- ▷ ～ du subjonctif 336

plusieurs 324, 403
point 52
point（位取り）172
point d'exclamation 52
point d'interrogation 52
points de suspension 52
point-virgule 52
ponctuation 52
pour 176, 356
pour que 332, 356
pourquoi（疑問副詞）158, 159
pouvoir（直説法現在）218-221
prendre
- ▷（直説法現在）134-137
- ▷ 11010（前未来）294

préposition 346
présent
- ▷ ～ absolu [atemporel] 156
- ▷ ～ de l'indicatif 94
- ▷ ～ de narration 156
- ▷ ～ du conditionnel 310
- ▷ ～ du subjonctif 330
- ▷ ～ historique 156

quatre cent trente-neuf 439

▷ ~ narratif　156
présentatif　110
professions　84
pronom
　▷ ~ démonstratif　210
　▷ ~ indéfini　194, 322
　▷ ~ interrogatif　182
　▷ ~ neutre　318
　▷ ~ personnel　62
　▷ ~ personnel(complément)　198
　▷ ~ possessif　326
pronom relatif　262-272
proposition
　▷ ~ concessive　372
　▷ ~ coordonnée　378
　▷ ~ d'opposition　372
　▷ ~ incise　370, 380
　▷ ~ juxtaposée　378
　▷ ~ principale　380
　▷ ~ subordonnée　380
puisque　357

〔Q / q〕

quand
　▷（疑問副詞）　158
　▷（接続詞）　356, 357
quand（[bien] même）　372
quant à　354
quart
　▷（時間）　188
　▷（分数）　240
quatre saisons　174
que
　▷（疑問代名詞）　184
　▷（関係代名詞）　262
qu'est-ce que　182
Qu'est-ce que vous faites

（dans la vie) ?　134
qu'est-ce qui　182
quel　162, 163
Quel âge avez-vous ?　60, 242
quelle　162
Quelle heure est-il ?　186
quelles　162, 403
quelqu'un　324
quelqu'une　325
quelque chose　324
quels　162
qui
　▷（疑問代名詞）　182
　▷（関係代名詞）　262
qui est-ce que　182
qui est-ce qui　182
quoique　332, 356, 372

〔R / r〕

R r の音　46
rendre　234, 235
répondre　190
résoudre　190
rien　322
rien que　361

〔S / s〕

sa　116
saison　174
sans　121
sans aucun　322
sans que　372
sans rien　323
savoir
　▷（直説法現在）　218, 220
　▷（命令法）　226
schéma des voyelles　14

se（再帰代名詞）222
se coucher
　▷（直説法現在）222
　▷（複合過去）258
se lever（直説法大過去）286
semi-consonnes　32
semi-voyelles　28, 32
ses　116
seulement　118
sexe　66
si（否定疑問文の返答）124
siの構文　419
　▷（条件法現在）310-313
　▷（単純未来）312
　▷（条件法過去）314
　▷〜＋半過去（勧誘・願望）316, 317
sien(ne)　326
signe de ponctuation　52
singulier　74
soi　205
son　116
sortir（前未来）294
style　342
suffixe　374
supérieur(e)　364
superlatif　208
sur（前置詞）180
syllabe　52
　▷〜 fermée（閉音節）24
　▷〜 ouverte（開音節）24

〔T / t〕
ta　116
tandis que　372, 373
te　198
temps　247, 248
temps composé　248

temps simple　248
tes　116
thermidor　431
tien(ne)　326
tiers（分数）240
tiret　12, 52
toi　204
ton　116
toujours　232, 233
tous　196
tout　196
tout à coup　196
tout de suite　196
toute　196
toutes　196
trait d'union　12
tréma　12
très　398, 399
Très bien.　58
trop　214, 398, 399
tu　62
　▷〜と vous　64
type de phrase　150

〔U / u〕
un（不定冠詞）78
un peu　214
une（不定冠詞）78

〔V / v〕
venir
　▷（直説法現在）126
　▷（非人称）192
　▷（直説法大過去）286
　▷〜 de ＋不定法（inf.）128
venter　186
verbe　150

▷ ～ factitif　362
▷ ～ pronominal　222
▷ ～ sensitif　362
vingt　239
virgule（小数点）　52, 172
voici　60, 110, 111
voilà　60, 110, 111
voir　236
voix passive　298
vos　116
votre　116

vôtre　326
vouloir　218, 219
vous
　▷（主語人称代名詞）　62
　▷（補語人称代名詞）　198
　▷（強勢形）　204
　▷ ～ と tu　64

〔Y/ y〕
y（中性代名詞・副詞的代名詞）
　318-321, 422-424

50音順：日本語索引

(ア)
挨拶　58, 59
アクサン（記号）　10, 11
アクセント（強勢）　42, 43
アポストロフ　12
アルファベ　6
アンシェヌマン　40
アンフィニティフ　94, 338

イエール・動詞（-ir 動詞）106
色　405, 407
イントネーション　44
引用符　52

ヴァンデルトランプ博士・夫人　253
ヴィルギュル　52
ウーエール動詞（-er 動詞）102, 103

エリズィヨン　40, 41, 388

往来発着・移動の自動詞　250
オノマトペ　382, 383
（私は）思う　412, 413
音節　50
音引　34, 55, 94
音標文字　94

(カ)
階（建物の階）240
開音節　24, 50
概数　240, 241
確実性　233
加減乗除　238, 239
過去（接続法）334
過去完了　288
過去における過去　288
過去における未来　312

過去分詞　257
　▷〜の作り方　254
　▷〜による分詞構文　308, 430
　▷〜の性・数一致　366
数　166
活用　94
感覚動詞　362, 363
関係代名詞　262–272
冠詞　71, 78–81, 393
　▷〜の縮約　130
　▷〜の省略　144
　▷〜の変形（否定文）120
間接疑問　344
間接補語　150
間接目的補語　150
　▷（補語人称代名詞）198
　▷（代名動詞複合過去）258
間接話法　342, 354
間接他動詞　152
完全自動詞　152
感嘆文　164, 380, 381
間投詞　382, 383

気候・天気　186
基数　166
擬声音（語）382
季節　174
基本前置詞　178
基本表現　60
基本不規則動詞　102
疑問形容詞　162, 404
疑問詞　242
疑問代名詞　182–185, 270, 271, 277
疑問符　52
疑問副詞　158, 159
疑問文　122, 380
キャの表記について　34

quatre cent quarante-trois　443

ギュメ　52
強勢　42
強勢形（人称代名詞）　204, 205, 420
強調構文　274, 275
虚辞の ne　364, 368, 369
近接過去　128, 129, 156
近接未来　128, 129, 156, 408

句読記号　52, 53
国　82, 83

形式主語　190
形容詞　86–93, 347, 397
形容詞節　262
形容詞の置き位置　90
形容詞の名詞化　402
形容詞の副詞化　87
欠如動詞　191
原形　94
現在（接続法）　330
現在完了　154, 254
現在形（直説法）　94, 95, 99
現在進行形　154
現在分詞　302–305, 307–309, 404
限定　118, 359
限定形容詞（所有形容詞など）　86
限定辞　90, 114

語幹　94
語気緩和　293, 296, 312, 316
国名　82
国名と前置詞　132
語形成要素　374
午前・午後　188
語尾　94
固有名詞　141
コロン　52
コンマ　52

（サ）
再帰代名詞　222, 258
再帰的代名動詞　224
最上級　208, 209
サイズ　135, 165
三段論法　379

子音字　34
使役　136
使役動詞　362
ジェロンディフ　306–309, 409, 419
時間　186
四季　174
色彩　402
時刻　186
自己紹介　60
〜自身　204
指示形容詞　114
指示代名詞　118, 210–213, 430
時制　246–249
時制照応　342–345
時制の一致　342
自由間接話法　354
終止符　52
従属節　380
縮約　130, 131
周波数　49
重要動詞（直説法現在）　234
主語人称代名詞　62
主節　380
受動的代名動詞　224, 426
受動態　298, 426
状況補語　150, 151
条件法　246
　▷〜現在　310
　▷〜過去　314–316
　▷〜第２形　418
譲歩節　370
省略（冠詞）144

職業　84, 85
助詞　153
序数　172, 173, 240, 241
女性形
　▷（名詞）66, 70
　▷（形容詞）86
　▷（指示形容詞）114
　▷（所有形容詞）116
　▷（所有代名詞）326
助動詞（avoir / être 複合過去）250
所有形容詞　116, 117, 396, 400
所有代名詞　326–329
人名　141

推定の副詞　232
数詞　166–173
数詞に関する補足　238
数量単位を表す名詞　216, 217
数量副詞　214–217, 400
ストレス（強勢）　42

性（名詞）63, 66, 70
性・数一致
　▷（形容詞）86
　▷（複合過去の代名詞動詞）260
　▷（受動態）298
　▷（過去分詞）366
直接目的補語（補語人称代名詞）198
接続詞句　356
接続代名詞　263
接続法　246
　▷〜現在　330–333, 335, 426
　▷〜過去　334–337
　▷〜大過去　336
　▷〜半過去　336
絶対分詞構文　304
接尾辞　374
説明部　44
説話的現在　156

セディーユ　12
セミコロン　52
前過去　352
先行詞　262
全体否定　360
前置詞　178, 346
　▷〜 + où（関係代名詞）268
　▷〜 + qui　184
　▷〜 + qui（関係代名詞）268
　▷〜 + quoi　184
　▷〜 + quoi（関係代名詞）268
線の過去　282
前未来　294, 295

相互的代名動詞　224, 410
総称　78, 140–143, 394, 395
挿入節　370, 380
挿入符　52
属詞　150

（タ）
態　298
第 1 群規則動詞　102, 103
　▷〜の変則活用　146
対義語　145
第 3 群不規則動詞　102
第 2 群規則動詞　102, 106–109
第 2 形（形容詞）92
代名動詞　222–225, 261, 408, 410
　▷〜の複合過去　258
対立・譲歩節　370
多様な否定表現　358, 372
誰（疑問代名詞）182
単純過去　350–352
単純時制　248
単純未来　290–293, 409
単数形（形容詞）86
男性形
　▷（名詞）66, 70

▷（形容詞） 66
▷（指示形容詞） 114
▷（所有形容詞） 116
▷（所有代名詞） 326
男性形単数第2形　92, 396
単文　378
単母音字　22

近い過去　128, 156
近い未来　128, 156, 408
知覚動詞　362
中性代名詞　318–321
長音　34, 54
超時的現在　156
直接補語　150
直接目的補語　150
▷（代名動詞複合過去） 260
直説法　246
　▷〜現在の活用パターン　94
　▷〜現在の射程　154
　▷〜複合過去　250–260
　▷〜半過去　278–285
　▷〜大過去　282
　▷〜単純未来　290–293
　▷〜前未来　294
　▷〜単純過去　350
　▷〜前過去　352
　▷〜重複合過去　352
　▷〜複複合過去　352, 353
直接話法　342, 354

月（12か月）　174, 175

定冠詞　78, 140, 142, 161, 392, 396
　▷（曜日・月日と）定冠詞　176
提示詞　110
提示の表現　110
提示部　44
ティレ　12, 52

天気・気候　186
点の過去　282

ドゥ・ポワン　52
等位節　378, 379
同音異義語　33, 35
同格　370
動詞　150
動詞活用の考え方　94
動詞状形容詞　304, 404
動詞の強調　127
倒置の疑問文　122
倒置　125, 370, 371
読点　52
同等比較　206, 424
動名詞　306
時・頻度の副詞　232
閉じたエ　10, 22
都市名（前置詞）69, 132
トレ・デュニオン　12
トレマ　12

（ナ）――――――――――
何（疑問代名詞）182

二重ギュメ　52
入門基礎会話文　58
人称代名詞
　▷（主語） 62
　▷（補語） 198
　▷（強勢形） 204, 420

neのない否定文　119
年月日　176
年号　240
年齢　242, 243

能動態　298

(ハ)

倍数表現　240, 241, 365, 425
ハイフン　12
場所の副詞　230
パスバンド　49
パランテーズ　52
半過去（直説法）　278–285
反語　312, 316
半子音　32
半母音　28, 29, 32

比較　206, 207, 216, 424, 425
比較級　206
比較級・最上級の特殊な形　244
比較表現補足　364, 365
筆記体　7, 13
日付・年　240
日付をたずねる　164, 176
ピッチ　42
否定疑問文　124
否定の冠詞 de　120
否定表現　358
否定文　118
否定命令文　228
非人称の il　186
非人称構文　134, 186–192, 301, 414
非人称表現　186–192
鼻母音　16, 17, 30, 31, 386
（名詞の）標識語　114
秒　189
描写の半過去　280
開いたエ　10, 22
ピリオド　52
品質形容詞　86

付加疑問文　124
付加形容詞　92
不完全自動詞　152
複合時制　248

複合名詞　76
複合過去　250–260, 289, 414
複合過去と半過去　282–285, 416
副詞　230–233, 376, 377, 398
副詞句　196, 197, 231
副詞的代名詞　318
複数形
　▷（名詞）74–77, 91
　▷（形容詞）86, 138
　▷（指示形容詞）114
　▷（所有形容詞）116
複文　378
複母音字　26
不定冠詞　78, 138, 139, 142, 390, 392
不定形容詞　322–325
不定詞　162, 338
不定代名詞　194, 322
不定法　94, 246, 338–341, 411
　▷（動詞的用法）160, 242
　▷（名詞的用法）338
部分冠詞　80, 140, 141
部分否定　233, 360
普遍的な事実　156
文　150
分音符　12
文型　150–153
分詞構文　304, 308
分詞法　248
分数　240
文の種類　378
文の要素　150

閉音節　24, 50
平叙文　380
平成　432
並置節　378
並列節　378

母音字省略　40

quatre cent quarante-sept　447

母音衝突　421
母音図表　14
母音字　22
母音の梯形　14
方位　390
法と時制　246, 247
補語人称代名詞　198–205
　▷〜の置き位置　200–204, 422, 424
ポワン　52
ポワン・ヴィルギュル　52
ポワン・ダンテロガスィヨン　52
ポワン・デクスクラマスィヨン　52
ポワン・ドゥ・スュスパンスィヨン　52
本質的代名動詞　224

(マ)

丸括弧　52

未完了　282
未来　290
未来完了　294

無音の h　20, 386

名詞　66–76
名詞主語（疑問文）　124
名詞の複数形　74
命令文　226–229, 380, 419, 432
命令文の補語人称代名詞の置き位置
　　　　　　　　　228, 424

命令法　226, 227, 246

(ヤ)

有音の h　38, 386, 389
優等最上級　208
優等比較　206

様態の副詞　232
曜日　174–177
曜日をたずねる　162, 176
抑揚　44
呼びかけ　144

(ラ・ワ)

リエゾン　38, 39, 95, 388–391
リズムグループ　45
量・程度の副詞　232

歴史的現在　156
劣等最上級　208
劣等比較　206
連音　38
連結符　12

ローマ数字　167

話法　342

品詞・文構成別　仏検対応レベルの表

品詞別 ＼ 目安・レベル	5級～ 4級準備	4級～ 3級準備	3級～ (準)2級準備
◆名詞◆	13　14　15　17	15	
◆冠詞◆	16　26　29　D　E	E	E
◆形容詞◆			
品質形容詞	18　19	19	
指示形容詞	25		
所有形容詞	25		
疑問形容詞	32　J	32	
不定形容詞			70
数詞（数形容詞）	33　I	34　51　I	
比較・最上級	43	43　J	80
◆代名詞◆			
主語人称代名詞	12		
補語人称代名詞	42	41　42	
不定代名詞		40	70
指示代名詞	44	44	
所有代名詞			71
疑問代名詞	37　J		57
関係代名詞	55	55　56	55　56　57
中性代名詞			69
◆話法◆			75

＊注意：上記はあくまで品詞・文構成別での仏検の「目安」で，単語・熟語などのレベルは考慮していません．級をまたいだ文法もあります．

◆ 下記の番号・アルファベは課・補遺の番号（発音は除きます）

品詞別＼目安・レベル	5級～ 4級準備	4級～ 3級準備	3級～ (準)2級準備
◆動詞◆			
法と時制	20 21 22 23 28 30 46 52 53 H	F G H 50 51 52 53 54 59 62 67 68	H 59 60 61 63 67 68 72 73 77 78 80 82
不定法			74
現在分詞		65	65
ジェロンディフ		66	
過去分詞		53 81	66 81
代名動詞		47	
非人称動詞	38	39	
態		64	
疑問文	27		
否定文	26		79
命令文	48	48	
強調構文		58	
◆副詞◆	31 45 49 J	45 49	
◆前置詞◆	29	36	76 78
◆その他◆			
入門会話・ 提示の表現，他	11 24 35		81 K

quatre cent cinquante et un 451

著者略歴

久松 健一（ひさまつ けんいち）

東京都（浅草）出身。現在、明治大学商学部教授。元 NHK ラジオ講座講師。四半世紀を超えて、フランス語ならびに英語を軸とした語学書を世に送り続けている。主な著書・編著は、本書のほかに『日本人のための上級フランス語単語』『［頻度順］フランス語名詞化表現宝典1192』『仏英日例文辞典　POLYGLOTTE』『仏検対策：フランス語単語Révolution』ならびに『クラウン フランス語熟語辞典』など。現在（2024 年）は、DELF、DALF の単語分析を踏まえた『フランス語単語大全』の執筆に注力している。

校閲：Florence Mermet-Ogawa
挿絵：paquita 0309

ケータイ《万能》フランス語文法 実践講義ノート
Boussole essentielle pour apprendre le français

2011 年 4 月 30 日　初版発行
2024 年 6 月 18 日　12 刷発行

著　者	©久松　健一
発行者	上野名保子
発行所	（株）駿河台出版社
	〒 101-0062　東京都千代田区神田駿河台 3-7
	TEL 03(3291)1676（代）　FAX 03(3291)1675
	http://www.e-surugadai.com
	E-mail: edit@e-surugadai.com
	ISBN 978-4-411-00521-2 C1085 ¥2500E
組　版	フォレスト
印刷・製本	三友印刷

JCOPY ＜(社)出版者著作権管理機構 委託出版物＞

本書の無断複写は、著作権法上での例外を除き、禁じられています。複写される場合は、そのつど事前に、(社)出版者著作権管理機構（電話 03-3513-6969、FAX 03-3513-6979、e-mail: info@jcopy.or.jp）の許諾を得てください。

駿河台出版社刊：同著者の出版物・簡略解題

◆ 入門書 ◆

CD付　英語がわかればフランス語はできる！

既習の英語をフランス語へとスムーズに移行できる50の例文で，フランス語の基礎力を養成する．「聞き取り問題」も充実．仏検5級〜3級レベルに相当する実力がつけられる．
A5／180p.／本体2000円

＊如何出版（台北市）より中国語版が刊行されている．

◆ 単語集 ◆

データ本位
でる順・仏検単語集　──5級〜2級準備レベル──

コンピュータにより頻度徹底解析！
ベスト・セラー「でる順」が生まれ変わった．デジタル時代の最強の単語集．
新書／295p.／本体1500円

共著者：パスカル・マンジュマタン
CD付　〈仏検2級対応〉でる順・仏検単語集

仏検2級に確実に出題される1500語を"でる順"で配列．「事前のチェック ⇨ でる順での効率的学習 ⇨ 類義語をサポート ⇨ でる順対応問題集」という画期的構成で合格をアシスト．
B6／218p.／本体1900円

CD付 フランス語単語の力を本当につけられるのはこれだ！ 基礎養成編、応用編

「データ本位 でる順仏検単語集5級〜2級準備レベル」をベースに，立体的に語彙力"網"を広げる最強の単語練習帳．問題数：基礎養成編597問，応用編474問．
共著：小幡谷友二・早川文敏
基礎養成編　Ａ５/177p./本体1900円
応用編　Ａ５/163p./本体1900円

◆ 熟語集 ◆

校閲：パスカル・マンジュマタン
〈仏検2級・3級対応〉フランス語重要表現・熟語集

過去に出題された問題を徹底分析して選定した重要表現・熟語の集大成．前置詞の微妙な使い分けも，細かな語法も詳細に解説している．苦手を得点源に変えられる理想の1冊！
Ｂ６/263p./本体1800円

◆ 動詞活用集 ◆

CD付　〈暗記本位〉仏検対応・フランス語動詞活用表

フランス語学習者のウィークポイントをずばり解消するオリジナル活用表．動詞一覧表・活用表・不定法早見表・練習問題まで付いた「動詞活用の革命児」！
新書/214p./本体1200円

◆ 聞き取り・ディクテ対策用 ◆

[新版] フランス語《拡聴力》　音声無料ダウンロード

優に1年分の留学体験に匹敵する「拡聴力」(聴こえてきた音を確実に書きとれる語学運用能力)を養成できる．仏検3級レベルから1級レベルへと短日月で拡張！
四六判 / 122 p. / 本体 1200 円

◆ 中・上級レベルの仏語力養成用 ◆

校閲：マーガレット・トマキオ／パスカル・マンジュマタン
英仏日 CD 付　これは似ている！　英仏基本構文 100＋95

あなたの英語力を応用レベルのフランス語へと移植し，さらなる展開をも可能にする新機軸．英語と比較対照したフランス語の必須構文をさまざまな角度から分析，CD を使った確実な表現力アップも視野に入れている．パターンを超えた厚みのある表現力を目指す方々のために．
A 5 / 233 p. / 本体 2100 円

◆ 姉妹編 ◆

[新版]　ケータイ[万能]フランス語ドリル　音声無料ダウンロード

本書に対応する音声の問題集．仏検5級〜2級準備レベル合格を目指す方々にとって必携の一冊．
文法を耳で，手で，体で覚える新発想！
四六判 / 200 p. / 本体 1500 円

動詞活用表

◇ 活用表中, 現在分詞と過去分詞はイタリック体,
また書体の違う活用は, とくに注意すること.

accueillir	22	écrire	40	pleuvoir	61
acheter	10	émouvoir	55	pouvoir	54
acquérir	26	employer	13	préférer	12
aimer	7	envoyer	15	prendre	29
aller	16	être	2	recevoir	52
appeler	11	être aimé(e)(s)	5	rendre	28
(s')asseoir	60	être allé(e)(s)	4	résoudre	42
avoir	1	faire	31	rire	48
avoir aimé	3	falloir	62	rompre	50
battre	46	finir	17	savoir	56
boire	41	fuir	27	sentir	19
commencer	8	(se) lever	6	suffire	34
conclure	49	lire	33	suivre	38
conduire	35	manger	9	tenir	20
connaître	43	mettre	47	vaincre	51
coudre	37	mourir	25	valoir	59
courir	24	naître	44	venir	21
craindre	30	ouvrir	23	vivre	39
croire	45	partir	18	voir	57
devoir	53	payer	14	vouloir	58
dire	32	plaire	36		

2

◇ 単純時称の作り方

不定法
—er [e]
—ir [ir]
—re [r]
—oir [war]

現在分詞
—ant [ɑ̃]

	直説法現在				接続法現在		直説法半過去	
je (j')	—e	[無音]	—s	[無音]	—e	[無音]	—ais	[ɛ]
tu	—es	[無音]	—s	[無音]	—es	[無音]	—ais	[ɛ]
il	—e	[無音]	—t	[無音]	—e	[無音]	—ait	[ɛ]
nous	—ons	[ɔ̃]			—ions	[jɔ̃]	—ions	[jɔ̃]
vous	—ez	[e]			—iez	[je]	—iez	[je]
ils	—ent	[無音]			—ent	[無音]	—aient	[ɛ]

	直説法単純未来		条件法現在	
je (j')	—rai	[re]	—rais	[rɛ]
tu	—ras	[ra]	—rais	[rɛ]
il	—ra	[ra]	—rait	[rɛ]
nous	—rons	[rɔ̃]	—rions	[rjɔ̃]
vous	—rez	[re]	—riez	[rje]
ils	—ront	[rɔ̃]	—raient	[rɛ]

	直説法単純過去					
je	—ai	[e]	—is	[i]	—us	[y]
tu	—as	[a]	—is	[i]	—us	[y]
il	—a	[a]	—it	[i]	—ut	[y]
nous	—âmes	[am]	—îmes	[im]	—ûmes	[ym]
vous	—âtes	[at]	—îtes	[it]	—ûtes	[yt]
ils	—èrent	[ɛr]	—irent	[ir]	—urent	[yr]

過去分詞	—é [e], —i [i], —u [y], —s [無音], —t [無音]

①**直説法現在**の単数形は，第一群動詞では—e，—es，—e；他の動詞ではほとんど—s，—s，—t.
②**直説法現在**と**接続法現在**では，nous, vous の語幹が，他の人称の語幹と異なること（母音交替）がある．
③**命令法**は，直説法現在の tu, nous, vous をとった形．（ただし—es → e　vas → va）
④**接続法現在**は，多く直説法現在の 3 人称複数形から作られる．ils partent → je parte．
⑤**直説法半過去**と**現在分詞**は，直説法現在の 1 人称複数形から作られる．
⑥**直説法単純未来**と**条件法現在**は多く不定法から作られる．aimer → j'aimerai, finir → je finirai, rendre → je rendrai(-oir 型の語幹は不規則)．

1. avoir

	直 説 法					
	現　　在		半　過　去		単　純　過　去	
現在分詞	j'	ai	j'	avais	j'	eus　　[y]
ayant	tu	as	tu	avais	tu	eus
	il	a	il	avait	il	eut
過去分詞	nous	avons	nous	avions	nous	eûmes
eu [y]	vous	avez	vous	aviez	vous	eûtes
	ils	ont	ils	avaient	ils	eurent
命　令　法	複　合　過　去			大　過　去		前　過　去	
	j'	ai	eu	j'	avais	eu	j'	eus	eu
aie	tu	as	eu	tu	avais	eu	tu	eus	eu
	il	a	eu	il	avait	eu	il	eut	eu
ayons	nous	avons	eu	nous	avions	eu	nous	eûmes	eu
ayez	vous	avez	eu	vous	aviez	eu	vous	eûtes	eu
	ils	ont	eu	ils	avaient	eu	ils	eurent	eu

2. être

	直 説 法					
	現　　在		半　過　去		単　純　過　去	
現在分詞	je	suis	j'	étais	je	fus
étant	tu	es	tu	étais	tu	fus
	il	est	il	était	il	fut
過去分詞	nous	sommes	nous	étions	nous	fûmes
été	vous	êtes	vous	étiez	vous	fûtes
	ils	sont	ils	étaient	ils	furent
命　令　法	複　合　過　去			大　過　去		前　過　去	
	j'	ai	été	j'	avais	été	j'	eus	été
sois	tu	as	été	tu	avais	été	tu	eus	été
	il	a	été	il	avait	été	il	eut	été
soyons	nous	avons	été	nous	avions	été	nous	eûmes	été
soyez	vous	avez	été	vous	aviez	été	vous	eûtes	été
	ils	ont	été	ils	avaient	été	ils	eurent	été

3. avoir aimé

[複合時称]

	直 説 法					
	複　合　過　去			大　過　去			前　過　去		
分詞複合形	j'	ai	aimé	j'	avais	aimé	j'	eus	aimé
ayant aimé	tu	as	aimé	tu	avais	aimé	tu	eus	aimé
	il	a	aimé	il	avait	aimé	il	eut	aimé
命　令　法	elle	a	aimé	elle	avait	aimé	elle	eut	aimé
aie aimé	nous	avons	aimé	nous	avions	aimé	nous	eûmes	aimé
ayons aimé	vous	avez	aimé	vous	aviez	aimé	vous	eûtes	aimé
ayez aimé	ils	ont	aimé	ils	avaient	aimé	ils	eurent	aimé
	elles	ont	aimé	elles	avaient	aimé	elles	eurent	aimé

4. être allé(e)(s)

[複合時称]

	直 説 法					
	複　合　過　去			大　過　去			前　過　去		
分詞複合形	je	suis	allé(e)	j'	étais	allé(e)	je	fus	allé(e)
étant allé(e)(s)	tu	es	allé(e)	tu	étais	allé(e)	tu	fus	allé(e)
	il	est	allé	il	était	allé	il	fut	allé
命　令　法	elle	est	allée	elle	était	allée	elle	fut	allée
sois allé(e)	nous	sommes	allé(e)s	nous	étions	allé(e)s	nous	fûmes	allé(e)s
soyons allé(e)s	vous	êtes	allé(e)(s)	vous	étiez	allé(e)(s)	vous	fûtes	allé(e)(s)
soyez allé(e)(s)	ils	sont	allés	ils	étaient	allés	ils	furent	allés
	elles	sont	allées	elles	étaient	allées	elles	furent	allées

			条　件　法		接　続　法			
	単純未来		現在		現在		半過去	
j'	aurai	j'	aurais	j'	aie	j'	eusse	
tu	auras	tu	aurais	tu	aies	tu	eusses	
il	aura	il	aurait	il	ait	il	eût	
nous	aurons	nous	aurions	nous	ayons	nous	eussions	
vous	aurez	vous	auriez	vous	ayez	vous	eussiez	
ils	auront	ils	auraient	ils	aient	ils	eussent	
	前未来		過去		過去		大過去	
j'	aurai eu	j'	aurais eu	j'	aie eu	j'	eusse eu	
tu	auras eu	tu	aurais eu	tu	aies eu	tu	eusses eu	
il	aura eu	il	aurait eu	il	ait eu	il	eût eu	
nous	aurons eu	nous	aurions eu	nous	ayons eu	nous	eussions eu	
vous	aurez eu	vous	auriez eu	vous	ayez eu	vous	eussiez eu	
ils	auront eu	ils	auraient eu	ils	aient eu	ils	eussent eu	

			条　件　法		接　続　法			
	単純未来		現在		現在		半過去	
je	serai	je	serais	je	sois	je	fusse	
tu	seras	tu	serais	tu	sois	tu	fusses	
il	sera	il	serait	il	soit	il	fût	
nous	serons	nous	serions	nous	soyons	nous	fussions	
vous	serez	vous	seriez	vous	soyez	vous	fussiez	
ils	seront	ils	seraient	ils	soient	ils	fussent	
	前未来		過去		過去		大過去	
j'	aurai été	j'	aurais été	j'	aie été	j'	eusse été	
tu	auras été	tu	aurais été	tu	aies été	tu	eusses été	
il	aura été	il	aurait été	il	ait été	il	eût été	
nous	aurons été	nous	aurions été	nous	ayons été	nous	eussions été	
vous	aurez été	vous	auriez été	vous	ayez été	vous	eussiez été	
ils	auront été	ils	auraient été	ils	aient été	ils	eussent été	

			条　件　法		接　続　法			
	前未来		過去		過去		大過去	
j'	aurai aimé	j'	aurais aimé	j'	aie aimé	j'	eusse aimé	
tu	auras aimé	tu	aurais aimé	tu	aies aimé	tu	eusses aimé	
il	aura aimé	il	aurait aimé	il	ait aimé	il	eût aimé	
elle	aura aimé	elle	aurait aimé	elle	ait aimé	elle	eût aimé	
nous	aurons aimé	nous	aurions aimé	nous	ayons aimé	nous	eussions aimé	
vous	aurez aimé	vous	auriez aimé	vous	ayez aimé	vous	eussiez aimé	
ils	auront aimé	ils	auraient aimé	ils	aient aimé	ils	eussent aimé	
elles	auront aimé	elles	auraient aimé	elles	aient aimé	elles	eussent aimé	

			条　件　法		接　続　法			
	前未来		過去		過去		大過去	
je	serai allé(e)	je	serais allé(e)	je	sois allé(e)	je	fusse allé(e)	
tu	seras allé(e)	tu	serais allé(e)	tu	sois allé(e)	tu	fusses allé(e)	
il	sera allé	il	serait allé	il	soit allé	il	fût allé	
elle	sera allée	elle	serait allée	elle	soit allée	elle	fût allée	
nous	serons allé(e)s	nous	serions allé(e)s	nous	soyons allé(e)s	nous	fussions allé(e)s	
vous	serez allé(e)(s)	vous	seriez allé(e)(s)	vous	soyez allé(e)(s)	vous	fussiez allé(e)(s)	
ils	seront allés	ils	seraient allés	ils	soient allés	ils	fussent allés	
elles	seront allées	elles	seraient allées	elles	soient allées	elles	fussent allées	

5. être aimé(e)(s) ［受動態］

直　説　法						接　続　法		
現　在			複　合　過　去			現　在		
je	suis	aimé(e)	j'	ai	été aimé(e)	je	sois	aimé(e)
tu	es	aimé(e)	tu	as	été aimé(e)	tu	sois	aimé(e)
il	est	aimé	il	a	été aimé	il	soit	aimé
elle	est	aimée	elle	a	été aimée	elle	soit	aimée
nous	sommes	aimé(e)s	nous	avons	été aimé(e)s	nous	soyons	aimé(e)s
vous	êtes	aimé(e)(s)	vous	avez	été aimé(e)(s)	vous	soyez	aimé(e)(s)
ils	sont	aimés	ils	ont	été aimés	ils	soient	aimés
elles	sont	aimées	elles	ont	été aimées	elles	soient	aimées
半　過　去			大　過　去			過　去		
j'	étais	aimé(e)	j'	avais	été aimé(e)	j'	aie	été aimé(e)
tu	étais	aimé(e)	tu	avais	été aimé(e)	tu	aies	été aimé(e)
il	était	aimé	il	avait	été aimé	il	ait	été aimé
elle	était	aimée	elle	avait	été aimée	elle	ait	été aimée
nous	étions	aimé(e)s	nous	avions	été aimé(e)s	nous	ayons	été aimé(e)s
vous	étiez	aimé(e)(s)	vous	aviez	été aimé(e)(s)	vous	ayez	été aimé(e)(s)
ils	étaient	aimés	ils	avaient	été aimés	ils	aient	été aimés
elles	étaient	aimées	elles	avaient	été aimées	elles	aient	été aimées
単　純　過　去			前　過　去			半　過　去		
je	fus	aimé(e)	j'	eus	été aimé(e)	je	fusse	aimé(e)
tu	fus	aimé(e)	tu	eus	été aimé(e)	tu	fusses	aimé(e)
il	fut	aimé	il	eut	été aimé	il	fût	aimé
elle	fut	aimée	elle	eut	été aimée	elle	fût	aimée
nous	fûmes	aimé(e)s	nous	eûmes	été aimé(e)s	nous	fussions	aimé(e)s
vous	fûtes	aimé(e)(s)	vous	eûtes	été aimé(e)(s)	vous	fussiez	aimé(e)(s)
ils	furent	aimés	ils	eurent	été aimés	ils	fussent	aimés
elles	furent	aimées	elles	eurent	été aimées	elles	fussent	aimées
単　純　未　来			前　未　来			大　過　去		
je	serai	aimé(e)	j'	aurai	été aimé(e)	j'	eusse	été aimé(e)
tu	seras	aimé(e)	tu	auras	été aimé(e)	tu	eusses	été aimé(e)
il	sera	aimé	il	aura	été aimé	il	eût	été aimé
elle	sera	aimée	elle	aura	été aimée	elle	eût	été aimée
nous	serons	aimé(e)s	nous	aurons	été aimé(e)s	nous	eussions	été aimé(e)s
vous	serez	aimé(e)(s)	vous	aurez	été aimé(e)(s)	vous	eussiez	été aimé(e)(s)
ils	seront	aimés	ils	auront	été aimés	ils	eussent	été aimés
elles	seront	aimées	elles	auront	été aimées	elles	eussent	été aimées

条　件　法						現在分詞		
現　在			過　去			étant aimé(e)(s)		
je	serais	aimé(e)	j'	aurais	été aimé(e)			
tu	serais	aimé(e)	tu	aurais	été aimé(e)	過去分詞		
il	serait	aimé	il	aurait	été aimé	été aimé(e)(s)		
elle	serait	aimée	elle	aurait	été aimée			
nous	serions	aimé(e)s	nous	aurions	été aimé(e)s	命　令　法		
vous	seriez	aimé(e)(s)	vous	auriez	été aimé(e)(s)	sois	aimé(e)s	
ils	seraient	aimés	ils	auraient	été aimés	soyons	aimé(e)s	
elles	seraient	aimées	elles	auraient	été aimées	soyez	aimé(e)(s)	

6. se lever ［代名動詞］

直　説　法						接　続　法		
現　在			複　合　過　去			現　在		
je	me	lève	je	me	suis	levé(e)	je	me	lève
tu	te	lèves	tu	t'	es	levé(e)	tu	te	lèves
il	se	lève	il	s'	est	levé	il	se	lève
elle	se	lève	elle	s'	est	levée	elle	se	lève
nous	nous	levons	nous	nous	sommes	levé(e)s	nous	nous	levions
vous	vous	levez	vous	vous	êtes	levé(e)(s)	vous	vous	leviez
ils	se	lèvent	ils	se	sont	levés	ils	se	lèvent
elles	se	lèvent	elles	se	sont	levées	elles	se	lèvent
半　過　去			大　過　去			過　去		
je	me	levais	je	m'	étais	levé(e)	je	me	sois	levé(e)
tu	te	levais	tu	t'	étais	levé(e)	tu	te	sois	levé(e)
il	se	levait	il	s'	était	levé	il	se	soit	levé
elle	se	levait	elle	s'	était	levée	elle	se	soit	levée
nous	nous	levions	nous	nous	étions	levé(e)s	nous	nous	soyons	levé(e)s
vous	vous	leviez	vous	vous	étiez	levé(e)(s)	vous	vous	soyez	levé(e)(s)
ils	se	levaient	ils	s'	étaient	levés	ils	se	soient	levés
elles	se	levaient	elles	s'	étaient	levées	elles	se	soient	levées
単　純　過　去			前　過　去			半　過　去		
je	me	levai	je	me	fus	levé(e)	je	me	levasse
tu	te	levas	tu	te	fus	levé(e)	tu	te	levasses
il	se	leva	il	se	fut	levé	il	se	levât
elle	se	leva	elle	se	fut	levée	elle	se	levât
nous	nous	levâmes	nous	nous	fûmes	levé(e)s	nous	nous	levassions
vous	vous	levâtes	vous	vous	fûtes	levé(e)(s)	vous	vous	levassiez
ils	se	levèrent	ils	se	furent	levés	ils	se	levassent
elles	se	levèrent	elles	se	furent	levées	elles	se	levassent
単　純　未　来			前　未　来			大　過　去		
je	me	lèverai	je	me	serai	levé(e)	je	me	fusse	levé(e)
tu	te	lèveras	tu	te	seras	levé(e)	tu	te	fusses	levé(e)
il	se	lèvera	il	se	sera	levé	il	se	fût	levé
elle	se	lèvera	elle	se	sera	levée	elle	se	fût	levée
nous	nous	lèverons	nous	nous	serons	levé(e)s	nous	nous	fussions	levé(e)s
vous	vous	lèverez	vous	vous	serez	levé(e)(s)	vous	vous	fussiez	levé(e)(s)
ils	se	lèveront	ils	se	seront	levés	ils	se	fussent	levés
elles	se	lèveront	elles	se	seront	levées	elles	se	fussent	levées

条　件　法						現在分詞
現　在			過　去			se levant
je	me	lèverais	je	me	serais	levé(e)
tu	te	lèverais	tu	te	serais	levé(e)
il	se	lèverait	il	se	serait	levé
elle	se	lèverait	elle	se	serait	levée	命　令　法
nous	nous	lèverions	nous	nous	serions	levé(e)s
vous	vous	lèveriez	vous	vous	seriez	levé(e)(s)	lève-toi
ils	se	lèveraient	ils	se	seraient	levés	levons-nous
elles	se	lèveraient	elles	se	seraient	levées	levez-vous

◇ se が間接補語のとき過去分詞は性・数の変化をしない．

不定法 現在分詞 過去分詞	直 説 法			
	現　在	半過去	単純過去	単純未来
7. aimer *aimant* *aimé*	j' aime tu aimes il aime n. aimons v. aimez ils aiment	j' aimais tu aimais il aimait n. aimions v. aimiez ils aimaient	j' aimai tu aimas il aima n. aimâmes v. aimâtes ils aimèrent	j' aimerai tu aimeras il aimera n. aimerons v. aimerez ils aimeront
8. commencer *commençant* *commencé*	je commence tu commences il commence n. commençons v. commencez ils commencent	je commençais tu commençais il commençait n. commencions v. commenciez ils commençaient	je commençai tu commenças il commença n. commençâmes v. commençâtes ils commencèrent	je commencerai tu commenceras il commencera n. commencerons v. commencerez ils commenceront
9. manger *mangeant* *mangé*	je mange tu manges il mange n. mangeons v. mangez ils mangent	je mangeais tu mangeais il mangeait n. mangions v. mangiez ils mangeaient	je mangeai tu mangeas il mangea n. mangeâmes v. mangeâtes ils mangèrent	je mangerai tu mangeras il mangera n. mangerons v. mangerez ils mangeront
10. acheter *achetant* *acheté*	j' achète tu achètes il achète n. achetons v. achetez ils achètent	j' achetais tu achetais il achetait n. achetions v. achetiez ils achetaient	j' achetai tu achetas il acheta n. achetâmes v. achetâtes ils achetèrent	j' achèterai tu achèteras il achètera n. achèterons v. achèterez ils achèteront
11. appeler *appelant* *appelé*	j' appelle tu appelles il appelle n. appelons v. appelez ils appellent	j' appelais tu appelais il appelait n. appelions v. appeliez ils appelaient	j' appelai tu appelas il appela n. appelâmes v. appelâtes ils appelèrent	j' appellerai tu appelleras il appellera n. appellerons v. appellerez ils appelleront
12. préférer *préférant* *préféré*	je préfère tu préfères il préfère n. préférons v. préférez ils préfèrent	je préférais tu préférais il préférait n. préférions v. préfériez ils préféraient	je préférai tu préféras il préféra n. préférâmes v. préférâtes ils préférèrent	je préférerai tu préféreras il préférera n. préférerons v. préférerez ils préféreront
13. employer *employant* *employé*	j' emploie tu emploies il emploie n. employons v. employez ils emploient	j' employais tu employais il employait n. employions v. employiez ils employaient	j' employai tu employas il employa n. employâmes v. employâtes ils employèrent	j' emploierai tu emploieras il emploiera n. emploierons v. emploierez ils emploieront

条件法 現在	接続法 現在	接続法 半過去	命令法	同型
j' aimerais tu aimerais il aimerait n. aimerions v. aimeriez ils aimeraient	j' aime tu aimes il aime n. aimions v. aimiez ils aiment	j' aimasse tu aimasses il aimât n. aimassions v. aimassiez ils aimassent	aime aimons aimez	注 語尾 -er の動詞 (除：aller, envoyer) を**第一群規則動詞**と もいう。
je commencerais tu commencerais il commencerait n. commencerions v. commenceriez ils commenceraient	je commence tu commences il commence n. commencions v. commenciez ils commencent	je commençasse tu commençasses il commençât n. commençassions v. commençassiez ils commençassent	commence commençons commencez	**avancer** **effacer** **forcer** **lancer** **placer** **prononcer** **remplacer** **renoncer**
je mangerais tu mangerais il mangerait n. mangerions v. mangeriez ils mangeraient	je mange tu manges il mange n. mangions v. mangiez ils mangent	je mangeasse tu mangeasses il mangeât n. mangeassions v. mangeassiez ils mangeassent	mange mangeons mangez	**arranger** **changer** **charger** **déranger** **engager** **manger** **obliger** **voyager**
j' achèterais tu achèterais il achèterait n. achèterions v. achèteriez ils achèteraient	j' achète tu achètes il achète n. achetions v. achetiez ils achètent	j' achetasse tu achetasses il achetât n. achetassions v. achetassiez ils achetassent	achète achetons achetez	**achever** **amener** **enlever** **lever** **mener** **peser** **(se) promener**
j' appellerais tu appellerais il appellerait n. appellerions v. appelleriez ils appelleraient	j' appelle tu appelles il appelle n. appelions v. appeliez ils appellent	j' appelasse tu appelasses il appelât n. appelassions v. appelassiez ils appelassent	appelle appelons appelez	**jeter** **rappeler** **rejeter** **renouveler**
je préférerais tu préférerais il préférerait n. préférerions v. préféreriez ils préféreraient	je préfère tu préfères il préfère n. préférions v. préfériez ils préfèrent	je préférasse tu préférasses il préférât n. préférassions v. préférassiez ils préférassent	préfère préférons préférez	**considérer** **désespérer** **espérer** **inquiéter** **pénétrer** **posséder** **répéter** **sécher**
j' emploierais tu emploierais il emploierait n. emploierions v. emploieriez ils emploieraient	j' emploie tu emploies il emploie n. employions v. employiez ils emploient	j' employasse tu employasses il employât n. employassions v. employassiez ils employassent	emploie employons employez	**-oyer**（除：envoyer） **-uyer** **appuyer** **ennuyer** **essuyer** **nettoyer**

不定法 現在分詞 過去分詞	直 説 法			
	現　在	半　過　去	単純過去	単純未来
14. payer *payant* *payé*	je　paye (paie) tu　payes (paies) il　paye (paie) n.　payons v.　payez ils　payent (paient)	je　payais tu　payais il　payait n.　payions v.　payiez ils　payaient	je　payai tu　payas il　paya n.　payâmes v.　payâtes ils　payèrent	je　payerai (paierai) tu　payeras (etc....) il　payera n.　payerons v.　payerez ils　payeront
15. envoyer *envoyant* *envoyé*	j'　envoie tu　envoies il　envoie n.　envoyons v.　envoyez ils　envoient	j'　envoyais tu　envoyais il　envoyait n.　envoyions v.　envoyiez ils　envoyaient	j'　envoyai tu　envoyas il　envoya n.　envoyâmes v.　envoyâtes ils　envoyèrent	j'　**enverrai** tu　**enverras** il　**enverra** n.　**enverrons** v.　**enverrez** ils　**enverront**
16. aller *allant* *allé*	je　**vais** tu　**vas** il　**va** n.　allons v.　allez ils　**vont**	j'　allais tu　allais il　allait n.　allions v.　alliez ils　allaient	j'　allai tu　allas il　alla n.　allâmes v.　allâtes ils　allèrent	j'　**irai** tu　**iras** il　**ira** n.　**irons** v.　**irez** ils　**iront**
17. finir *finissant* *fini*	je　finis tu　finis il　finit n.　finissons v.　finissez ils　finissent	je　finissais tu　finissais il　finissait n.　finissions v.　finissiez ils　finissaient	je　finis tu　finis il　finit n.　finîmes v.　finîtes ils　finirent	je　finirai tu　finiras il　finira n.　finirons v.　finirez ils　finiront
18. partir *partant* *parti*	je　pars tu　pars il　part n.　partons v.　partez ils　partent	je　partais tu　partais il　partait n.　partions v.　partiez ils　partaient	je　partis tu　partis il　partit n.　partîmes v.　partîtes ils　partirent	je　partirai tu　partiras il　partira n.　partirons v.　partirez ils　partiront
19. sentir *sentant* *senti*	je　sens tu　sens il　sent n.　sentons v.　sentez ils　sentent	je　sentais tu　sentais il　sentait n.　sentions v.　sentiez ils　sentaient	je　sentis tu　sentis il　sentit n.　sentîmes v.　sentîtes ils　sentirent	je　sentirai tu　sentiras il　sentira n.　sentirons v.　sentirez ils　sentiront
20. tenir *tenant* *tenu*	je　tiens tu　tiens il　tient n.　tenons v.　tenez ils　tiennent	je　tenais tu　tenais il　tenait n.　tenions v.　teniez ils　tenaient	je　tins tu　tins il　tint n.　tînmes v.　tîntes ils　tinrent	je　**tiendrai** tu　**tiendras** il　**tiendra** n.　**tiendrons** v.　**tiendrez** ils　**tiendront**

条件法	接続法		命令法	同型
現在	現在	半過去		
je payerais (paierais) tu payerais (etc....) il payerait n. payerions v. payeriez ils payeraient	je paye (paie) tu payes (paies) il paye (paie) n. payions v. payiez ils payent (paient)	je payasse tu payasses il payât n. payassions v. payassiez ils payassent	paie (paye) payons payez	［発音］ je paye [ʒəpɛj], je paie [ʒəpɛ]; je payerai [ʒəpɛjre], je paierai [ʒəpɛre].
j' enverrais tu enverrais il enverrait n. enverrions v. enverriez ils enverraient	j' envoie tu envoies il envoie n. envoyions v. envoyiez ils envoient	j' envoyasse tu envoyasses il envoyât n. envoyassions v. envoyassiez ils envoyassent	envoie envoyons envoyez	注未来，条・現を除いては，**13**と同じ． **renvoyer**
j' irais tu irais il irait n. irions v. iriez ils iraient	j' **aille** tu **ailles** il **aille** n. allions v. alliez ils **aillent**	j' allasse tu allasses il allât n. allassions v. allassiez ils allassent	**va** allons allez	注yがつくとき命令法・現在はvas: vas-y. 直現・3人称複数はontの語尾をもつものは他にont(avoir), sont(être), font(faire)のみ．
je finirais tu finirais il finirait n. finirions v. finiriez ils finiraient	je finisse tu finisses il finisse n. finissions v. finissiez ils finissent	je finisse tu finisses il finît n. finissions v. finissiez ils finissent	finis finissons finissez	注finir型の動詞を第2群規則動詞という．
je partirais tu partirais il partirait n. partirions v. partiriez ils partiraient	je parte tu partes il parte n. partions v. partiez ils partent	je partisse tu partisses il partît n. partissions v. partissiez ils partissent	pars partons partez	注助動詞はêtre. **sortir**
je sentirais tu sentirais il sentirait n. sentirions v. sentiriez ils sentiraient	je sente tu sentes il sente n. sentions v. sentiez ils sentent	je sentisse tu sentisses il sentît n. sentissions v. sentissiez ils sentissent	sens sentons sentez	注**18**と助動詞を除けば同型．
je tiendrais tu tiendrais il tiendrait n. tiendrions v. tiendriez ils tiendraient	je tienne tu tiennes il tienne n. tenions v. teniez ils tiennent	je tinsse tu tinsses il tînt n. tinssions v. tinssiez ils tinssent	tiens tenons tenez	注**venir 21**と同型，ただし，助動詞はavoir.

不定法 現在分詞 過去分詞	直説法			
	現　在	半過去	単純過去	単純未来
21. venir *venant* *venu*	je viens tu viens il vient n. venons v. venez ils viennent	je venais tu venais il venait n. venions v. veniez ils venaient	je vins tu vins il vint n. vînmes v. vîntes ils vinrent	je **viendrai** tu **viendras** il **viendra** n. **viendrons** v. **viendrez** ils **viendront**
22. accueillir *accueillant* *accueilli*	j' **accueille** tu **accueilles** il **accueille** n. accueillons v. accueillez ils accueillent	j' accueillais tu accueillais il accueillait n. accueillions v. accueilliez ils accueillaient	j' accueillis tu accueillis il accueillit n. accueillîmes v. accueillîtes ils accueillirent	j' **accueillerai** tu **accueilleras** il **accueillera** n. **accueillerons** v. **accueillerez** ils **accueilleront**
23. ouvrir *ouvrant* *ouvert*	j' **ouvre** tu **ouvres** il **ouvre** n. ouvrons v. ouvrez ils ouvrent	j' ouvrais tu ouvrais il ouvrait n. ouvrions v. ouvriez ils ouvraient	j' ouvris tu ouvris il ouvrit n. ouvrîmes v. ouvrîtes ils ouvrirent	j' ouvrirai tu ouvriras il ouvrira n. ouvrirons v. ouvrirez ils ouvriront
24. courir *courant* *couru*	je cours tu cours il court n. courons v. courez ils courent	je courais tu courais il courait n. courions v. couriez ils couraient	je courus tu courus il courut n. courûmes v. courûtes ils coururent	je **courrai** tu **courras** il **courra** n. **courrons** v. **courrez** ils **courront**
25. mourir *mourant* *mort*	je meurs tu meurs il meurt n. mourons v. mourez ils meurent	je mourais tu mourais il mourait n. mourions v. mouriez ils mouraient	je mourus tu mourus il mourut n. mourûmes v. mourûtes ils moururent	je **mourrai** tu **mourras** il **mourra** n. **mourrons** v. **mourrez** ils **mourront**
26. acquérir *acquérant* *acquis*	j' acquiers tu acquiers il acquiert n. acquérons v. acquérez ils acquièrent	j' acquérais tu acquérais il acquérait n. acquérions v. acquériez ils acquéraient	j' acquis tu acquis il acquit n. acquîmes v. acquîtes ils acquirent	j' **acquerrai** tu **acquerras** il **acquerra** n. **acquerrons** v. **acquerrez** ils **acquerront**
27. fuir *fuyant* *fui*	je fuis tu fuis il fuit n. fuyons v. fuyez ils fuient	je fuyais tu fuyais il fuyait n. fuyions v. fuyiez ils fuyaient	je fuis tu fuis il fuit n. fuîmes v. fuîtes ils fuirent	je fuirai tu fuiras il fuira n. fuirons v. fuirez ils fuiront

条件法	接続法		命令法	同型
現在	現在	半過去		
je viendrais tu viendrais il viendrait n. viendrions v. viendriez ils viendraient	je vienne tu viennes il vienne n. venions v. veniez ils viennent	je vinsse tu vinsses il vînt n. vinssions v. vinssiez ils vinssent	viens venons venez	注 助動詞は être. **devenir** **intervenir** **prévenir** **revenir** **(se) souvenir**
j' accueillerais tu accueillerais il accueillerait n. accueillerions v. accueilleriez ils accueilleraient	j' accueille tu accueilles il accueille n. accueillions v. accueilliez ils accueillent	j' accueillisse tu accueillisses il accueillît n. accueillissions v. accueillissiez ils accueillissent	**accueille** accueillons accueillez	**cueillir**
j' ouvrirais tu ouvrirais il ouvrirait n. ouvririons v. ouvririez ils ouvriraient	j' ouvre tu ouvres il ouvre n. ouvrions v. ouvriez ils ouvrent	j' ouvrisse tu ouvrisses il ouvrît n. ouvrissions v. ouvrissiez ils ouvrissent	**ouvre** ouvrons ouvrez	**couvrir** **découvrir** **offrir** **souffrir**
je courrais tu courrais il courrait n. courrions v. courriez ils courraient	je coure tu coures il coure n. courions v. couriez ils courent	je courusse tu courusses il courût n. courussions v. courussiez ils courussent	cours courons courez	**accourir**
je mourrais tu mourrais il mourrait n. mourrions v. mourriez ils mourraient	je meure tu meures il meure n. mourions v. mouriez ils meurent	je mourusse tu mourusses il mourût n. mourussions v. mourussiez ils mourussent	meurs mourons mourez	注 助動詞は être.
j' acquerrais tu acquerrais il acquerrait n. acquerrions v. acquerriez ils acquerraient	j' acquière tu acquières il acquière n. acquérions v. acquériez ils acquièrent	j' acquisse tu acquisses il acquît n. acquissions v. acquissiez ils acquissent	acquiers acquérons acquérez	**conquérir**
je fuirais tu fuirais il fuirait n. fuirions v. fuiriez ils fuiraient	je fuie tu fuies il fuie n. fuyons v. fuyiez ils fuient	je fuisse tu fuisses il fuît n. fuissions v. fuissiez ils fuissent	fuis fuyons fuyez	**s'enfuir**

不定法 現在分詞 過去分詞	直説法			
	現在	半過去	単純過去	単純未来
28. rendre *rendant* *rendu*	je rends tu rends il **rend** n. rendons v. rendez ils rendent	je rendais tu rendais il rendait n. rendions v. rendiez ils rendaient	je rendis tu rendis il rendit n. rendîmes v. rendîtes ils rendirent	je rendrai tu rendras il rendra n. rendrons v. rendrez ils rendront
29. prendre *prenant* *pris*	je prends tu prends il **prend** n. prenons v. prenez ils prennent	je prenais tu prenais il prenait n. prenions v. preniez ils prenaient	je pris tu pris il prit n. prîmes v. prîtes ils prirent	je prendrai tu prendras il prendra n. prendrons v. prendrez ils prendront
30. craindre *craignant* *craint*	je crains tu crains il craint n. craignons v. craignez ils craignent	je craignais tu craignais il craignait n. craignions v. craigniez ils craignaient	je craignis tu craignis il craignit n. craignîmes v. craignîtes ils craignirent	je craindrai tu craindras il craindra n. craindrons v. craindrez ils craindront
31. faire *faisant* *fait*	je fais tu fais il fait n. faisons v. **faites** ils **font**	je faisais tu faisais il faisait n. faisions v. faisiez ils faisaient	je fis tu fis il fit n. fîmes v. fîtes ils firent	je **ferai** tu **feras** il **fera** n. **ferons** v. **ferez** ils **feront**
32. dire *disant* *dit*	je dis tu dis il dit n. disons v. **dites** ils disent	je disais tu disais il disait n. disions v. disiez ils disaient	je dis tu dis il dit n. dîmes v. dîtes ils dirent	je dirai tu diras il dira n. dirons v. direz ils diront
33. lire *lisant* *lu*	je lis tu lis il lit n. lisons v. lisez ils lisent	je lisais tu lisais il lisait n. lisions v. lisiez ils lisaient	je lus tu lus il lut n. lûmes v. lûtes ils lurent	je lirai tu liras il lira n. lirons v. lirez ils liront
34. suffire *suffisant* *suffi*	je suffis tu suffis il suffit n. suffisons v. suffisez ils suffisent	je suffisais tu suffisais il suffisait n. suffisions v. suffisiez ils suffisaient	je suffis tu suffis il suffit n. suffîmes v. suffîtes ils suffirent	je suffirai tu suffiras il suffira n. suffirons v. suffirez ils suffiront

条件法	接続法		命令法	同型
現在	現在	半過去		
je rendrais tu rendrais il rendrait n. rendrions v. rendriez ils rendraient	je rende tu rendes il rende n. rendions v. rendiez ils rendent	je rendisse tu rendisses il rendît n. rendissions v. rendissiez ils rendissent	rends rendons rendez	**attendre** **descendre** **entendre** **pendre** **perdre** **répandre** **répondre** **vendre**
je prendrais tu prendrais il prendrait n. prendrions v. prendriez ils prendraient	je prenne tu prennes il prenne n. prenions v. preniez ils prennent	je prisse tu prisses il prît n. prissions v. prissiez ils prissent	prends prenons prenez	**apprendre** **comprendre** **entreprendre** **reprendre** **surprendre**
je craindrais tu craindrais il craindrait n. craindrions v. craindriez ils craindraient	je craigne tu craignes il craigne n. craignions v. craigniez ils craignent	je craignisse tu craignisses il craignît n. craignissions v. craignissiez ils craignissent	crains craignons craignez	**atteindre** **éteindre** **joindre** **peindre** **plaindre**
je ferais tu ferais il ferait n. ferions v. feriez ils feraient	je **fasse** tu **fasses** il **fasse** n. **fassions** v. **fassiez** ils **fassent**	je fisse tu fisses il fît n. fissions v. fissiez ils fissent	fais faisons **faites**	**défaire** **refaire** **satisfaire** 注 fais-[f(ə)z-]
je dirais tu dirais il dirait n. dirions v. diriez ils diraient	je dise tu dises il dise n. disions v. disiez ils disent	je disse tu disses il dît n. dissions v. dissiez ils dissent	dis disons **dites**	**redire**
je lirais tu lirais il lirait n. lirions v. liriez ils liraient	je lise tu lises il lise n. lisions v. lisiez ils lisent	je lusse tu lusses il lût n. lussions v. lussiez ils lussent	lis lisons lisez	**relire** **élire**
je suffirais tu suffirais il suffirait n. suffirions v. suffiriez ils suffiraient	je suffise tu suffises il suffise n. suffisions v. suffisiez ils suffisent	je suffisse tu suffisses il suffît n. suffissions v. suffissiez ils suffissent	suffis suffisons suffisez	

不定法 現在分詞 過去分詞	直説法			
	現在	半過去	単純過去	単純未来
35. conduire *conduisant* *conduit*	je conduis tu conduis il conduit n. conduisons v. conduisez ils conduisent	je conduisais tu conduisais il conduisait n. conduisions v. conduisiez ils conduisaient	je conduisis tu conduisis il conduisit n. conduisîmes v. conduisîtes ils conduisirent	je conduirai tu conduiras il conduira n. conduirons v. conduirez ils conduiront
36. plaire *plaisant* *plu*	je plais tu plais il **plaît** n. plaisons v. plaisez ils plaisent	je plaisais tu plaisais il plaisait n. plaisions v. plaisiez ils plaisaient	je plus tu plus il plut n. plûmes v. plûtes ils plurent	je plairai tu plairas il plaira n. plairons v. plairez ils plairont
37. coudre *cousant* *cousu*	je couds tu couds il coud n. cousons v. cousez ils cousent	je cousais tu cousais il cousait n. cousions v. cousiez ils cousaient	je cousis tu cousis il cousit n. cousîmes v. cousîtes ils cousirent	je coudrai tu coudras il coudra n. coudrons v. coudrez ils coudront
38. suivre *suivant* *suivi*	je suis tu suis il suit n. suivons v. suivez ils suivent	je suivais tu suivais il suivait n. suivions v. suiviez ils suivaient	je suivis tu suivis il suivit n. suivîmes v. suivîtes ils suivirent	je suivrai tu suivras il suivra n. suivrons v. suivrez ils suivront
39. vivre *vivant* *vécu*	je vis tu vis il vit n. vivons v. vivez ils vivent	je vivais tu vivais il vivait n. vivions v. viviez ils vivaient	je vécus tu vécus il vécut n. vécûmes v. vécûtes ils vécurent	je vivrai tu vivras il vivra n. vivrons v. vivrez ils vivront
40. écrire *écrivant* *écrit*	j' écris tu écris il écrit n. écrivons v. écrivez ils écrivent	j' écrivais tu écrivais il écrivait n. écrivions v. écriviez ils écrivaient	j' écrivis tu écrivis il écrivit n. écrivîmes v. écrivîtes ils écrivirent	j' écrirai tu écriras il écrira n. écrirons v. écrirez ils écriront
41. boire *buvant* *bu*	je bois tu bois il boit n. buvons v. buvez ils boivent	je buvais tu buvais il buvait n. buvions v. buviez ils buvaient	je bus tu bus il but n. bûmes v. bûtes ils burent	je boirai tu boiras il boira n. boirons v. boirez ils boiront

条件法 現在	接続法 現在	半過去	命令法	同型
je conduirais tu conduirais il conduirait n. conduirions v. conduiriez ils conduiraient	je conduise tu conduises il conduise n. conduisions v. conduisiez ils conduisent	je conduisisse tu conduisisses il conduisît n. conduisissions v. conduisissiez ils conduisissent	conduis conduisons conduisez	**construire** **cuire** **détruire** **instruire** **introduire** **produire** **traduire**
je plairais tu plairais il plairait n. plairions v. plairiez ils plairaient	je plaise tu plaises il plaise n. plaisions v. plaisiez ils plaisent	je plusse tu plusses il plût n. plussions v. plussiez ils plussent	plais plaisons plaisez	**déplaire** **(se) taire** （ただし il se tait）
je coudrais tu coudrais il coudrait n. coudrions v. coudriez ils coudraient	je couse tu couses il couse n. cousions v. cousiez ils cousent	je cousisse tu cousisses il cousît n. cousissions v. cousissiez ils cousissent	couds cousons cousez	
je suivrais tu suivrais il suivrait n. suivrions v. suivriez ils suivraient	je suive tu suives il suive n. suivions v. suiviez ils suivent	je suivisse tu suivisses il suivît n. suivissions v. suivissiez ils suivissent	suis suivons suivez	**poursuivre**
je vivrais tu vivrais il vivrait n. vivrions v. vivriez ils vivraient	je vive tu vives il vive n. vivions v. viviez ils vivent	je vécusse tu vécusses il vécût n. vécussions v. vécussiez ils vécussent	vis vivons vivez	
j' écrirais tu écrirais il écrirait n. écririons v. écririez ils écriraient	j' écrive tu écrives il écrive n. écrivions v. écriviez ils écrivent	j' écrivisse tu écrivisses il écrivît n. écrivissions v. écrivissiez ils écrivissent	écris écrivons écrivez	**décrire** **inscrire**
je boirais tu boirais il boirait n. boirions v. boiriez ils boiraient	je boive tu boives il boive n. buvions v. buviez ils boivent	je busse tu busses il bût n. bussions v. bussiez ils bussent	bois buvons buvez	

不定法 現在分詞 過去分詞	直 説 法			
	現　在	半過去	単純過去	単純未来
42. résoudre *résolvant* *résolu*	je résous tu résous il résout n. résolvons v. résolvez ils résolvent	je résolvais tu résolvais il résolvait n. résolvions v. résolviez ils résolvaient	je résolus tu résolus il résolut n. résolûmes v. résolûtes ils résolurent	je résoudrai tu résoudras il résoudra n. résoudrons v. résoudrez ils résoudront
43. connaître *connaissant* *connu*	je connais tu connais il **connaît** n. connaissons v. connaissez ils connaissent	je connaissais tu connaissais il connaissait n. connaissions v. connaissiez ils connaissaient	je connus tu connus il connut n. connûmes v. connûtes ils connurent	je connaîtrai tu connaîtras il connaîtra n. connaîtrons v. connaîtrez ils connaîtront
44. naître *naissant* *né*	je nais tu nais il **naît** n. naissons v. naissez ils naissent	je naissais tu naissais il naissait n. naissions v. naissiez ils naissaient	je naquis tu naquis il naquit n. naquîmes v. naquîtes ils naquirent	je naîtrai tu naîtras il naîtra n. naîtrons v. naîtrez ils naîtront
45. croire *croyant* *cru*	je crois tu crois il croit n. croyons v. croyez ils croient	je croyais tu croyais il croyait n. croyions v. croyiez ils croyaient	je crus tu crus il crut n. crûmes v. crûtes ils crurent	je croirai tu croiras il croira n. croirons v. croirez ils croiront
46. battre *battant* *battu*	je bats tu bats il **bat** n. battons v. battez ils battent	je battais tu battais il battait n. battions v. battiez ils battaient	je battis tu battis il battit n. battîmes v. battîtes ils battirent	je battrai tu battras il battra n. battrons v. battrez ils battront
47. mettre *mettant* *mis*	je mets tu mets il **met** n. mettons v. mettez ils mettent	je mettais tu mettais il mettait n. mettions v. mettiez ils mettaient	je mis tu mis il mit n. mîmes v. mîtes ils mirent	je mettrai tu mettras il mettra n. mettrons v. mettrez ils mettront
48. rire *riant* *ri*	je ris tu ris il rit n. rions v. riez ils rient	je riais tu riais il riait n. riions v. riiez ils riaient	je ris tu ris il rit n. rîmes v. rîtes ils rirent	je rirai tu riras il rira n. rirons v. rirez ils riront

条件法	接続法		命令法	同型
現　在	現　在	半過去		
je résoudrais tu résoudrais il résoudrait n. résoudrions v. résoudriez ils résoudraient	je résolve tu résolves il résolve n. résolvions v. résolviez ils résolvent	je résolusse tu résolusses il résolût n. résolussions v. résolussiez ils résolussent	résous résolvons résolvez	
je connaîtrais tu connaîtrais il connaîtrait n. connaîtrions v. connaîtriez ils connaîtraient	je connaisse tu connaisses il connaisse n. connaissions v. connaissiez ils connaissent	je connusse tu connusses il connût n. connussions v. connussiez ils connussent	connais connaissons connaissez	注 tの前にくるとき i→î. **apparaître** **disparaître** **paraître** **reconnaître**
je naîtrais tu naîtrais il naîtrait n. naîtrions v. naîtriez ils naîtraient	je naisse tu naisses il naisse n. naissions v. naissiez ils naissent	je naquisse tu naquisses il naquît n. naquissions v. naquissiez ils naquissent	nais naissons naissez	注 tの前にくるとき i→î. 助動詞はêtre.
je croirais tu croirais il croirait n. croirions v. croiriez ils croiraient	je croie tu croies il croie n. croyions v. croyiez ils croient	je crusse tu crusses il crût n. crussions v. crussiez ils crussent	crois croyons croyez	
je battrais tu battrais il battrait n. battrions v. battriez ils battraient	je batte tu battes il batte n. battions v. battiez ils battent	je battisse tu battisses il battît n. battissions v. battissiez ils battissent	bats battons battez	**abattre** **combattre**
je mettrais tu mettrais il mettrait n. mettrions v. mettriez ils mettraient	je mette tu mettes il mette n. mettions v. mettiez ils mettent	je misse tu misses il mît n. missions v. missiez ils missent	mets mettons mettez	**admettre** **commettre** **permettre** **promettre** **remettre**
je rirais tu rirais il rirait n. ririons v. ririez ils riraient	je rie tu ries il rie n. riions v. riiez ils rient	je risse tu risses il rît n. rissions v. rissiez ils rissent	ris rions riez	**sourire**

不定法 現在分詞 過去分詞	直 説 法			
	現　在	半過去	単純過去	単純未来
49. conclure *concluant* *conclu*	je conclus tu conclus il conclut n. concluons v. concluez ils concluent	je concluais tu concluais il concluait n. concluions v. concluiez ils concluaient	je conclus tu conclus il conclut n. conclûmes v. conclûtes ils conclurent	je conclurai tu concluras il conclura n. conclurons v. conclurez ils concluront
50. rompre *rompant* *rompu*	je romps tu romps il rompt n. rompons v. rompez ils rompent	je rompais tu rompais il rompait n. rompions v. rompiez ils rompaient	je rompis tu rompis il rompit n. rompîmes v. rompîtes ils rompirent	je romprai tu rompras il rompra n. romprons v. romprez ils rompront
51. vaincre *vainquant* *vaincu*	je vaincs tu vaincs il **vainc** n. vainquons v. vainquez ils vainquent	je vainquais tu vainquais il vainquait n. vainquions v. vainquiez ils vainquaient	je vainquis tu vainquis il vainquit n. vainquîmes v. vainquîtes ils vainquirent	je vaincrai tu vaincras il vaincra n. vaincrons v. vaincrez ils vaincront
52. recevoir *recevant* *reçu*	je reçois tu reçois il reçoit n. recevons v. recevez ils reçoivent	je recevais tu recevais il recevait n. recevions v. receviez ils recevaient	je reçus tu reçus il reçut n. reçûmes v. reçûtes ils reçurent	je **recevrai** tu **recevras** il **recevra** n. **recevrons** v. **recevrez** ils **recevront**
53. devoir *devant* *dû* (due, dus, dues)	je dois tu dois il doit n. devons v. devez ils doivent	je devais tu devais il devait n. devions v. deviez ils devaient	je dus tu dus il dut n. dûmes v. dûtes ils durent	je **devrai** tu **devras** il **devra** n. **devrons** v. **devrez** ils **devront**
54. pouvoir *pouvant* *pu*	je **peux (puis)** tu **peux** il peut n. pouvons v. pouvez ils peuvent	je pouvais tu pouvais il pouvait n. pouvions v. pouviez ils pouvaient	je pus tu pus il put n. pûmes v. pûtes ils purent	je **pourrai** tu **pourras** il **pourra** n. **pourrons** v. **pourrez** ils **pourront**
55. émouvoir *émouvant* *ému*	j' émeus tu émeus il émeut n. émouvons v. émouvez ils émeuvent	j' émouvais tu émouvais il émouvait n. émouvions v. émouviez ils émouvaient	j' émus tu émus il émut n. émûmes v. émûtes ils émurent	j' **émouvrai** tu **émouvras** il **émouvra** n. **émouvrons** v. **émouvrez** ils **émouvront**

条件法	接続法		命令法	同型
現在	現在	半過去		
je conclurais tu conclurais il conclurait n. conclurions v. concluriez ils concluraient	je conclue tu conclues il conclue n. concluions v. concluiez ils concluent	je conclusse tu conclusses il conclût n. conclussions v. conclussiez ils conclussent	conclus concluons concluez	
je romprais tu romprais il romprait n. romprions v. rompriez ils rompraient	je rompe tu rompes il rompe n. rompions v. rompiez ils rompent	je rompisse tu rompisses il rompît n. rompissions v. rompissiez ils rompissent	romps rompons rompez	**interrompre**
je vaincrais tu vaincrais il vaincrait n. vaincrions v. vaincriez ils vaincraient	je vainque tu vainques il vainque n. vainquions v. vainquiez ils vainquent	je vainquisse tu vainquisses il vainquît n. vainquissions v. vainquissiez ils vainquissent	vaincs vainquons vainquez	**convaincre**
je recevrais tu recevrais il recevrait n. recevrions v. recevriez ils recevraient	je reçoive tu reçoives il reçoive n. recevions v. receviez ils reçoivent	je reçusse tu reçusses il reçût n. reçussions v. reçussiez ils reçussent	reçois recevons recevez	**apercevoir** **concevoir**
je devrais tu devrais il devrait n. devrions v. devriez ils devraient	je doive tu doives il doive n. devions v. deviez ils doivent	je dusse tu dusses il dût n. dussions v. dussiez ils dussent	dois devons devez	注命令法はほとんど用いられない.
je pourrais tu pourrais il pourrait n. pourrions v. pourriez ils pourraient	je **puisse** tu **puisses** il **puisse** n. **puissions** v. **puissiez** ils **puissent**	je pusse tu pusses il pût n. pussions v. pussiez ils pussent		注命令法はない.
j' émouvrais tu émouvrais il émouvrait n. émouvrions v. émouvriez ils émouvraient	j' émeuve tu émeuves il émeuve n. émouvions v. émouviez ils émeuvent	j' émusse tu émusses il émût n. émussions v. émussiez ils émussent	émeus émouvons émouvez	**mouvoir** ただし過去分詞は mû (mue, mus, mues)

不定法 現在分詞 過去分詞	直説法			
	現在	半過去	単純過去	単純未来
56. savoir *sachant* *su*	je sais tu sais il sait n. savons v. savez ils savent	je savais tu savais il savait n. savions v. saviez ils savaient	je sus tu sus il sut n. sûmes v. sûtes ils surent	je **saurai** tu **sauras** il **saura** n. **saurons** v. **saurez** ils **sauront**
57. voir *voyant* *vu*	je vois tu vois il voit n. voyons v. voyez ils voient	je voyais tu voyais il voyait n. voyions v. voyiez ils voyaient	je vis tu vis il vit n. vîmes v. vîtes ils virent	je **verrai** tu **verras** il **verra** n. **verrons** v. **verrez** ils **verront**
58. vouloir *voulant* *voulu*	je **veux** tu **veux** il veut n. voulons v. voulez ils veulent	je voulais tu voulais il voulait n. voulions v. vouliez ils voulaient	je voulus tu voulus il voulut n. voulûmes v. voulûtes ils voulurent	je **voudrai** tu **voudras** il **voudra** n. **voudrons** v. **voudrez** ils **voudront**
59. valoir *valant* *valu*	je **vaux** tu **vaux** il vaut n. valons v. valez ils valent	je valais tu valais il valait n. valions v. valiez ils valaient	je valus tu valus il valut n. valûmes v. valûtes ils valurent	je **vaudrai** tu **vaudras** il **vaudra** n. **vaudrons** v. **vaudrez** ils **vaudront**
60. s'asseoir *s'asseyant*[1] *assis*	je m'assieds[1] tu t'assieds il **s'assied** n. n. asseyons v. v. asseyez ils s'asseyent	je m'asseyais[1] tu t'asseyais il s'asseyait n. n. asseyions v. v. asseyiez ils s'asseyaient	je m'assis tu t'assis il s'assit n. n. assîmes v. v. assîtes ils s'assirent	je m'**assiérai**[1] tu t'**assiéras** il s'**assiéra** n. n. **assiérons** v. v. **assiérez** ils s'**assiéront**
s'assoyant[2]	je m'assois[2] tu t'assois il s'assoit n. n. assoyons v. v. assoyez ils s'assoient	je m'assoyais[2] tu t'assoyais il s'assoyait n. n. assoyions v. v. assoyiez ils s'assoyaient		je m'**assoirai**[2] tu t'**assoiras** il s'**assoira** n. n. **assoirons** v. v. **assoirez** ils s'**assoiront**
61. pleuvoir *pleuvant* *plu*	il pleut	il pleuvait	il plut	il **pleuvra**
62. falloir *fallu*	il faut	il fallait	il fallut	il **faudra**

条件法	接続法		命令法	同型
現在	現在	半過去		
je saurais tu saurais il saurait n. saurions v. sauriez ils sauraient	je **sache** tu **saches** il **sache** n. **sachions** v. **sachiez** ils **sachent**	je susse tu susses il sût n. sussions v. sussiez ils sussent	**sache** **sachons** **sachez**	
je verrais tu verrais il verrait n. verrions v. verriez ils verraient	je voie tu voies il voie n. voyions v. voyiez ils voient	je visse tu visses il vît n. vissions v. vissiez ils vissent	vois voyons voyez	**revoir**
je voudrais tu voudrais il voudrait n. voudrions v. voudriez ils voudraient	je **veuille** tu **veuilles** il **veuille** n. voulions v. vouliez ils **veuillent**	je voulusse tu voulusses il voulût n. voulussions v. voulussiez ils voulussent	**veuille** **veuillons** **veuillez**	
je vaudrais tu vaudrais il vaudrait n. vaudrions v. vaudriez ils vaudraient	je **vaille** tu **vailles** il **vaille** n. valions v. valiez ils **vaillent**	je valusse tu valusses il valût n. valussions v. valussiez ils valussent		注 命令法はほとんど用いられない.
je m'assiérais[1] tu t'assiérais il s'assiérait n. n. assiérions v. v. assiériez ils s'assiéraient	je m'asseye[1] tu t'asseyes il s'asseye n. n. asseyions v. v. asseyiez ils s'asseyent	j' m'assisse tu t'assisses il s'assît n. n. assissions v. v. assissiez ils s'assissent	assieds-toi[1] asseyons-nous asseyez-vous	注 時称により2種の活用があるが, (1)は古来の活用で, (2)は俗語調である. (1)の方が多く使われる.
je m'assoirais[2] tu t'assoirais il s'assoirait n. n. assoirions v. v. assoiriez ils s'assoiraient	je m'assoie[2] tu t'assoies il s'assoie n. n. assoyions v. v. assoyiez ils s'assoient		assois-toi[2] assoyons-nous assoyez-vous	
il pleuvrait	il pleuve	il plût		注 命令法はない.
il faudrait	il **faille**	il fallût		注 命令法・現在分詞はない.

動詞の語幹・語尾早見表 （単純過去を除く）

	——— 現　在 ———	——— 複合形（過去）———
不定法	-er, -ir, -re, -oir	avoir / être ＋過去分詞 ⇦
分詞	-ant	-é, -u, -t, -i, -s

◆ 語尾の展開 ◆　　◆ avoir, être, aller, faire, dire を除く

	je (j')	tu	il / elle	nous	vous	ils / elles
☆○●	-e	-es	-e			
直説現在	-s	-s	-t	-ons	-ez	-ent
	-s	-s	-			
	-x	-x	-t			
直半過去	-ais	-ais	-ait	-ions ☆	-iez ☆	-aient
直単未来	-rai	-ras	-ra	-rons	-rez	-ront

　◆ -r+avoir の活用（nous と vous は〈av〉を省いて）

条件現在	-rais	-rais	-rait	-rions	-riez	-raient

　◆ -r＋直説法半過去語尾 ⇦ ——————〈+r〉

接続現在	-e	-es	-e/-t	-ions	-iez	-ent

⇨☆　◆ -er 動詞の直説法現在の語尾（nous と vous は半過去語尾と同じ）　◆◆ -t となるのは avoir, être

命令		-e/-s		-ons	-ez	

⇨○●　◆ 直説法現在に対応　◆◆〈tu〉-es の形では -er 動詞現在，aller などで語末の s を削除する